»Dieses Buch ist so viel mehr als nur eine Celebrity-Biografie. Es ist die ungeschminkte, herzzerreißende und inspirierende Schilderung einer persönlichen Erlösungsgeschichte, die Entdeckung einer höheren Bestimmung, geschrieben, als handele es sich um eine Angelegenheit von Leben und Tod.«

WALTER KIRN
AUTOR

»In *Trejo* steckt jede Menge Herz und Großmut, herzhafter Humor und schwer erarbeitete Weisheit. Dieses Buch überbrückt Generationen, Kulturen und Grenzen.«

FRANCISCO CANTÚ
AUTOR

»Eine Geschichte, die vom Überleben erzählt, von Macht, Wandlung und letztendlich Liebe. Nicht einmal Hollywood hätte ein derart dramatisches Skript zustande gebracht – die Wiedergeburt eines Mannes, der seinen eigenen Weg im Leben ging und seine Geschichte nun endlich mit uns teilt.«

ERIC GARCETTI
BÜRGERMEISTER VON LOS ANGELES

»Trejos Geschichte ist eine inspirierende Studie über die Definition von Charakter. Wie ein Wegweiser für diejenigen unter uns, die immer noch damit kämpfen, sich selbst zu finden.«

KEVIN SMITH
REGISSEUR

»Entdecken Sie die faszinierende und inspirierende wahre Geschichte von Danny Trejos Weg aus der Kriminalität, dem Gefängnis, der Sucht und dem Verlust.«

THE NEW YORK TIMES BOOK REVIEW

TREJO

Mein Leben – Verbrechen,
Erlösung und Hollywood

DANNY TREJO
mit DONAL LOGUE

Aus dem Amerikanischen von
Daniel Müller

WILHELM HEYNE VERLAG
MÜNCHEN

Die Originalausgabe erschien 2021 unter dem Titel TREJO:
MY LIFE OF CRIME, REDEMPTION, AND HOLLYWOOD
bei Atria Books, an imprint of Simon &Schuster, Inc., New York

Sollte diese Publikation Links auf Webseiten Dritter enthalten,
so übernehmen wir für deren Inhalte keine Haftung,
da wir uns diese nicht zu eigen machen, sondern lediglich
auf deren Stand zum Zeitpunkt der Erstveröffentlichung verweisen.

Unter www.heyne-hardcore.de finden Sie das komplette Hardcore-Programm,
den monatlichen Newsletter sowie alles rund um das Hardcore-Universum.

Weitere News unter www.heyne.hardcore.de/facebook

@heyne.hardcore

Penguin Random House Verlagsgruppe FSC®N001967

Copyright © 2021 by Danny Trejo
Copyright © 2022 der deutschsprachigen Ausgabe
by Wilhelm Heyne Verlag, München,
in der Penguin Random House Verlagsgruppe GmbH,
Neumarkter Str. 28, 81673 München
Lektorat: Markus Naegele
Redaktion: Thomas Brill
Umschlaggestaltung: Nele Schütz Design, Memmingen
unter Verwendung des Originalumschlags von Laywn Kwan
Umschlagfotografie: Mike Piscitelli/August
Satz: Leingärtner, Nabburg
Druck und Bindung: GGP Media GmbH, Pößneck
Printed in Germany

ISBN 978-3-453-27393-1

Für Maeve, Danielle, Gilbert, Danny Boy, Theo und Sam.
Familie ist alles.

An alle Inhaftierten dieser Welt: Glaubt mir,
wenn ich euch sage, dass mit Gott alles möglich ist.
Mit ihm könnt ihr eure gegenwärtige Lage überwinden
und ein nicht für möglich gehaltenes Maß an Freiheit
und Glück erfahren. Ihr könnt ein Leben leben,
von dem ihr bislang nicht mal zu träumen gewagt habt.
Ich liebe euch und schließe euch jeden Tag
in meine Gebete ein.

INHALT

INHALT

Teil 3
HÄFTLING NR. 1

INHALT

Teil 4
FROM A SON

11

PROLOG

1949

Mary Carmen stürmte ins Zimmer und schrie: »Ich hab eine Mama-miez gefunden!« Ihre Schwestern Coke, Toni und Salita rannten ihr hinterher auf die Straße. Ich hastete ihnen nach. Die vier waren meine Cousinen. Wir wohnten bei meiner Großmutter, teilten uns ein Zimmer und hielten zusammen wie Pech und Schwefel. Seit ich denken kann, bin ich in einer Gang gewesen, selbst wenn es nur eine Bande von Vor-schulkindern war.

Draußen, im hohen Gras neben dem Mülleimer, lag eine tote Katze mit großen Zitzen. Mary Carmen hatte recht gehabt. Es war eine Katzen-mutter.

Nicht weit von uns entfernt standen ein paar Arbeiter auf der Straße und rauchten.

»Geht weg von dem Vieh!«, murrte einer von ihnen. »Seht ihr denn nicht, dass ein Hund sie totgebissen hat?«

»Wir müssen ihre Babys retten«, sagte Salita. »Wo sind ihre Jungen?«

Wir suchten im Gras und liefen die Straße auf und ab, aber Katzen-jungen fanden wir keine. Coke kam auf die Idee, die Katzenmutter zu begraben und ihr eine amtliche Beisetzung auszurichten. Wir mussten uns beeilen, denn der Abend nahte, und das Licht im Himmel wurde schwächer. Wir suchten uns einen Stock, schoben damit den Kadaver auf ein Stück Sperrholz und schleppten die Katze auf diese Weise in den Garten hinter dem Haus meiner Oma.

Der Boden war härter als gedacht, nach ein paar Minuten Buddelei hatte ich keine Lust mehr. »Ich glaub, so ist es tief genug.«

Wir ließen die Katze von der Sperrholzplatte ins Erdloch rutschen und schippten es wieder zu. In diesem Augenblick stürmte mein Vater durch die Hintertür in den Garten.

»Was zum Henker ist denn hier schon wieder los? Wenn ihr Früchtchen nicht sofort ins Haus kommt, zieh ich euch die Hammelbeine lang!«

»Eine Mamamiez ist gestorben«, erklärte Mary Carmen, doch mein Dad war schon wieder im Haus verschwunden. Unser Hund Blackie nutzte seine Chance und drückte das Fliegengitter auf. Einmal im Garten, machte er sich ohne Umschweife am Katzengrab zu schaffen.

»Nein, Blackie, nicht!«, rief ich.

Wir banden Blackie fest, damit die Ruhe der toten Katzenmutter nicht gestört wurde. Dann machte Salita mit der Hand das Kreuzzeichen, und wir sprachen ein Gebet.

Später an diesem Abend stürzte mein Onkel Art ins Haus meiner Großmutter. Sein Hemd war zerrissen und von Blut besudelt. Aufgebracht berichtete er, in einer Bar an der San Fernando Road überfallen worden zu sein. Ohne große Diskussionen griffen meine anderen Onkel Knüppel und Baseballschläger und rannten zusammen mit Art auf die Straße.

Etwa eine Stunde später stolzierten die Trejo-Männer wieder ins Haus meiner Großmutter und protzten damit, wie viele Typen sie zusammengeschlagen hatten. Meine Oma nahm uns Kinder bei der Hand und kniete sich mit uns in eine Ecke des Wohnzimmers, um den Rosenkranz zu beten. Aus dem Augenwinkel schielte ich zu Abuelito, meinem Opa, hinüber, der am anderen Ende des Wohnzimmers auf und ab stapfte und mit geballter Faust schwadronierte, was für Teufelskerle die Trejos doch seien. Meine Onkel lachten, tranken Bier und erzählten sich gegenseitig ein ums andere Mal, wer wen wann und wie nieder-

gestreckt hatte. *Meine Großmutter zeterte derweil, wir sollten gefälligst lauter beten.*

Wer die Trejo-Kinder damals so sah, zum zweiten Mal an diesem Tag kniend auf dem Boden und im Gebet versunken, der hätte nicht geahnt, dass ein jeder von uns einmal hinter Gittern landen würde. Aber so sollte es kommen. Im Grunde spielte es keine Rolle, wie gottesfürchtig unsere Großmutter uns erzog. Unser Weg war vorgezeichnet. Wir waren Trejos. Sollte es bei uns jemals so etwas wie eine Familientradition gegeben haben, dann sah sie genau so aus.

Erst recht nicht vermuten ließ sich, dass ausgerechnet der Wildeste von allen, also ich, irgendwann diesen von Haftstrafen gespickten Lebensstil hinter sich lassen sollte. Anstatt als abgefeimter Junkie oder gewissenloser Mörder in der Gosse zu enden, wurde ich unzählige Male erschossen, erstochen, enthauptet, in die Luft gesprengt, gehängt, von Fahrstühlen zerquetscht und einmal auch auf einem Pooltisch gepfählt, sodass mein Körper zerschmolz und die aus meinem Kopf explodierenden Augen in die Ecktaschen kullerten – alles im Rahmen meiner Karriere als meistgetöteter Schauspieler in der Geschichte Hollywoods natürlich! Niemand hätte ahnen können, dass ich einmal Präsidenten die Hand schütteln und mein Gesicht in verschiedenen Teilen dieser Erde auf riesigen Murals bewundern würde; dass Unternehmen mich als Werbeträger anheuern sollten, und zwar nicht nur, weil ich populär, sondern auch zuverlässig und vertrauenswürdig war; oder dass die Stadt Los Angeles ganz offiziell einen Tag nach mir benennen würde.

Warum das niemand ahnen konnte? Weil der Danny Trejo, der ich war, bevor ich Drogen und Alkohol entsagte, um Suchthelfer und später sogar ein weltberühmter Schauspieler zu werden, niemand war, den irgendjemand hätte malen oder gar ehren wollen. Weil der Danny Trejo von damals der Mexikaner war, mit dem man besser keinen Ärger hatte.

15

Teil 1

FLUCHT

Kapitel 1

SOLEDAD

1968

Ich fühlte mich wie ausgekotzt, war bis obenhin voll mit H, Pruno, Reds und Whiskey.

Ich war im dritten Jahr von zehn, eine Haftstrafe, die sich für Mexikaner in kalifornischen Knästen schnell in zwanzig Jahre, lebenslänglich oder gar den Gastod verwandeln konnte. Ich hatte schon immer geahnt, dass ich hinter Gittern sterben würde.

Es war der fünfte Mai 1968, also Cinco de Mayo, und ich saß im Soledad State Prison ein. Für einen Mexikaner, einen echten Mexikaner, einen Herzblutmexikaner, steht Cinco de Mayo weder für den Tag der mexikanischen Unabhängigkeit (das ist er ohnehin nicht) noch für den Tag des Sieges der Mexikaner über die Franzosen in der Schlacht von Puebla. Genau genommen ist Cinco de Mayo noch nicht mal der fünfte Mai für sie. Cinco de Mayo bedeutet ganz einfach nur: »Leg schon mal die Kautionskohle bereit.« Da ich ohnehin bereits saß, brauchte ich mir darüber keinen Kopf zu machen.

Die Mexikaner in Soledad warteten schon seit Wochen darauf, sich mal richtig die Kante geben zu können. Da ich der Chef der Turnhalle in Soledad war und diese sich direkt neben den zentralen Laderampen der Haftanstalt befand, ging alles durch meine

Hände, was auf diesem Weg reingeschmuggelt wurde. Zigaretten, Speed, H, ja sogar Frauenunterwäsche und Make-up für die, die Spaß dran hatten. Egal, was es war, solange der Preis stimmte, konnte ich es besorgen.

Das Heroin lief komplett über mich, und so war ich in dieser Hinsicht bestens versorgt. Ich hatte auch Hunderte von Pillen auf Lager. Ich bekam sie von Häftlingen, die ihre Medikamente aufhoben, um damit Spielschulden zu bezahlen, Schmuggelware zu kaufen oder sich persönlichen Schutz zu sichern. Darüber hinaus besaß ich noch ein paar Liter Whiskey, zwei Unzen Gras und zwei Chargen Pruno, sprich Knastschnaps, den wir schon Wochen zuvor angesetzt hatten. Eine Connection in der Küche hatte uns die Zutaten besorgt: Rosinen, Orangen, Zucker und Hefe. Wir kippten die Mische in Müllsäcke, knoteten diese fest zu, schlugen sie anschließend in alte T-Shirts ein und schoben sie in Warmluftschächte, wo das Zeug dann gärte. Als der Pruno fertig war, siebten wir ihn durch lange Socken.

Wir legten schon früh am Vortag des Cinco de Mayo los und zechten die ganze Nacht durch. Am nächsten Morgen, als ich gerade ein einigermaßen angenehmes Level erreicht hatte, meldete sich der Captain über die Lautsprecheranlage. Zur Feier des Tages sollte es für alle eine Veranstaltung auf dem Hof geben: ein Baseballspiel zwischen dem Team eines lokalen Junior College und einer Knastmannschaft.

Ausgerechnet am Cinco de Mayo eine Gruppe Zivilisten auf den Yard eines kalifornischen Gefängnisses marschieren zu lassen, ist so ziemlich die beschissenste Idee, die man haben kann. Mehr als die Hälfte der Gefangenen war schon frühmorgens total drauf. Bekamen die dann noch alle Hofgang wegen einer Veranstaltung wie diesem Baseballspiel, bedeutete das mehr Wachen, mehr Sicherheitsvorkehrungen, mehr Knarren. Mehr von allem.

Nach der Lautsprecherdurchsage kam tatsächlich der Befehl

zum Hofgang, und alle mussten aus ihren Zellen raus. Draußen hielt ich mein Gesicht in die Sonne und ließ mich kurz von den warmen Strahlen verwöhnen, doch als ich meine Augen schloss, wurde mir übel. Der Pruno machte mir Probleme. Ich ging zu der Tribüne am Baseballfeld und pflanzte mich auf Höhe des dritten Laufmals neben zwei meiner Kollegen aus Jugendknasttagen, Ray Pacheco und Henry Quijada. Ray war ein echter Hulk, ein Monster-athlet. Wir hatten uns mit dreizehn kennengelernt, bei Football-spielen auf der Straße. Kurz darauf war Ray bei der White-Fence-Gang eingestiegen. Henry war ein großer, schlanker Bursche aus Azusa. Beide saßen in einer anderen Abteilung von Soledad als ich, in Rainier.

Wir machten es uns bequem und warteten darauf, dass das Spiel zwischen den College-Boys und unseren Jungs losging. Erst als ich aufs Feld schaute, wurde mir bewusst, dass es keinen Zaun gab – nur drei Meter Luft trennten uns von den Studenten. Die Mann-schaften machten sich warm, anschließend nahmen die Spie-ler ihre Positionen ein. Ein großer weißer Bursche mit dem Look von Mickey Mantle spielte die dritte Base bei den College-Jungs. Ich weiß noch, wie ich mir bei seinem Anblick dachte, dass er hinter Gittern einen heiß begehrten Puppenjungen abgegeben hätte.

Er kaute auf einem riesigen Stück Kaugummi herum.

Ray sah mich an und sagte: »Mann, was würde ich jetzt für ein bisschen Chicle geben.«

Kaugummi war etwas Besonderes. Im Kahn gab es keinen, schon gar nicht den von der supersüßen Sorte, die das College-Bübchen gerade zwischen seinen Zähnen zermalmte.

Ray mutierte zum Kleinkind. »Ich will Kaugummi!«

Er war aus Atascadero, einem Hochsicherheitsknast mit Schwer-punkt forensische Psychiatrie, nach Soledad gekommen. Verurteilt hatte man ihn wegen Doppelmordes. Er hatte seine Ex und deren

Lover auf dem Gewissen. Das Gericht war aufgrund von Rays brutalem Vorgehen der Meinung gewesen, dass bei der Tat »außergewöhnliche Umstände« vorgelegen hätten. Ich erinnere mich nicht an die Einzelheiten, aber es war wirklich schlimm gewesen – so schlimm, dass es in der Zeitung steht, aber man nach zwei Zeilen angewidert weiterblättert. Für einen Mexikaner der alten Schule wie Ray gab es so etwas wie eine Ex-Freundin eigentlich gar nicht. War er einmal mit einer Frau zusammen, gehörte sie ihm, für immer und ewig. Die Morde waren derart barbarisch, dass man bei Gericht befand, der Täter müsse geistesgestört sein. Ray wurde für »schuldig, aber psychisch krank« befunden. Im Austausch für seine Bereitschaft, Elektroschocktherapien und Psychopharmaka-Experimente über sich ergehen zu lassen, erhielt er eine reduzierte Strafe von sieben Jahren.

Die Behandlungen verschlechterten jedoch nur seinen Geisteszustand.

In Soledad schlich ich mich manchmal von hinten an ihn ran und zischelte ihm ins Ohr, *Zzzzziiiischhhh*, als würde ihm gerade wieder jemand ein paar Hundert Volt durch den Schädel jagen. Normalerweise machte er sich nicht viel daraus, aber als ich ihn an diesem Morgen angezischt hatte, war mir schnell klar geworden, dass er nicht in der Stimmung für Scherze war.

Das Spiel begann. Ich war platt, fühlte mich unfassbar mies wegen der Mischung aus Angesetztem, Weed, Pillen und Whiskey. Die Sonnenstrahlen, die mir ein paar Sekunden zuvor noch so gutgetan hatten, fühlten sich nun an, als hätte jemand ein riesiges Brennglas über meiner Stirn montiert. Auch die Jungs auf den Sitzen neben, hinter und vor mir waren besoffen, high und/oder schlecht gelaunt. Ich konnte die Spannung spüren, merkte, dass da etwas vor sich hin köchelte, das bald schon sieden würde. Es war eine Art Verlangen, der Durst nach Gewalt. Aggressionen und Angst setzen Pheromone frei. Wenn sie einmal ausgedünstet sind, gibt es kein Zurück mehr. Und in diesem Moment, auf der Tribüne am Baseballfeld, war die Luft voll von ihnen.

Im zweiten Inning schrie Ray zu dem Burschen an der dritten Base: »¡Dame chicle, pinche güero!«

Der College-Boy tat so, als wäre nichts. Er drosch nur ein ums andere Mal seine Faust in den Handschuh und walkte weiter den Kaugummi in seinem Mund durch. Kau. Kau. Schmatz. Schmatz. Fast schon wie ein wiederkäuendes Rind.

»Tu nicht so, als würdest du mich nicht hören, Bitch! Schmeiß mir einen Kaugummi rüber!«

Der Baseman reagierte nicht. Er starrte einfach geradeaus, schlug mit seiner Rechten in den Handschuh an seiner Linken und kaute schmatzend weiter. Irgendwann murmelte er etwas in unsere Richtung. »Wir sollen nicht mit euch sprechen.«

»Was?«

»Man hat uns gesagt, dass wir nicht mit den Insassen sprechen sollen.«

Kau. Kau. Schmatz. Schmatz.

Mit jedem knatschenden Geräusch aus dem Mund des Typen an der dritten Base wurde Ray wütender. Fast konnte ich das Klicken des Schalters hören, der in seinem Schädel umgelegt wurde. Es war wie bei einem großen Weißen Hai mit zurückgerollten Augen. Er knirschte mit den Zähnen, mahlte mit den Kiefern, dass es knackte, als würde er in seinem Inneren gerade ganze Armeen von Dämonen bekämpfen. Als läge er wieder auf der Bahre, angeschnallt und mit einem Lederriemen zwischen den Zähnen, während mehrere Hundert Volt durch seinen Schädel rasten. Zurück in der Zwangsjacke, die er vier Monate lang hatte tragen müssen. Ray war durch, jenseits von Gut und Böse.

»Fick dich, Bitch. Wir sind es also nicht mal wert, dass du mit uns sprichst, oder wie?«

»Man hat uns gesagt, wir sollen keinen Kontakt mit euch aufnehmen.«

Ich wusste, dass es sinnlos war, doch ich versuchte trotzdem, Ray zu beruhigen. Ich erzählte ihm allen möglichen Bullshit. »Leg dich besser nicht mit dem Burschen an, Kumpel. Der kann Karate«, sagte ich. Oder: »Die haben extra einen Scharfschützen zum Schutz von diesem Kerl abgestellt.«

Ich hätte es besser wissen sollen. Einem zugedröhnten Killer zu sagen, dass er sich lieber nicht mit XYZ anlegt, ist für ihn wie eine Einladung, sich mit XYZ anzulegen.

Der Junge an der dritten Base hatte die Hosen gestrichen voll. Mit jedem Inning rutschte er weiter Richtung zweite Base. Irgendwann war es so weit, dass der dritte Baseman, der Shortstop, und der zweite Baseman nebeneinander im Zentrum des Infields standen. Diese Burschen wollten nur noch weg. Sie wollten mit ihren Freundinnen abhängen, mit ihren Pick-ups durch die Gegend cruisen, Bier trinken oder an irgendeinem Kanalufer rumlümmeln und Countrymusik hören. Alles, außer mit einer Bande von Dieben und Mördern Baseball auf einem Gefängnishof zu spielen. Was auch immer man den Jungs als Worst-Case-Szenario beim Besuch eines Hochsicherheitsknasts geschildert hatte, lief gerade in Echtzeit ab – ganz besonders für den Kerl am dritten Laufmal, der aus sechs Meter Entfernung von einem skrupellosen Killer beschimpft wurde.

Meine Blase drückte. Ich hatte Angst davor, Ray allein zu lassen, aber ich musste gehen, wenn ich mir nicht in die Hose pinkeln wollte. Mein Versuch, ihn zum Mitkommen zu überreden, scheiterte. Ray wollte bei Henry bleiben. Ich hastete also zur Toilette und führte dabei dieses bescheuerte Gehopse auf, das man nur macht, wenn druckbedingt nicht an richtiges Laufen zu denken ist. Am Urinal fluchte ich erst mal ausgiebig, dass ich so lange gewartet hatte. Mir kam es vor, als würde ich drei oder vier Liter ins Becken drücken. Es ging mir immer noch mies, regelrecht zum Kotzen. Der Lärm der Menge auf dem Hof klang gespenstisch. Die Atmosphäre hatte sich verändert, die Luft knisterte förmlich.

Ich lief zur Tribüne zurück und kam gerade noch rechtzeitig, um mit anzusehen, wie Ray aus seinem Sitz aufsprang, aufs Feld stürmte und dem dritten Baseman die Faust ins Gesicht rammte. Eine Sekunde später explodierte der gesamte Yard. Der einzige Vergleich, der mir zur Beschreibung dieses Ausbruchs einfällt, ist die Szene in *Das Omen*, in der Katherine und Damien durch das Freigehege im Londoner Zoo fahren und die Pavianhorde vollkommen durchdreht. Der Moment, wenn auf der Hundewiese alle Köter auf einmal übereinander herfallen. Ein Wimpernschlag, und tausend Raubtiere kämpfen um ihr Leben.

Ich hatte seit 1956 gesessen, mit Unterbrechungen zwar, aber mehr drin als draußen. In diesen zwölf Jahren wendete ich all die Lektionen an, die mir mein Onkel Gilbert über das Leben im Kahn beigebracht hatte. Ich erinnere mich noch gut daran, wie ich bei meinem ersten Aufenthalt im Jugendknast in der Eastlake Juvenile Hall zu mir selbst sagte: »Okay, Junge, denk nach! Was hat Gilbert dich gelehrt?«

Erstens, bleib immer bei den Mexikanern. Zweitens, finde drei oder vier Homies, die dir jederzeit Rückendeckung geben. Gilbert erklärte mir, ich würde schnell Instinkte entwickeln, von denen ich nicht mal geahnt hatte. Ich würde lernen, wie man in einer chaotischen Gefängnisumgebung trotz des Geschreies und des fieberhaften Gewusels zur Ruhe kommt und schlafen kann. Und ich würde ebenfalls lernen, wie man von einem Moment auf den nächsten aus dem Tiefschlaf aufspringt und hellwach ist, sollte jemand, auch nur für einen Augenblick, vor deiner Zelle stehen bleiben. Er brachte mir bei, wie ich reagieren musste, sollte mich ein anderer Gefangener auch nur eine Millisekunde zu lang anstarren:

»Was zum Henker glotzt du, du Wichser?« Gilbert war nur sechs Jahre älter als ich, aber er war mein Mentor. Egal, wo er gesessen hatte, er war immer der Boss gewesen. Er lehrte mich, wie man dealte, wie man klaute, wie man einschüchterte und die Schwächen der anderen erkannte; wann und wie man Angst und Schrecken verbreiten musste und wann es in Ordnung war, Trost zu spenden. Er brachte mir bei, niemals die Schwächeren zu tyrannisieren, aber dass es nur um den Sieg ging, wenn ein Kampf unausweichlich war.

Als man mich zum ersten Mal zu einem Polizeirevier brachte, war ich zehn Jahre alt. Mit zwölf war ich Stammgast im Jugendknast. Meine Eltern schickten mich irgendwann zu Verwandten nach Texas. Ich hatte aus Rache für eine Tintenspritzerei im Kunstunterricht einen Mitschüler aufgemischt, und mein Vater wollte mit der Reise verhindern, dass ich deswegen einfuhr. An diesem Punkt war ich jedoch bereits unverbesserlich, und so dauerte mein Gastspiel in Texas nicht besonders lang. Ich kam bei den Cantús unter, meiner Tante Margaret und meinem Onkel Rudy. Die wohnten zwar am Arsch der Heide, mehrere Meilen außerhalb von San Antonio, aber ich schaffte es trotzdem irgendwie zu den Partys in den Barrios von Alamo City. Meine Tante und mein Onkel waren grundsolide und religiös. Doch sie erkannten bald, dass sie mich nicht kontrollieren konnten, und schickten mich zurück nach Los Angeles.

Ich hatte keine Angst vor Verhaftungen, ich hatte keine Angst vor dem Bau. Wenn ein junger Mensch die Konsequenzen seiner Handlungen nicht mehr fürchtet, dann ist er für die Gesellschaft verloren. In der zehnten Klasse wurde ich ungefähr zum Halbjahr an die North Hollywood High School versetzt, meine fünfte Schule innerhalb eines Jahres. Aus den vier vorherigen war ich wegen Prügeleien rausgeflogen. Immerhin hatte ich dort auch in anderer Hinsicht für Aufregung gesorgt. Als einziger Mexikaner war ich etwas

Besonderes. Ich trug weiß-gelbe Sir-Guy-Hemden mit dazu passenden Westen und Khakihosen mit Bundfalten. Levi's zog ich nur gebügelt an, den Saum zu Folsom-Cuffs hochgekrempelt. Ich war Latino, und ich hatte Stil. Ich sah cool aus, ich stach aus der Masse heraus. An der North Hollywood kam ich mit Barbara zusammen – ein wunderschönes Mädchen, dazu noch Italienerin und Homecoming Queen. Sie liebte mich, ich liebte sie. Eines Tages sah sie mich auf dem Pausenhof auf einer Bank sitzen und blickte mich entgeistert an.

»Da kannst du nicht sitzen, Danny, das ist die Bank der Caballeros.« Ich dachte nur: *Was soll denn der Scheiß jetzt? Die haben eine eigene Bank, nur für sich? Wer sind die überhaupt, diese Caballeros, und warum geben sie sich einen spanischen Namen?*

Kurz darauf kam ein großer Weißer mit trotteliger Visage und einem kleineren Kerl im Schlepptau zu der Bank. Der Große baute sich vor mir auf und sagte: »Kommst du freiwillig von der Bank der Caballeros runter, oder muss ich dich runterscheuchen?«

Hätte er einfach nur gesagt: »Hey, das ist die Bank der Caballeros«, dann wäre ich vielleicht aufgestanden und verschwunden. Aber so hatte er mich herausgefordert. Ich sprang hoch, auf die Sitzfläche der Bank, und verpasste ihm einen heftigen Kick gegen den Kehlkopf.

»Ich schätze, du musst mich runterscheuchen, du Pissnelke.«

Der Kerl begann zu husten und nach Luft zu japsen. Dann sagte sein kleiner Kompagnon die magischen Worte: »Warte nur bis nach der Schule, Bohnenfresser.«

Großer Fehler. Mein Trigger war nicht das Wort »Bohnenfresser«, sondern die Ankündigung »nach der Schule«. Normale Highschool-Kids haben für gewöhnlich Angst davor, in Schwierigkeiten zu geraten und richtigen Ärger zu bekommen. Ich hatte dieses Problem nicht. Ich war der Typ Schüler, der gar nicht darauf warten konnte, dass es endlich »nach der Schule« war. Meine Wut steigerte sich mit jeder Stunde des Tages. Das Klingeln zum Unterrichtsende konnte gar nicht früh genug kommen. Als es so weit war, rannte ich zum Schultor und wartete. Kurz darauf trudelte der Kollege ein, dem ich den Kehlkopf in den Hals getreten hatte. Er hatte fünf seiner Caballero-Freunde dabei. Hinter ihnen versammelte sich der Rest der Schule und wartete auf die große Show. Das gefiel mir ausgezeichnet. Ich war bereit und heiß darauf, ihre Definition des Wortes »Gewalt« gehörig zu erweitern.

Es war wie eine Szene aus *Grease*. Allerdings erwarteten diese Kids eine jugendfreie Version des Films, während mich nur die indizierte Variante interessierte. Ich ging sofort ans Werk. Kaum hatte der Anführer den Mund aufgemacht, packte ich ihn am Hals, versenkte meine Zähne in seiner Wange und riss ihm ein ordentliches Stück Fleisch aus dem Gesicht. Die Umstehenden hielten die Luft an, einige Mädchen bedeckten die Augen mit ihren Händen. Niemand an der North Hollywood High School war auf mich vorbereitet gewesen, am allerwenigsten der Caballero vor mir.

Während der Bursche sich schreiend am Boden wälzte, stiefelte ich in einen Imbiss auf der anderen Straßenseite namens Leonard's Burger Shop, lieh mir dort ein Hackmesser aus und rannte zurück zum Schultor. Ich war fest entschlossen. Wenn es sein musste, würde ich die ganze Schule niedermetzeln. Der Besitzer des Burgerladens kam, ebenfalls mit einem Hackmesser bewaffnet, aus dem Imbiss gesprintet und verfolgte mich. Vor dem Schultor kam es dann zum Showdown: ich gegen alle Kids von der North Hollywood High. Aber keiner von ihnen traute sich auch nur einen Schritt näher an mich heran. Das ist der Vorteil von Raserei und Wahnsinn. Das ist der Vorteil, wenn man bereit ist, Grenzen zu überschreiten, die auf den Karten deiner Feinde noch nicht mal verzeichnet sind. Doch diese Fähigkeit hat einen Preis. Wenn man sie einsetzt, signalisiert man der Welt, dass man am besten an einem ganz speziellen Ort aufgehoben wäre – hinter Gittern.

Ich nahm mir zu Herzen, was Gilbert mich gelehrt hatte. Ich kämpfte nicht, um mein Ansehen zu steigern. Ich kämpfte, um zu gewinnen, und ich fand einen wirklich krankhaften Gefallen daran. Ich achtete diejenigen, die mir Respekt entgegenbrachten. Wer es nicht tat, war fällig und lief Gefahr, noch Jahrzehnte später beim allmorgendlichen Blick in den Spiegel tiefe und hässliche Narben auf seiner runzligen Haut betasten zu müssen und auf diese Weise daran erinnert zu werden, dass er an jenem Nachmittag vor langer Zeit einen großen Fehler begangen hatte, als er Danny Trejo herausforderte.

Wenn es im Knast zu einem Riot kommt, weiß jeder, was zu tun ist. Erstens: überleben. Zweitens: Feinde angreifen. Mexikaner fielen über Schwarze her, ein paar Weiße kämpften sich Rücken an Rücken zu ihren Leuten vor, Schwarze prügelten auf Weiße und Latinos ein. Ganz gleich ob weiß, schwarz oder braun, alle führten Attacken aus, die schon Monate zuvor angeordnet worden waren. Ich prügelte auf jeden ein, der mir zu nahe kam, und schickte einen Wichser nach dem nächsten auf die Bretter. Hier eine Linke, bäm. Dann eine Rechte, bäm. Links, rechts, links, rechts. Bäm, bäm, bäm, bäm. Ich hatte keine Angst. Dafür war keine Zeit. Wenn sie sich doch einzustellen drohte, wandelte ich sie sofort in Raserei um. Es war eine Sache des Adrenalins, und ich war bis obenhin voll davon. Wenn ein Kind unter einem Auto feststeckt und seine Mutter vor Angst wie gelähmt ist, hat die oder der Kleine keine Chance. Verwandelt Mama die Angst jedoch in Wut, hebt sie den Wagen an.

Auch ich hätte bei diesem Riot ein Fahrzeug in die Luft hieven können. Ach, was rede ich? Ich hätte einen verdammten Lieferwagen anheben können.

Aus dem Augenwinkel sah ich, wie sich die Tucken an den Rand des Gefängnishofes flüchteten. Wenn ich »Tucke« sage, dann meine ich das nicht abwertend, denn hinter Gittern ist es nicht abwertend. Wir hatten mit allen Gefangenen Kontakt, denn wir alle waren Menschen und saßen alle im selben Boot. Die Homosexuellen legten Geld zusammen und hatten immer reichlich auf ihren Konten. Sie bezahlten für Schutz und nahmen die schwulen Neuankömmlinge unter ihre Fittiche. Vor allem jedoch liefen bei ihnen alle wichtigen Informationen zusammen. Wer sich um die Sicherheit der schwulen Häftlinge kümmerte, konnte gewiss sein, dass er alles erfuhr und auf Hunderte Augenpaare zählen konnte, die über ihn wachten.

Die College-Jungs ließen ihre Baseballschläger kreisen, um sich die Knackis vom Leib zu halten. Die Häftlinge warfen indes mit Mülleimern, Steinen und was auch immer sie gerade zur Hand hatten. Ich weiß noch, wie auch ich nach einem Stein oder einem Putzbrocken griff, aber alles danach ist ein unscharfer Erinnerungsbrei.

Der Lärm auf dem Hof war unmenschlich.

Ich stand Rücken an Rücken mit Ray und schlug jeden nieder, der auf Armlänge an uns herankam. Dann sah ich auf einmal Captain Rogers, einen der Chefs bei den Knastbullen, wie er auf uns zeigte. Er blickte zu den Gewehrschützen auf dem Wachturm hinauf und gab das Signal zum Feuern. Ray und ich nahmen die Beine in die Hand und rannten, ein jeder in eine andere Richtung. Wie ein paar Rodeo-Clowns stießen wir nach ein paar Kurven und Haken mit den Köpfen zusammen und fielen zu Boden.

Wir lagen mit den Gesichtern im Dreck und falteten die Hände hinter unseren Nacken. Ray mutierte abermals zu einem kleinen Kind und schrie: »Bitte, Danny, lass nicht zu, dass sie mir wehtun.« Er hatte Todesangst.

Captain Rogers lief zu uns und sagte: »Hey, Trejo, hast du ihn erwischt?« Ich vermutete, dass er wissen wollte, ob ich Ray niedergeschlagen hatte, um ihn zu stoppen. Ich wusste nicht so recht, was ich antworten sollte, und sagte: »Ja.«

Die Wachen hievten uns hoch und schleppten uns weg.

Aus den mehr als tausend Häftlingen, die an diesem Riot beteiligt waren, pickte man nur Henry, Ray und mich heraus. Mir wurde vorgeworfen, den Steinbrocken geworfen zu haben, der Lieutenant Gibbons am Kopf erwischt hatte. Die Sache mit Ray war klar. Dass er einen Besucher, den Burschen von der dritten Base, angegriffen hatte, war niemandem entgangen. Henry beschuldigte man, Coach Stalmeyer in den Schritt getreten zu haben. Ergebnis: Hodenruptur. Alle drei Vergehen galten hinter Gittern als Schwerverbrechen.

Wir mussten mit der Todesstrafe rechnen.

Kann ein Moment alles verändern? Ja, kann er. *Todo.*

Diese Erkenntnis war keine wirkliche Überraschung für mich. Egal, wo ich bis dato gesessen hatte, ob Jugendknast, Bootcamp, Tracy, YTS (Youth Training School), Wayside, Chino, Vacaville, San Quentin, Folsom – ich hatte eigentlich nie damit gerechnet, am Ende lebend aus der Sache rauszukommen. Ich ahnte, dass ich bis zu meinem Tod im Knast säße. Ich wusste nur nicht, wann es so weit sein und wie oder wo ich abtreten würde.

Nun sah alles danach aus, als würde es an diesem Ort geschehen, in Soledad.

Viele meiner Lehrer hatten über mich gesagt: »Der Junge hat echt Potenzial.« Genauer gesagt hörte ich von ihnen oft: »Der Junge hat unglaublich viel Potenzial, wenn er nur sein Verhalten ändern würde.« Sogar die Bewährungshelfer meinten, ich hätte großes Potenzial.

Im Bunker fragte ich mich: »Was zum Henker soll das eigentlich sein, Potenzial?«

Gerade als es in Soledad gut für mich lief, kam der Cinco-de-Mayo-Riot und veränderte alles. Man klagte mich an, und wie es aussah, war ich auf dem direkten Weg in die Gaskammer. Dass mein Leben und mein Tod nun alleinig in den Händen des Staates lagen, war für mich nur schwer zu verdauen. Ich wusste, dass ich ein Fighter war und kein Problem damit gehabt hätte, im Kampf draufzugehen. Aber nun würden Beamte mich zur Schlachtbank führen, zu einem Tod in der Gaskammer. Wie würde ich reagieren? Würde ich dem Tod mutig ins Auge blicken?

Henry schrie über den Flur: »Die werden uns killen, Danny! Die werden uns echt killen, Mann!«

Es gibt da diesen Film aus den 1930er-Jahren, *Chicago – Engel mit schmutzigen Gesichtern*. In dem Streifen spielt James Cagney einen Kerl namens Rocky, einen knallharten Gangster, der in eine Schießerei mit den Cops gerät. Als er merkt, dass er umzingelt ist, brüllt er: »Kommt doch her und holt mich, ihr Scheißbullen!«

Nach Rockys Verhaftung sind sich die Jungs in seinem Viertel einig: »Der wird den Cops ins Gesicht spucken!«

Als Rocky dann allerdings zum Tode verurteilt wird, flennt er wie ein Kleinkind. Auf dem Weg zum elektrischen Stuhl bettelt er schluchzend um Gnade. Am nächsten Tag liest seine Gang in der Zeitung, dass ihr Idol als armseliger Schisser abgetreten ist.

Die Botschaft, die ich daraus mitnahm, war einfach: Sei keine Memme, wenn dein Stündlein schlägt.

Nur ein Jahr später sollte George Jackson über den O Wing in Soledad schreiben: »Selbst die Stärksten halten es nicht länger durch als ein paar Wochen (...) Wenn ein Weißer hier rauskommt, ist er fürs Leben gebrochen. Schwarze verlassen diese Sektion von Soledad so gut wie nie auf zwei Beinen.« Dabei war der O Wing nicht mal das absolute Maximum (nicht mal annähernd) in Sachen Bestrafung und Erniedrigung. Das war nämlich der X Wing – und der X Wing war genau die Abteilung, in die sie Henry, Ray und mich gebracht hatten. Im Vergleich dazu war der O Wing ein Zuckerschlecken, ein Ort, von dem wir manchmal sogar träumten.

Ich saß auf einer Pritsche aus blankem Stahl. Mir ging's mies, ich

hatte Schüttelfrost. Ohne Pillen und Alkohol kippte ich unweigerlich in den Entzug. An die Wand gegenüber von meiner Liege hatte
jemand mit Scheiße »Fick dich, Gott!« geschrieben.

Ich murmelte: »Gott, wenn es dich gibt, werden Henry, Ray
und ich durchkommen. Wenn nicht, sind wir am Arsch.«

Kapitel 2

NEUNZIG TAGE FREIHEIT

1965

Meine Zeit in Soledad war das Mittelstück einer ganzen Serie von Haftstrafen. Ich landete dort gerade mal neunzig Tage nach meiner Entlassung aus der Youth Training School (YTS). YTS war ein Jugendknast in Chino, Kalifornien, der inoffiziell die »Gladiatorenschule« genannt wurde. Alle Welt kennt die Prep Schools der Vereinigten Staaten – Privatschulen, die einen für die Aufnahme an einem College vorbereiten. Nun, der Jugendknast YTS war etwas ganz Ähnliches für Kids wie mich: Diese Schule bereitete uns auf unsere Zeit in den Knästen Kaliforniens vor.

Bei meiner Entlassung aus der Gladiatorenschule im Jahr 1965 war ich einundzwanzig Jahre alt. Als ich durchs Tor ging, drückte man mir ein Busticket nach Hause und ein bisschen Klimpergeld in die Hand. Mein erster Stopp war ein Schnapsladen am Greyhound-Busbahnhof in Ontario, Kalifornien, wo ich zwei Flaschen gepanschten Billigwein, eine Plörre namens Ripple, kaufte.

Obwohl es damals noch kein Internet gab, existierte bereits ein Pendant zum heutigen Darknet. Die Greyhound-Busbahnhöfe waren wie Magneten für Dealer, Prostituierte, Teenager, die von zu Hause abgehauen waren, Zuhälter mit verwegenen Spitznamen, Soldaten auf Urlaub und frisch entlassene Knackis. Dort kamen sie alle an einem Ort zusammen, an dem man für einen Dime fünfzehn Minuten Fernsehen glotzen konnte.

Ich entdeckte erst in meinen Dreißigern, dass anständiger Wein einen Korkverschluss hatte. Für Ripple wurde keine einzige Traube zerquetscht, und die Flasche hatte einen Schraubverschluss. Ich schmuggelte den Likörwein in den Greyhound und verschanzte mich hinter der Lehne eines Sitzes, um die beiden Flaschen zu exen. Über mir war ein Schild angebracht: »In diesem Bus ist der Verzehr von Alkohol verboten. Zuwiderhandlungen können mit einer Geldstrafe, Haft oder beidem geahndet werden.«

Als wir in Downtown L. A. einliefen, stieg ich aus. Kaum hatte ich einen Fuß auf das Pflaster gesetzt, hörte ich jemanden pfeifen. »Hey, du!«, rief ein halbseidener Mexikaner mir zu. »¿Qué quieres?«

»Was hast du denn?«, sagte ich.

»Nur gutes Zeug.«

Na klar. Jeder Dealer behauptet, dass sein Shit gut ist. Keiner wird dir reinen Wein einschenken und sagen: »Eigentlich ist es ziemlicher Murks und dazu noch bis zum Abwinken mit Laktose gestreckt.«

»Hast du ein Besteck?«

Er nickte. Wir verzogen uns ans Ende einer dunklen Gasse und fixten.

Bäm! Als der Rausch über mich hinwegrollte, war der Boogeyman mit einem Mal verschwunden. Der Boogeyman, das war für mich die Reue in Bezug auf die Vergangenheit und die Angst vor der Zukunft. Wie so viele andere Abhängige auch hatte ich einerseits ein übergroßes Ego und wurde andererseits von Selbsthass zerrissen. Regelmäßig überwältigten mich ganz unterschiedliche Emotionen. Es waren Gefühle des Bedauerns, der Angst und der Wut, die immer in genau dieser Reihenfolge auftraten, wobei ich oft in weniger als drei Sekunden durch die ersten beiden Phasen pflügte. Meine Wut kehrte sich meist nach außen, zielte auf andere. Ich machte Dritte, Orte, Dinge und Umstände für meine miese Lage verantwortlich. Nicht ein einziges Mal nahm ich meine eigene Rolle in dem Ganzen unter die Lupe. Nicht ein einziges Mal übernahm ich Verantwortung für die Situation, in der ich mich befand. Dieser Sturm an widersprüchlichen Gefühlen überfiel mich regelmäßig, und oft hatte ich den Eindruck, dass es nur ein Gegenmittel gab. Heroin. H war mein Retter in der Not. Das war schon in meiner Kindheit so gewesen, als ich mit zwölf zum ersten Mal drückte, um den Ärger mit meinen Eltern zu vergessen.

Mit dem H im Blut verwandelte sich meine knastgesponserte Denimjacke in einen Kaschmirmantel, und ich hatte das Gefühl zu schweben. Der Tag meiner Entlassung war ein Freitag. Zu Hause kam ich erst fünf Tage später an. Meine Mutter sah mein blaues Auge und sagte: »Was ist passiert, mijo?« Ich wusste es selbst nicht. Ohne mich lange aufzuhalten, ging ich gleich wieder auf Tour. Ein paar Wochen später strandete ich im Haus eines alten Kumpels aus der Nachbarschaft. Sein Name: Frank Russo. Als Kinder waren Frank und ich in einer Gang namens The Ulans gewesen – ein Zusammenschluss von Kids, die aus anderen Gangs rausgeflogen waren, weil diese sie als zu krass empfunden hatten. Frank und ich hatten auch eine Zeit lang gemeinsam in der Gladiatorenschule eingesessen.

Im YTS-Jugendknast hatte Frank an den Meetings einer Selbsthilfegruppe teilgenommen, die nach dem Zwölf-Schritte-Programm arbeitete, um seine Alkoholprobleme in den Griff zu kriegen. Er wusste, dass ich ein Alkoholiker und ein Abhängiger war. Um ehrlich zu sein, wusste ich es sogar selbst, aber mir war es ganz einfach egal. Frank schlug mir vor, mit ihm zu den Meetings zu gehen. Er tat es auf eine Art, bei der ich schlecht Nein sagen konnte.

»Die haben Bräute da, Danny.«

Für einen Teenager, der schon eine Weile im Jugendknast saß, klang das wie Musik.

»Echt jetzt?«

»Ja, Mann, da kommen Zivilisten von draußen zu den Treffen.«

Ich marschierte direkt ins Büro meines Betreuers und gab zu Protokoll, dass ich Alkohol- und Drogenprobleme hätte und gern an den Meetings der Selbsthilfegruppe teilnehmen würde. Dieser Move sollte sich später als zweischneidiges Schwert herausstellen, als Segen und Fluch zugleich. Zuerst aber sah ich nur den Fluch. Zum einen stand nun in meiner Akte, dass ich ein Drogenproblem hatte (genauer gesagt stand da: »Insasse gibt an, unter akuter Alkohol- und Drogenabhängigkeit zu leiden, und wünscht Teilnahme an Suchtberatungsangeboten«). Die Gefangenenakte begleitet dich deine gesamte Knastkarriere über und landet später auch bei deinem Bewährungshelfer. Ich wusste das damals nicht. Mein Wunsch, endlich mal wieder ein paar Frauen zu sehen, sorgte dafür, dass ich über Jahre hinweg unzählige Drogentests außer der Reihe machen musste und per Bewährungsauflage gezwungen war, an den Meetings anderer Selbsthilfegruppen teilzunehmen. Neben dem Akteneintrag bestand der zweite große Reinfall darin, dass ich bei diesem ersten Treffen zwar zwei Frauen kennenlernte, die beiden Ladys aber mindestens einhundert Jahre alt waren. Ich hätte Frank den Kopf abreißen können.

Während ich öfter neben als auf dem Pfad der Tugend unterwegs war, hatte Frank es geschafft, von den ersten Meetings an abstinent gegenüber Drogen und Alkohol zu bleiben. Jetzt stand ich in seiner Wohnung vor ihm, und er schüttelte nur den Kopf.

»Meine Güte, Danny, du siehst ja mal echt mies aus. Was hat dich bloß so ruiniert?«

»Hauptsächlich Alkohol, würde ich sagen.«

»Komm, Junge, jetzt machst du dich erst mal frisch, anschließend gehen wir zu einem Meeting«, sagte er. Dann sah er nach unten und stöhnte: »Ach du Scheiße …«

»Was ist denn?«

»Du hast ja immer noch deine Arbeitsbotten aus dem Knast an. Jeder, der mal gesessen hat, weiß, woher du gerade kommst.«

Ich hatte schon vor meiner Entlassung Kontakt zu Frank aufgenommen. Er hatte mir versichert, dass alles bereitstünde, wenn ich ins Valley zurückkäme. Damals bedeutete das für gewöhnlich: eine Matratze, eine Braut, eine Knarre und eine Karre. Bei Frank drehte sich jetzt aber alles um den Kampf gegen die Sucht. Was er also damit meinte, als er 1965 sagte, alles stünde für meine Rückkehr bereit, war, dass er eine Liste von Zwölf-Schritte-Meetings und eine Ausgabe des *Big Book* der Anonymen Alkoholiker für mich hatte. Ein Teil von mir war neidisch darauf, dass Frank derart entschieden abstinent lebte. Ich wusste, dass die Zwölf-Schritte-Programme funktionierten, sogar für OGs wie Jhonnie Harris, doch für mich selbst waren zwölf Schritte zwölf zu viel. Ich wusste allerdings auch, dass ich bei einem erneuten Rückfall in die Sucht wieder einfahren würde. Außerdem gehörte es zu meinen Bewährungsauflagen, regelmäßig zu den Meetings von Selbsthilfegruppen zu gehen.

»Okay, dann fahr mich nach Hause, damit ich mich umziehen kann.«

Ich schlüpfte in die Knast-Khaki, die man mir bei meiner Entlassung gegeben hatte. Es war die einzige anständige Hose, die ich besaß. Anschließend fuhren Frank und ich zu dem Meeting. Am selben Abend noch zog ich in ein staatlich unterstütztes Übergangshaus ein, eine Art Resozialisierungszentrum für junge Straftäter. Mein Bewährungshelfer hatte mir dort einen Platz besorgt. Er wusste von dem Ärger mit meinen Eltern und war überdies der Ansicht, dass ich in einem beaufsichtigten Wohnprojekt besser aufgehoben wäre. Auch das Wohnen im Übergangshaus war eine Bewährungsauflage. Zum Glück war der Laden ganz erträglich. Jeder hatte einen Zimmernachbarn, und am Wochenende war erst um zehn Uhr Zapfenstreich. Das ging in Ordnung. Ich war an Beschränkungen gewöhnt, und im Vergleich zum Leben hinter Gittern war ein Zapfenstreich, egal wie früh, natürlich kein großes Drama.

Frank hatte im YTS-Jugendknast eine Ausbildung zum Karosseriemechaniker absolviert und arbeitete nun für einen Kerl, für den wir alle schon als Teenager gejobbt hatten: Frank Carlisi. Der Mann war eine Konstante in unserem Leben. Carlisi war selbst ein Ganove und hatte ein großes Herz für andere Gangster. Ohne große Fragerei gab er uns Jobs, wenn wir aus dem Knast kamen. Wir konnten uns glücklich schätzen, auf einen Kerl wie ihn zählen zu können. Normalerweise machen Personaler nämlich einen großen Bogen um Vorbestrafte. Und wenn einem dann noch der Bewährungshelfer aufs Dach steigt, dass man sich doch gefälligst eine Arbeit suchen solle, was de facto aber unmöglich ist, kann es schnell anstrengend werden.

Carlisi betrieb einen Schrottplatz, den er irgendwann um eine Werkstatt für Frank und dessen Karosserie-Instandsetzungen erweiterte. Ich arbeitete mit Frank in dieser Werkstatt und musste ihm und Carlisi versprechen, dass ich meinen Scheiß auf die Reihe kriegen würde. Tagsüber schufteten wir. Mit Sandstrahlgeräten entfernten wir den Lack von den Karosserien, beulten sie aus, dichteten sie ab und lackierten sie anschließend neu. Abends gingen wir zu Meetings.

Der Kahn lag erst einmal hinter mir, ich ging regelmäßig zu Selbsthilfegruppen, und so hatte ich den Kopf frei, um über allerhand Lebenspraktisches nachzugrübeln. Zum Beispiel darüber, was ich in Bezug auf Laura, meine Ex, die sich während meines letzten Gefängnisaufenthalts von mir hatte scheiden lassen, unternehmen könnte. Ich fragte Frank um Rat.

Als ich drei Jahre zuvor, also 1962, aus dem Knast gekommen war, hatte ich als Erstes Frank besucht, um mir sein Haus anzusehen und seine Freundin kennenzulernen, von der er mir in seinen Briefen berichtet hatte. Bei dem Besuch war auch die jüngere Schwester seiner Freundin anwesend, ein junges Ding namens Laura, das mich komplett aus den Socken haute. Sie trug ein kurzes Kleid, hatte langes, rötliches Haar, war groß, schlank und atemberaubend schön. Sie saß am anderen Ende des Wohnzimmers und starrte mich an. Wenn sich unsere Blicke trafen, schaute sie rasch in eine andere Richtung und lächelte. Bei mir hatte es sofort gefunkt, ich war hin und weg. Es war für uns beide so. Irgendwann sagte ich: »Komm doch rüber.«

Sie stand auf und durchquerte das Zimmer. Es war fast wie eine Vision. Ich sagte: »Du kannst dich gern auch auf meinen Schoß setzen, wenn du dich traust.« Sie war erst achtzehn. Ich zwar auch, aber ich hatte mit achtzehn schon so viel durch, dass ich mich um einiges älter fühlte. Laura gefiel das. Sie mochte Rebellen und harte Jungs, Bösewichte und Ex-Knackis. Schwere Jungs attraktiv zu finden, ist eine Sache – mit einem zu leben, eine komplett andere.

Bei Laura und mir wurde es sehr schnell sehr ernst. Ihre Eltern hassten Mexikaner und Vorbestrafte. Noch mehr hassten sie die Tatsache, dass ihre jüngste Tochter mit einem Kerl ging, der beides war. Das Ende vom Lied: Sie setzten Laura kurzerhand auf die Straße. Da sie niemanden hatte, bei dem sie rasch hätte unterschlüpfen können, entschieden wir uns zu heiraten. Die Hochzeitsfeier fand im Garten hinter dem Haus meiner Eltern statt und war eine rundum gelungene Angelegenheit. Es gab jede Menge Bier, Tacos und Tamales. Laura sah umwerfend aus. Sie war die Art Frau, der meine Freunde und Verwandten hinterherschauten, nur um mir dann einen Blick der Marke »Heilige Scheiße, wie hast du die Perle denn an Land gezogen?« zuzuwerfen.

Ich fühlte mich wie auf Wolke sieben. Zum einen hatte ich eine wunderschöne Frau, zum anderen einen guten Job. Zu jener Zeit arbeitete ich nämlich für den berühmten Bauunternehmer Saul Pick, in dessen Auftrag wir den Cinerama Dome in Hollywood hochzogen, das erste geodätische Kuppeldach der Welt aus Beton. Dort verdiente ich doppelt gutes Geld: einmal bei der Arbeit am Bau und einmal durch den Verkauf von Bennies an meine Kollegen. Der Druck war groß, das Dach sollte schnell fertig werden. Wir arbeiteten rund um die Uhr, also verkaufte ich den Jungs Bennies (Amphetamine), um wach zu bleiben, und Reds (Seconal, also Barbiturate), um entspannen zu können.

Laura und ich waren erst ein paar Monate verheiratet, als es passierte: Eines Nachmittags kam sie von ihrem Job als Sekretärin bei einem Stromanbieter nach Hause und konnte ihren Augen nicht trauen. Da saßen fremde Ladys auf ihrer Couch, und überall in der Wohnung lagen Drogen herum. Der Ausdruck in ihrem Gesicht ließ erahnen, wie verletzt sie war. Ich hatte ihn schon vorher gesehen, und ich würde ihn wieder sehen. Dazu die zitternde Unterlippe, die sich einstellt, kurz bevor man in Tränen ausbricht. Doch es war mir egal. Ganz ehrlich, es war mir wirklich egal, denn zu diesem Zeitpunkt interessierten mich die Gefühle von Frauen nicht. Es ist schrecklich, so etwas zu sagen, und beschämend, es zugeben zu müssen, aber es ist die Wahrheit, so fühlte ich damals.

Die Anziehungskraft eines Bad-Boy-Images verblasst, wenn die Person tatsächlich eine miese Type ist. Das mag anfangs alles sehr sexy und geheimnisvoll sein, sicher, doch irgendwann wird man mit der Realität konfrontiert. In Tränen aufgelöst, verließ Laura unsere Wohnung und kam bei ihrer Schwester und Frank unter. Frank war mein bester Freund, gleichzeitig wusste er, dass ich Drogen nahm und die Tränen weiter fließen würden. Er wusste, dass es von diesem Punkt an zwischen Laura und mir nur noch bergab gehen würde.

Die Bräute, die Laura auf unserer Couch überrascht hatte, hießen Rita und Donna, zwei wilde Ladys aus dem Valley, die zu wirklich allem bereit waren. Laura war nicht so verwegen, wie sie sich selbst sah, als wir uns kennengelernt hatten. Rita und Donna waren es sehr wohl.

Eines Abends bat ich Rita, mich zum Haus meines Cousins Ponchee zu fahren. Es war der Abend, an dem ich meine Ehe mit Laura gegen einen weiteren Aufenthalt hinter Gittern eintauschte. Ponchee war der Mann meiner Cousine Mary Carmen, die wir seit jenem Tag in der Gasse hinter dem Haus unserer Oma nur noch »Mamamiez« nannten. Die beiden vertickten Gras für mich. Ich wollte ihnen zwei frische Kilos liefern, gleichzeitig sollte es ein großer Zahltag für sie werden. Rita blieb draußen auf der Straße, ich ging hoch auf Ponchees Veranda. Kaum hatte ich geklopft, wurde die Tür aufgerissen. Officer Mullins von der Drogenfahndung in North Hollywood stand vor mir. Wir waren uns schon öfter über den Weg gelaufen.

Ich sprang über das Verandageländer und rannte um das Haus herum. Hinten lief ich einem dicken Cop in die Arme, der mich packte und mir die Mündung seiner Pistole unters Kinn drückte.

»Eine Bewegung, Trejo, und ich blas dir das Hirn aus dem Schädel!«

»Fick dich, Mann!« Ich spielte den harten Hund, als hätte ich keine Angst, aber in Wirklichkeit waren meine Beine weich wie Gummi. Ich wusste, das Spiel war aus.

Der Cop zerrte mich auf die Veranda, wo ich noch sah, wie Rita Vollgas gab und sich aus dem Staub machte. Officer Mullins erwartete mich schon an der Haustür. Drinnen stand ein anderer Cop neben Ponchee, die fünf Kinder meiner Cousine saßen auf dem Boden und heulten. Auf dem Wohnzimmertisch lagen ein riesiger Haufen Weed und mehrere Geldscheinbündel.

Ponchee meinte: »Les dije que es mío, no digas nada. Les dije que es mío.« Er habe den Cops gesagt, dass alles seins sei. Ich solle einfach die Klappe halten.

Mullins nickte in Richtung der weinenden Kinder auf dem Boden und sagte: »Na, Trejo, wie wirst du dich entscheiden?«

»Fick dich, Alter«, sagte ich. »Das Zeug gehört mir. Es ist alles meins.«

»¡No, es mío!«, beharrte Ponchee.

»Die können mir nichts, Ponchee«, sagte ich. »Für den Scheiß hier krieg ich doch allerhöchstens Bewährung.«

Die Cops lachten. Sie wussten, mein Gerede war nichts als Bullshit. Ich hatte bereits gegen meine Bewährung verstoßen, und zwar nicht zu knapp, und würde dieses Mal ganz sicher mehr als sechs Monate sitzen. Wahrscheinlich eher mehrere Jahre. Ich grinste und nickte, als wäre das alles kein großes Ding, aber meine Seele war zermalmt.

Die Cops legten mir Handschellen an und führten mich nach draußen. »Das, was du gerade da drin gemacht hast, war sehr korrekt von dir, Danny«, sagte Officer Mullins zu mir. »Feiner Zug.«

Ich glaube, Mullins war einfach nur froh, dass er nicht die komplette Familie, insbesondere die Kinder, aufs Revier karren musste. Wir beide wussten: Wurden Ponchee und Mary Carmen verhaftet, landeten die Kids in Pflegefamilien, Kinderheimen oder Jugendknästen.

Mullins und seine Leute fuhren mich zum North Hollywood Police Department, wo man meine Daten aufnahm, bevor ich ins County Jail überstellt würde. Auf dem Revier steckten sie mich in eine Gemeinschaftszelle, in der schon ein paar Sprittis saßen. Alle waren entspannt, die Atmosphäre ruhig. Dann hörten wir mit einem Mal ein lautes Quietschen, kurz darauf brach ein Auto mit einem heftigen Knall durch die Hinterwand des Polizeireviers. Die Wucht des Fahrzeugs ließ die Tür aus den Angeln fliegen. Es waren Rita und Donna, die tatsächlich versuchten, mich aus dem Knast zu befreien. Was für ein Gangster-Move. Was sie jedoch nicht bedacht hatten: Ich saß in einer extra gesicherten Zelle, die sie nicht so einfach aufbekamen.

Ein paar der Cops liefen raus auf die Straße, sahen aber nur noch die Rücklichter des Fahrzeugs. Das Auto war gestohlen, und so hatten sie keine Möglichkeit, die beiden Ladys ausfindig zu machen. Als die Cops wieder reinkamen, lachten sie, so absurd war das Ganze.

»Freunde von dir, Trejo?«

Sicher, die Aktion war ziemlich amüsant, aber unterm Strich war es diese Festnahme, für die ich in den YTS-Jugendknast wanderte. Es war nicht allzu überraschend, dass während meiner Haft irgendwann die Scheidungspapiere von Laura eintrudelten. Ich nahm die Dokumente mit zum Domino, um die Spielstände der Jungs darauf zu notieren. Ich mimte den harten Kerl, als würde es mir nichts ausmachen, doch das war Bullshit. Ich glaube, ich wollte einfach nicht wie diese anderen Trottel im Knast enden, die nur von ihren Ladys draußen schwafelten. Ich wollte nicht auf Briefe und Karten warten, die möglicherweise niemals kamen. Ich wollte nicht diesen Schmerz spüren.

Nun hatte ich meine dreijährige Haftstrafe im YTS abgesessen, war frei wie ein Vogel und ging zu den Meetings … und so kam ich auf die Idee, Frank zu bitten, bei seiner Freundin anzufragen, ob sich die Sache mit Laura, ihrer Schwester und meiner Ex, wieder kitten ließe. Frank sagte nur: »Wenn du bei dem armen Ding wirklich noch etwas kitten willst, Danny, dann halt dich einfach ein für alle Male von ihr fern.« Ich tat, was er sagte.

Dieses Mal lief die Sache draußen genau neunundzwanzig Tage lang für mich gut. Ich erinnere mich deshalb so genau, dass es neunundzwanzig Tage waren, weil mir nur einer zu meinem Ein-Monats-Abstinenzchip fehlte. Ich ging erst seit ein paar Wochen mit Frank zu den Meetings, aber ich fühlte mich schon besser. Ich wollte raus aus dem Sumpf. Ich blieb nicht nur trocken, um Punkte bei meinem Bewährungshelfer zu sammeln. Ich wollte um jeden Preis vermeiden, wieder einzufahren. Denn eine Sache war klar: Wenn ich wieder auf Drogen und Alkohol käme, würde ich erneut auf der schiefen Bahn landen. Zu wissen, was auf dem Spiel steht, bedeutet jedoch nicht automatisch, dass man auch die richtigen Entscheidungen trifft. Und der Reiz der schlechten Entscheidungen wurde von Tag zu Tag größer. An einem Freitagabend, ich war mies gelaunt, schleppte mich Frank wieder zu einem Meeting in Burbank.

Ein alter Knacker berichtete von seinem Leben: »Ich habe fünfzig Jahre lang Alkohol getrunken ...« Eigentlich reichte mir das schon, ich hatte genug gehört. Ich war einundzwanzig Jahre alt und hatte mehrere bewaffnete Raubüberfälle auf dem Konto. Ich war ein Schwergewicht, ein harter Hund. Wenn der Kerl fünfzig Jahre lang saufen konnte, lagen noch einige Jahrzehnte vor mir. Er erzählte weiter, dass er mit Bier angefangen hatte, dann zu Hartalk, Bourbon und Whiskey übergegangen war und mit sechzig nur noch in irgendwelchen dunklen Gassen Wein gepichelt hatte.

So ein Scheiß, dachte ich. *Ich hab mit Wein in dunklen Gassen angefangen!*

»Wenn ihr das wollt, was wir haben ...«, fuhr der Alte fort und zählte dann eine Reihe von aus seiner Sicht erstrebenswerten Dingen auf. Ein Auto, ein Boot, ein Haus, einen Wochenendbungalow irgendwo draußen im Grünen. Aber mich verwirrte das sehr. Was zum Henker sollte ich mit einem Bungalow draußen im Grünen anfangen, am Arsch der Heide, wo es keine Bräute, keinen Spaß und aller Wahrscheinlichkeit nach auch kein fließend Wasser gab? Ich schaute mir seine Lady an, die um die fünfundsiebzig Jahre alt gewesen sein muss, und wusste genau, dass sie auch zu diesem Paket gehörte, an dem ich keinerlei Interesse hatte.

Dann begann der nächste Rentner aus dem Nähkästchen zu plaudern. »Ich habe sechzig Jahre lang getrunken ...«

Da hatte ich endgültig genug. Ich sagte zu Frank: »Pass auf, diese Typen hier spielen in einer anderen Liga. Wenn die Alkoholiker sind, dann bin ich bestimmt keiner. Ich bin ein Junkie, mehr nicht.« Das klassische Argument eines Drogenabhängigen. Wir glauben, Heroin ist unser einziges Problem, aber nach ein paar Bier scheint das Heroin, das wir ja nie wieder anrühren wollten, plötzlich eine gute Idee zu sein.

»Danny, sei vorsichtig«, warnte Frank. »Für mich klingt das so, als würdest du mit Gelegenheitstrinken anfangen.«

Franks Kommentar schien mir eher wie eine Empfehlung als eine Warnung. Ich stand auf und ging.

Auf dem Weg zu meiner Bude im Übergangshaus kam ich an einer Bowlingbahn vorbei. In der Hoffnung auf Bräute ging ich rein. Mein Gott, ich war einundzwanzig, hatte fast drei Jahre lang gesessen und war nicht besonders wählerisch. Ich wartete eine halbe Stunde, aber es kamen nur irgendwelche Knalltüten mittleren Alters mit ihren Ehefrauen rein.

Irgendwann dampfte ich ab und lief zu einem nahe gelegenen Tacostand, um mir etwas zu essen zu holen, und da fiel mir ein Laden namens Retreat Bar ins Auge. Ich war schon seit Jahren in keiner Bar mehr gewesen. Also ging ich rein und setzte mich an den Tresen. Der Barkeeper fragte, was ich trinken wolle. Ich bestellte eine Coke. Ich erinnere mich noch an das dickwandige Coca-Cola-Glas, das er mir brachte. Richtig alte Schule. Es war eiskalt. Der Barkeeper lächelte. Er kannte mich. Zu dieser Zeit kannte mich im Valley so ziemlich jeder Mexikaner. Wenn man als Highschool-Kid aus der Schule fliegt, weil man einem Mitschüler ein Stück Fleisch aus der Backe beißt und wenig später einem Matrosen mit einer zerschlagenen Bierflasche das Gesicht entstellt, dann bekommt man einen gewissen Ruf.

Ich war gerade mit meiner zweiten Coke beschäftigt, als eine ältere Lady, so um die sechzig, in die Bar kam. Sie ging zum Billardtisch, schien aber nicht so recht zu wissen, wie die Sache funktionierte oder dass man einen Quarter einwerfen musste, um spielen zu können.

»Kann ich Ihnen helfen?«, fragte ich.

»Ja, das wäre wunderbar.«

Ich war vom Meeting abgehauen, weil ich das Gelaber der alten Kerle nicht hatte ertragen können. Nun stand ich mit einer Lady am Billardtisch, die bestimmt schon sechzig Sommer gesehen hatte. Aber im Grunde war das egal, denn wenn eine Frau beim Poolbillard auftaucht, mutiert jeder Vato von einer Sekunde auf die andere zu Willie Mosconi oder Minnesota Fats. Irgendwann kam der schwache Moment, und ich stellte ihr die Frage, die stets den Anfang vom Ende markiert: »Kann ich Sie vielleicht auf einen Drink einladen?«

»Ja, gerne, ich nehme ein Bier.«

Ich pfiff zum Barkeeper hinüber. »Hey, Meister, ein Bier für die Lady.« Er nickte und sagte: »Danny, willst du noch eine …« Anstatt das Wort auszusprechen, machte er eine kreisende Bewegung mit dem Finger, die Kneipengebärde für Softdrinks. Ich hätte an die Decke gehen können. Was glaubte der Typ denn, wen er vor sich hatte? Ich war ein Gangster, verdammt, ich beging bewaffnete Raubüberfälle und verhunzte gestandenen Matrosen die Visage, und dieses Arschloch hinter der Bar ließ den Finger kreisen, als wäre ich noch ein kleiner Junge.

»Für mich auch ein Bier.«

Von dem Billardspiel weiß ich nichts mehr. Wie sich herausstellte, funktioniert Gelegenheitstrinken nicht, wenn du parallel dazu noch Drogen nimmst. Für jemanden wie mich ist schon ein Drink zu viel, und tausend sind immer noch zu wenig.

Ich erinnere mich erst wieder an den Moment, als der Barkeeper die letzte Runde ausrief.

Ich schaute auf die Uhr. Viertel vor zwei, morgens. Eigentlich hätte ich schon um zehn Uhr wieder im Übergangshaus sein sollen. *Scheiße*, dachte ich, *das ist jetzt ganz sicher ein Verstoß gegen die Bewährungsauflagen.*

Die Lady war verschwunden. Ich winkte den Barkeeper heran und bestellte ein paar Kurze und ein Sixpack zum Mitnehmen. Er starrte mich an, als wäre ich ein wildes Tier. Genau genommen war ich das auch.

Ich verließ die Bar und ging die Straße runter. Ein 59er Impala, weiß-rot lackiert mit Hydramatic-Getriebe von B&M, legte direkt vor mir einen eindrucksvollen U-Turn auf den Asphalt und krachte am Ende des Manövers gegen den Bordstein. Der Fahrer rief meinen Namen. »Trejo, Trejo!« Ich taumelte zur Beifahrertür und warf einen Blick ins Wageninnere. Es war Dennis, ein loser Bekannter aus dem Valley. Als man mich das letzte Mal hopsgenommen hatte, war Dennis noch ein Küken gewesen. Mittlerweile war er zwar auch erst um die achtzehn, aber immerhin. Er war dünn, hatte ein bubenhaftes Gesicht, blonde Haare, weiße Haut. Er hätte ein Mitglied der Beach Boys sein können, doch als er mich in dieser Nacht anstarrte, stand ihm die blanke Panik ins Gesicht geschrieben.

»Die Cops sind hinter mir her! Scheiße, Mann, und ich hab gerade ein großes Glas Reds umgekippt.«

Reds war der Straßenname für Seconal, rote Kapseln, die mitunter in Großpackungen à tausend Stück in Gläsern abgegeben wurden. Ich sprang ins Auto, griff mir eine Handvoll der roten Teufel und stopfte sie mir in den Mund. Dennis tat es genauso. Er bat mich um ein Bier von meinem Sixpack, und einen Augenblick später spülten wir die Reds mit Budweiser runter.

»Dennis, Mensch, ich sehe weit und breit keine Cops.«

»Sie sind mir aber auf den Fersen. Ich weiß es ganz genau.«

Wir fuhren los. Das war Samstag früh um halb drei Uhr morgens. Meine Erinnerung setzt erst wieder an dem Punkt ein, an dem Dennis den Impala im North Hollywood Park gegen einen Baum rammte. Die Sonne ging gerade auf, es war Sonntag. Ich hatte einen ganzen Tag verloren. Mein Versuch mit dem gelegentlichen Trinken war komplett nach hinten losgegangen.

Dennis flippte aus. »Nimm die Knarren. Na los, schnapp dir die Knarren!« Ich blickte zu den beiden Revolvern auf dem Rücksitz und beugte mich nach hinten, um sie zu greifen.

»Die doch nicht«, sagte Dennis. »Die Knarren im Kofferraum, Mensch!« Ich zog den Zündschlüssel ab und ging zum Heck des Fahrzeugs. Außer den Vögeln, die in den Bäumen zwitscherten, war noch alles ruhig. Es war ein wunderschöner Morgen, aber in meinem Inneren herrschte rappenschwarze Nacht. Im Kofferraum lagen zwei Schrotflinten mit abgesägten Läufen, eine Maschinenpistole und eine Handgranate.

Ich dachte nur: *Junge, Junge, das ist jetzt mal wirklich ein Verstoß gegen die Bewährungsauflagen.* Wir schnappten uns die Waffen, sackten die restlichen Reds ein und marschierten den Magnolia Boulevard runter. Wir wollten uns zu Richard Berry durchschlagen. Richard war zu dieser Zeit ein großer Heroindealer im Valley. Dennis schlug vor, bei ihm die Waffen gegen H einzutauschen.

Richard ging auf unseren Deal ein und gab uns eine ganze Menge Stoff. Genug, damit wir ein paar Tage high bleiben konnten und nebenbei noch etwas zum Verkaufen hatten. Wir nahmen uns ein Motelzimmer, versteckten die Drogen und die Waffen, die wir nicht eingetauscht hatten, und liefen zurück zum Unfallort. Zu unserer Überraschung klebte das Auto immer noch an dem Baum. Dennis setzte sich hinters Steuer, startete den Motor und legte den Rückwärtsgang ein. Die gute Nachricht: Der Wagen lief noch. Die schlechte: Er lief noch. Wir hatten also ein Gefährt, um unsere Tour fortzusetzen. Wir fuhren zum Motel, holten die Waffen und begannen einen epischen Run – anderthalb Monate lang nur Dope, Deals und Raubüberfälle.

In diesen fünfundvierzig Tagen ging es richtig zur Sache. Wir mieteten uns in Absteigen wie The Pink und The Rose ein, wo wir nur acht Dollar die Nacht bezahlten, und hatten eigentlich immer Gesellschaft. Ich kannte die Bräute, die auf der Straße anschafften, und viele dieser Girls warfen sich uns an den Hals, wegen der Drogen natürlich und dem Sex. Verängstigte Gesichter, versoffene Gesichter, leere Gesichter – wir bekamen viel zu sehen. Dennis und ich raubten in dieser Zeit die unmöglichsten Läden aus, darunter auch ein Big Boy Restaurant, also einen Familienimbiss, und einen White Front Store, wo Unterhaltungselektronik und Haushaltsgeräte verkauft wurden. Wir rippten Dealer ab und verarschten die Leute bei Drogengeschäften. Anschließend erzählten wir ihnen großmäulig, wo wir untergeschlüpft waren. Sollten sie doch kommen! Bei drei unserer Überfälle benutzte ich die Handgranate aus dem Kofferraum des Impala. Die Idee stammte aus einer Geschichte, die mir ein Mitgefangener während eines Meetings im YTS erzählt hatte: Angeblich war mal jemand mit einer scharfen Granate in eine Bank marschiert und hatte drinnen den Sicherungsstift gezogen, um auf diese Weise Geld zu erpressen. Ich sagte damals zu Jhonnie Harris, einem unserer Mentoren, dass ich das für eine hervorragende Idee hielt. Jhonnie war ein trockener Ex-Knacki, der wiederholt lange Jahre in San Quentin gesessen hatte. Er kam zu den Meetings in die Gladiatorenschule, weil er uns Youngstern helfen wollte. Jhonnies Antwort fiel knapp aus: »Danny, wenn du so weitermachst, landest du schneller in San Quentin, als du ›lebenslang‹ sagen kannst.« Ich dachte damals, das wäre ein Kompliment.

Dennis sagte dauernd Sachen wie: »Mann, ich kann's gar nicht fassen, dass ich mit Trejo unterwegs bin!« Als wäre ich sein Idol oder so was. Einmal, wir saßen gerade mit ein paar Bräuten in einem Motelzimmer, stand er auf, hielt eine Knarre in die Luft und rief: »Trejo und ich, wir machen die Sache auf der Straße aus.

Lebend kriegen die uns nicht!« Es war regelrecht peinlich. Dennis war kein Gangster. Erst mit mir wurde er zu einem. Ich kam mir vor wie in einer Folge von *Chester and Spike*, der Trickfilmserie, in der ein kleiner Terrier namens Chester mit der großen Bulldogge Spike durch die Gegend zieht und ihn dauernd nervt, sich bei ihm einschleimt und ab und an auch mal eins von ihm auf die Mütze bekommt. Dennis war wie Chester, ein kläffendes Großmaul. Unsere Tour konnte nur auf zwei Arten enden: Knast oder Tod. Wenn ich drauf war, erklärte ich Dennis so anschaulich wie möglich, was mit ihm hinter Gittern geschehen würde. Meine Schilderungen jagten ihm eine Heidenangst ein. Dennis hatte noch nie gesessen.

»Aber das passiert ja nicht, wenn wir beide zusammen einfahren, stimmt's, Danny?«

Und an diesem Punkt war ich dann besonders brutal.

»Der Kerl, der sich als dein bester Freund ausgibt, wird derjenige sein, der dich zuerst durchnimmt.« Großer Fehler, denn mit diesen Worten legte ich den Grundstein für das, was folgte.

Einem Teil von mir war es egal, ob wir es bis zum Äußersten trieben und in einem Kugelhagel draufgingen. Ich hasste mich selbst. Ich saß in einem Zug, der auf eine Klippe zuraste, und hatte keine Ahnung, wie ich abspringen sollte. Ich hasste mein Leben. Niemals hätte ich mich selbst getötet, aber durch eine Überdosis abzutreten oder von den Cops auf der Straße abgeknallt zu werden – das war mir gleichgültig. Ich war entschlossen, diesen Lauf durchzuziehen, bis zu seinem natürlichen Ende. Und dieses Ende sollte nicht allzu lange auf sich warten lassen.

Irgendwann kam Dennis von einem Ausflug ins Motel zurück und faselte davon, einen Riesendeal für uns arrangiert zu haben. Er hätte jemanden aufgetan, der vier Unzen unverschnittenes Dope wollte. Dumm nur, dass wir keine vier Unzen Dope hatten.

»Steht bei deinen Eltern Zucker in der Küche?«

»Klar haben die Zucker.«

»Sind sie gerade zu Hause?«

Ich besorgte mir ein paar Luftballons und einen Trichter und fuhr mit Dennis zum Haus seiner Eltern. Er stammte aus einer Familie der gehobenen Mittelschicht. Sie besaßen ein schmuckes Haus mit einer hochwertigen Einrichtung. An den Wänden hingen gerahmte Bilder von Familienpicknicks und Abschlussfeiern. Den Fotos nach zu urteilen, war Dennis wenige Jahre zuvor noch der süße Highschool-Bursche mit dem Familienhund auf dem Arm gewesen.

Ich schnappte mir eine Packung Zucker, mischte ihn mit Laktosepulver und füllte vier übertrieben große Luftballons mit dem Zeug.

»Wie viel bekommen wir?«

»Eins fünf pro Unze.«

Irgendetwas an dem Deal fühlte sich komisch an, aber das Geld war einfach zu verlockend. Wir fuhren zum Treffpunkt, wo zwei Typen in einem Auto warteten. Wieder kam das miese Gefühl in mir hoch.

»Die Sache gefällt mir nicht«, sagte ich.

Dennis sah aus, als hätte ihn mein Kommentar verletzt. »Ist ein stabiler Kerl, meine Connection.« Es nervte ihn, dass ich seine Menschenkenntnis anzweifelte. Er war stolz auf den Deal.

Als wir in den anderen Wagen stiegen, um das Geschäft abzuwickeln, rutschte ich hinter den Fahrersitz. Die Luft war zum Schneiden, die Spannung spürbar. Bei den beiden Fremden und mir lagen die Nerven blank, aber Dennis kriegte es noch nicht einmal mit. Er lächelte. Der Typ hinter dem Steuer mied jeglichen Augenkontakt.

»Hast du den Stoff?«, fragte er mich. Ich antwortete nicht, verzog keine Miene, sondern starrte nur geradeaus. Dennis schien von meinem Verhalten verwirrt und reichte dem Mann die Ballons. Dann drehte sich der Fahrer um und hielt mir ein Bündel Geldscheine hin. In der Sekunde, in der sich unsere Blicke trafen, wusste ich, dass er wusste, dass ich wusste, dass er ein Cop war. Er wedelte mir mit den Scheinen zu. Ich bewegte mich keinen Millimeter.

»Na los, nimm schon«, sagte der Kerl hinter dem Lenkrad.

»Danny, jetzt nimm endlich das Geld«, sagte Dennis.

Damit war die Sache durch. Dennis hatte meinen richtigen Namen benutzt. Sicherlich wäre es auch ohne diesen Patzer nicht besonders schwierig gewesen, meine Identität herauszufinden. Fakt war allerdings: Dieses Detail machte die Gesamtsituation noch ein kleines bisschen beschissener. Ich rührte weiterhin keinen Finger. Genervt streckte Dennis den Arm aus und griff sich die Scheine. In meinem Kopf rotierten tausend Gedanken. *Was für eine abgefuckte Aktion!*

Als wir nach dem Deal aus dem Wagen stiegen, war Dennis sauer. Ich glaube, er erwartete von mir, dass ich dankbar wäre oder zumindest beeindruckt von der Größe des Geschäfts.

»Was sollte das denn im Wagen eben?«

»Deine Connection ist ein Drogenfahnder, Dennis. Der Deal war eine Falle.«

»Kann nicht sein. Vertrau mir, Mann. Der Kerl ist in Ordnung.«

Ich ließ mich von Dennis bei Johnny's absetzen, einem Diner an der Ecke Magnolia und Laurel Canyon. Eine Freundin von mir arbeitete als Kellnerin in dem Laden. Ich hatte sie mal zu dem Diner gelöchert, um zu erfahren, ob sich ein Überfall lohnte. Aus diesen Unterhaltungen wusste ich, dass im Büro des Inhabers ein großer Safe mit einer Menge Bargeld stand. Im Gespräch mit dieser Freundin kam ich gleich zur Sache.

»Hey, Hübsche, kannst du dieses Geld hier gegen Scheine aus dem Safe von deinem Boss eintauschen?« Ich drückte ihr meine Hälfte der Banknoten aus dem Deal mit den Fake-Drogen in die Hand. Geschockt starrte sie auf die Geldscheinrolle. Dreitausend Dollar waren 1965 ein Haufen Kohle.

»Danny, ich weiß nicht so recht.«

Ich wusste, dass sie den Safe öffnen konnte. »Hey, du würdest mir wirklich einen riesengroßen Gefallen damit tun.«

Irgendwann nickte sie und ging nach hinten. Als sie wiederkam, reichte sie mir einen beigefarbenen Umschlag.

»Aber sag niemandem, dass ich das gemacht hab.«

»Du bist ein Engel.«

»Erzähl mir was Neues.«

Sie fragte, ob ich noch bleiben und etwas essen wolle, doch ich hatte ein paar wichtige Dinge zu erledigen. Ein Freund holte mich ab und fuhr mich zum Motel, wo ich mir die restlichen Waffen und die viertausend Dollar schnappte, die ich im Zimmer versteckt hatte. Ich brachte alles zum Haus meiner Eltern. Dort hatte ich Jahre zuvor im Garten direkt neben dem Springbrunnen ein Loch ausgehoben, in dem ich jetzt das ganze Zeug deponierte: das Geld, die Schrotflinte, die Maschinenpistole und die Handgranate.

Ich wusste nicht so recht, was ich machen sollte. Ich hätte die Stadt verlassen können oder zumindest das Viertel. Einfach irgendwohin fahren, um sich einzuigeln und abzuwarten. Falls ich verhaftet würde, sollte es definitiv nicht im Haus meiner Eltern passieren. Also fuhr ich zurück zum Motel. Ich war vollkommen ausgelaugt, erschöpft von der wochenlangen Zech- und Diebestour und dem andauernden Versteckspiel. Mein Körper war müde, meine Seele malad. Kurz nachdem ich am Motel angekommen war, sah ich Dennis, wie er vorfuhr und seinen Wagen parkte. Kaum war er ausgestiegen, strömten aus allen Richtungen fremde Fahrzeuge auf den Parkplatz. Mit einem Mal wimmelte es nur so von FBI-Agenten, die uns mit gezogenen Waffen anschrien: »Runter! Runter auf den Boden und Hände hinter den Kopf!« Dennis legte sich sofort auf den Bauch. Ich warf mich unter ein parkendes Auto. Die Agenten versuchten, mich unter dem Wagen hervorzuziehen, aber ich rollte mich jedes Mal zur Seite. Vor, zurück, vor, zurück. Irgendwann hatten sie genug und begannen nach mir zu treten.

»Holt mich doch, wenn ihr euch traut, ihr Wichser!«, schrie ich.

Darauf kniete sich ein FBI-Mann neben den Wagen und hielt

mir die Mündung seiner Waffe unter die Nase. »Hab dich, du Penner.«

»Ja, jetzt habt ihr mich«, sagte ich. Zwei Agenten zogen mich unter dem Auto hervor und prügelten mir die Scheiße aus dem Leib.

»Wo ist mein Geld, du Arschloch?« Der FBI-Typ, der bei dem Deal im Auto hinter dem Lenkrad gesessen hatte, war stinksauer.

»In meiner Hosentasche.«

Er durchsuchte mich, fand aber nur fünfhundert Dollar. Den Rest hatte ich bei meinen Eltern im Garten vergraben. Als er die Seriennummern sah, wusste er sofort, dass es nicht seine Scheine waren. Ohne das Geld vom Deal war die Klage gegen uns nichts wert und sein ganzer Fall in Gefahr. »Wo ist mein Geld?«, brüllte er.

Sie warfen mich auf den Rücksitz eines brandneuen Buick Riviera mit beigefarbener Innengarnitur. Ich erinnere mich so gut an die Farbe, weil ich dieses Beige über und über mit meinem Blut besudelte. Die ganze Fahrt über, vom Motel bis zum FBI-Gebäude in Downtown, prügelten die Agenten auf mich ein.

Auf einen Punch folgte der nächste. »Wo ist mein Geld?«

Ich hatte noch Jahre später Albträume, in denen dieser Agent mich anbrüllt und wissen will, wo sein Geld ist. Später im Knast wachte ich manchmal von meinen eigenen Schreien auf: »Im Arsch deiner Mutter, du Wichser! Es steckt im Arsch deiner Mutter!«

Kapitel 3

JUNGE MÄNNER UND FEUER

1965

Die Feds saßen in der Zwickmühle. Sie konnten das Geld vom Deal nicht auftreiben. Bei dem Geschäft im Auto hatte ich weder die »Drogen« noch die Scheine angerührt. Die Analyse des Pulvers in den Ballons ergab, dass es zu einhundert Prozent Feinzucker mit Laktose war. Damit sie am Ende nicht selbst mit heruntergelassenen Hosen dastanden, überstellte das FBI mich und meinen Fall an die kalifornische Polizei. Heute wäre so etwas nicht mehr möglich. Es gibt Gesetze gegen diese sogenannten »Silbertablett-Verhaftungen«, bei denen das FBI einen Fall aus seinem Zuständigkeitsbereich an die Strafverfolgungsbehörden des jeweiligen Bundesstaates abgibt. Bei mir versuchten sie, es damit zu rechtfertigen, dass die lokalen Polizeikräfte über die Verhaftung informiert gewesen waren. Das stimmte jedoch nicht.

Ich saß jedenfalls wieder im L. A. County Jail. Dennis war auch im Bezirksgefängnis, aber man brachte uns in unterschiedlichen Zellen unter. Eines Tages kam der Schließer zu mir und sagte: »Hey, Trejo, du hast Besuch. Einen verdammt gut aussehenden noch dazu!« Ich wurde in den Besuchsbereich gebracht, wo zwei gut gekleidete Frauen auf mich warteten. Sie sahen umwerfend aus. Es stellte sich heraus, dass eine der beiden meine leibliche Mutter Dolores Rivera King war und die andere meine Schwester Dyhan. Zum letzten Mal hatte ich sie als Dreijähriger gesehen. Damals hatte es einen Unfall beim Spielen im Garten meiner Mutter gegeben. Die Kinder der gesamten Nachbarschaft kamen dort zusammen und planschten in einer Badewanne, aber nur ich brachte es fertig, mich dabei zu verletzen. Meine Schwester erzählte mir später, es sei eine relativ harmlose Sache gewesen, ein Sturz mit verstauchtem Arm als Ergebnis. Als mein Vater jedoch davon erfuhr, flippte er aus. Er nahm mich mit nach Burbank und brachte mich bei meinen Großeltern unter. Dann drohte er dem Partner meiner Mutter und sagte ihr ins Gesicht, er würde sie umbringen, sollte sie jemals wieder versuchen, Kontakt mit mir aufzunehmen.

In meiner Kindheit redete mein Dad so oft so schlecht über meine leibliche Mutter, dass ich irgendwann überzeugt war, sie wäre ein wahres Monster. Die Tatsache, dass sie eine Affäre mit einem anderen Mann, meinem Vater, hatte, während ihr Ehemann im Zweiten Weltkrieg kämpfte, machte sie in den Augen meiner gesamten Familie zu einer schändlichen Person. Damals verstanden die Leute noch nicht, was passiert, wenn man einen Elternteil an den Pranger stellt. Man stellt gleichzeitig auch das Kind an den Pranger. Für mich war es in dieser Zeit einfacher, meine Mutter aus meinen Gedanken zu verbannen.

Aber jetzt stand sie auf einmal vor mir, im Besucherbereich des L. A. County Jail. Meine Mutter und meine Schwester Dyhan berichteten, dass sie in der Zeitung von meiner Verhaftung gelesen hätten. Dyhan war sichtlich beeindruckt und sagte: »Ich wusste gar nicht, dass ich einen echten Gangster als Bruder habe.«

Meine Mutter war wunderschön, und sie sah genauso aus wie ich – nicht leicht zu glauben, ich weiß, aber so war es. Es kam mir vor, als würde ich in einen Spiegel schauen. Ich konnte nicht fassen, dass mich zwei Frauen besuchten, die eng verwandt mit mir waren, in meinem bisherigen Leben allerdings keine Rolle gespielt hatten. Über dieses Thema sprachen wir jedoch nicht. Wir sprachen nicht über die Vergangenheit. Weder darüber, was genau passiert war, noch über die Zeit, die wir unwiederbringlich verloren hatten. Erst Jahre später erzählte mir Dyhan, dass mein Vater unsere gemeinsame Mutter mit Drohungen gezwungen hatte, sich von mir fernzuhalten. An diesem Tag im County Jail war ich einfach nur glücklich, dass die beiden mich besuchten. Zu wissen, dass es draußen Leute gab, die an mich dachten und sich Zeit für mich nahmen, war das Größte für mich. Das gab mir Hoffnung.

Nachdem wir uns verabschiedet hatten, wurde ich zu meiner Zelle zurückgebracht. Auf dem Weg erntete ich von den anderen Gefangenen Unmengen von anerkennenden Pfiffen und Zurufen, wie attraktiv meine Besucherinnen doch seien.

Die Klage gegen Dennis und mich war vom Gericht schon zweimal abgewiesen worden. Insgesamt hatte der Staatsanwalt nur drei Versuche, um unsere Verurteilung zu erreichen, andernfalls würde der Fall für immer eingestellt werden. Die ersten beiden Male bei Gericht traf ich Dennis auf dem Flur vor dem Büro des Staatsanwalts. Er kam gerade raus, ich ging hinein.

»Reiß dich zusammen. Die haben nichts gegen uns in der Hand. Bleib stark, Mann.«

Dennis nickte und ballte die Faust.

Bei meinem dritten Gang zum Büro des Staatsanwalts kam er mir nicht mehr entgegen. Ich wusste, was das bedeutete. Dennis war eingeknickt.

Am Tag der Verhandlung wurde ich in Handschellen in den Gerichtssaal gebracht. Ich stand direkt neben Dennis, und als ich nach unten blickte, sah ich es. Er trug keine Handschellen.

»Hör mal, Danny«, sagte er, »ich muss mich schuldig bekennen. Verkauf von BTM-Imitaten. Die meinten, du kriegst nur sechzig Tage, wenn ich mich schuldig bekenne.«

»Dennis, die Klage wird abgewiesen, wenn wir bei unserer Version bleiben. Das ist ihre letzte Chance, um uns dranzukriegen. Danach landet die Sache für immer im Gully. Hör nicht auf die Typen. Die können dir gar keinen Deal vorschlagen. Und das mit den sechzig Tagen für mich ist auch Bullshit. Ich hab gegen meine Bewährung verstoßen, Mann. Kapierst du das nicht? Die Wichser linken dich.«

Er konnte mir nicht ins Gesicht sehen. »Danny, entweder bekennst du dich mit mir schuldig, oder ich werde aussagen, dass du Heroin an einen Undercover-Cop verkauft hast.«

Die Klage, die anfangs so löchrig gewirkt hatte, war nun hieb- und stichfest. »Dann bist du fällig, Dennis.«

»Danny, das musst du doch verstehen, Mann. Du weißt, was die im Knast mit mir machen. Ich kann nicht in den Bau gehen, das weißt du doch genau, verdammt.«

Ich dachte an all seine Protzereien vor den Ladys, sein Gequatsche darüber, dass wir »die Sache mit den Bullen auf der Straße klären«. Sein Tough-Guy-Getue und diesen Bockmist, von wegen »Ich bin mit Trejo unterwegs«. Doch dann erinnerte ich mich daran, was ich ihm vom Knast erzählt hatte; was dort mit hübschen Kerlen wie ihm passierte und wie sehr ihn das verängstigt hatte. Eigentlich konnte uns der Staatsanwalt nichts anhaben, aber Dennis hatte Schiss vor dem Knast, und zwar zu Recht, genauso wie 99,9 Prozent aller Menschen, wenn es um mehrjährige Haftstrafen geht. Er war nicht in einer Umgebung aufgewachsen, in der ein Leben hinter Gitterstäben ein realistisches Szenario darstellte. Er hatte keinen Onkel gehabt, der ihn darauf trimmte, im Kahn zu überleben. Für Menschen, die nicht wie ich von klein auf Erfahrungen im Jugendknast gesammelt hatten, war eine Haftstrafe wie ein Trip nach Indonesien. Typen wie Dennis hatten keine Ahnung von Indonesien.

Gut möglich, dass ich nicht ganz unschuldig an der Misere war, aber ich hatte eine Stinkwut im Bauch. Ich machte jedoch nicht die

Raubüberfälle, die Abzockereien, das Dealen und meinen kriminellen Lebenswandel für die Situation verantwortlich. Nein, in erster Linie war ich sauer auf Dennis. Weil er diesen beschissenen Deal eingefädelt hatte. Weil er zu feige und zu stur war, um dem Staatsanwalt die Stirn zu bieten. Und weil er mich verpfiffen hatte.

Der Richter bat den Gerichtsdiener, mir für die Zeit der Verhandlung die Handschellen abzunehmen.

»Aber Euer Ehren, ich glaube nicht …«, setzte der Gerichtsdiener an. Er hatte das erregte Gespräch zwischen Dennis und mir mitbekommen und hielt es für eine schlechte Idee, mich von der Leine zu lassen.

»Widersprechen Sie mir bitte nicht, Mann, sondern nehmen Sie dem Angeklagten die Handschellen ab!« Kaum waren meine Hände frei, fiel ich über Dennis her.

Ich bekam zehn Jahre.

Man schickte mich nicht direkt nach Soledad. Insofern hatte ich etwas Glück. Ganz offensichtlich hatte der Ausschuss zur Einstufung der Gefangenen im Guidance Center in Chino meine Akte studiert und wusste damit von meinen Einsätzen mit der »Ding Crew«. Die Entscheider steckten mich erneut in ein sogenanntes Conservation-Camp, eine Hafteinrichtung zum Einsatz verurteilter Straftäter bei der Waldbrandbekämpfung. Es ging für mich also wieder zur Feuerwehr.

Die Camps zur Waldbrandbekämpfung waren Teil eines Programms des kalifornischen Ministeriums für Forstwirtschaft und Brandschutz, mit dem man jungen Straftätern die Möglichkeit geben wollte, gemeinnützige Arbeit während ihrer Haftstrafe zu verrichten. Während meiner ersten längeren Zeit hinter Gittern – ich saß damals drei Jahre wegen gefährlicher Körperverletzung, weil ich in der zehnten Klasse einem Matrosen das Gesicht zerschnitten hatte – schickte man mich nach San Dimas in das Camp

Glenn Rockey. Das Lager befand sich hoch oben auf einem Berg mit Ausblick auf das Pomona Valley. In der Gegend wurden auch Sommerferienlager für Schulkinder veranstaltet. Für eine Bande straffälliger Jugendlicher wie uns fühlte sich Glenn Rockey genauso an: ein Ferienlager im Wald. Es gab dort jede Menge Natur, aber auch einen Zaun und Blockhütten mit Zellen für den Einschluss. Oben auf dem Brandschutzturm mit den Smokey-Bear-Schildern hockten unsere Wachen. Nach meiner Zeit im Jugendknast in der Eastlake Juvenile Hall fühlte sich Camp Glenn Rockey an wie die sprichwörtliche Freiheit.

Im November 1961 brach am Stone Canyon Reservoir, das nur ein Stück über Bel Air und unweit des Mullholland Drive liegt, ein Großbrand aus. Starke Windböen mit Geschwindigkeiten von teilweise mehr als hundert Meilen pro Stunde und die große Trockenheit sorgten dafür, dass sich das Feuer so schnell ausbreitete wie noch keines vor ihm. Die an der Brandbekämpfung teilnehmenden Straftäter wurden nach dem Schweregrad ihrer Vergehen in unterschiedliche Crews eingeteilt. Ich landete in der Crew 55, die aus jugendlichen Intensivtätern bestand. Man nannte uns auch die »Ding Crew«. Wir waren die schwärzesten Schafe in der Herde, die faulsten Äpfel im Korb.

Bei diesem Großbrand, dem sogenannten »Bel Air Fire«, waren wir rund um die Uhr im Einsatz. In der Nacht war es eine besonders widerliche Angelegenheit. Es war nicht das Feuer, das uns Angst machte. Brannte das Unterholz, lösten sich große Felsbrocken von den Bergen und rollten polternd die Abhänge hinunter. Kaum hatten wir die Augen für ein Nickerchen geschlossen, schreckte uns das dröhnende Donnern eines Gesteinsbrockens von der Größe eines Pkw auf. Ich war fasziniert von der Tatsache, dass das Feuer ein Eigenleben hatte. Es stellte seine eigenen Regeln auf. So verbrannte es nicht nur alles über dem Boden Wachsende, sondern griff auch auf die Wurzelsysteme der Pflanzen über. Es kam vor, dass urplötzlich Bäume in Flammen aufgingen, die einhundert Meter vom Brand entfernt standen. Mit eigenen Augen habe ich gesehen, wie ein bergab flüchtendes Reh von den Flammen eingeholt wurde. Und dabei muss man wissen, dass sich das Feuer talwärts für gewöhnlich langsamer ausbreitet als umgekehrt. Es kam sogar einmal vor, dass ein Hase mit brennendem Fell über eine von uns gezogene Brandschneise lief und einen gerettet geglaubten Grünstreifen auf der anderen Seite in Flammen aufgehen ließ.

Einer Crew aus jungen Straftätern bei der Arbeit zuzusehen, ist ein beeindruckender Anblick. Wir hatten unendlich viel Energie, was teilweise daran lag, dass wir miteinander wetteiferten. Die Brandbekämpfung war eine ernste Angelegenheit für uns, gleichzeitig aber auch eine Art Spiel. Wir waren in der Lage, in nur zehn Minuten eine einhundertdreißig Meter lange Brandschneise in eine Buschlandschaft zu ziehen. Die Männer aus den anderen Crews beobachteten uns argwöhnisch und wurden teilweise richtig sauer. Diese Einheiten bestanden nicht aus hartgesottenen Sträflingen, sondern größtenteils aus Alkoholikern und Losern, die aufgrund ausbleibender Unterhaltszahlungen verknackt worden waren.

Irgendwann kam einer dieser Kerle zu mir und sagte: »Hey, Junge, macht mal langsam. Wegen euch stehen die anderen Crews ganz schön scheiße da.« Das muss man sich mal vorstellen: Wir bekämpften gerade das größte Feuer in der Geschichte von Los Angeles, und diese Knalltüte machte sich Gedanken darüber, dass er und seine Kollegen schlecht dastehen könnten, weil eine Gruppe Jugendlicher härter arbeitete als sie selbst. Ich sagte: »Fick deine Mutter.« Wie auf Kommando war seine Truppe auf den Beinen. »Du hast eine Schaufel, ich hab eine Schaufel. Also, wie sieht's aus?«

Gilbert hatte mich gelehrt, wie mit Kerlen dieses Kalibers zu verfahren war. Sein Rat: »Wenn dir jemand blöd kommt oder

Streit anzetteln will, sagst du als Erstes: ›Fick deine Mutter, Alter. Na, was willst du jetzt machen?‹« Das ist die schlimmste Sache, die man diesen Leuten an den Kopf knallen kann. Es lässt sie zu Salzsäulen erstarren, denn eigentlich erwarten sie eine schrittweise Eskalation. Du aber sparst dir das Vorgeplänkel und gehst gleich in die Vollen. Du sagst zwar: »Fick deine Mutter!«, vermittelst aber eine ganz andere Message. Sie lautet: »Na komm schon, legen wir los. Ich will das. Ich bin bereit.« Die meisten Typen ziehen nach einer solchen Ansage den Schwanz ein.

»Lass gut sein, Dave, lohnt sich nicht«, sagte einer seiner Kollegen. Smarter Kerl. Dave musterte mich und schien seine Chancen abzuwägen. Er wusste, dass ich ihn in seine Einzelteile zerlegen würde.

»Hast recht. Das ist die Sache nicht wert«, sagte er schließlich.

Spiel, Satz und Sieg Trejo.

»Ach, fick dich doch ins Knie, du Pussy.«

Meine Jungs johlten kurz und laut, dann gingen wir wieder an die Arbeit. Das Feuer breitete sich rasend schnell aus und ließ ein Wohnhaus nach dem anderen in Flammen aufgehen. Als wir gerade damit beschäftigt waren, eine Brandschneise um mehrere Villen herum anzulegen, kam ein Ehepaar auf uns zugerannt. Der Rolls-Royce vor ihrem Haus war kurz zuvor in einem Feuerball explodiert. »Rettet unser Haus! Bitte, rettet unser Haus!«

Diese Leute fielen regelrecht vor uns auf die Knie. Wir fühlten uns wie Superhelden. Alte Ladys, die uns in freier Wildbahn sofort den Cops gemeldet hätten, brachten uns Thermoskannen mit warmer Suppe und Sandwiches.

So ein Brand ist ein großer Gleichmacher, er macht uns alle angreifbar und menschlich. Im Angesicht der Flammen waren diese Leute nicht nur irgendwelche Reichen und Schönen aus Bel Air, sondern Leute wie du und ich, die Hilfe brauchten. Wir machten uns an die Arbeit. Das erste Team unserer Crew ging mit Pulaski-Äxten ans Werk. Es folgte eine Gruppe mit Schaufeln und anschließend eine Mannschaft mit wuchtigen McLeod-Haken. In zwanzig Minuten hatten wir eine Brandschneise um das Haus des Ehepaars gezogen. Meine Augen tränten von Schweiß, Hitze und Qualm. Nachdem die Flammen am Haus vorbeigezogen waren, brach die Frau zusammen. Sie heulte und umarmte uns. Wir hatten jedoch keine Zeit für Jubel und Rast, es gab noch andere Häuser zu retten. Wir schliefen in Schichten auf dem Boden und arbeiteten rund um die Uhr.

Nachdem das Bel-Air-Brentwood-Feuer und ein Sekundärbrand, das Santa-Ynez-Feuer, gelöscht waren, wurde Bilanz gezogen. Das Ausmaß der Zerstörung war unfassbar. Hunderte Wohnhäuser waren den Flammen zum Opfer gefallen – von Malibu über den Topanga Canyon durch das gesamte Valley bis hoch nach Beverly Hills. Burt Lancaster und Zsa Zsa Gabor hatten mit ansehen müssen, wie drei ihrer Häuser in Asche verwandelt wurden. Richard Nixon hatte seine Mietimmobilie noch mit einem Gartenschlauch abgesprüht, um sie vor dem Feuer zu retten, war dann aber doch gezwungen gewesen, vor den Flammen zu fliehen. Die Angst in den Augen der Menschen zu sehen und ihre Trauer wegen des Verlusts ihrer Wohnstätten mitzuerleben, gab mir das Gefühl, mehr mit ihnen gemeinsam zu haben, als ich mir jemals hätte vorstellen können.

Einige Zeit nach dem Großbrand wurde im Beverly Hilton ein großes Dinner zu Ehren der Feuerwehrleute veranstaltet. Der Chef der Feuerwehrkräfte lobte in seiner Rede explizit unsere Truppe, die »Ding Crew« aus Camp Glenn Rockey. Gut betuchte Persönlichkeiten aus Beverly Hills ließen eine Whiskeyflasche nach der anderen an unseren Tisch bringen. Unsere Vorarbeiter taten so, als würden sie es nicht mitbekommen. Wir waren unheimlich stolz. Für die meisten war es das erste Mal, dass man unserem Tun Aufmerksamkeit schenkte, ohne uns dabei als Enttäuschungen zu bezeichnen. Fünf von den Jungs aus der »Ding Crew« stiegen später beruflich in die Forstwirtschaft ein.

Der wichtigste Aspekt unserer Zeit in den Waldbrand-Camps war die Tatsache, dass sie uns das Gefühl gab, Helden zu sein. Wir machten sogar Witze darüber, posierten wie Superman mit den Händen in den Hüften. »Tata! Wieder mal die Welt gerettet!« Der Kampf gegen Waldbrände war für kriminelle Jugendliche wie uns die erste richtige Möglichkeit, Selbstbewusstsein zu tanken.

Da ich während meiner bevorstehenden Haftstrafe wieder Waldbrände bekämpfen sollte, schickte man mich nach Jamestown in ein Conservation-Camp für Erwachsene. Brände zu löschen, ist so ziemlich die schwerste körperliche Arbeit, die man sich vorstellen kann. Wir mussten ein ganzes Trainingsprogramm inklusive Laufeinheiten, Klimmzüge und Liegestütze absolvieren, um fit für den Einsatz zu sein. Wenn ich Jahre später hörte, wie Leute an einem Filmset rumnölten, dass sie unfassbar hart schuften mussten, dachte ich nur: *Versuch's mal als Feuerwehrmann, du Memme. Mal sehen, was du sagst, wenn du stundenlang Erde in zwanzig Meter hohe Flammen schippst, die Gesteinsbrocken und Dreck auskotzen.*

Von Jamestown wurde ich erst ins Konocti Conservation Camp geschickt und von dort weiter zum Magalia Fire Center, wo wir irgendwann zu einem Großbrand im Nationalforst Sequoia in der südlichen Sierra Nevada ausrückten.

Ich liebte diese Arbeit. Im Nationalforst Sequoia waren wir von riesigen Bäumen umgeben, allesamt uralt, manche älter als die Pyramiden von Gizeh. Es war ein erhabenes Gefühl. Ein Teil unserer DNA ist identisch mit dem Erbgut dieser Riesen. Bäume kommunizieren miteinander, sie versorgen ihre Sprösslinge über ihr Wurzelwerk, sie kümmern sich um ihre Familie, sie helfen anderen Bäumen, weil sie wissen, dass sie später selbst einmal Hilfe benötigen könnten. Und sie reinigen die Luft. Ohne Bäume gäbe es kein Leben. Ich hatte schon immer etwas für die grünen Riesen übrig.

Die Waldbrand-Camps waren nicht vergleichbar mit dem Raubtierdschungel in den regulären Haftanstalten. Trotzdem kam es auch dort zu Problemen. In Magalia gab es einen Kerl, der sich für besonders tough hielt. Während meines ersten Aufenthalts in Jamestown hatte ich an dem dort angebotenen Boxtraining teilgenommen und die Knasttitel im Leicht- und Weltergewicht gewonnen. Der Troublemaker in Magalia wusste von meinen Triumphen und erzählte hinter meinem Rücken jedem, der es wissen wollte, dass er mich auf die Bretter schicken könnte. Irgendwann hielt er die Zeit für reif und griff mich an. Ich zog ihm ein Kehrblech durchs Gesicht, das einen klaffenden Cut hinterließ. Sofort kamen ihm seine Freunde zu Hilfe, und es ging zur Sache. Als es vorbei war, kassierten sie zwei Jungs aus meiner Crew, Sonny Rios und George Velasquez, und natürlich mich ein.

Damit waren unsere Karrieren in der Waldbrandbekämpfung Geschichte. Man sagte uns, jetzt ginge es nach San Quentin, in den meistberüchtigten Knast Kaliforniens, dahin, wo die Todeskandidaten des gesamten Bundesstaates einsaßen. Wir hatten es geschafft, wir hatten uns für das Harvard der Haftanstalten qualifiziert.

Kapitel 4

HIER UND JETZT

1966

Blickt man nachts durch den Nebel von San Francisco auf San Quentin, scheint es so, als würden die bastionsartigen Mauern dieser Haftanstalt glühen. Man könnte meinen, der Komplex sauge das Mondlicht aus dem Himmel, um dieses lumineszierende Grau ausstrahlen zu können. Von der San Rafael Bridge aus wirkt San Quentin wie eine mittelalterliche, von einer wabernden Aura umgebene Festungsanlage.

Als ich, mit Fußeisen, Handschellen und Hüftkette gefesselt, in dem Gefängnisbus Richtung San Quentin saß, musste ich an die Worte von Jhonnie Harris denken. Er hatte recht behalten, ich war verdammt schnell in San Quentin gelandet.

Ich war in Tracy, Chino und Vacaville gewesen, hatte Zeit in den Waldbrand-Camps Jamestown, Konocti und Magalia abgerissen, aber San Quentin war ein anderes Kaliber. Als ich dort ankam, hatte dieser Ort bereits hundert Jahre lang unendlich viele Hoffnungen zerstört und Zukunftsträume ausgelöscht. Da wir in der Nacht eintrafen, rollte unser Bus direkt durch das Haupttor in die Haftanstalt.

Mit an Bord waren meine beiden Freunde aus dem Waldbrand-Camp Magalia, Sonny Rios und George Velasquez. Der Bus hielt vor dem Gebäude für die Abfertigung von Neuzugängen und

67

Entlassungen. Im Gänsemarsch schlurften wir hinein, drinnen nahm man uns die Hüftketten, Fußeisen und Handschellen ab.

»Alle Mann ausziehen!«, brüllte jemand.

Ohne zu zögern, folgten wir dem Befehl. Eine der fundamentalen Regeln, die Gilbert mir vor meiner ersten Jugendknaststrafe eingetrichtert hatte, betraf genau diese Situation. Wenn jemand bei der Aufnahme brüllt: »Klamotten runter und Beine breit! Dann Schwanz in die eine Hand, Eier in die andere und vornüberbeugen!«, dann schaust du dich nicht um, dann zögerst du nicht, sondern du machst genau das, was man dir gesagt hat.

Gilbert brachte mir bei, mich so zu verhalten, als hätte ich das alles schon eine Million Mal durch, als würde es mich langweilen. Die Leibesvisitation bei Haftantritt ist eine der ersten Möglichkeiten, um herauszufinden, wer später frisst und wer gefressen wird. Die Typen, die ihren Schwanz mit den Händen bedecken oder auch nur eine Sekunde zögern, wenn es »Klamotten runter!« heißt, teilen dadurch nicht nur den Wachen, sondern auch den anderen Gefangenen mit, dass sie unbeleckt sind, Frischlinge, unsicher und verängstigt. Die Typen, die das Maul aufreißen, mit den Wachen diskutieren oder sich weigern, sind nicht etwa die harten Kerle. Sie sind einfach nur ängstliche Würstchen.

Anschließend ging es zur medizinischen Untersuchung, die allerdings nur aus einer simplen Temperaturmessung bestand, danach zur Kleiderausgabe. Es gab Boxershorts, Hemden, kurze und lange Hosen und eine Jacke. Verteilt wurden die Sachen von Kalfaktoren, die auch ihre Spielchen spielten. Hielt der Mann hinter dem Tresen dich für solide, gab er dir Klamotten in der richtigen Größe. Sah er in dir ein Würstchen, ein Opfer, eine Nullnummer, bekamst du von ihm zu große oder zu kleine Kleidung. Wie deine Knastkluft saß, war also ein erster Indikator dafür, ob du ein ernst zu nehmender Player warst oder nicht. Die Weichen wurden gleich am Anfang gestellt.

Nachdem wir in der Abteilung »Neuzugänge und Entlassungen« fertig waren, führte man uns durch den »Garten der Schönheit«, wo perfekt gestutzte Bäume und feine Rosenbüsche zu bewundern waren. Der Garten wurde von einem alten Kalfaktor gepflegt, einem der Ewigen, der mehrfach »lebenslänglich« wegen Mord bekommen hatte. Benahm sich jemand im Garten daneben oder spuckte auch nur auf den Boden, war er, so hieß es zumindest, so gut wie tot. Wir ließen den Ad-Seg-Trakt, die Abteilung zur administrativen Absonderung, zu unserer Linken liegen. Dann gingen wir über den Main Yard, den großen Hof, der in San Quentin – sowohl architektonisch als auch psychologisch – so gestaltet ist, dass er dich jeden Tag ein bisschen weicher in der Birne macht.

Auf der anderen Seite des Hofs befand sich der Nordblock und darüber der Trakt mit den Zellen der Todeskandidaten, besser bekannt als Death-Row. Über der Gaskammer ragte ein Metallschornstein in die Höhe, an dem ein grünes Licht durch den Nebel strahlte. Ich wusste bereits, was es bedeutete, wenn die Lampe von Grün auf Rot wechselte. Dann wurde jemand vergast, und alle Gefangenen mussten den Hof verlassen.

An keinem anderen Ort der Welt geht es so gnadenlos um das Hier und Jetzt wie in San Quentin, Kriegszonen einmal ausgenommen. Wenn man überleben will, hat man keine andere Wahl, als zu hundert Prozent an diesem Ort und in diesem Moment, und zwar genau in diesem Moment, zu sein. Im Hier und Jetzt. Was passiert *heute* – wirst du leben, oder wirst du sterben? Wenn die Zellentür hinter dir zufällt, musst du dich als Erstes mit dem Hier und Jetzt arrangieren. Dieses Hier und Jetzt wird nie dein Freund sein, aber du kannst es dir nicht erlauben, es zum Feind zu haben. Andernfalls wirst du verrückt. Sicherlich, ein gewisses Maß an Wahnsinn steigert die Chancen, im Knast zu überleben, aber man darf nicht zu tief in den Abgrund schauen.

Das Hier und Jetzt war unsere Realität, doch die Vergangenheit dieses Ortes (eine große Ablenkung und zugleich auch Gefahr) begleitete uns auf Schritt und Tritt. In San Quentin irren die Seelen all jener umher, die innerhalb seiner Mauern erstochen, erschlagen oder erdrosselt wurden. Die Geister der Männer, die ihre Bettlaken zerrissen, um ein Ende am Geländer der Galerie vor ihrer Zelle zu fixieren, sich das andere um den Hals zu binden und in den Tod zu springen. Die Seelen jener armen Teufel, die in der Gaskammer erstickten. (Auch weibliche Häftlinge waren darunter. So hatte man nicht allzu lange vor meiner Ankunft eine Frau in San Quentin hingerichtet, die zusammen mit zwei Mittätern ihre schwangere Nichte ermordet hatte.) Die Geister all dieser Menschen schwirrten immer noch um mich herum. Niemand kann mir erzählen, dass ihre Seelen an einem Ort wie diesem Frieden gefunden hätten. In diesem Hier und Jetzt wurde mir die Perspektivlosigkeit meiner Situation schmerzhaft deutlich vor Augen geführt. San Quentin war ein Albtraum, oder besser gesagt die Summe all meiner Albträume. Doch wenn mich jemand gefragt hätte, worum es in diesem Traum ging, hätte ich es nicht einmal sagen können.

Das Hier und Jetzt in San Quentin war so belastend, dass es manch einer nicht ertrug. Bei der Aufnahme stand vor mir ein Typ in der Reihe, der wie aus dem Nichts seinen Nebenmann attackierte. Er wusste, dass man ihn dafür einkassieren und wegbringen würde. Ihm war egal, wohin. Hauptsache, weg.

Wie alle Neuankömmlinge wurde auch ich anfangs in der B-Station untergebracht, bis die Verantwortlichen herausgefunden hatten, was mein Status war. War ich ein Verräter? Hatte ich Feinde? War in meinem Fall eine Sonderbehandlung notwendig? Erst nachdem diese und andere Fragen geklärt waren, bekam man einen Block und eine Zelle zugewiesen. Als man mich zur B-Station führte, die zusammengerollte Matratze und die Decke unter dem einen, meine Klamotten unter dem anderen Arm, schrien und brüllten mir die Häftlinge allen möglichen Mist zu. Da ich noch nicht wusste, wie die Sache lief, hielt ich die Klappe. In meiner ersten Nacht schob jemand einen Kassiber unter meiner Zellentür hindurch. Die Zeilen stammten von einem alten Kollegen, mit dem ich so manches Ding gedreht hatte: Tyrone. In seiner Botschaft informierte er mich, dass es in San Quentin einen Kerl gab, der aller Welt erzählte, ich hätte ihn in L. A. abgezogen – und er wüsste, dass ich bald kam.

Meine Antwort an Tyrone war denkbar einfach: *Sorg dafür, dass ich nicht nur meinen Schwanz in der Hand habe, wenn ich aus der Zelle trete.*

Ich brauchte eine Klinge.

Während dieser ersten Nacht in der B-Station starrte ich lange Zeit an die Decke. Die Wasserleitungen über mir knackten und krachten so laut, es klang, als würden sie jeden Moment explodieren. Dann begannen die Schreie. Einige Häftlinge brüllten, weil sie wahnsinnig waren, andere, weil man sie vergewaltigte. Irgendwann folgten echte Explosionen. Bevor Wegwerfrasierer aufkamen, gab es diese großen alten Rasierer, die von den Gefangenen mit Streichholzspitzen gefüllt und so zu kleinen Granaten umfunktioniert wurden. Viele warfen diese Minibomben aus ihren Zellen, sodass sie durch das Geländer der Galerie flogen und mehrere Stockwerke in die Tiefe stürzten, wo sie laut wie Chinaböller auf dem Betonboden im Erdgeschoss explodierten und einen dröhnenden Donnerschlag durch den gesamten Block schickten. In dieser ersten Nacht, mit all den Schreien, den Explosionen und den endlosen Grübeleien darüber, was ich wohl tun musste, um in San Quentin zu überleben, kam ich mir vor wie in einem Kriegsgebiet.

Dann, für einen kurzen und fast schon magischen Moment, herrschte im ganzen Block Ruhe. Die Schreie versiegten, sogar die Wasserleitungen hörten auf zu bollern.

Ich war einundzwanzig Jahre alt.

Und ich sagte zu mir selbst: *Danny, wie es aussieht, wirst du hier sterben.*

In dieser Nacht schlief ich nur eine Stunde.

So wie die Hitze über einem Wüsten-Highway flimmert, waberten Gewalt und Tod in der Luft von San Quentin. Ein paar Tage nach meiner Ankunft, ich saß immer noch in der B-Station, hörte ich plötzlich einen Mann schreien. Ein Wärter rannte mit stampfenden Schritten hinter ihm her. Er schrie: »Stehen bleiben! Stehen bleiben!« Dann schoss er auf den Häftling, einfach so, mitten auf dem Flur des Blocks. Nach dem Schuss herrschte Stille.

Sonny und George saßen ebenfalls in der B-Station, nur ein paar Zellen von mir entfernt. Ich rief: »Er hat ihn erschossen!« Durch die Aufregung bekam ich die Worte kaum heraus, und meine Stimme klang dünn und piepsig.

Ich räusperte mich rasch, blickte zu dem Vato in der Nachbarzelle und sagte: »Alter, hast du das gesehen?«

Der Kerl sagte nur: »Ach, halt doch die Fresse!« Dann imitierte er mich mit einer fiepsigen Mädchenstimme. *»Er hat ihn erschossen! O mein Gott! Er hat ihn erschossen!«*

Ich blieb noch weitere drei Wochen in der B-Station, bevor man mich in den Südblock, Zelle C550 steckte. Die erste Nacht in meiner neuen Behausung machte ich abermals kein Auge zu. Im Südblock war es zwar weniger chaotisch als in der B-Station, aber trotzdem wurde die Nacht von Schreien und unheimlichem Gelächter durchzogen. Durch die Wand konnte ich das gedämpfte Dröhnen der Minibomben in der benachbarten B-Station hören. Es klang wie ein Mörsergranatenangriff auf das Dorf im nächstgelegenen Tal.

Eine meiner eindrücklichsten Erinnerungen an die Zeit in San Quentin ist, dass ich immer fror. Ich konnte machen, was ich wollte, richtig warm wurde mir nie. Hinzu kamen die grau gestrichenen

Mauern im Hof, die das Licht so grell und gleißend reflektierten, dass einem selbst in der Nacht die Augen davon wehtaten. Auch den Geruch werde ich nie vergessen. San Quentin hat einen ganz eigenen Mief, faulig und verraucht. Egal wie viel Bleichmittel eingesetzt wurde, er war unmöglich zu übertünchen.

Mein Buddy Tyrone war ein gut aussehender Mexikaner. Seine Mutter hatte ihn nach ihrem Lieblingsschauspieler Tyrone Power benannt. Wenn es um die Aussprache seines Namens ging, war Tyrone sehr sensibel. Sprach ihn jemand »zu schwarz« aus, indem er die Betonung auf die erste Silbe legte, also *TY-rone*, dann flippte er förmlich aus. Ich hatte noch einen Freund, Cookie, ein Vato aus L. A., der ähnlich aufbrausend war. Cookie war ein schmucker Kerl und brachte gerade mal sechzig Kilo auf die Waage, aber er war ein eiskalter Killer. Da Cookie eher klein war, wurde er permanent unterschätzt und provoziert – oft mit fatalen Konsequenzen für seine Kontrahenten. Er saß in San Quentin, weil er auf einer Tanzveranstaltung einen Kerl niedergestochen und getötet hatte. Der Mann hatte Cookies Hinterteil berührt, ob versehentlich oder als bewusste Provokation, spielte keine Rolle. Es war sein letzter Fehler gewesen.

Man sollte immer sehr genau darüber nachdenken, mit wem man sich anlegt, sowohl draußen als auch drinnen. Wenn ihn jemand auf dem Hof auch nur schief anblickte, ging Cookie auf denjenigen zu und sagte: »Willst du das wirklich, Mann? Willst du das wirklich, du elender Dreckswichser?« Nach dieser Ansage zog wirklich jeder den Schwanz ein. Alles andere wäre einem Selbstmord gleichgekommen.

Wir waren erst ein paar Tage in San Quentin, als Tyrone, Cookie und ich auf dem Weg zum unteren Hof von zwei Typen überrascht wurden, die uns im Laufschritt überholten und sich auf den vor uns gehenden Gefangenen stürzten. Sie stachen sechs oder sieben

Mal auf den Mann ein und rannten dann weiter. Ich blieb wie angewurzelt stehen.

»Komm schon, Mann! Na los, komm schon!«, schrie mich
Tyrone an. »Wir müssen vom Hof runter.« Er zerrte mich in
Richtung Zellenblock.

Die Brutalität zu erleben, mit der aus einem Häftling ein Nadel-
kissen gemacht wurde, schockierte mich. Da es jedoch ständig
Morde in San Quentin gab, hauptsächlich durch Stichwaffen oder
auch rohe körperliche Gewalt, gewöhnte ich mich daran. Ziemlich
schnell sogar. Es mag krank klingen, so etwas zu sagen, aber irgendwann war es sogar eine willkommene Abwechslung, wenn es jemanden auf dem Hof erwischte. Ging es ans Eingemachte, pulsierte
uns das Blut in den Adern.

Bei Hinrichtungen war es das genaue Gegenteil.

Töteten sich Häftlinge untereinander, war das eine Sache. Die Voll-
streckung von Todesurteilen stellte hingegen einen der am schwersten zu ertragenden Aspekte in San Quentin dar. Es spielte keine
Rolle, wie gewissenlos und gewalttätig du selbst warst oder wie
organisiert deine Crew agierte. Ganz gleich, ob La Eme gerade den
Hof kontrollierte oder Nuestra Familia, die Aryan Brotherhood
oder die Black Guerrilla Family. Die ultimativen Raubtiere in San
Quentin waren immer die Jungs in Uniform, der Gefängnisdirektor,
die Wachen, der Henker.

Wurde ein zum Tode verurteilter Insasse über den Hof geführt,
zu einem Treffen mit seinen Anwälten oder sonst wem, riefen die
Wachen: »Toter Mann kommt!« Für uns bedeuteten diese Worte,
dass wir aus dem Weg gehen und uns umdrehen mussten, um dem
Todeskandidaten nicht in die Augen sehen zu können. Wir linsten
trotzdem aus den Augenwinkeln hinüber, wenn mal einer der
Death-Row-Jungs über den Hof schlurfte. Für die Welt draußen
waren diese Menschen schändliche und verachtenswerte Indivi-
duen. In unserer Welt waren sie Berühmtheiten. Für gewöhnlich

versuchten sie, bei ihren kurzen Gängen außerhalb des Todestrakts so viele Blicke und Grüße mit anderen Gefangenen auszutauschen wie nur irgend möglich. Diese Handvoll Minuten außerhalb des Trakts der Verdammten war wie ein Urlaub für sie.

Wir alle wissen, dass der Sensenmann uns irgendwann holen kommt. Die zum Tode Verurteilten in San Quentin hatten es mit Brief und Siegel und kannten Ort und Datum ihres letzten Stündleins. Irgendwann war es so weit. Dann mussten sie eine Windel anlegen, und die rote Lampe wurde eingeschaltet. Aber bis der Tag kam, wiederholte sich der ewig gleiche Zyklus, wieder und wieder. Wir konnten es in ihren Augen sehen, und wir spürten die Tristesse, die sie wie eine Aura umgab. Sie waren wie einsame Wölfe, von ihrem Rudel getrennt und dazu verdammt, mutterseelenallein zugrunde zu gehen.

Vielen Männern in San Quentin war die Hoffnungslosigkeit tief ins Gesicht gemeißelt. Vielleicht war ein lang erwarteter Brief nicht angekommen oder ein angekündigter Besuch ausgeblieben, vielleicht gab es statt Luftküssen im Besucherraum drohende Blicke auf dem Hof. Was auch immer der Grund sein mochte, man konnte den Jungs ansehen, wenn sie gebrochen waren.

Ich erinnere mich noch an einen Vato, der sich eines Tages mächtig rausputzte. Er hatte aller Welt erzählt, dass seine Lady ihn besuchen würde. Großer Fehler. Die Busse kamen und fuhren wieder, aber seine Missus war nicht unter den Besuchern. Nach dem letzten Bus konnte er seine Enttäuschung nicht mehr verbergen.

Wir jedoch hatten Blut geleckt und machten ihn fertig. »Hey, Ese, wahrscheinlich besorgt mein Kumpel Sancho es ihr einfach zu gut.«

»Sorry, Carnal, aber ich glaube, Pedro hat sie heute nicht aus dem Bett gelassen. Vielleicht kommt sie ja nächste Woche, wenn er sie nicht wieder den ganzen Tag durchvögelt.«

Der Vato war am Boden, gebrochen. Er machte kurz darauf Schluss und sprang über das Geländer der Galerie vor seiner Zelle in die Tiefe.

Eines Tages erzählte mir Ty auf dem Hof, dass ein »Mayate« – im Latino-Slang eine beleidigende Bezeichnung für Schwarze – aus dem Knast in Tracy nach San Quentin verlegt worden war und behauptete, ich hätte ihn in Tracy abgezogen. »Klingt für mich so, als wenn dieser Mayate dir an die Wäsche will, Mann.« Das war nicht unwahrscheinlich. Wir hatten eine ganze Menge Leute in Tracy abgerippt. Was passiert war, war passiert. Offenbar hatte ich ihn und seinen Partner ausgenommen. Sein Kompagnon war mittlerweile tot – ermordet in Tracy –, aber er selbst lebte noch und saß jetzt mit uns in Quentin.

»Ty«, sagte ich, »ich brauche etwas, um mich zu verteidigen.« Wir benutzten selbst gemachte Stichwaffen, sogenannte Knastklingen, die wir für gewöhnlich von den Jungs in den Werkstätten bekamen. Manchmal fertigten wir sie auch aus den Metallteilen unserer Doppelstockbetten. Jahre später wurde man in den Knästen kreativer und produzierte Stichwaffen, indem man Plastik schmolz und in die entsprechende Form brachte. Tassen, Shampoo- und Duschgelflaschen, Zahnbürsten und so weiter. Die Metallpikser aus meiner Zeit waren allerdings besser. Ganz gleich, woraus sie bestanden, sie mussten in Papier, Pappe, Plastik verpackt und mit Klebeband umwickelt werden, um sie in dem einzigen sicheren Versteck zu transportieren, das uns zur Verfügung stand – unseren Arschlöchern. Ty besorgte mir eine Klinge aus der Metallwerkstatt. Dort gab es bei den Schweißern auch einen Mexikaner aus Wilmington, der kleine Dornschlüssel herstellte. Mit diesen Dingern ließen sich die Verkleidungen der Lampen in unseren Zellen öffnen, und genau dort, hinter diesen Blenden, konnten wir die Klingen deponieren. Wichtig war dann nur noch, dass die Wachen den

Dornschlüssel nicht fanden, aber das war weniger problematisch, da sie ohnehin nicht nach derartigen Schlüsseln suchten. Der Plan sah folgendermaßen aus: Ty sollte die Klinge im Laufe des Tages bekommen, sie vorübergehend hinter seiner Lampenhalterung verstecken und sie mir am nächsten Morgen geben.

Im Knast steht immer viel auf dem Spiel. Aber jetzt waren die Einsätze doppelt so hoch wie sonst, ein ganz anderes Level von Ernst. Wie sich herausstellte, hatten ein paar von den Jungs, mit denen ich abhing, den Partner von diesem Kerl aus Tracy gekillt. Deshalb machte er mich für den Tod verantwortlich. Für ihn hing alles – sowohl sein Ruf im Knast als auch auf der Straße – davon ab, wie er mit dieser Situation umging.

Töte oder stirb. Alles oder nichts.

Ty sagte mir: »Bis du die Klinge von mir hast, musst du Weste tragen.« Mit einer Weste meinte Ty einen Schutz für den Oberkörper, in der Regel eine Zeitschrift, die man sich unter dem Hemd in den Hosenbund steckte, um eine Messerattacke zu überleben. Damals bekamen wir Magazine vom Bibliothekswagen. *National Geographic* war ziemlich dick, aber vom Format her zu klein, als dass man es gut in den Hosenbund und unter die Jacke stopfen konnte, ohne dass es gleich runterrutschte. *Look* und *Life* eigneten sich da schon besser, weil sie sehr viel größer waren. Es ist beeindruckend, wie viel Schutz selbst ein dünnes Magazin gegen eine Knastklinge bietet.

Am nächsten Morgen griff ich mir ein *Look*-Magazin, denn ich musste auf den Hof, um Tyrone zu treffen. Ich steckte die Zeitschrift in den Bund meiner Unterhose, zog mein T-Shirt darüber und schlüpfte in meine Jacke, die ich bis obenhin zuknöpfte. Derart gewappnet trat ich aus meiner Zelle auf den Galeriegang. Als ich um die Ecke meiner Zellenreihe bog und die Treppe hinabstieg, kam der Schwarze aus Tracy auf mich zu und erwischte mich zweimal mit seiner Klinge am Bauch. Bäm! Bäm! Er stach so heftig zu, dass die Wucht seiner Hand mir die Luft aus den Lungen presste.

Ein Blick nach unten, und ich sah, dass meine Jacke voller Blut war. Mir wurde schwindelig. Ich dachte, ich wäre erledigt. Als ich über die Schulter des anderen blickte, sah ich Ty die Treppe hochstürmen, vier Stufen auf einmal nehmend. Mein Angreifer drehte sich um und wollte davonlaufen, presste stattdessen aber nur zwei markerschütternde Grunzlaute aus, »Urgh! Urgh!«, und stürzte anschließend die Treppe hinunter. Hinter ihm stand Tyrone, eine Klinge in der Hand. Er hatte das Herz des Kerls getroffen.

Ich sagte: »Ty, er hat mich erwischt!«

»Nein, hat er nicht.«

»Er hat mich erwischt, Mann!«

Ty zeigte auf die verschmierte Hand des Mannes. »Das Blut an deinen Klamotten ist von dem Typen da.« Ty wusste, dass es keine Zeit für Plaudereien gab. »Komm schon, Danny. Wir müssen auf den Hof!«

Ich warf meine blutige Jacke auf den Boden, sprang über den Körper des Mannes und rannte mit Tyrone auf den Hof. Eine Sekunde später ging der Alarm los, und alle Türen wurden verriegelt.

Wir erreichten den Yard und hörten, wie hinter uns die Tore ins Schloss fielen. Wir hatten es geschafft.

Ty gab mir seine Jacke.

»Verdammt, Carnal, Gott sei Dank bist du genau in diesem Moment gekommen.«

»Jup. Schuldest mir was, Kumpel. Schuldest mir echt was«, sagte Ty.

»Auf jeden!«

»Wie wär's für den Anfang, wenn du nachher mit mir duschen kommst?«

Wir brachen in schallendes Gelächter aus. Es war einfach zu absurd. Im Knast herrschte ein düsterer, fast schon kranker Humor. Einmal sah ich einen Kerl über den Hof torkeln, der verzweifelt versuchte, das in seinem Rücken steckende Messer herauszuziehen.

Alle lachten. Es war so surreal. Ich dachte nur: *Was für ein abgefuck-ter Ort!* Das Schlimmste an der Sache war allerdings, dass ich auch über den Mann gelacht hatte.

Ich zog die Zeitschrift aus meinem Hosenbund. »Ich danke Gott für das *Look Magazine.*«

Ty sah mich mit ernster Miene an. Dann quietschte er mit der Stimme einer Teenagerin: »*Er hat mich erwischt, Mann! Er hat mich erwischt!*«

Wieder mussten wir so heftig lachen, dass wir uns beinahe in die Hose pissten.

Da lag ein Kerl an den Treppenstufen zu meiner Zellenreihe, und mir war es vollkommen egal. Aber was für eine Wahl hatte ich denn gehabt? Er oder ich. Und außerdem hatte er mich angegrif-fen. Sitzt man lange genug hinter Gittern, nimmt man automatisch diese Geisteshaltung an: Die Gewalt wird alltäglich, der Humor krank. Überleben ist alles und ein Menschenleben nicht viel wert.

In Quentin lief das Heroin über einen alten Bekannten von mir, Richard Berry aus dem Valley. Nach unserem Autounfall im North Hollywood Park hatten Dennis und ich ein paar Knarren zu Richard gebracht und gegen Stoff eingetauscht. Richard war ein Junkie, durch und durch. Eine kleine Jacke hing an seinem Körper herab, als wäre es eine XL-Klamotte. Im Knast lief es gut für ihn. Er war der reichste Gefangene in San Quentin.

Irgendwann begannen Ty und ich für Richard zu arbeiten. Un-sere Aufgabe bestand darin, Schulden einzutreiben. Richard sagte: »Danny, diese Samoaner schulden mir noch Kohle.« Ich rief meine Leute zusammen – Ty, Cookie und Froggy, noch ein Vato aus L. A. – und ging auf dem Hof zu den Samoanern rüber. Ich fixierte den massivsten der Jungs, ein Kerl so groß wie eine Gartenlaube, und setzte mich ihm gegenüber. Dann brachte ich mit sehr freund-lichen Worten mein Anliegen vor. »Hallo. Na, wie schaut's aus?

Entschuldigung für die Störung, Meister. Ich möchte dich bitten, deiner Familie einen Brief zu schreiben. Sie sollen dir bis Dienstag Geld schicken, andernfalls wirst du sterben.«

Er bekam den Mund nicht mehr zu.

»Es ist nämlich so«, fuhr ich fort. »Du schuldest Richard Berry Kohle, und wer bei Richard in der Kreide steht, steht bei mir in der Kreide. Und ich will mein Geld zurück, klar?« Ty, Cookie und Froggy, die hinter mir standen, traten nun einen Schritt näher. »Wenn du es bis nächste Woche nicht zahlst, müssen wir Zinsen berechnen, und eigentlich will ich keine Zinsen berechnen, wenn du verstehst, was ich meine.«

»Okay, okay«, stammelte der Samoaner. Zwei Tage später kam er zu mir. »Danny, pass auf, wir haben kein Geld, aber wir haben Zigaretten. Neunzehn Stangen, um genau zu sein. Akzeptierst du die auch?«

Richard war superhappy. Zigaretten waren im Knast genauso gut wie Bares, wenn nicht sogar noch besser. Als Gegenleistung für meine Arbeit steckte mir Richard eine Menge Heroin zu. Ich konnte so viel drücken, wie ich wollte, und verkaufte den Rest. Unser Deal erinnerte mich an das Tauschgeschäft mit Dennis, nachdem wir den Impala gegen den Baum gesetzt hatten. Ich grübelte eine Weile darüber nach und fragte Richard dann, wie man ihn hopsgenommen hatte. Er meinte, es sei eine Razzia gewesen. Es brauchte nicht viel, um eins und eins zusammenzuzählen. Von da an war ich mir ziemlich sicher, dass Dennis nicht nur mich ans Messer geliefert hatte.

Nach und nach richtete ich mich in San Quentin ein. Neben meiner Arbeit für Richard verbrachte ich viel Zeit beim Boxtraining. Als ich ins Big House kam, hatte ich dort bereits einen Namen als Fighter. Ich hatte mit acht angefangen, mein Onkel Gilbert war mein Lehrmeister gewesen. Damals hatte Gilbert für das bekannteste Amateurboxturnier des Landes trainiert, die Golden Gloves, und mich als einen seiner Sparringspartner auserkoren. Er war vierzehn, sechs Jahre älter als ich, aber das hielt ihn nicht eine Sekunde davon ab, mich im Ring hart ranzunehmen. Manchmal, wenn ich gerade irgendwo anders hinschaute, warf er mir kleine Steinchen an den Kopf. Er meinte, das würde meine Reflexe schärfen. Bewegte ich mich nicht schnell genug, bekam ich einen Kieselstein ins Gesicht. Seiner Erklärung nach sollte ich auf diese Weise schneller werden, doch ich glaube, er wollte mich nur ärgern. Ich hatte ständig Beulen am Kopf, mit der Zeit jedoch wurde ich tatsächlich ziemlich gut darin, den Schlägen meiner Gegner auszuweichen.

Gilbert war ein großartiger Boxer, sehr wahrscheinlich sogar gut genug für eine Profikarriere. Er war bei der Armee und auch im Knast Champ in seiner Gewichtsklasse gewesen. Ich wage allerdings zu behaupten, dass ich möglicherweise noch ein bisschen besser war als er. Nach ein paar Jahren Training mit Gilbert hatte ich gelernt, wie man Schlägen ausweicht, aber ich hatte auch gelernt, wie man austeilt. Ich konnte blitzschnelle Jabs schlagen und trainierte diese mit einer speziellen Methode, bei der man sich ein Magazin unter die Achsel des Schlagarms klemmt und so schnell den Arm auszufahren versucht, dass die Zeitschrift bei der Bewegung nicht zu Boden fällt. Druckvoll, gerade, schnell, so sollten meine Schläge sein. Mit zehn hatte ich eine passable Dreierkombi drauf – Jab, rechte Gerade, Haken. Floyd Mayweather machte sie Jahrzehnte später zu seinem Markenzeichen. Im Ring war ich eine Maschine. Meine Maxime lautete, keine Treffer zu kassieren. Aber selbst wenn ich Schläge einsteckte, ging das in Ordnung. Ich hatte ein Eisenkinn. Ganz gleich, wem ich gegenüberstand, ich war praktisch unschlagbar. Im Ring machten selbst die erfolgreichsten Straßenkämpfer keinen Stich gegen mich. Sie hatten einfach keine Technik.

Was Gilbert mir in meiner Jugendzeit beibrachte, erwies sich später als unfassbar wertvoll. Er sagte: »Wenn du weißt, dass du jemanden mit den Fäusten niederstrecken kannst, dann verändert das einfach alles in deinem Leben. Das gibt dir nämlich jede Menge Selbstvertrauen, ganz so, als würdest du mit einer Knarre im Hosenbund rumlaufen.«

Er hatte recht.

Ich hatte während all meiner Knastaufenthalte geboxt, vom Jugendgefängnis bis zum Waldbrand-Camp Jamestown. Als ich nach San Quentin kam, hatte ich bereits einen Ruf, besonders unter den Mexikanern. Die Jungs sagten sich: »Heilige Scheiße! Jetzt haben wir einen Champ.«

Einmal im Monat wurden in San Quentin Boxkämpfe organisiert, also begann ich in der Turnhalle zu trainieren. Dort gab es einen Ring und ein paar Sandsäcke. Die Wachen wurden auf mich aufmerksam, und so hatte ich rasch einen gewissen Status und bekam Privilegien. Dazu zählte auch, dass man die Boxer früher als die anderen zum Frühstück gehen ließ, damit sie gleich morgens ihre Konditionseinheiten auf der Laufbahn abreißen konnten.

Es gab sehr viele Boxer im Knast, die keinerlei Training genossen hatten. Ich brauchte nicht viel mehr als ein einfaches Gespräch, um genau sagen zu können, wie sie sich im Ring verhalten würden. Wie viel Selbstbewusstsein mein Gegenüber hatte, wie er sich bewegte, wie gefasst er war – all diese Details zeigten mir, ob er etwas vom Boxen verstand oder nicht. Dieses Wissen nutzte ich auch auf der Straße. Wenn es Streit gab, konnte ich mit einem Blick auf die Fußstellung meines Gegners sagen, ob er kämpfen konnte oder nicht. Von der Fußposition ließ sich nämlich ableiten, mit welchem Arm er zuschlagen und ob er dabei für einen Moment aus dem Gleichgewicht geraten würde. Standen seine Füße nebeneinander und in einer Flucht mit seinen Schultern, wusste ich, dass er schwanken würde. Ich konnte in der Haltung und den Bewegungen des anderen lesen wie in einem Buch. Ich wusste genau, was zu tun war und wie viel Zeit mir dafür blieb, denn ich hatte es so oft durchexerziert, dass es de facto wie ein Reflex bei mir war.

Es gab Jungs, die ihre Zeit damit verbrachten, Bücher zu lesen, Schach zu spielen, Runde um Runde auf der Laufbahn zu drehen oder Pinochle zu zocken. Alle diese Aktivitäten waren Tore zu einer anderen Welt. In San Quentin gab es zum Beispiel vier Typen, die den ganzen Tag Pinochle spielten und abends die Karten auf dem Tisch ablegten, um gleich am nächsten Morgen weiterzocken zu können. Wer keine solche Beschäftigung hatte, drehte früher oder später durch. Für mich war es das Boxen. Wenn ich boxte, war ich nicht im Knast. Mein Geist entfloh in eine andere Welt. Es war nicht nur ein Zeitvertreib. Es war so ähnlich wie bei der Arbeit in den Waldbrand-Camps – es fühlte sich irgendwie bedeutsam und sinnvoll an.

Mein erster Kampf war gleich ein Titelkampf. Ich war im Knast, klar, aber ich fühlte mich dennoch ein bisschen besonders, als sie meinen Namen ansagten, fast schon wie ein Star. Bei den Kämpfen warfen sich alle in Schale und putzten sich raus, als wäre es ein Fight in Vegas. Nach all dem Konditionstraining und all dem Sparring freute ich mich riesig auf den Kampf. Ich wollte allen in San Quentin zeigen, was ich draufhatte. Wenn du weißt, dass du hart gearbeitet hast, wenn du weißt, dass du jeden Tag drei statt zwei Meilen auf der Laufbahn runtergerissen hast, dann bist du selbstbewusst. Im Ring kämpfte ich immer auch für meine Leute, und ich wollte sie stolz machen.

Wenn ich durch die Seile stieg, herrschte eine unglaubliche Atmosphäre. Alle feuerten mich an, als wäre ich eine Berühmtheit. Sie kannten mich, wussten, wer ich war. Sie hatten Erwartungen, und ich wollte sie nicht enttäuschen.

Ich verlor nur einen einzigen Kampf im Ring. Es war ein Fight in Jamestown, bei dem ich freiwillig auf die Bretter ging. Als ich dort ankam, hatte ich kein Geld, brauchte jedoch dringend Kohle.

Chino Sainz kam zu mir und sagte: »Hey, Danny, wir hätten da einen Kampf für dich.« Ich war neu in Jamestown, aber die Leute wussten, dass ich Gilberts Neffe war und boxen konnte. Es blieb keine Zeit, um vernünftig zu trainieren, also sagte ich meinen Jungs: »Setzt eure Kohle auf den anderen Kerl.« Sie taten es, und ich bekam einen kleinen Prozentsatz ihrer Gewinne. Wir verdienten alle gut an der Sache. Danach machte ich ernst, wurde Champion von Jamestown und verlor keinen einzigen Fight mehr.

Ein Boxkampf in San Quentin war ein bisschen wie Krieg. Der Ring befand sich in einer riesigen Lagerhalle, ein Koloss aus Metall und Zement, in dem fast alle Gefangenen Platz hatten. Man muss dabei bedenken, dass wir von den 1960er-Jahren sprechen, einer Zeit, in der die Gewalt zwischen den Gangs und den unterschiedlichen Ethnien im Knast ein neues Level erreichte. Egal, ob weiß, braun oder schwarz – die Boxkämpfe waren für alle Gruppierungen eine Chance, um innerhalb des Gefängnisses ihre Überlegenheit zu demonstrieren. Selbst wenn ich gegen einen anderen Mexikaner antrat, setzten die Jungs vom Syndikat auf mich. Sie wussten, dass ich nicht verlieren würde.

Die Häftlinge saßen bei den Kämpfen auf Stühlen, die alle miteinander verbunden waren, sodass sie im Falle eines Aufruhrs nicht als Wurfgeschosse eingesetzt werden konnten. Es kam selten vor, dass beim Boxen ein Riot unter den Zuschauern ausbrach. Die Gefangenen achteten darauf, dass sich die verschiedenen Gruppierungen nicht mischten und der Frieden gewahrt wurde. Jeder wusste: Wenn wir ausrasten, werden die Boxveranstaltungen komplett gestrichen. Das wollte keiner.

Der Kerl, gegen den ich bei meinem ersten Fight in San Quentin antrat, war ein Rummelboxer mit ausladenden Haken. Ich kriegte ihn mit Jabs, Jabs, Jabs. Möglich, dass er auf der Straße ein guter Fighter war. Im Ring war er nicht zu gebrauchen. Ich zerlegte ihn nach allen Regeln der Kunst.

In Momenten wie diesen fühlte sich mein Leben hinter Gittern so erfüllt an, wie ich es mir selbst draußen nicht erträumt hätte. Andererseits gab es auch Augenblicke, in denen ich fürchtete, der Knast würde mich in eine andere Person verwandeln. Einen Menschen, den ich selbst nicht mehr kannte.

Ich spielte öfter Domino auf dem großen Hof. Einmal bekam ich vier Fünfen auf die Hand, was beim Domino in etwa so ist wie ein Royal Flush beim Poker. Hinzu kam, dass gerade eine Menge Geld im Pott war. Ich konnte es kaum erwarten, meine Steine auszuspielen, aber vor mir war noch ein anderer Spieler dran, ein Schwarzer. Schwarze, Weiße und Mexikaner spielten nur zusammen, wenn es um richtig viel Kohle ging. Der Kerl vor mir überlegte eine halbe Ewigkeit, doch ich blieb cool, denn ich wusste, dass die anderen verloren hatten, wenn ich meine Fünfen legte. Der Pott wurde noch größer, und endlich spielte der Typ vor mir seine Steine. Jetzt war ich dran, aber vorher stiegen noch einmal die Einsätze. Da so viele Leute um den Tisch herumstanden und zusahen, bemerkte ich nicht, wie sich von hinten jemand an meinen unmittelbaren Nachbarn heranschlich und ihm – Bäm! Bäm! Bäm! Bäm! – vier Mal eine Klinge in den Körper jagte, dreimal in den Rücken, einmal in den Hals. Das Opfer hatte seitlich hinter meinem schwarzen Mitspieler gestanden und sich weit über den Tisch gebeugt. Nun blutete er wie ein abgestochenes Schwein. Die Klinge musste eine große Arterie verletzt haben, denn es spritzte in alle Richtungen. Ich hielt mir instinktiv die Hände vors Gesicht, eine Sekunde später schon waren mein Hemd und meine Arme mit Blut besudelt.

Ty griff meine Schulter. »Worauf wartest du noch, Carnal? Wir müssen verschwinden!«

»Nein, nein, nein!« Ich hielt meine Dominosteine fest umklammert. »Wir spielen erst zu Ende!«

»Bist du irre, Mann? Das interessiert doch jetzt keinen mehr!«

»Ich hab ein paar Fünfen auf der Hand, Mensch!«

Ty war nicht sonderlich beeindruckt. »Wir müssen los, Mann.«

Alle rannten, Ty zerrte mich vom Tisch hoch. Wir mussten schnellstmöglich in unseren Block kommen, bevor der Hof abgeriegelt wurde und wir draußen, am Ort des Geschehens, festsaßen.

Als ich in meiner Zelle ankam, war ich unfassbar sauer. Ich hielt die blutverschmierten Dominosteine so fest in meiner geschlossenen Faust, dass sich meine Fingerknöchel weiß färbten. Ich dachte nur: *Zu was für einem Tier bin ich nur verkommen?*

Für die Gefängnisverwaltung war ich kein Tier, sondern eine »institutionelle Belastung« geworden. Im Klartext hieß das für Personal und Verwaltung: »Macht mit ihm, was immer ihr wollt. Der Kerl bringt nur Ärger.« Es gab zwar einige Wachen, die mich gut leiden konnten, weil ich Boxer war und anderen Häftlingen bezahlten Schutz anbot, aber im Grunde machte ich viel zu viele Geschäfte, als dass die Chefetage immer wieder darüber hinwegsehen konnte. Alle Welt wusste, dass ich Richards Heroingeschäfte abwickelte. Eine Ratte hätte das den Wachen jederzeit stecken können. Ein weiterer Faktor war der Umstand, dass ich Mexikaner war. Wenn eine Gruppe sich stark organisierte, versuchte die Gefängnisverwaltung stets, sie aufzuspalten und die Mitglieder auf verschiedene Einrichtungen zu verteilen.

Wie dem auch sei, ich wurde jedenfalls nach Folsom geschickt. Die Tinte der Tätowierung auf meiner Brust – eine superheiße Charra mit Sombrero – war kaum trocken, da musste ich gehen. Charras nannte man die mexikanischen Frauen, die mit Pancho Villa geritten waren. Mit Gewehren und Dynamit bewaffnet, hatten sie zusammen mit den Männern gekämpft. Mein Charra-Tattoo hatte Harry »Super Jew« Ross gestochen, ein knallharter Mistkerl aus meiner Heimat Pacoima, der später ein weltberühmter Tattoo-künstler wurde. Die Lady auf meiner Brust war seine erste Arbeit mit der Nadel. Harry hatte 1965 in Susanville damit begonnen. Ich

wollte es möglichst groß, weil ich dachte, ich würde zehn Jahre sitzen. Mit dem Wissen, dass es nur vier Jahre werden sollten, hätte
ich vielleicht ein kleineres Motiv gewählt, einen Hundewelpen
oder so. Kollegen von mir ließen sich Aztekenkrieger hacken, aber
ich wollte keinen Kerl auf der Brust. Die Tätowiermaschine hatte sich
Harry aus drei E-Gitarrensaiten und einer geschmolzenen Zahn-
bürste zusammengebaut. Als Tätowierfarbe benutzte er schwarze
Tusche und eingeschmolzene Schachfiguren. Die Outlines stach
Harry mir im Knast in Susanville, doch dann zerschnitt ich diesem
Typen in Magalia die Visage mit einem Kehrblech und wurde nach
San Quentin verlegt. Als Harry nach San Quentin kam, arbeitete er
an den Schattierungen, wurde allerdings nicht fertig, weil man mich
nach Folsom verschiffte. Harry sagte: »Lass niemanden an das
Tattoo ran. Warte, bis ich komme.« Irgendwann tauchte Harry tatsächlich in Folsom auf und arbeitete auf dem Hof an den Shadings
meiner Tätowierung weiter. Ganz beenden konnte er sie auch dort
nicht, weil ich nach Soledad musste.

Kapitel 5

HILFE

1968

Mit einer Gefängnisstrafe verschwendet man für gewöhnlich die besten Jahre seines Lebens. Als ich nach Soledad kam, ging es für mich jedoch nicht darum, schnell meine Zeit abzureißen und möglichst bald wieder nach Hause zu kommen. Ich hatte mich innerlich damit abgefunden, für immer einzusitzen, und ging die Sache wie einen Job an.

Ich hatte viele Talente, und im Knast wurden diese Talente in unterschiedlichen Währungen bezahlt – Essen, Drogen und so weiter.

Als ich 1961 im L. A. County Jail saß, erlebte ich, was alles in die Kategorie »und so weiter« fallen konnte. Zu diesem Zeitpunkt war ich bereits bestens mit Knästen aller Art vertraut, sodass eine neue Haftanstalt, egal welche, schnell zu meinem neuen Zuhause wurde. Ich war so oft eingefahren, dass ich mehr an das Leben drinnen als an das draußen gewöhnt war. Während ich damals im County Jail darauf wartete, nach Tracy verschifft zu werden, fiel mir ein Weißer auf, ein dürrer Bursche, verdreckt, mit abgewetzten Klamotten. Er war so arm, dass er nicht mal einen Gürtel hatte und stattdessen einen Schnürsenkel benutzte, damit ihm die Hose nicht von den Hüften rutschte.

Die Schwarzen hatten es auf ihn abgesehen, und so kam er zu uns. Er brauchte Schutz. Das Problem: Er hatte kein Geld. Irgendwie tat er mir leid. Fast machte es den Anschein, dass er erst hinter Gittern hatte landen müssen, um regelmäßig duschen zu können. Ich war mit zwei anderen Jungs, Johnny Ronnie und Tacho, in einer Zelle untergebracht. Wir sagten dem Kerl, dass er für uns sauber machen könne und wir dann ein Auge auf ihn hätten. In unserer Zelle konnte er nicht schlafen, aber wir erlaubten ihm, davor zu pennen. Somit wusste jeder, dass er unter unserem Schutz stand.

Ein paar Tage später erzählte mir der Bursche, er habe hypnotische Fähigkeiten und könne uns high machen. Da wir eh nichts zu tun hatten, ließen wir uns auf einen Versuch ein. »Warum nicht?«

Das Ganze funktionierte wie eine moderierte Meditation. Der Typ führte uns Schritt für Schritt durch den Ablauf. Erst baut man sich einen Joint, dann zündet man ihn an, anschließend nimmt man den ersten Zug ... und so weiter und so fort. Es dauerte nicht lange, und wir fühlten uns superhigh. »Dein Körper erinnert sich an das Erlebnis. Er weiß, was geschehen wird. Er antizipiert das High, und so funktioniert es«, erklärte er mir danach.

Dieser Testlauf brachte mich auf eine Idee. Am nächsten Tag sprach ich den Kerl darauf an. »Sag mal, wenn das für Marihuana funktioniert, kannst du uns dann auch einen Heroinrausch bescheren?«

Er meinte, ja, prinzipiell ginge das, allerdings müssten wir uns dafür sehr konzentrieren. Ich rief Tacho und Johnny Ronnie dazu, und fünf Minuten später saßen wir erneut vor dem hageren Burschen und schlossen die Augen. Wieder führte er uns mit detailreichen Beschreibungen durch den gesamten Prozess: wie man das Dope besorgt, wie man einen ruhigen Ort zum Fixen findet, wie man das Heroin auf einem Löffel aufkocht, wie man es in einer Spritze aufzieht und sich die Kanüle in die Vene schiebt.

Noch vor dem Fake-Fix konnte ich es bereits in meinem Mund

schmecken. Jeder Junkie weiß, wie sich das anfühlt. Als er dann beschrieb, wie das Dope in meinen Adern zirkulierte, spürte ich die wohlbekannte Wärme durch meinen Körper rollen.

Wäre dieser Weiße kein Gewohnheitsverbrecher gewesen, er hätte als professioneller Hypnotiseur arbeiten können, um auf Jahrmärkten aufzutreten und die Leute wie Katzen miauen oder wie Hunde bellen zu lassen.

Aber er war eben ein Berufsverbrecher. Und er hieß Charles Manson.

Im Knast agierte Manson allein. Er hatte kein Netzwerk, keine soziale Struktur wie die mexikanischen Gefangenen oder andere Gruppierungen. Selbst die Weißen nahmen ihn nicht in ihre Kreise auf. Es stimmt, dass die Mitglieder der verschiedenen Knastgangs sich bis aufs Messer bekämpfen. Allerdings arbeiten die unterschiedlichen Ethnien auch öfter zusammen, als man es für möglich halten mag. So wird eine gewisse Ordnung sichergestellt. Wenn jemand Scheiße baut, Geld schuldet, den Leuten auf die Eier geht oder einfach nur Probleme macht, dann ist es die Aufgabe der betreffenden Gang, den Troublemaker zurechtzustutzen. Das System der Knastgangs war Charles Manson vollkommen fremd. Selbst wenn er Teil davon hätte werden können, ein Anführer wäre ganz sicher nicht aus ihm geworden. Erst nach seiner Entlassung konnte er die von ihm erträumte soziale Struktur aufbauen, indem er eine Handvoll verlorener Hippies in Haight-Ashbury rekrutierte und sie die »Family« taufte. In East L.A. wäre Manson mit dieser Nummer nicht weit gekommen und hätte nicht mal einen Haufen Mistkäfer angeführt.

Nach ein paar Tagen in Soledad begann ich mit der Arbeit. Für mein Geschäftsmodell benötigte ich die Hilfe einer Handvoll schwarzer Häftlinge. Ich machte einen Deal und versprach ihnen einen Teil meiner Einnahmen.

Die Sache lief dann so oder so ähnlich ab: Zur Mittagszeit

beobachte ich die Neuzugänge in der Futterhalle. Die Wachen schicken sie hier lang, da lang, manchmal ganz bewusst in die falsche Richtung. Mitunter landet dann einer der jungen Kerle auf diese Weise an einem Tisch, an dem nur Typen mit einer anderen Hautfarbe sitzen. Spätestens jetzt ist mir klar, dass er keine Ahnung hat und ein Frischling ist. Anstatt zu seinen Leuten zu gehen, hört er auf das Gewäsch der Wachen.

Ich gehe zu dem Jungen und sage: »Na, wie läuft's, Kumpel? Alles in Ordnung bei dir?« Nun gibt es zwei Möglichkeiten. Entweder sagt er, es ist alles okay bei ihm, aber er hat ein bisschen Schiss, ist unsicher, wie die Sache hier läuft, wo er hingehen und was er tun soll. Oder er tut so, als hätte er alles unter Kontrolle und würde es allein hinkriegen. Dann sagt er: »Scheiß auf den Laden hier. Ich komm schon klar.« Oder etwas in der Art.

Angst in anderen Menschen zu erkennen ist wahrscheinlich meine größte Gabe. Und im Knast hat jeder vor irgendetwas Angst.

»Bist du sicher? Siehst nämlich nicht so aus, als wüsstest du, wie es hier läuft.«

Dann lass ich ihn stehen, lass ihn sein Ding machen. Abends, wenn der Junge duscht, sorge ich dafür, dass alle Häftlinge aus dem Waschraum verschwinden. Anschließend schicke ich vier schwarze Hünen zu ihm in die Dusche, Typen mit fiesen Visagen und Monstererektionen. Spätestens wenn er in ihrer Mitte steht, weiß er, dass es nicht so laufen wird, wie er es sich vorgestellt hat, und dass er nicht annähernd so viel Kontrolle über das Geschehen hat, wie er ursprünglich dachte. Die Karten sind neu gemischt und seine Aussichten alles andere als rosig.

An diesem Punkt greife ich ein. Ich komme in die Dusche, sehe zu den vier Riesen und sage: »Alles klar?«

Sie schauen mich an, und es kommt zu einem Duell der bedrohlichen Blicke. Alles abgesprochen und einstudiert natürlich. Schauspielschule, erste Stunde. Ihren Gesichtsausdrücken nach zu urteilen, wägen sie die Konsequenzen der von ihnen geplanten Handlung ab. Schließlich geben sie nach und verschwinden. Für den Neuen bleibt unterm Strich, dass ich ihn aus der wahrscheinlich bedrohlichsten Situation seines Lebens gerettet habe. Jetzt hat sich seine Einstellung um hundertachtzig Grad geändert, denn er weiß, was passiert, sollte er nicht zahlen. Die einzige Frage, die es noch zu klären gilt, lautet, wie viel ich monatlich aus ihm rausquetschen kann.

Betrüge ich den Jungen, oder tue ich ihm einen Gefallen? Tja, das ist die Welt, die hinter Gittern auf ihn wartet, ganz gleich, ob ich der Kerl in der Dusche bin oder jemand anders. Er braucht eine Struktur, und er braucht Schutz. Ohne das wird er es nicht lange machen.

Das war die Welt, in der ich lebte. Und, wie immer hinter Gittern eigentlich, kam ich ausgezeichnet in ihr zurecht. Es lief gut für mich, zu gut vielleicht. Ich flanierte den Hauptkorridor, den wir »Broadway« nannten, hoch und runter, machte hier Deals, machte da Deals und setzte mich schamlos über die Regeln hinweg. Irgendwann sagte mir einer von den Oldtimern: »Danny, du bist so wie ich vor dreißig Jahren. Wenn du so weitermachst, sitzt du ewig ein und wirst hier alt und grau wie ich.«

Mir ging's blendend. Harry »Super Jew« Ross kam nach Soledad und vollendete mein Charra-Tattoo. Ich hatte saubere Unterwäsche, saubere Socken, maßgeschneiderte Boots. Aber wahrscheinlich waren meine Klamotten zu heftig gestärkt, meine Hosen zu perfekt gebügelt, ich selbst als Gesamtpaket zu schnieke. In den Augen der Verantwortlichen war ich zu oft an zu vielen Orten. Meine Zelle war wie geleckt, und ich lief durch die Gegend und machte einen Deal nach dem anderen. Alles tanzte nach meiner Pfeife.

Dann kam, was kommen musste: Arrastre. Zellenräumung und Verlegung. Als die Wache nach meinem Gefangenenausweis fragte, wusste ich Bescheid und sagte nur: »Ach, Scheiße, Mann. Echt jetzt?«

»Für dich läuft es einfach ein bisschen zu gut hier, Trejo«, lautete die Antwort. Ich wurde aus dem normalen Vollzug in die Abteilung North verschifft, einen Bereich in Soledad, in dem die Neuzugänge aus dem Jugendknast ankamen. Dort waren die jungen Wilden untergebracht, die größtenteils keine Ahnung von gar nichts hatten, aber auf Supergangster machten. Sie konnten es nicht abwarten, sich ihre Sporen zu verdienen und die Aufmerksamkeit des Syndikats, der aufstrebenden Black Guerrilla Family oder irgendeiner anderen Knastgang zu erregen, der sie sich anschließen wollten. Ich war damals erst vierundzwanzig, doch im Vergleich mit den Achtzehn- und Neunzehnjährigen in North bereits ein OG mit einer gewissen Reputation. Ich hatte schon in Chino, Jamestown, Folsom und San Quentin gesessen. Meine Vita war über jeden Zweifel erhaben. Die Verlegung bedeutete, dass ich die Kontrolle über das Heroingeschäft verlor. Ich musste noch mal komplett bei null beginnen.

Keine halbe Stunde nach meiner Ankunft in North zeigte ich den Jungs bereits, wo es langging.

In der Schlange zur Aufnahme sprach mich ein Bursche namens O'Connor an. Er fragte, ob ich ihm helfen könne: Ein paar Brothers hätten versucht, ihn in Tracy zu vergewaltigen, und würden es nun in North wieder probieren.

»Schicken dir deine Leute Kohle rein?«

»Jeden Monat. Meine Kollegen kriegen auch was.«

»Kannst du mir eine Klinge besorgen?«

O'Connor nickte. Zu dieser Zeit drückte ich täglich und warf zusätzlich Pillen ein. Als mich O'Connor ansprach, hatte ich seit knapp zwanzig Stunden keinen Fix mehr gehabt. Mir war hundeelend. Ich fror und war ultranervös. *Fuck it!*, dachte ich. *Ich muss Geld verdienen. Und ich fange hier und jetzt damit an.*

»Komm mit«, sagte ich zu O'Connor. Ich wusste, dass ich meiner neuen Umgebung schnellstmöglich demonstrieren musste, wer ich war und dass die Gerüchte stimmten – ich war der Mexikaner, mit dem du dich besser nicht anlegst.

Als wir den Zellenblock, Lassen A, betraten, scannte ich die anderen Gefangenen.

»Sind das die Typen?« Ich nickte in Richtung von vier Schwarzen, die auf der anderen Seite der Zellenreihe auf einer Treppe standen.

»Ja«, sagte O'Connor.

»Okay, dann hol mir jetzt die Klinge.« Ich hatte nicht vor, mit leeren Händen in diese Auseinandersetzung zu gehen.

Ein Kollege von O'Connor sorgte für Ablenkung, indem er zur Tür ging, wo er, wild schreiend und mit den Armen um sich schlagend, den Wahnsinnigen mimte. Die Wachen eilten zu ihm und zogen ihn beiseite. O'Connor nutzte die Verwirrung und rannte zu Lassen B, dem benachbarten Zellenblock. Ich hockte mich vor die Zelle von O'Connor im ersten Stock und beobachtete meine Umgebung. Nachdem der Kollege von O'Connor sich beruhigt hatte, gingen alle wieder ihren Beschäftigungen nach, als wäre nichts gewesen. Alle Welt ahnte jedoch, dass sich etwas zusammenbraute. Im zweiten Stock standen ein paar Mexikaner beisammen und unterhielten sich, etwas weiter spielten einige Jungs an einem Tisch Karten. Alle waren angespannt, alle waren wachsam. Die vier Brothers hatten mich mit ihrem potenziellen Opfer gesehen und starrten mich nun unverhohlen an. Ihr Anführer war ein drahtiger Bursche.

O'Connor kam im Laufschritt zurück.

»Und, hast du es?«

Er nickte und zog sein T-Shirt hoch. In seinem Hosenbund steckten zwei amtliche Säbel. Ich war einigermaßen beeindruckt. O'Connor war ein hübscher Bursche und würde als solcher im

94

Knast immer gejagt werden. Aber er war bereit, mich für seinen Schutz zu bezahlen und darüber hinaus auch den Buckel krumm zu machen.

»Dreh dich um, damit sie sehen, wie du mir eins von den Dingern gibst«, sagte ich.

Er reichte mir einen Schraubenzieher mit scharf gefeilter Spitze. Als die vier auf der anderen Seite bemerkten, wie O'Connor mir den Stichel in die Hand drückte, ließen sie das bedrohliche Glotzen.

»Bleib hinter mir und halt die Füße still, bis ich dir etwas anderes sage.«

Ich schob mir den Schraubenzieher in den Hosenbund und ging mit O'Connor im Schlepptau zu den Treppen hinüber. Drei der Kerle traten sofort einen Schritt zurück. Großer Fehler, denn wer zurückweicht, hat schon so gut wie verloren. Ich ging auf den Anführer zu.

»Kennt ihr diesen Mann hier?« Ich stand direkt vor ihm. Nah genug, damit er sich bedrängt fühlte, aber mit ausreichend Abstand, um jederzeit meine Klinge ziehen und ihn niederstechen zu können.

»Ja, wir kennen uns aus Tracy.«

Ich wusste, dass sich seine Gedanken gerade überschlugen, wusste, dass er Angst hatte. Fieberhaft überlegte er, was er tun sollte, ob er überhaupt etwas tun sollte. Im Bruchteil einer Sekunde veränderte sich sein Gesichtsausdruck. Eben noch ein geringschätziges Grinsen, fixierte er mich nun mit einer Miene, an der man seine Angst ablesen konnte. *O mein Gott, vielleicht sterbe ich hier!*

Im Knast gibt es nur zwei Sorten von Menschen: Raubtiere und Opfer. Jeden Tag entscheidet man sich beim Aufwachen, zu welcher Gruppe man gehören will. Dieser Mann war ein Raubtier. Er war ein Vergewaltiger, der sich gern leichte Opfer suchte und dies wahrscheinlich schon seit dem Jugendknast so handhabe. In

Tracy war es auf jeden Fall so gewesen. Auch an diesem Morgen hatte er sich entschieden, ein Raubtier zu sein. Aber auch ich hatte das getan.

Nun war er am Zug. Würde er versuchen zu kämpfen? Unwahrscheinlich. Im Knast kämpfen die Gefangenen nicht miteinander, wie es manchmal in Filmen gezeigt wird. Man stellt sich nicht gegenüber, um dann die Fäuste sprechen zu lassen. Wer es tut, bekommt Ärger mit den Wachen. Ich boxte zwar seit meinem achten Lebensjahr, doch bei Auseinandersetzungen im Knast hielt ich es wie alle anderen auch und rammte meinem Kontrahenten lieber dreimal den Stichel in den Körper, ließ die Waffe fallen und ging weiter. Einen Schlag kann man abwehren, einen angespitzten Schraubenzieher nicht.

»Ab sofort kennst du ihn nicht mehr, verstanden?« Es war eine Ansage, keine Frage.

Er nickte, aber seine Augen huschten hin und her wie die Kugeln in einem Flipper. Alle Gefangenen unserer Etage starrten in unsere Richtung, doch niemand außer meinem Gegenüber und seinen drei Kollegen hatte mitbekommen, dass O'Connor mir einen Stichel zugesteckt hatte.

»Kommst du mir oder ihm auch nur einmal zu nah, dann knipse ich dir die Lichter aus.«

Er hatte die Wahl: Entweder er griff an, was unwahrscheinlich war, da er von dem zwanzig Zentimeter langen Schraubenzieher mit der scharf gefeilten Spitze in meinem Hosenbund wusste, oder er gab nach. Er gab nach. Diese Entscheidung würde ihn für den Rest seiner Knastzeit begleiten. Auch auf der Straße würde man davon wissen. Alles, was im Knast passierte, wurde irgendwann nach draußen getragen. Er würde für immer und ewig der Brother sein, der vor mir eingeknickt war. Mit diesem Ruf zu leben war nicht einfach und konnte sogar zu einem späteren Zeitpunkt, drinnen oder draußen, sein Todesurteil bedeuten.

In North gab es einen weißen Wärter namens Morris, der offenbar gut fand, dass ich mich eines wehrlosen weißen Häftlings angenommen hatte. Bei seiner Runde am Abend blieb er vor meiner Zelle stehen. Auf das Schlimmste gefasst, sprang ich hellwach aus der Koje. Er sagte nur: »Das war ein feiner Zug, Trejo«, und ging weiter.

Damals waren die weißen Gefangenen noch nicht so organisiert, wie sie es bald schon sein sollten. Die Mexikaner und die Schwarzen hatten ihre eigenen Gemeinschaften und Regeln, denen sich jeder mexikanische oder schwarze Gefangene, ganz gleich, ob er Angst hatte oder nicht, unterordnen musste. Hinzu kam, dass Mitte der Sechziger das Rechtssystem durch gesellschaftliche Umbrüche unter Druck geriet, die weißen Kids ebenso hart zu verurteilen, wie es bei nicht weißen Straftätern seit jeher üblich gewesen war. Vor diesem Hintergrund gab es eine steigende Zahl weißer Insassen, die gleich bei ihrer ersten Verhaftung ins Gefängnis gewandert waren. Sie hatten nicht den »Vorteil« gehabt, im Jugendarrest oder in der Gladiatorenschule die Feinheiten des Knastlebens kennenlernen zu können. Stattdessen landeten sie in Strafanstalten, in denen sie keinerlei Netzwerke hatten, in der Minderheit waren und Schutz benötigten – eine Kombination, die sie zu großartigen Kunden für gewisse Dienstleister machte. Ich denke, dass viele der überwiegend weißen Wärter froh waren, dass jemand auf diese Jungs aufpasste.

Ein paar Tage später musste O'Connor packen und wurde nach Vacaville verlegt. Die Wachen hatten seine Akte gelesen und erkannt, dass schon einige versucht hatten, den Kerl zu vergewaltigen. Die hübschen Jungs wurden irgendwann alle nach Vacaville geschickt. In der kalifornischen Gefängnislandschaft gab es keinen sicheren Ort für diese Burschen, aber in Vacaville war es etwas besser als in Soledad oder San Quentin.

Nach dem Weggang von O'Connor stellte ich einen Antrag auf

Verlegung in die Abteilung Central von Soledad. Anstatt einzuwilligen, bestellten mich Lieutenant Mesro und Captain Rogers in ihr Büro.

»Trejo, wir wollen, dass du bleibst.«

»Ich will aber nicht.«

»Das hier ist keine Verhandlung.«

»Hier laufen mir zu viele ahnungslose Flachzangen rum.«

»Und genau deshalb sollst du bleiben. Wir glauben, dass du ein bisschen Ordnung in den Laden bringen könntest.«

Mesro versuchte, mir die Sache schmackhaft zu machen, indem er mir die Leitung der Halle für das Boxtraining anbot. Mir gefiel der Vorschlag. Zum einen brachte der Job sechzehn Dollar im Monat ein, zum anderen befand sich die Trainingshalle direkt neben den Laderampen für die Warenlieferungen. So hätte ich als Erster Zugriff auf alles, was ins Gefängnis kam, und konnte meine Beute in der Trainingshalle verstecken.

Captain Rogers stand auf.

»Ich schlage vor, du gehst jetzt erst mal zurück in deine Zelle und überlegst dir die Sache.«

Als ich wieder eingeschlossen war und zu meiner Pritsche hinübersah, entdeckte ich dort eine kleine Flasche Whiskey. Ich sage nicht, dass sie jemand dort für mich hingelegt hatte, aber ich sage auch nicht, dass es nicht so war.

Ich nahm den Job an.

Die Wärter waren froh, dass es nun jemanden in North gab, der die Mobber und Tyrannen in ihre Schranken wies. Ich tat es allerdings nicht unbedingt ihnen zuliebe. Mein Onkel Gilbert hasste das Schikanieren von Schwächeren mehr als alles andere. Handelte es sich um einen Schlagabtausch mit einem Kerl, der sich verteidigen konnte, ging das in Ordnung, und alles war möglich. Was er jedoch niemals tat, war, nach unten zu treten. Ganz besonders nicht im Knast, wo es von wehrlosen Menschen nur so wimmelte.

Als ich zum ersten Mal für längere Zeit im Jugendknast einsaß, erwischten mich die Wärter dabei, wie ich Scheiße baute, und steckten mich ins Loch. Dort kam ich in die mittlere Altersgruppe, G&H. Mit mir saß ein kleiner Junge von vielleicht zehn Jahren ein, der blonde Haare hatte und – das schwöre ich beim lieben Herrgott – eine blaue Strähne. Der Knirps war in der T&V-Gruppe, eine der jüngsten Altersgruppen überhaupt. Irgendwann begannen wir zu quatschen. *Mein Gott, der Kleine ist ja ein echtes Mädchen*, dachte ich. Es war kein geringschätziger Gedanke, sondern lediglich eine Feststellung. In diesem Moment wurde mir bewusst, dass die Leute so sind, wie sie eben sind. Dass es Menschen gab, die nicht ins Schema passten und die sich dieses Leben nicht bewusst ausgesucht hatten, sondern einfach nur so waren, wie sie waren.

Dieser Zehnjährige, nennen wir ihn Charlie, hatte eine wirklich schwere Zeit im Bau. Ich fragte ihn, wie er überhaupt im Jugendknast gelandet war. Er antwortete, er habe ständig nur Ärger. Seine Eltern ließen sich scheiden und wüssten nicht, was sie mit ihm anfangen sollten, weil er anders sei. *O mein Gott*, dachte ich, *die haben den Kleinen in dieses Höllenloch gesteckt, weil er schwul ist.* Viele Kids landeten allein deshalb im Jugendknast, weil sie missbraucht worden waren oder weil ihre Eltern sich über das Sorgerecht stritten – alle möglichen Sachen, für die sie absolut nichts konnten. Andererseits gab es an diesen Orten auch jede Menge Kids, die am Anfang einer Karriere als Berufsverbrecher standen und mit kleinen Kerlen wie Charlie machten, was sie wollten.

Als ich wieder auf den Hof durfte, sah ich, wie ein paar ältere mexikanische Jungs Charlie schikanierten. Ich pfiff zu ihnen hinüber, zeigte auf Charlie und sagte: »Der gehört mir.« Schon im Jugendknast war das eine sehr ernste Ansage. Es bedeutete, dass man bereit war, bis zum Äußersten zu gehen, wenn man herausgefordert oder der eigene Besitz infrage gestellt wurde.

»Der gehört dir?«, sagte einer der Jungs.

Ich nickte.

»Gut. Alles klar, Mann.«

Es sprach sich schnell rum, dass Charlie unter Schutz stand. Gut möglich, dass ich damals einem jungen Burschen ein einschneidendes Erlebnis ersparte, das ihn über kurz oder lang zerstört hätte. Es gab jedoch zu viele Charlies da draußen und nicht annähernd genügend Typen, die bereit waren, Verantwortung zu übernehmen und die Schwachen zu schützen. Draußen hatte ich als junger Bursche oft die Rolle des Hüters meiner Freunde übernommen. Timmy Sanchez, Mike Schwartz und Rudy Imomota fallen mir in diesem Zusammenhang ein. Hinter Gittern stand jedoch so viel mehr auf dem Spiel, da ging es nicht nur um eine Prügelei im Park. Charlie war wahrscheinlich der Erste, der mir Augen und Herz für die missliche Lage der Unschuldigen in diesem Raubtierdschungel namens Strafvollzug öffnete, aber er war definitiv nicht der Letzte.

Nachdem man 1965 in Chino entschieden hatte, dass ich in Jamestown sitzen sollte, verbrachte ich auf dem Weg einige Zeit in Vacaville, auf der Durchreise sozusagen. Ich war einundzwanzig Jahre alt. Als ich in Vacaville ankam, trug ich Whites, weiße Knastklamotten. Whites sind das Outfit für Strafgefangene auf Reisen. Auf dem Rücken des Oberteils ist eine Zielscheibe aufgedruckt, falls man auf dumme Ideen kommen und fliehen sollte. Da ich einige Tage in Vacaville bleiben sollte, nahm man mich mit allen Formalitäten auf und gab mir Greens, grüne Knastklamotten.

Ich ging raus auf den Hof und entdeckte dort einen Sandsack. Mein letztes Boxtraining war eine Weile her gewesen, doch es fühlte sich bald schon wieder ganz natürlich an. Einen Sandsack im Yard zu bearbeiten dient zwei Zielen: Zum einen ist es natürlich ein hervorragendes Training, zum anderen zeigt es aller Welt, was man mit seinen Fäusten anstellen kann.

Ein riesiger Weißer setzte sich nicht weit von mir entfernt auf eine Bank und sah mir zu. Er hatte einen unheimlich fiesen Ge-

sichtsausdruck. Er muss um die einhundertfünfzig Kilogramm ge-
wogen haben und bestand komplett aus Muskeln. Ein Prachtexem-
plar der menschlichen Spezies. Ich schlug schneller auf den Sack
ein. Und noch schneller. Aber der Ausdruck auf dem Gesicht des
Mannes veränderte sich nicht. Ich schlug härter und härter. Nichts.
Was zum Henker wollte der Kerl von mir?

Als ich erschöpft war, hörte ich auf und wollte gerade gehen, als
mich eine dünne, kindhafte Stimme zurückhielt. »Kannst du mir
das beibringen?«

Ich drehte mich um. Es war der Riese. Der Kontrast zwischen
Stimme und Körpergröße verschlug mir die Sprache.

»Bitte, kannst du mir das beibringen?«

»Klar, Kumpel. Aber ich trage Whites. Ich werde nur ein paar
Tage hier sein.«

»Nein, stimmt nicht«, sagte er. »Du trägst doch Grün.« Er
zeigte auf meine Kleidung.

»Ich habe diese Klamotten hier nur an, um auf den Hof zu können.« Die Neugier hatte mich gepackt. »Warum sitzt du eigentlich?«

Ein trauriger Ausdruck legte sich auf sein Gesicht. Es war offensichtlich, dass er an ein schmerzhaftes Erlebnis zurückdachte. »Da
war dieser Mann, der hat mich beschimpft und geschlagen. Er wollte
nicht aufhören, obwohl ich ihn darum bat. Ich habe ihm gesagt,
dass er es bitte lassen soll, aber nein, er hat weitergemacht. Und
irgendwann habe ich zurückgeschlagen. Am Ende war der Mann
tot. Ich wollte ihn nicht töten, bestimmt nicht. Ich hab lebenslang
gekriegt.«

Ich musste an Lennie denken, *Von Mäusen und Menschen*. Dieses
große und unschuldige Kind, gefangen im Körper eines bärenstarken
Riesen, war einmal zu oft gedemütigt worden. Wie es schien, war
der Mann geistig zurückgeblieben. Ich versuchte, mir seine Familie
vorzustellen, wie sein Leben wohl bislang verlaufen war, wie man

ihn sehr wahrscheinlich unendliche Male schikaniert und gequält hatte. Ohne die Details der Tat zu kennen, die ihn für den Rest seines Lebens in den Knast gebracht hatte, erahnte ich seine Story. Fast konnte ich das Arschloch, das ihn zu weit getrieben hatte, vor mir sehen. Bis zu diesem Moment war der dicke Panzer, den ich im Knast trug, immer stabil geblieben, aber dieser Mann hatte ihn geknackt. Unsere Begegnung ließ mich an die Grausamkeit des Universums denken und daran, wie sie oft über die sanftesten Kreaturen auf Erden hereinbricht. Unweigerlich kam mir die Geschichte mit dem Pekinesen meiner Tante Sharon in den Sinn: Eines Tages hatte sie den Hund bei meiner Großmutter vorbeigebracht und mich gebeten, auf den Kleinen aufzupassen. Ich fütterte den Pekinesen gemeinsam mit den anderen Hunden meiner Familie, Bozoo, Prince und Butch, allesamt große, starke Tiere. Der arme Kleine versuchte, an den Fressnapf heranzukommen, aber die Großen fletschten die Zähne, knurrten und schnappten nach ihm. Er hatte keine Chance. Als er mich mit seinen verängstigten Äuglein ansah, konnte ich nicht anders. Ich griff mir die drei Großen, zerrte sie vom Futter weg und band sie fest. Dann bereitete ich dem Pekinesen von Tante Sharon eine neue Schale. »Na los, friss.« Der Kleine war überglücklich. »Beeil dich, bevor Gilbert sieht, was ich hier mache.«

»Das tut mir leid, Mann, aber klar, ich kann dir beibringen, wie man boxt«, sagte ich zu dem Riesen vor mir.

Der Mann sah aus, als würde er jeden Moment in Tränen ausbrechen. »Wenn du gehst, verliere ich einen Freund«, sagte er.

»Ich werde immer dein Freund sein, Kumpel. Ich bin vielleicht nicht mehr hier, aber Freunde werden wir immer sein.«

»Danke, Mann.« Er drehte sich um und ging. Wenig später zog ich wieder meine Whites an. Mittlerweile habe ich fünfundfünfzig Jahre lang an diesen Mann denken müssen. An Charlie sogar fast sechzig Jahre lang.

Für die Wachen war es sehr wichtig, jemanden wie mich zu haben, jemanden, der für die Schwächsten einstand. Das förderte Struktur und Ordnung im Gefängnis. Außerdem stellte es sicher, dass die beschützten Häftlinge nicht irgendwelchen wilden Mist auf eigene Faust versuchten. Wer unter Schutz stand, konnte es sich nicht erlauben, sich danebenzubenehmen oder sich Ärger einzuhandeln. Andernfalls war derjenige nämlich wieder auf sich allein gestellt.

Nach und nach begann die Sache in North für mich zu laufen. Ich leitete die Trainingshalle, kontrollierte das Heroin und verdiente mit meinem Schutzgeldgeschäft. Es war gutes Geld, und so schickte ich regelmäßig etwas an meine Mom. Außerdem konnte ich jeden Tag trainieren. Einer der Typen, die ich beschützte, war Chef der Wäscherei. Für eine Schachtel Zigaretten besorgte ich anderen Insassen über diese Connection saubere Unterwäsche, sodass sie nicht mehr die mit Kackstreifen verzierten Anstaltsbuxen tragen mussten. In diesem Jahr kamen die Champions aller Gewichtsklassen aus North. Ich hätte mir den Titel im Weltergewicht holen können, gab stattdessen aber meinem Buddy Bobby Olivarez die Chance. Die Kerle auf meiner Schutzliste säuberten meine Zelle, putzten meine maßgefertigten Schuhe, bügelten und stärkten meine Klamotten. Die Wände meiner Zelle waren gebohnert, die Betonbodenflächen so lange mit Polyurethan bearbeitet, bis sie wie Glas glänzten. Ganz anders als in Central interessierte es die Wärter in North nicht im Geringsten, ob ich zu schnieke aussehen könnte, denn dank mir herrschte Ordnung.

Draußen würde man dieses System wahrscheinlich Erpressung nennen. Drinnen war es eine Art zu überleben. Die Beziehung funktionierte in beide Richtungen: Ich gab auf meine Schützlinge acht, sie achteten darauf, dass mir niemand in den Rücken fiel. Mich konnte es genauso erwischen wie sie.

Dann kam Cinco de Mayo. Der Riot, die Isolationshaft, die Anklage wegen eines *Kapitalverbrechens*. Die Bezeichnung leitet sich aus dem lateinischen »capitalis« ab, was so viel bedeutet wie »das Haupt, den Kopf (caput) betreffend«. Und ja, es konnte einen den Kopf kosten.

»Die werden uns killen, Danny! Die werden uns echt killen, Mann!«, rief Henry wieder und wieder über den Flur.

Es war August 1968, und wir saßen im X Wing. Wenn wir uns ruhig verhielten, schaltete der Wärter das Radio ein. Einmal lief »Hey Jude«, die neue Hitsingle der Beatles. Wir alle hörten sie zum ersten Mal, und es war so still im Block, man hätte eine Nadel fallen hören können. Als der Part kam, in dem Paul McCartney »Ooooahhh Judee, Judee, Judee, Judee, Judee, Joooood!« singt, flippten alle aus. Die Reaktion der Gefangenen veranschaulichte, warum Menschen wie Charles Manson eine derartige Obsession in Bezug auf das weiße Album entwickeln konnten und warum allerlei labile Personen überzeugt waren, dass es in den Beatles-Songs allein um sie ging. Der Song sprach uns an, packte uns. Aber nicht etwa, weil er sich an uns direkt gerichtet hätte, sondern weil er unsere Seelen berührte – und manchmal entfaltete er dort eine finstere Wirkung, das musikalische Äquivalent zu einem Knastriot.

Mit uns im Loch saß ein Homosexueller namens Bambi. Seine Zelle war direkt gegenüber von meiner. Bambi war berühmt für seine pornografischen Briefe, zu denen so ziemlich jeder masturbierte. Wir nannten sie Liebesbriefe.

»Hey, Bambi!«, rief ich über den Flur. »Schreib mir einen Liebesbrief.«

Kurz darauf rutschte, an einer Angelschnur befestigt, eine kleine Cornflakes-Schachtel über den Flur zu meiner Zelle. Der Spalt unter der Tür war gerade groß genug, dass die Post hindurchpasste. In der Schachtel lag der Brief, er steckte in einem Comicbüchlein, das als Beschwerung diente. Ich warf einen Blick in den Comic und begann den Liebesbrief zu lesen. Bambi hatte eine sehr bildliche Beschreibung einer Sexszene verfasst. Es war eine verdammt schmutzige Fantasie, die mir in diesem Moment nicht so recht behagte. Ich nahm den Comic zur Hand. Es war eines dieser kleinen Büchlein mit christlichen Themen, die im Knast zirkulierten. Es trug den Titel »Joes Leiden«. Inhaltlich ging es um einen Kerl namens Joe, der ein Alkoholproblem hatte. Joe schaffte es nicht, von der Flasche zu lassen, und sträubte sich überdies gegen die Vorstellung, dass es eine spirituelle Lösung für seine Misere geben könnte.

Und dann erinnerte ich mich. Ich musste daran denken, was mir ein Mann neun Jahre zuvor bei dem Zwölf-Schritte-Meeting einer Selbsthilfegruppe gesagt hatte, in das ich zufällig mit meinen Freunden hineingeplatzt war. Damals war ich fünfzehn Jahre alt und mit einem Dutzend meiner Teenagerkumpels in der Nähe des Van Nuys Boulevard unterwegs gewesen. Wir suchten das Haus von Bonnie Whipples Eltern, da dort eine Party steigen sollte. Mein Kumpel Julian war verliebt in Bonnie. Wir fuhren den Boulevard entlang und entdeckten nahe der Lev Street ein Haus, vor dem eine Menge Autos parkten. Das musste es sein. Ich öffnete den Kofferraum des Chevy, holte zwei Flaschen Wein, einen Kasten Bier, eine kleine Whiskeyflasche, einen .38er-Stupsnasenrevolver und ein Reifeneisen (sicher ist sicher) heraus und sagte meinen Leuten, dass sie zusammenbleiben sollten.

Damals ging man zu Hauspartys, um Frauen aufzureißen und sich zu prügeln. Den Lokalmatadoren gefiel es oft nicht, wenn auf ihrer Party Besuch aus einem anderen Teil des Valleys auftauchte. Die Konfrontation ließ meist nicht lange auf sich warten. Wenn man als Gruppe eine solche Hausparty durch die Vordertür stürmte, gab es zwei Optionen. Entweder die Locals bauten sich vor den Fremden auf, oder sie traten einen Schritt zurück. Ein Schritt zurück bedeutete draußen dasselbe wie im Knast. Ich riss die Tür auf, stürmte hinein und war gespannt, wie die

Gastgeber reagieren würden. Zu meiner Überraschung sah ich nur alte Gesichter vor mir. An der Wand hing ein Schild mit der Aufschrift »We Care«.

Wie sich herausstellte, hatten wir das Freitagsmeeting einer Selbsthilfegruppe gestürmt. Es war Teil eines Zwölf-Schritte-Programms, das Alkoholabhängigen half, ihre Sucht zu überwinden. Ein alter Kerl kam auf mich zu. Er hatte eine Kaffeetasse in der Hand und lächelte. »Wie heißt du, mein Junge?«

»Danny.« Ich hatte keine Zeit, groß nachzudenken. Seine ruhige und freundliche Art wirkte regelrecht entwaffnend. Ich war sofort offen und ehrlich, so wie ich es gegenüber anderen Erwachsenen oder gar den Cops niemals war.

»Hör mal, Danny, wie wär's, wenn ihr das ganze Zeug da draußen abstellt und an unserem Meeting teilnehmt?«

Ich sah mich um. All meine Freunde waren von alten Männern und Frauen umgeben, die meisten mit einer Kaffeetasse in der einen und einer Zigarette in der anderen Hand.

»Ich glaube, wir haben einen Fehler gemacht.«

Er nickte in Richtung der Kiste mit dem Alkohol. »Kann sein, dass du heute Abend einen Fehler gemacht hast, Danny. Mit dem Zeug da machst du auf jeden Fall einen. Damit gibt es nur drei hässliche Endstationen: Gefängnis, Irrenhaus oder Tod. Ich mein's ernst.«

Ich weiß, dass es sich albern anhören mag, aber mit diesen Worten verdammte er mich. Er verdammte mich dazu, die Wahrheit über Alkohol- und Drogenmissbrauch zu kennen – eine Wahrheit, so universell und zeitlos, dass man sie einem uralten Sprichwort gleich irgendwo in der Wüste in einen Marmorblock hätte meißeln können. Jedes Mal, wenn ich nach dieser Begegnung von der Polizei hopsgenommen wurde und mit hinter dem Rücken gefesselten Händen vor dem Streifenwagen hockte, mich über mich selbst ärgerte und grübelte, wie schlimm es jetzt werden würde, schienen die Rundumleuchten der Cops mich zu verspotten. Es war, als riefen ihre blinkenden Lichter mir immer wieder die gleichen Worte zu: *Gefängnis, Irrenhaus, Tod. Gefängnis, Irrenhaus, Tod.*

Wenn du erst mal begriffen hast, wohin dich Drogen und Alkohol führen, wirst du sie nie wieder so genießen können wie früher. Damals war ich aber nicht mal ansatzweise bereit, das zu verstehen. Ich hatte noch jede Menge Dinger zu drehen, noch einige Knastaufenthalte zu meistern.

»Ich muss los.«

Ich rief meine Jungs zusammen, und wir machten uns auf den Weg. Julian fragte, ob wir weiter nach dem Haus von Bonnies Eltern suchen würden.

»Nee, lass uns von hier verschwinden.«

In der Nähe dieser Selbsthilfegruppe wollte ich keine Party feiern.

Der Alte bei dem Meeting hatte die Zukunft gesehen. Es war 1968, ich saß im Gefängnis, hatte bereits einige Anstalten und Heime durch und war nach dem Cinco-de-Mayo-Riot von der Todesstrafe bedroht. Ich dachte über die Meetings nach, zu denen Frank mich in der Gladiatorenschule geschleppt hatte. Dort wurde stets gesagt, man solle einen Gott finden, an den man glauben kann. Einen Gott, wie man ihn sich vorstellt. Eine Macht, die größer ist als man selbst. Damit hatte ich einige Probleme. Obwohl ich seit jeher darauf vertraute, dass es in unserem Universum noch etwas Größeres gab, hatte ich mich mit Religion stets schwergetan. Ich brauchte mir nur die alten mexikanischen Ladys anzuschauen, wie sie zu Gott beteten und all ihren Besitz für wohltätige Zwecke spendeten, aber trotzdem ein von Mühsal bestimmtes Leben führten.

Bei den Meetings in der Gladiatorenschule lernte ich Jhonnie Harris, den Ex-Knacki, kennen. Ich fragte ihn: »Na, alter Mann, was willst du mir noch beibringen?«

»Nichts«, antwortete er. »Ich bin nur hier, um dir einen Ausblick auf die kommenden Höhepunkte deines Lebens zu geben, du Großfresse.«

Er fragte mich, was ich mir von dem Programm und den Meetings erwartete. Ich antwortete, dass ich nur aus meiner Zelle rauskommen und Weiber sehen wollte.

Jhonnie war in San Quentin ein berühmter Barbier gewesen. Nach dem Schreiber des Captains war das eine der angesehensten Positionen, die man als Häftling haben konnte. Ein Mann, der in einer Gefängnisumgebung frei mit Rasierklingen und Scheren hantieren darf, muss das Vertrauen und den Respekt aller genießen. So lief es in unserer Welt. Jhonnie war einer dieser Typen, von denen man sagen konnte, dass sie gut aussehend waren. Das Problem: Im Knast gibt es kein gut aussehend. Hinter Gittern ist *gut aussehend* automatisch *hübsch*.

Jhonnie war ein männlicher Typ, trug ein schmuckes Sakko und einen Schlips mit einem raffinierten Knoten. Das beeindruckte mich. Die Tatsache, dass er in San Quentin gesessen hatte, beeindruckte mich noch mehr. Schon am Anfang der Unterhaltung spürte man, dass Jhonnie wirklich der war, der er vorgab zu sein. Und man wusste gleich, dass er in seinem Leben nicht allzu viele Schritte zurückgewichen war.

Als es darum ging, die Macht zu finden, die größer war als man selbst, sagte Jhonnie zu mir: »Danny, du musst etwas finden, an das du glaubst und das nicht du selbst bist. Aber gut, du glaubst ja noch nicht mal an dich selbst. Ich hoffe, du findest Gott, ganz gleich, wer oder was das für dich ist. ›Die Kraft der Gruppe‹, ›das Universum‹ oder ›G. O. D. – Good Orderly Direction‹. Ich bete, dass du ihn oder es bald findest.«

Der Gott, auf den ich immer wieder zurückkam, der Gott in meiner Vorstellungswelt, war der Gott, mit dem ich aufgewachsen war. Der Gott aus der Bibel meiner Großmutter. Der Gott, der bestrafte und uns alle wissen ließ, dass wir durch Sünde entstanden waren. Der Gott in dem Spruch »Kleine Sünden bestraft der liebe Herrgott sofort«, den mir meine Großmutter ständig vorhielt. Ich würde niemals behaupten, dass dieses Konzept von Gott falsch ist oder dass mein Verständnis desselbigen das letzte Wort zum Thema darstellt, doch das war die Vorstellung von Gott, die in meinen Gedanken existierte. Und wichtiger noch: die sich in meinem Herzen festgesetzt hatte.

An die Wand meiner Zelle hatte jemand mit seiner eigenen Scheiße geschrieben: »Fick dich, Gott!« Sehr wahrscheinlich in einem Moment tiefer Verzweiflung und von dem Gefühl erfüllt, in dieser Löwengrube von Gott im Stich gelassen worden zu sein. Ich fühlte nicht so. All die Dinge, die mir zugestoßen waren, konnte man mit Fug und Recht als direkte Ergebnisse meiner eigenen Entscheidungen und Entschlüsse ansehen. Ich hatte immer guten Rat gehabt, den ich jedoch wissentlich ein ums andere Mal ignorierte. Selbst die unablässige Wut meines Vaters auf mich, seinen Sohn, entsprang seiner Frustration, seiner Angst und seiner Enttäuschung über meine Lebensentscheidungen. Er konnte mich nicht ändern, war machtlos.

Ich hatte mehr Angst als jemals zuvor in meinem Leben, denn ich steckte in einem Zustand quälender Ungewissheit fest. Würde man mich anklagen? Würde man mich im Falle einer Anklage zum Tode verurteilen? Wir alle wissen, dass wir irgendwann sterben. Wenn du jedoch in einer Zelle sitzt und die Todesstrafe droht, hockt der Sensenmann direkt neben dir auf der Pritsche und lacht dir ins Gesicht. Er lacht, weil du deine Liebsten niemals wiedersehen wirst, weil du deine Cousins und Cousinen nie wieder umarmen wirst, weil du niemals Kinder zeugen wirst, weil du niemals wieder die Sonne auf deinem Gesicht spüren wirst, außer vielleicht für den kurzen Moment, in dem dich zwei Wachen an Händen, Füßen und Hüfte gefesselt über den

Hof zerren. Für mich war es das Ende aller Hoffnungen und Träume.

»Bete und sorge dich nicht. Wenn du dich jedoch sorgen willst, bete nicht.« Dieser Spruch hat mir schon immer gefallen. Bezogen auf meine Situation stellte ich mir die Frage: Sollte ich weiterhin vor Angst erstarrt bleiben, oder sollte ich mit dem Beten anfangen? Ich hatte die Wahl. Ich war der Mexikaner, den alle fürchteten. Das hatte ich selbst erreicht. Jetzt stand ich vor einem Gegner, der stärker war als ich. Eine Macht, größer als ich selbst. Ich sprach laut zu Gott: »Gott, wenn es dich gibt, werden Henry, Ray und ich durchkommen. Wenn nicht, sind wir am Arsch.«

Der Glaube vertreibt die Angst. Wenn du deine Seele mit Glauben füllst, ist dort kein Platz mehr für die Angst. Es dauerte nur einen Moment, und eine Ruhe kam über mich. Mit einem Mal fiel diese schreckliche Last von mir ab, von der ich noch nicht einmal gewusst hatte, dass ich sie trug. Ich fühlte mich erschöpft, aber es war eine positive Erschöpfung. Ich entspannte mich und entschied, Gott die Last tragen zu lassen.

Ich betete: »Gott, wenn du mir einen würdevollen Tod schenkst, werde ich jeden Tag deinen Namen preisen und alles tun, um meinen Nächsten zu helfen.« Ich bat Gott nicht darum, einen Filmstar aus mir zu machen, die Welt bereisen und in großartigen Restaurants speisen zu können oder eine Menge Freunde zu haben. Ich bat ihn lediglich darum, mit Würde sterben zu dürfen.

Früh schon hatte man mir beigebracht, dass Gott auf jedes Gebet antwortet, selbst wenn seine Antwort »Nein« lautet. Das einzige Gebet, das mich mein ganzes Leben lang begleitet hatte, das Gebet, das mich wie eine Abrissbirne erwischte, als ich es im Katechismus hörte, war das Gebet des heiligen Franziskus: »Herr, lass mich trachten nicht, dass ich getröstet werde, sondern, dass ich tröste.«

In jener Zelle damals bat ich Gott um Hilfe, und seine Antwort lautete: »Hilf.« Ich verstand es als: Hilf *anderen.* Das hatten auch die Leute in diesen Meetings immer wieder gesagt. »Die dir zuteilgewordene Gnade wird nicht bestehen bleiben, wenn du sie nicht selbst gibst«, sagten sie. »Du musst andere unterstützen. Selbst wenn sie es nicht würdigen, wird es dir nützen.«

Meine Schlussfolgerung: Gott wollte, dass ich meinen Mitgefangenen im Knast half, denn ich ging davon aus, in fünf Jahren eh tot zu sein.

In dieser Zelle tötete Gott mein altes Ich und formte einen neuen Danny Trejo. Dann sagte er: »So, und jetzt schauen wir mal, was du mit diesem Kerl anstellst.«

Das eigentliche Wunder geschah in den folgenden Wochen. Gott machte sich ans Werk. Die Anklage wegen der Vorfälle beim Cinco-de-Mayo-Riot war äußerst löchrig. Lieutenant Gibbons konnte nicht mit Sicherheit sagen, wer den Steinbrocken auf ihn geschleudert hatte. Die befragten Häftlinge antworteten »Mickey Mouse war's« oder »Popeye hat den Stein geworfen«. Der Trainer des Junior-College-Teams wollte seine Aussage auf keinen Fall vor Ort, sondern von zu Hause aus machen. Damals war an Videokonferenzen jedoch nicht mal zu denken, und so wurde daraus nichts. Der Bursche von der dritten Base war wie vom Erdboden verschluckt. Der Bezirksstaatsanwalt entschied, die Klage fallen zu lassen, da es nicht genug belastendes Material für eine Strafverfolgung gab.

Als man mich ins Loch steckte, drückte ich drei bis vier Gramm Heroin pro Tag. Dazu kamen zehn, fünfzehn Pillen und der tägliche Alkohol. Ein Heroinentzug ohne Methadon ist immer brutal, und im Knast war an Methadon nicht zu denken. Da ich zu Anfang meiner Einzelhaft nach dem Cinco-de-Mayo-Riot noch Pillen bekam und ein paar Monate brauchte, um endgültig von ihnen loszukommen, wählte ich den 23. August als mein persönliches Abstinenzdatum. Wahrscheinlich war es schon ein paar Tage vorher, aber der 23. fühlte sich gut für mich an. Am 28. August 1968 holte man mich aus dem Loch, und ich wurde wieder in den normalen Vollzug gebracht. Hätte mir damals ein Hellseher mit einer Kristallkugel den Ablauf der nächsten einundfünfzig Jahre prophezeit, ich hätte gesagt: »Vergiss es, Mann. Du bist ja irre.«

Kapitel 6

ZIP-A-DEE-DOO-DAH

1968

Ich war wieder in North, aber es hatte sich einiges verändert. Als ich aus dem Loch kam, setzten mich Lieutenant Mesro und Captain Rogers sofort wieder als Chef der Trainingshalle ein. Das Heroingeschäft gab ich jedoch auf. Natürlich war ich scharf auf das Geld, aber ich wusste, dass ich meinen Deal mit Gott brechen würde, wenn ich, abstinent oder nicht, weiter mit Drogen dealte. Mir blieben die Einnahmen aus dem Schutzgeldgeschäft.

Kurz nach meiner Rückkehr kam die Leitung der Wachmannschaft mit einem Jobangebot auf mich zu. Sie wollten eine Stelle für mich schaffen, die sie »Sozialmediator« nannten. Ich hatte keine Ahnung, was das bedeuten sollte. »Damit sollen Verbesserungen im Gefangenenalltag bewirkt werden«, sagte Morris, »und es gibt achtzehn Dollar pro Monat.«

Die Dinge entwickelten sich rasch.

Ein Bekannter, der in Soledad Zwölf-Schritte-Meetings für Gefangene organisierte, erzählte mir, dass seine Gruppe Gefahr lief, ihre Akkreditierung zu verlieren, sollten nicht mehr Insassen zu den Treffen kommen. Jetzt galt es. Ich hatte Gott versprochen, jeden Tag seinen Namen zu preisen, meinen Nächsten nach Kräften zu helfen und clean und abstinent zu bleiben. War es mir damit ernst oder nicht?

»Ich komme«, sagte ich. »Aber ich will Präsident des Vereins sein.«

Mein Bekannter lachte. »Wir haben keinen Präsidenten, Danny. Es gibt aber einen Vorstand. Wenn wir unsere Akkreditierung behalten, mache ich dich gern zum Vorstandsmitglied.«

Ich willigte ein und rekrutierte acht Gefangene, die mich für ihren Schutz bezahlten, für das folgende Meeting. Drei von ihnen gingen nach mehreren Wochen immer noch regelmäßig zu den Treffen. Sie erkannten, dass sie es nötig hatten. Zwei dieser Männer schafften es, von diesem Zeitpunkt an clean und abstinent zu bleiben, bis sie eines natürlichen Todes starben. Das waren die ersten Menschen, denen ich auf dem Weg aus der Abhängigkeit half. Sicher, anfangs hatte ich sie nur zu den Treffen geschleppt, weil es um den Weiterbestand der Gruppe ging und weil ich selbst an den Meetings teilnehmen und Vorstandsmitglied werden wollte, aber sei's drum. Als ich sah, wie sehr sich diese drei Gefangenen innerhalb weniger Monate veränderten, beobachtete ich auch an mir Veränderungen. »Manchmal erkennt man die Veränderung in anderen besser als in sich selbst«, heißt es oft bei den Meetings.

Ich hatte das Gefühl, dass überall in meinem Umfeld kleine Wunder geschahen. Kaum hatte ich mich entschieden, clean und abstinent zu bleiben, kamen die Leute zu mir und baten mich um Hilfe. Unter ihnen war auch ein Typ, der nicht vom Klebstoff lassen konnte und mich anflehte, ihm zu helfen. Er war so verzweifelt, dass er sich auf einen harten Plan einließ, den wir gemeinsam erarbeiteten: Er musste rund um die Uhr in seiner Zelle bleiben und durfte nur zum Duschen und Essen herauskommen. Zusätzlich bezahlte ich drei Kollegen dafür, ihn im Auge zu behalten, und ließ den ganzen Block wissen, dass jeder, der dem Mann Drogen verkaufte oder zusteckte, Ärger mit mir bekam.

Damit bot ich nicht einfach nur Schutz für Gefangene an, sondern tat etwas, das sich bedeutungsvoll und wichtig anfühlte. Indem ich mein Versprechen an Gott hielt, konnte ich zusehen, wie sich die Menschen in meiner Umgebung veränderten. Kann sein, dass es diese Möglichkeiten schon immer gegeben hatte. Ich denke jedoch, dass mein offenes Engagement in dieser Art der Suchthilfe es vielen Mitgefangenen einfacher machte, ebenfalls an dem Programm teilzunehmen oder es zu unterstützen. Ich war älter als die anderen Jungs und hatte in Folsom und San Quentin gesessen. Man respektierte mich. Leute, die diesen Meetings normalerweise keine Chance gegeben hätten, kamen plötzlich doch vorbei. *Wenn es cool für Trejo ist, dann wird es ja wohl auch cool für mich sein.*

Die Meetings wurden größer. Die Anonymen Alkoholiker hatten ein Programm namens Hospitals and Institutions (H&I), bei dem es um die Unterstützung Abhängiger in Anstalten, Gefängnissen und Krankenhäusern ging. Im Rahmen von H&I kam irgendwann auch ein alter Kerl aus der Stadt zu unseren Meetings. Der Mann, nennen wir ihn Sam, war schwer krank. Er litt an Diabetes, was ihn bereits das Bein und mehrere Finger gekostet hatte. Sam wurde von einem Mann namens Larry begleitet, der ihn samt Rollstuhl in einem Kleinbus zu den Treffen fuhr.

Eines Abends hörte Sam, wie ich mich nach dem Treffen über irgendetwas aufregte und rummeckerte. Er sagte: »Hey, Danny, warum versuchst du nicht mal, gleich nach dem Aufstehen ein fröhliches Lied zu singen? ›Zip-a-Dee-Doo-Dah‹ zum Beispiel.« Ich kannte den Song, aber was sollte das?

»Warum sollte ich morgens ›Zip-a-Dee-Doo-Dah‹ zwitschern?«, fragte ich ihn.

»Versuch's einfach mal. Sobald du die Augen öffnest, springst du auf deiner Matratze herum und trällerst ›Zip-a-Dee-Doo-Dah‹.«

»Jetzt pass mal auf, Sam«, sagte ich. »Ich find's echt toll, dass du zu unseren Meetings kommst und so, aber ich bin hier im Knast, verstehst du? Ich bin eingesperrt. Ich bin ein Gefangener.«

»Ach, Danny«, sagte er. »Du hast ja keine Ahnung, was ich dafür geben würde, wieder auf einer Matratze herumspringen zu können.« Er zeigte auf seinen Stumpf. »Ich träume regelmäßig davon, wieder gehen oder herumlaufen zu können. Aber das wird erst wieder was, wenn ich im Himmel bin.«

Ich verstand, was er mir zu sagen versuchte, doch die Nummer mit dem Singen kam für mich überhaupt nicht in die Tüte.

Und dann ... am nächsten Morgen, beim Zähneputzen, trällerte ich plötzlich diesen Song. »*Zip-a-dee-doo-dah, zip-a-dee-ay! / My, oh, my, what a wonderful day. / Plenty of sunshine headin' my way ...*« Ich hatte sofort ein Schmunzeln im Gesicht. Kurz darauf lachte ich laut. Ich war ein anderer Mensch. Mein Kopf war voll schöner Gedanken, und ich startete mit einer positiven Einstellung in den Tag. Dann erinnerte ich mich an die Worte eines Besuchers von draußen bei einem unserer letzten Treffen: »Versuch, einen guten Tag zu haben, dann wird daraus schnell ein guter Monat, ein gutes Jahr, ein gutes Leben.«

Gilbert hatte mich stets gelehrt, immer fest daran zu glauben, genau an dem Ort zu sein, an dem ich sein sollte. Man überlebt den Knast nicht, indem man zu den Vögeln und den Bergen hinaussieht und sich an einen anderen Ort wünscht. Man kann nicht nur auf Briefe und Besuche warten. Das bringt einen um.

Ich hatte mich im Gefängnis behauptet, indem ich Gilberts Regeln befolgt hatte. Durch die Treffen und die dort ausgetauschten Gedanken erkannte ich jedoch, dass ich nicht Sklave der Umstände sein musste. Indem ich mich veränderte, konnte ich von drinnen die Welt hinter den Mauern sehen. Als ich dann den Drogen entsagte, fiel eine große Last von mir ab. Ich konnte mich nun jeder erdenklichen Situation stellen, ohne meine Seele mit Chemikalien schützen zu müssen. Ich ging einen Tag nach dem anderen an, und so verschwanden die Gefühle der Schuld, der Reue und der Wut in Bezug auf die Vergangenheit. Ich brauchte keine Angst mehr vor der Zukunft zu haben. Da mich diese Dinge nun nicht mehr von innen her zerfraßen, konnte ich einfach leben.

Ich sang das Lied immer wieder, manchmal leise für mich, manchmal laut. So kam ich auf den Hof und trällerte: »*Mister Bluebird on my shoulder / It's the truth / it's actual / everything is satisfactual.*« Ein Kollege, Joe Rodriguez, bekam es mit und starrte mich an, als hätte ich den Verstand verloren. »Alles in Ordnung bei dir, Kumpel?«

»Ja, Joe, alles in allerbester Ordnung.«

»Zip-a-Dee-Doo-Dah« zu zwitschern, war mein erster ernsthafter Versuch, mit einer Art Morgengebet oder Meditationssession in den Tag zu starten. Danach war ich wie befreit. Schon als Kind war ich stets mit einem Sack voller Angst und Furcht auf meiner Brust aufgewacht. Die einzige Ausnahme waren die Tage, an denen Gilbert mit mir angeln ging. An diesen Tagen wurde mein Leben ein großes Abenteuer. Mein Freund Chris Davis sagt immer: »Hab einen wunderschönen Tag, Junge. Es sei denn, du hast bereits andere Pläne gemacht.« Damit bringt er mich jedes Mal zum Schmunzeln, weil es einfach stimmt. Nachts pflügte mein Unterbewusstsein durch Berge ungelöster Fragen und ließ mich beim Aufwachen regelmäßig in den Abgrund starren. Wenn ich die Augen öffnete, hatte ich nur einen Gedanken: *Ich bin im Arsch!* »Zip-a-Dee-Doo-Dah« spülte diesen ganzen Mist einfach weg. Dieser Song lehrte mich, dass ich selbst im Gefängnis frei sein konnte.

Meine Arbeit als »Sozialmediator« begann Früchte zu tragen. In North gab es einen Gefangenen, der bereits zwei Verwarnungen wegen Tätowierens kassiert hatte. Er wusste von meiner neuen Funktion als Bindeglied und fragte mich um Rat. »Wenn sie dich noch einmal beim Tätowieren erwischen, wanderst du ins Loch, Mann. Wie viel bekommst du denn für ein Motiv?«

»Sechs Schachteln.«

»Dann solltest du vielleicht zwei von diesen Schachteln nehmen und damit Kollegen bezahlen, die beim Tätowieren Wache stehen und dich warnen, wenn die Wärter ihre Runden drehen.«

Bei meinem nächsten Treffen mit Lieutenant Mesro and Captain Rogers wurde ich gefragt, wie es lief. Um ihnen zu veranschaulichen, wie hilfreich ich in meiner neuen Funktion für meine Mitgefangenen war, erzählte ich ihnen die Sache mit dem Wachestehen – man bezahlt einen anderen Häftling fürs Aufpassen, damit man selbst nicht bei einer untersagten Tätigkeit erwischt wird.

Die beiden ließen sich meine Worte einen Moment lang durch den Kopf gehen. Aber sie waren nicht sauer. Sie wussten, dass Verrat kein Teil unseres Deals war. Der ganze verbotene Scheiß lief so oder so im Knast. Sie wollten einfach Ordnung und Struktur in die Sache bringen. »Smarter Zug, Trejo«, sagte einer von ihnen.

Am 23. August 1969, fast genau ein Jahr nach Ende meiner Einzelhaft und zum einjährigen Jubiläum meiner Abstinenz, wurde ich aus Soledad entlassen.

Ich bekam einen dieser jämmerlichen Frisch-entlassen-Anzüge, zweihundert Dollar und ein Greyhound-Ticket nach San Fernando.

·

Teil 2

DER RICHTIGE MANN
FÜR DEN JOB

Kapitel 7

CLEAN, TROCKEN UND WEICHE KNIE

1969

Der kakaobraune Chevy auf der anderen Straßenseite legte einen U-Turn auf den Asphalt und hielt direkt vor mir. Auf dem Rücksitz saß eine junge Frau, die mich zum Wagen rief. Sie war high bis in die Haarspitzen und bekleidet mit einem Minirock, unter dem ein rotes Unterhöschen hervorlugte. Als ich an den Chevy herantrat, schlug mir eine markante Duftwolke entgegen. Marihuana, Parfüm und Haarspray – ein gefährliches Triple für jemanden, der gerade vier Jahre abgerissen hatte. Die Kleine war so wunderschön, dass ich mich fragte, ob sie echt war oder meiner Fantasie entstammte.

»Ich kenne dich«, tschilpte sie. »Du bist Danny Trejo, stimmt's?« Sie zog meinen Namen in die Länge, was ziemlich sexy klang. »Du bist ein Kumpel von meinem älteren Bruder.«

Im San Fernando Valley gab es sehr viele Leute, die mich aus den falschen Gründen kannten.

»Ja, ich bin Danny Trejo.«

»Hast du Lust, mit mir und meinen Freundinnen Party zu machen?« Sie hielt ihr Gesicht in die Sonne und lächelte. An ihrem Kinn klebte eine große rote Pille. Seconal, ohne Frage. Farblich

121

passte sie hervorragend zu ihrem Höschen. Die Kleine war jedoch viel zu high, um es zu bemerken. Am liebsten hätte ich ihr den roten Teufel direkt vom Kinn gelutscht.

Ich war erst ein paar Minuten wieder in der Stadt, und schon hatte mir der Höllenfürst einen wunderschönen Engel in Minirock und rotem Glitzerhöschen gesandt.

»Ich muss los.«

»Ach, Scheiße, Mann. Jetzt lass mich nicht hängen.«

Als ich 1969 aus dem Knast kam, hatte ich das Gefühl, die Welt hätte seit meiner Verhaftung ein paar Jahrzehnte übersprungen. Der Sommer der Liebe hatte alles verändert, der Vietnamkrieg war auf seinem Höhepunkt. Die Mode war eine andere, die Musik erst recht. Frauen fluchten und hatten unverbindlichen Sex. 1965 war es ganz anders gewesen. Damals trauten sich das nur Prostituierte und Gangsterladys. Jetzt schien jede mit jedem in die Kiste steigen zu können. Es nahm der ganzen Sache die Verruchtheit, und ich mochte, wenn es verrucht war.

Ich ging zu einer Telefonzelle und rief Frank Russo an. Wenn mir jemand helfen konnte, trocken und clean zu bleiben, dann war es Frank. Ich sagte ihm, dass ich gerade aus Soledad kam, an einer Bushaltestelle stand und von einer sehr attraktiven Frau, der eine Seconal-Pille am Kinn klebte, zu einer Party eingeladen worden war.

»Bleib, wo du bist, Danny. Ich bin schon unterwegs und hol dich ab.« Anstatt aufzuhängen, reichte er den Hörer seiner Frau und sagte: »Hier, sprich derweil mit Sherry.« Er ahnte, dass ich für zehn weitere Jahre verschwinden würde, wenn ich in dieser Situation den Hörer auflegte. Hätte Frank an diesem Tag nicht abgenommen, würde ich jetzt im Knast sitzen oder wäre schon lange tot.

Mein Bewährungshelfer hatte mir einen Platz in einem Übergangshaus besorgt, doch aus der Sache wurde nichts. Als dort kurz zuvor ein Junkie gestorben war, hatte die Hausleitung beschlossen, vorerst keine Abhängigen mehr aufzunehmen, selbst dann nicht, wenn sie bereits ein Jahr lang clean waren. Frank setzte mich bei meinen Eltern ab. Meine Mutter – eigentlich meine Stiefmutter, die mich aufgezogen hatte, seit ich drei Jahre alt gewesen war – kam zur Tür.

»Mijo, du bist wieder da!« Sie klang nicht übermäßig erfreut und öffnete nicht mal das Fliegengitter. Im Hintergrund konnte ich das Profil meines Vaters erkennen, der im Wohnzimmer saß und sich die Nachrichten ansah. »Wo wohnst du denn jetzt?«

»Hallo, Mom. Also aus meinem Platz im Übergangshaus ist nichts geworden, und jetzt dachte ich, dass ich vielleicht erst mal bei euch unterkommen könnte, bis ich etwas anderes finde.«

Sie sagte eine Weile nichts und blickte dann zu meinem Vater. »Hey, Dan. Danny fragt, ob er ein paar Tage hierbleiben kann.«

Ohne den Blick von der Mattscheibe abzuwenden, rief mein alter Herr: »Sag ihm, geht in Ordnung.«

»Nun gut, dann komm rein.«

Ich ging ins Wohnzimmer und sagte Hallo zu meinem Vater, der jedoch weiter auf den Bildschirm starrte. Die Spannung zwischen uns war fast greifbar. Aber das kannte ich bereits, denn so war es schon immer zwischen mir und meinem Vater gewesen.

Meine leibliche Mutter und mein Vater, Dolores Rivera King und Dionisio Trejo, lernten sich 1943 in einer Tanzbar in Highland Park kennen. Sie war mit einem anderen Mann verheiratet, der zu dieser Zeit allerdings im Pazifik kämpfte. Meine Eltern waren Zoot Suiters. Die Männer trugen auffällige Anzüge mit wattierten Schultern und eng zulaufenden Hosen, die Frauen Glockenröcke und Bouffant-Frisuren à la Jackie Kennedy. Mein Vater war ein Pachuco, ein Zoot Suiter der toughen Sorte. Kam ihm jemand dumm, nahm er diesen Jemand auseinander.

Ich kam am 16. Mai 1944 in Maywood, Kalifornien zur Welt. Eigentlich wollte meine Mutter in East L. A. entbinden, doch das Krankenhaus schickte sie weiter, weil die Betten für Soldaten gebraucht wurden.

Später, irgendwann nach meiner Geburt, gingen meine Eltern eines Abends in eine Bar, wo ein anderer Mann meiner Mutter an den Hintern langte. Mein Vater stach den Kerl nieder. Um der Polizei zu entkommen, packte mein alter Herr meine Mutter, deren andere Kinder und mich und flüchtete mit uns nach San Antonio, Texas.

Ein Jahr später kehrten wir nach L. A. zurück. Mein Vater wusste, dass er sich stellen musste. Er bat meine Großmutter, ihm einen Anwalt zu bezahlen, und versprach ihr im Gegenzug, alles zu tun, um nie wieder in seinem Leben im Knast zu landen. Er hielt Wort. Die folgenden vierunddreißig Jahre seines Lebens arbeitete er auf dem Bau und brachte jeden Monat einen Gehaltsscheck nach Hause. Nachdem er meine leibliche Mutter aus unserem Leben verbannt hatte, heiratete er meine Stiefmutter, die »Mom«, mit der ich aufwuchs. Er erwartete von ihr, dass sie sich um mich kümmerte und wie ihren eigenen Sohn aufzog.

Ich glaube, ein großer Teil der Enttäuschung meines Vaters in Bezug auf mich, seinen Sohn, rührte daher, dass er sich fragte, warum ich nicht in der Lage war, es ihm gleichzutun: Er war einmal verhaftet worden, weil er Scheiße gebaut hatte, und krempelte danach sein Leben komplett um. Er sah in mir einen Versager. In seinen Augen konnte ich nichts richtig machen.

Schon in Kindertagen war ich das Ziel seiner Wutausbrüche gewesen, wenn er getrunken hatte. Einmal, bei einem unserer Familien-BBQs im Tujunga Canyon, wurde mein Dad sauer auf mich und sperrte mich in seinem Wagen ein. Es war ein heißer Tag, achtunddreißig Grad oder mehr. Er sagte den anderen, sie sollten mich im Auto schmoren lassen. Ich glaube, meine Tanten wollten mir helfen, aber sie waren viel zu verängstigt, um sich einzumischen.

Und so lief das Picknick weiter. Es wurde gegessen und getrunken, während ich aus dem überhitzten Wageninneren zuschauen musste.

Nach einer Weile lehnte ich mich in den Sitz zurück, dann kroch ich auf den Boden. Ob ich dort einschlief oder ohnmächtig zusammenklappte, kann ich nicht mehr genau sagen. Fakt ist, dass ich in einen Dämmerzustand abglitt, gegen den ich jedoch mit aller Kraft ankämpfte, weil ich meinem Vater nicht diese Genugtuung schenken wollte. Irgendwann riss mein Onkel Gilbert die Tür auf und zog mich aus dem Wagen. Mein Vater schrie ihn an, schimpfte mit ihm, aber Gilbert sagte ihm bloß, er solle mal runterkommen. Es folgte die einzige Auseinandersetzung zwischen den beiden, die ich je mitbekam. Gilbert war die eine Person in meiner Familie, die keine Angst vor meinem Vater hatte. Beim Picknick gingen die beiden aufeinander los und schenkten sich nichts, bis mein Vater Gilbert in das Auto rammte. Mich hatte er da bereits geschlagen; ich lag am Boden und tat so, als hätte er mich ausgeknockt. Als mein Dad dann fluchend abzog, sah Gilbert zu mir herüber und zwinkerte mir zu. Er stand immer auf meiner Seite.

Ein paar Wochen später kam es zu einer Auseinandersetzung zwischen meinem Opa sowie Gilbert und mir. Der Alte schrie uns an, wir seien armselige Verlierer und am liebsten würde er uns umbringen. Ich erinnere mich nicht mehr, was der Anlass für seine Tirade war – aber gut, wir lieferten ihm jeden Tag an die hundert legitime Gründe, um an die Decke zu gehen. Als er sich so in Rage schimpfte, ahnte ich, dass er jeden Moment so weit sein würde, mich zu packen und mir die Scheiße aus dem Leib zu prügeln. Ich hatte so viel Angst vor der drohenden Abreibung, dass ich die Pobacken zusammenkneifen musste, um mir nicht sprichwörtlich in die Hose zu kacken. Mein Vater war ein Furcht einflößender Kerl, aber selbst er und seine Brüder hatten Schiss vor meinem Opa. Ich schielte zur Seite und sah, dass Gilbert mitten im Wutanfall meines Opas wegdöste. Er stand auf seinen Beinen, war jedoch regelrecht benommen. Als mein Großvater das bemerkte, steigerte sich seine Wut auf ein ganz neues Level. Er griff Gilberts Kopf mit beiden Händen und presste einen heulenden Laut hervor. Es klang wie der Schrei eines verletzten Tieres. Dann verschwand er in sein Zimmer. Gilbert stand die ganze Zeit nur da, das Kinn auf der Brust, Sabberfäden im Mundwinkel. Als er wieder klarer wurde, hatte er nicht die geringste Ahnung, was passiert war.

»Hat er uns etwa geschlagen, Mann?«

Diese Episode war sehr bedeutsam für mein weiteres Leben. Ich begriff, dass Gilbert eine Möglichkeit gefunden hatte, um sich auszuklinken, wenn es zu stressig oder gar bedrohlich wurde. Damals wusste ich noch nicht, dass sein Geheimnis Heroin hieß. Ich wusste nur, dass ich auch so einen Notausstieg haben wollte.

Ein paar Tage später wurde Gilbert wegen irgendeiner kleinen Sache verhaftet. Als er nach drei Tagen im County Jail wieder heimkehrte, ging er zuerst in das Zimmer meines Großvaters und dann ins Bad. Ich folgte ihm und fand ihn auf dem Badewannenrand sitzend. Er hatte einen Gürtel um den Oberarm gebunden und hielt die große Spritze in der Hand, die mein Opa für sein Insulin benutzte. Von der Spritze wusste ich, weil ich oft zugesehen hatte, wie mein Opa sich morgens das Mittel für Zuckerkranke injizierte. Außerdem hatte ich mal Ärger bekommen, weil ich das Ding als Spritzpistole benutzt hatte.

»Gib mir auch was, oder ich sag Opa, dass du seine Spritze nimmst«, sagte ich.

»Das ist nichts für dich.«

»Ich schwöre dir, ich sag's ihm.«

Gilbert sagte mir, ich solle den Gürtel festziehen. Dann führte er die Nadel an seine Ellenbeuge. Als er die Kanüle unter die Haut schob, sah es aus, als würde eine kleine Bombe hochgehen: Eine dunkle Blutwolke schoss in den Glaszylinder der Spritze. Er sagte, ich solle den Gürtel loslassen. Von einem Moment auf den anderen war er ein anderer, und zwar wieder der Kerl, der vor einem Grizzly stehen und einschlafen konnte.

Später half mir Gilbert dann doch. Er zog den Gürtel fest und setzte mir meinen ersten Schuss. Es war besser als alles, was ich bis dahin erlebt hatte, ein Gefühl der Euphorie, das mit Worten nicht zu beschreiben ist. Sämtliche Anspannung fiel von mir ab. Ich machte mir keine Sorgen mehr wegen der Schule und auch nicht wegen meiner Eltern. All das war mit einem Schlag verschwunden und wurde von einem Freudengefühl ersetzt, das ich in dieser Intensität nie für möglich gehalten hätte.

Ich wachte im Garten vor dem Haus meiner Oma auf: nass bis auf die Knochen, die Wangen feuerrot, über mir Gilbert, der mir eine Backpfeife nach der anderen verpasste. Als ich wieder da war, erzählte er mir, es sei eine Überdosis gewesen. Ich war zusammengeklappt, und er hatte mich unter die kalte Dusche stellen müssen. Ich hörte Musik auf der Straße, es war der Eiswagen.

Gilbert zog einen Geldschein aus seiner Tasche hervor und sagte: »Los, kauf uns Stieleis. Eins für dich und eins für mich.«

Ich griff den Dollar, kämpfte mich auf die Beine und kaufte das Eis.

Ich war zwölf Jahre alt.

Wie durch Magie konnte Heroin all die Dinge verschwinden lassen, die mir Sorgen bereiteten – sogar dann, wenn ich nicht mal genau wusste, was mir Sorgen bereitete. Es fühlte sich an wie eine warme Decke, und ich dachte nur: *Danke, warme Decke.* Sie beschützte mich vor der Raserei meines Vaters, der Wut meines Großvaters und auch vor meinem eigenen Zorn. Es dauerte jedoch nicht lange, und diese warme Decke nahm mir die Luft zum Atmen.

Jetzt, dreizehn Jahre später, schlich ich an meinem schweigenden Vater vorbei in mein Zimmer, mein ehemaliges Kinderzimmer. Das Zimmer, in dem ich zum ersten Mal verhaftet worden war. Ich war fünf Jahre weg gewesen und hatte eigentlich auf einen herzlichen und warmen Empfang gehofft, aber die Reaktion meiner Eltern war so kalt und abweisend, ich hätte schreien können. Ich zog meinen Frisch-entlassen-Anzug aus und betrachtete mich im Spiegel. Ich hatte mich sehr verändert, seit ich zum letzten Mal zu Hause gewesen war. Konnten meine Eltern das denn nicht sehen? Das Pumpen im Knast hatte für Masse gesorgt. Es gab neue Linien in meinem Gesicht. Für fünfundzwanzig wirkte ich alt. Ich zog mein Hemd aus. Die Charra aus der Nadel von Harry »Super Jew« Ross starrte mich an. Der Typ im Spiegel war knallhart, einer, der sagt, wo es langgeht, ein Raubtier, doch ich fühlte mich wie ein kleines Kind, das man gerade in der Öffentlichkeit geohrfeigt hatte. Meine eigenen Eltern wollten mich nicht unter ihrem Dach.

Ich hasste mich selbst und meine Situation. Ich fragte mich sogar, ob es nicht vielleicht ein Fehler gewesen war, das Gefängnis zu verlassen. Ein paar Tage vor meiner Entlassung waren mir allerhand wirre Gedanken durch den Kopf gegangen: Würde ich in der Welt draußen zurechtkommen? Hatten sich zu viele Dinge verändert? Würden mich die Bewährungshelfer schikanieren? Hatten mich die Cops auf dem Kieker?

Mit freiem Oberkörper ging ich ins Wohnzimmer zurück und setzte mich gegenüber vom Sessel meines Vaters auf einen Fußhocker. Man merkte ihm die Anspannung sofort an. Mein Vater hasste Tattoos, schon immer, und nun hatte sein Sohn eins, das aller Welt ins Gesicht schrie: »Ich bin gerade aus dem Knast entlassen worden!«

Wir schwiegen uns an. Eine gefühlte Ewigkeit sagte keiner von uns beiden ein Wort. Es herrschte eine Stille, wie ich sie schon aus dem Gefängnis kannte – die Stille, die sich direkt vor dem Ausbruch eines Riots ausbreitete.

»Soll ich euch ein paar Kekse und etwas Milch bringen?«

Meine Mutter klang wie June Cleaver aus der Sitcom *Erwachsen müsste man sein*. Ich wusste, dass ich nicht im Haus meiner Eltern bleiben konnte. Nur mit größter Mühe schob ich mir ihre Snacks zwischen die Zähne. Heute lache ich, wenn ich darüber nachdenke. Mein Vater und ich waren sehr wahrscheinlich zwei der wütendsten, jähzornigsten und impulsivsten Typen, die jemals gemeinsam Kekse in Milch getaucht haben. Ich rief Frank an. Er hatte bereits auf meinen Anruf gewartet und geahnt, dass es zu Hause nicht so laufen würde, wie ich es mir vorgestellt hatte. Er bot an, mich abzuholen.

»Komm, wir gehen erst mal zu einem Meeting.«

Ich wusste zwar, dass es darauf hinauslaufen würde, aber insgeheim hatte ich mir gewünscht, er würde sagen: »Los, lass uns den kakaobraunen Chevy und die Kleine mit dem roten Glitzerhöschen suchen.«

Als ich in Franks Wagen stieg, sagte ich ihm, dass mein Vater mir seit meiner Ankunft nicht einmal in die Augen geschaut hatte. Er antwortete: »Danny, du musst die Sache mal aus ihrer Perspektive betrachten. Deine Eltern reißen sich den Arsch auf, um den Traum zu leben und anständige, gesetzestreue Republikaner zu sein. Jetzt platzt du wieder in ihr Leben und bringst das alles ins Wanken.« Als Republikaner bezeichneten wir damals alle weißen, konservativen Leute.

Frank fuhr mit mir zu einem Meeting in Reseda. Der Raum war voller Cowboys, die Tabak kauten und in kleine Plastikbecher spuckten. Ich hasste es von der ersten Sekunde an, hasste jeden Einzelnen in diesem Raum. Ein Cowboy war ich ganz gewiss nicht. Ich warf Frank einen finsteren Blick zu.

»Warte ab, es wird besser«, flüsterte er mir zu.

Am Ende des Meetings bat mich eine Frau um die zwanzig, ihr meine Hand zu geben.

Ich war verwirrt. »Wozu das denn?«, fragte ich. Ich hatte seit sehr, sehr langer Zeit keine Frau mehr berührt. Noch nicht mal meine Mutter hatte ich umarmt, als ich nach Hause gekommen war.

»Zum Gebet«, sagte sie.

Ich reichte ihr meine linke Hand, meine rechte hielt ein junger Kerl. Frank stand auf der anderen Seite des Kreises und lächelte. Seine Augen schienen zu sagen: »Siehst du, ich hab doch gesagt, es wird besser.«

Nach dem Meeting luden wir die junge Frau und ihre Freundin auf einen Kaffee ins Du-par's auf dem Ventura Boulevard ein. Das war damals ein angesagter Laden. Es fühlte sich großartig an, richtigen Kaffee aus einer richtigen Kaffeetasse trinken zu können und anschließend ein bisschen durch die Gegend zu cruisen.

Nach unserem Besuch bei Du-par's fuhren wir zum Reseda Park. Ich entfernte mich ein Stück von Frank und den Frauen, um mir in der Dunkelheit ein Eckchen zum Pinkeln zu suchen. Als ich gerade dabei war, kam eine Ente angewatschelt. Ich richtete den Strahl direkt auf das Tier, und das Federvieh glotzte mich sauer an. Ich musste lachen. In einiger Entfernung konnte ich Frank und die Frauen quatschen hören. Ich merkte, dass ich happy war. Ich war frei. Und dann kam mir eine Art Erleuchtung. Ich erkannte, dass ich einen Plan brauchte, einen Weg zur Genesung, und ich gestand mir selbst ein, dass ich mein Leben ohne Meetings nicht bewältigen konnte und genau das tun musste, was Jhonnie Harris mir so viele Jahre zuvor geraten hatte, als er meinte: »Komm zu uns, Danny.« Abstinenz war nicht nur wichtig für mich, um aus dem Loch zu kommen oder gut vor dem Bewährungsausschuss dazustehen. Ich brauchte die Abstinenz, damit mein Leben einen Sinn ergab.

Als ich am nächsten Morgen in meinem alten Kinderzimmer aufwachte, fühlte ich mich einsam und verloren. Ich wusste, dass ich nach Abstinenz strebte und nach einer Art Gemeinschaft suchte. Und ich wusste auch, dass noch jede Menge Arbeit vor mir lag, um mein Leben wieder auf die Reihe zu kriegen. Aber ich hatte keine Ahnung, wo ich anfangen sollte.

Meine Familie hatte seit den Fünfzigerjahren in Pacoima gewohnt, ein Viertel im Norden des San Fernando Valley in L. A. Es war damals genauso wie in dem Film *La Bamba* über den ebenfalls aus Pacoima stammenden Rock'n'Roll-Musiker Ritchie Valens. Zu jener Zeit war Pacoima ein Arbeiterviertel, das zu gleichen Teilen von Schwarzen, Weißen und Mexikanern bewohnt wurde. Die Stadt war segregiert, und die Grenze verlief entlang der San Fernando Road. Die Schwarzen lebten auf der einen Seite in den Sozialbauten, die Mexikaner und die Weißen auf der anderen. Alle waren arm. In den Fünfzigerjahren galt Pacoima als Murder-Capital von L. A., es war die Gegend mit den meisten Morden im ganzen Stadtgebiet. Viele der Bewohner arbeiteten auf den umliegenden Farmen, und nicht wenige Familien wohnten in den Garagen hinter den Häusern an der Straße, wo sie sich Bad und WC mit anderen teilen und die Stromleitungen anzapfen mussten.

Das alte Pacoima hatte sich zum Zeitpunkt meiner Entlassung stark verändert: Der Großteil der schwarzen Bevölkerung war weggezogen, dafür hatten sich noch mehr Latinos in der Gegend angesiedelt. In Pacoima gab es jetzt mehr Gehwege und befestigte Straßen, dazu noch eine Einkaufsmeile entlang des Van Nuys Boulevard. Die meisten Wohngebäude waren jedoch alt und in schlechtem Zustand. Verglichen mit anderen Familien, standen wir materiell gesehen ganz gut da. Einige meiner Freunde hatten absolut nichts. Als ich im Jugendknast saß, gab es dort Kinder aus meinem Viertel, die die Haftanstalt als eine Art Urlaubsresort ansahen. Im Jugendknast bekamen nicht wenige dieser Kids zum ersten Mal im Leben eine anständige Mahlzeit. Gabbie zum Beispiel, ein Junge aus Clanton in East L. A., sagte: »Echte Butter, Danny. Die haben hier *echte* Butter. Und sogar Milch.« Gabbies Familie war bitterarm, wir waren normal arm, trotz Arbeit. Da mein Vater nonstop auf dem Bau schuftete und meine Mutter sich nahezu obsessiv um den Haushalt kümmerte, war die grundlegende Versorgung sichergestellt. Trotzdem war unser Haus in emotionaler Hinsicht eine Tiefkühltruhe. Genau genommen freute ich mich nur ein einziges Mal, mit meinen Eltern zusammenzuleben, und zwar als mein Onkel Bill verhaftet wurde. Damals kam ich gerade in die Junior High, und wegen der Verhaftung meines Onkels zogen dessen Töchter, also meine Cousinen Sharon, Yolanda und Lynn, bei uns ein. Die zahlenmäßige Überlegenheit brachte eine gewisse Sicherheit mit sich.

Ich wusste nicht weiter und ging auf die Straße. Ich musste auf Gott vertrauen. Er hatte mich aus dem tiefsten Loch gezogen, als ich ihn um seine Hilfe bat. Im Knast war es jedoch relativ einfach gewesen, auf ihn zu vertrauen. Wie es damit in meiner neu gewonnenen Freiheit aussah, würde sich zeigen müssen.

Ich blickte mich um und sah auf der anderen Straßenseite eine alte Lady, Mrs. Sanchez, die gerade zwei große Abfalleimer zum Gehweg zerrte. Ich ging zur ihr hinüber.

Fast fiel sie um, als sie mich sah. »¡No me robes! No me robes!«

»¡Cállate!«, schimpfte ich. »Ich will Sie nicht ausrauben. Ich will Ihnen helfen. Geben Sie mir die Abfalleimer.«

Das Problem war nicht, dass sie mich nicht kannte. Das Problem war, dass sie mich zu gut kannte. Ich war in dieser Straße aufgewachsen und hatte sicher auch ihre Garage einmal ausgeräumt. Jetzt hatte ich ihr Angst eingejagt, keine Frage. Das ließ mich verzweifeln. Meine Erscheinung wirkte bedrohlich auf andere Menschen, und alle Welt wusste, wo ich die letzten fünf Jahre gewesen war. »Tut mir leid. Ich wollte bloß helfen.«

Ich schnappte mir die Abfalleimer und schleppte sie zur Straße. Die Dinger waren definitiv zu schwer für eine Frau in ihrem Alter.

»Seit sie die Gasse hinterm Haus aufgerissen haben, muss ich den Müll nach vorne bringen und auf den Gehweg stellen«, erklärte sie.

Sie war dankbar, ließ mich jedoch keine Sekunde aus den Augen. Es war nur eine kleine Sache und wahrscheinlich ein sehr verwirrendes Ereignis für Mrs. Sanchez, aber ich fühlte mich danach sehr viel besser.

Kapitel 8

BEKANNTE GESICHTER

1969

Frank Carlisi und Frank Russo halfen mir ein weiteres Mal aus der Patsche. Ich fing in meinem alten Job an, Instandsetzung von Fahrzeugkarosserien. Bei meiner letzten Stippvisite in der freien Welt hatte ich ihn nur neunundzwanzig Tage lang ausgeübt. Frank schleppte mich jeden Abend zu einer Selbsthilfegruppe.

Während meiner Zeit hinter Gittern hatte Frank sich mit einem Richter namens Charles Hughes zusammengetan und ein Projekt auf die Beine gestellt, um Jugendlichen mit Drogenvergehen ein Reha-Programm als Alternative zum Jugendknast anzubieten. Richter Hughes war ein progressiv denkender Mann. Er wusste, dass fünfundsiebzig Prozent der Fälle, die auf seinem Tisch landeten, mit Drogen zu tun hatten, und er glaubte nicht, dass die »Eisengittertherapie« Abhilfe für dieses Problem schaffen konnte. Das Programm hieß R. I. F., »Recovery in Freedom«, und bot jeden Tag Meetings an. Frank war der Meinung, dass ich einen positiven Einfluss auf die neunzehn- und zwanzigjährigen Jugendlichen bei R. I. F. haben könnte. Ich war zwar selbst erst fünfundzwanzig Jahre alt, aber meine Knasterfahrung machte mich für diese Kids zu einer Autorität.

R. I. F. hatte seinen Sitz im Valley, genauer gesagt in Reseda, im zweiten Stock eines Gebäudes, direkt über einem Blumenladen. Als ich das erste Mal dort auftauchte, starrten die Kids meine Tattoos an und waren sofort fasziniert. Dann kamen wir ins Gespräch, und ich erzählte von meinen Erfahrungen im Knast. Ich merkte rasch, dass viele nervös wegen bevorstehender Gerichtstermine waren. Sie wollten alles über das Gefängnis wissen – in erster Linie, welche Möglichkeiten es gab, eine Haftstrafe zu vermeiden.

Ich machte ihnen die Sache leicht. »Tut einfach, was der Richter euch sagt.« Natürlich waren sie als rebellische Teenager darauf programmiert, auf keinen Fall das zu tun, was Autoritätspersonen wie Lehrer, Eltern, Cops oder Richter ihnen sagten. Trotzdem spitzten sie die Ohren, als sie genau diesen Tipp von mir erhielten, einem Kerl mit einigen Jahren Erfahrung im Vollzugssystem.

Nach dem Meeting drängten sich die Kids um mich wie eine Herde Schafe um ihren Hirten. Als wir uns verabschiedet hatten, sagte Frank zu mir: »Danny, diese Kids sind von deinen Tattoos beeindruckt. Denk jetzt bloß nicht, du wärst der Messias oder so was.«

Frank hatte recht, als er meinte, ich könne diesen Jugendlichen helfen. Diese Kids konnten sich in mir wiederfinden – nicht in den bewaffneten Raubüberfällen vielleicht, aber sehr wohl, wenn es um Dinge wie das Herumcruisen auf dem Van Nuys oder dem Ventura Boulevard ging, um Alkohol, Heroin und Prügeleien. Den meisten stand eine Gefängnisstrafe bevor, wenn sie die Chance vermasselten, die R. I. F. ihnen bot. Ich gab ihnen einen Überblick über das Leben hinter Gittern und ließ nichts aus. Ich wollte sie damit nicht verschrecken oder kleinmachen – ich berichtete ihnen lediglich von den vor ihnen liegenden Attraktionen, von denen keine besonders attraktiv war.

»Im Knast bist du entweder eine Puppe oder ein Killer«, sagte ich zu ihnen. »Das ist alles, aber glaubt ja nicht, dass die Sache so einfach wäre. Für Typen wie mich, die im Getto aufgewachsen sind, ist es kein Problem, ein Killer zu sein. Ihr hingegen kommt aus Reseda, und ich sage euch, ihr wollt weder eine Puppe noch ein Killer sein. Eure Seele würde weder das eine noch das andere überleben.« Dann wiederholte ich die Worte, die sich für immer in mein Gehirn eingebrannt hatten, als wir 1959 in das Selbsthilfegruppen-Meeting geplatzt waren. »Wenn ihr mit diesem Zeug weitermacht, werdet ihr entweder sterben, verrückt werden oder in den Knast wandern.« Insbesondere die zweite der drei Optionen war 1969 ein sehr wahrscheinliches Szenario, da viele Kids Unmengen von Acid schluckten und damit ihre Gehirne frittierten. Auch die Drogen waren mittlerweile andere.

Die Tatsache, dass ich all diese Jahre im Knast gesessen hatte, beeindruckte die Jugendlichen. Sie nahmen das, was ich zu sagen hatte, sehr ernst. Langsam begriff ich, dass es sinnvoll sein kann, anderen von den abscheulichen Dingen zu berichten, die man getan hat. Auf diese Weise erfahren die Zuhörer, wie man sein Leben umkrempeln kann – und sie erkennen, dass jeder und jede, auch sie selbst, dazu in der Lage sind.

In der Gladiatorenschule hatte Jhonnie zu mir gesagt: »Danny, warum machst du nicht mal Pause und kommst von dem Hamsterrad runter, in dem du läufst?« Damals konnte ich nicht verstehen, was Jhonnie mir damit sagen wollte. Jetzt hoffte ich inständig, dass die Kids bei den R. I. F.-Meetings diese Worte von *mir* annehmen konnten.

Frank und ich hatten viel zu tun. Wir arbeiteten zusammen, gingen zu den Meetings, sammelten Essen für die Tafeln und besorgten Socken und Thermounterwäsche, um sie an die Obdachlosen auf der Straße zu verteilen. Es fühlte sich großartig an, zu helfen und zu geben, anstatt zu nehmen.

Eines Tages kam mein Onkel Gilbert auf meiner Arbeit vorbei. Man hatte ihn erst eine Woche zuvor aus Folsom entlassen, und ich wusste, dass er irgendwann Hallo sagen würde. Er fuhr in einem schwarzen Lincoln Continental vor und trug einen schwarzen Fedora, einen langen schwarzen Mantel, ein Seidenhemd und eine schwarze Bolerohose. Seine Füße steckten in Vierhundert-Dollar-Schuhen, sowohl der linke als auch der rechte. Er hatte schon immer wie ein Filmstar ausgesehen.

Ich kam aus der Karosseriewerkstatt nach vorn. Mit meinem verdreckten Overall sah ich aus wie ein aus der Kriegsgefangenschaft geflohener Vietcong.

»Danny, was machst du hier?« Seine Augen waren von aufrichtigem Mitleid erfüllt.

»Ich arbeite.«

»Hier? Das ist doch Klimpergeld, Mann. Willst du nicht lieber wieder für mich arbeiten? Wie in alten Zeiten?« Er legte zwei Päckchen mit jeweils einer Viertelunze Heroin und eintausend Dollar Cash auf den Tresen.

Wie in alten Zeiten.

Ich hatte Gilbert seit Kindertagen verehrt. Er war mein Vorbild gewesen, und sobald er mich gelassen hatte, war ich seinen Fußstapfen gefolgt. Das erste Mal nahm mich Gilbert wahr, als ich ihn im Haus meiner Großeltern mit einer Glasschüssel auf dem Schoß überraschte. Er sagte, ich solle näher kommen. Ich sah zu, wie er in der Glasschüssel durch einen Haufen Laubblätter fingerte und immer wieder einzelne davon aussortierte. Ich hatte damals keine Ahnung, dass es sich um Marihuana handelte und er die nicht verwertbaren Stängel und Samen aus der Schüssel fischte. Ich konnte es nicht fassen, dass ein Kerl wie Gilbert mir Aufmerksamkeit schenkte. Er war erst dreizehn Jahre alt, aber er hatte damals schon die Ausstrahlung eines Filmstars. Groß gewachsen, gut aussehend und dazu ein Lächeln, wie es seinesgleichen suchte. Er durfte schon mit den Männern meiner Familie rumhängen – lebte, aß, scherzte mit den Großen. Für mich war er ein Mann.

»Ich brauch deine Hilfe, Danny. Komm mit.«

Gilbert schaute nach meinem Großvater, der tief in ein Nickerchen versunken war. Anschließend stiegen wir in den 1938er Chevy des Alten, wo mir Gilbert eine Tüte reichte.

»Hier, nimm. Und jetzt zählst du die Songs, die sie im Radio spielen.«

In jener Zeit, also 1951, hatten alle Lieder die gleiche Länge – ein bisschen unter drei Minuten. Die Hits waren »Jezebel« von Frankie Laine und »Too Young« von Nat King Cole. Ich war unfassbar happy, mit Gilbert unterwegs zu sein, er war mein Held. Wir fuhren die East Palm Avenue runter zur San Fernando Road.

Alle paar Songs legte Gilbert einen Stopp ein und ließ sich von mir den Beutel mit den, wie ich damals dachte, selbst gedrehten Zigaretten geben. Dann ging er kurz weg, während ich im Wagen wartete. Insgesamt machte er das drei Mal, anschließend fuhren wir nach Hause. In der Zufahrt zum Haus meiner Großeltern fragte er mich: »Und, wie viele waren es?«

»Was, wie viele?«

»Songs, Tonto!«, sagte er und lachte.

»Dreizehn.«

Er schmunzelte und strich mir über den Kopf. Unser Großvater schnarchte immer noch.

Gilbert beugte sich zu mir runter und legte seine Hände auf meine Schultern. »Gute Arbeit.«

Ich war sehr stolz. Es war ein echtes Abenteuer. Noch wichtiger war allerdings, dass es ein Abenteuer mit Gilbert war. Ich war sieben Jahre alt und hatte gerade meine ersten Drogengeschäfte abgewickelt.

Ein Jahr später war die Familie in die Penrose Street gezogen, da die Regierung das Land enteignete, auf dem auch das Haus meiner Großeltern stand, um die Interstate 5 zu bauen. Eines Nachmittags rannte ich mal wieder mit einem Cowboyhut auf dem Kopf durch die Bude und ballerte mit einer Kronkorken-Pistole herum.

Bäm! Bäm! Bäm!

»¡Cállate, mijo!«

Meine Oma sagte, ich solle nicht so einen Lärm machen, und schickte mich zu Gilbert und seinen Freunden in den Garten. »Die sitzen draußen und lesen die Bibel«, sagte sie.

Die Jungs hatten eine Bibel, das stimmte, aber sie lasen sie nicht. Es war Großmutters Bibel, eines dieser teuren Exemplare mit Goldschnitt, wie sie damals jede mexikanische Familie besaß. Oft war es das wertvollste Objekt im Haushalt – zweiundzwanzig Dollar teuer und über fünf Jahre per Ratenzahlung abzustottern. Ich war überrascht, dass meine Oma Gilbert und seinen Freunden das Schmuckstück gegeben hatte. Andererseits machte der Junge zu dieser Zeit schon so viele Scherereien, dass sie wahrscheinlich überglücklich über das Interesse ihres Enkels am Wort Gottes war.

Jedenfalls saßen Gilbert, Charlie Diaz, Bobby Ortega und ein weiterer Typ, den ich nicht kannte, draußen am Tisch vor der Bibel, aufgeschlagen auf einer Seite mit dem am Kreuz leidenden Jesus. Daneben lag ein großer Haufen getrockneter Blätter. *Pfefferminztee*, dachte ich. Yerba buena, wie ihn meine Oma oft machte.

Ich zeigte auf den Haufen und sagte: »Ist das Yerba buena?«

»Na ja, fast. *Gutes Kraut* ist es auf jeden Fall«, antwortete Charlie grinsend.

Wie sich herausstellte, nutzten Gilbert und seine Freunde die Bibelstunde als Tarnung, um in Ruhe die Stängel und Samen von den Hanfblüten und blütennahen Blättern trennen zu können.

Anständiges Paper zum Drehen gab es damals noch nicht, zumindest war es noch nicht bis zu uns vorgedrungen. Gilbert benutzte stattdessen Metzgerpapier und steckte sich den Joint nach dem Drehen sofort in den Mund, damit die Tüte nicht gleich wieder auseinanderfiel.

»Los, Jungs, jetzt machen wir Danny high!«

Alle hielten es für eine großartige Idee, und so zündete Gilbert das Ende des feuchten Joints an. Ich schaffte es jedoch nicht, an der Tüte zu ziehen. Gilbert nahm einen Zug und atmete den Rauch in einen Papierbeutel, in den er ein kleines Loch für mich zum Schnüffeln geschnitten hatte. Das funktionierte ganz gut. Sehr, sehr gut eigentlich.

Ich saugte an dem Loch in dem Beutel, und die anderen feuerten mich johlend und lachend an.

Als ich wieder ins Haus ging, flog ich förmlich. Ich sprang auf Couch und Sesseln auf und ab, drehte mich im Kreis wie ein Derwisch. Meine Oma wurde sauer, weil ich schon wieder Lärm machte. Ich lachte nur wie ein Wahnsinniger, worauf sie mich aus dem Zimmer schickte. Meine arme Abuelita. Sie hatte keine Ahnung. Es war mein erstes High und sollte lange nicht das letzte bleiben.

Sieben Jahre später waren Gilbert und ich dick im Geschäft. Gilbert war zwanzig Jahre alt und gerade von seinem Militärdienst, zwei Jahre bei den Fallschirmspringern, zurückgekehrt. Er vergeudete keine Zeit und trat sofort seinen neuen Job auf der Straße an. Samstags legten wir gern schon ganz früh los. Ich ging zum Frühstück bei ihm vorbei, und seine Mutter – meine Oma – machte uns Chorizo und Eier. Dann fuhren wir zur Temple Street nach Downtown, um bei unserem Dealer Chuey das Heroin zu holen, das wir an diesem Tag im Sun Valley Park vertickten.

Gäbe es unter dem Stichwort »Heroinsüchtiger« ein Bild im Lexikon, würde dort das Passfoto von Chuey direkt neben dem von Richard Berry prangen. Trotz seiner starken Abhängigkeit lebte Chuey mit Frau und Kindern in einem sauberen, gemütlichen Häuschen. Nachdem er uns den Stoff gegeben hatte, fuhren wir zurück ins Valley.

Ein Teil des Tickerjobs bestand darin, das Pulver in Ballons abzufüllen. Dazu schnappte man sich einen Trichter, zog die Öffnung über die Tülle und schüttete den Stoff in den Ballon. Wir füllten dreißig, vierzig, manchmal auch sechzig Ballons und fuhren zum Sun Valley Park. Gilbert stand an einem Ende des Parks und wickelte den Deal ab, während ich am anderen Ende auf sein Zeichen wartete. Wenn Gilbert das Geld hatte, zeigte er mir mit den Fingern an, wie viele Ballons der jeweilige Kunde von mir bekommen sollte. Trudelte der Konsument bei mir ein, hatte ich die korrekte Anzahl an Ballons bereits in meinem Mund.

Meine Mutter war distanziert, mein Vater enttäuscht von mir. Ich schnüffelte Klebstoff, um die Leere ertragen zu können, und lernte in TV-Sendungen wie *The Adventures of Ozzie and Harriet* und *Meine drei Söhne*, wie zugewandte Eltern aussahen. Und just in dieser Misere reichte mir mein Onkel, der coolste Dude des Planeten, die Hand und nahm sich Zeit für mich.

Kann ich mitkommen, Gilbert?

Na klar doch!

Was, wenn er gerade auf dem Weg gewesen wäre, um eine halbe Unze Heroin abzuliefern? Egal. Was auch immer Gilbert tat, ich folgte ihm. Ich war loyal und hätte alles getan, um mir seine Anerkennung zu verdienen. Hätte er Football gespielt, wäre ich Footballer geworden. Zufälligerweise war er aber ein Drogen dealender Gangster.

Gilbert war jedoch nicht nur mein Wegweiser in die Welt der Drogen. Er zeigte mir in allen Bereichen des Lebens, wo es langging. Als ich gerade mal acht Jahre alt und er noch nicht in den Armeedienst eingetreten war, weckte er mich eines Morgens in aller Herrgottsfrühe.

»Los, wir gehen angeln«, sagte er.

Als Erstes marschierten wir in den Garten, buddelten ein paar dicke Würmer aus und verstauten sie in einer Kaffeedose mit zerlöchertem Deckel. Dann liefen wir den Glenoaks Boulevard entlang zum Hansen Dam. Es waren fünf Meilen bis zu dem Staudamm, aber mit Gilbert kam mir die Strecke nicht allzu lang vor. Der Glenoaks Boulevard verlief durch den kargen Norden von Pacoima, wo es nur Felder und leere Baugrundstücke gab. Gilbert nutzte den Weg für ein paar Lektionen. »Schau her, richtige Männer gehen so wie ich«, sagte er. Ich war ein eifriger Schüler.

Wir liefen über ein Feld mit hohem Gras. Gilbert legte die Angeln ab und sagte: »Ich muss mal pinkeln.« Natürlich verstand ich das als Aufforderung zu einer gemeinsamen Pinkelpause. Ich zog meine Hose runter und hockte mich hin.

Gilbert sah mich verwirrt an. »Was machst du denn da? Willst du jetzt kacken oder was?«

»Nein, nur pinkeln.«

Ich war mit Unmengen von Tanten und Cousinen aufgewachsen, und die hockten sich zum Pinkeln alle hin. Ich hatte nie gesehen, wie mein Dad es machte, denn der war dauernd unterwegs und außerdem ständig sauer auf mich. Im Sitzen zu pinkeln, war etwas ganz Normales für mich. Nicht so für Gilbert.

Er stieß mich auf den Boden. »Jungs pinkeln im Stehen, du Spinner!«

»War doch nur ein Witz«, rief ich und sprang auf. Ich erinnere mich noch an den nassen Fleck auf meiner Hose, als ich sie hochzog. Meine Güte, was ich mich geschämt hab! Mein Onkel, mein Held, fixierte mich mit angewidertem Blick, als wäre ich einer der Waschlappen, über die sich die Männer in meiner Familie ständig lustig machten. Auf diesem Feld verwandelte ich mich in ein paar Sekunden von Shirley Temple in John Wayne.

Am Staudamm zündete sich Gilbert einen Joint an und ließ mich daran ziehen.

»Was für ein Leben … oder, Danny?«

Der Himmel schien endlos zu sein.

»Jup.«

Später schleppten wir unseren Fang die fünf Meilen nach Hause und gaben ihn meiner Oma, damit sie ihn zum Abendessen zubereitete.

Jetzt stand ich in Carlisis Werkstatt meinem Onkel gegenüber und sah ihn an. Der Typ, der mir beigebracht hatte, wie man pinkelte, wie man angelte, wie man boxte. Der Kerl, der mich alles gelehrt hatte, was man über Drogen und Knast, Waffen und Mannsein wissen musste. Ich hatte immer Gilberts Aufmerksamkeit gesucht, hatte immer Zeit mit ihm verbringen wollen, hatte seit jeher wie Gilbert sein wollen. Vor mir auf dem Tresen lagen die Drogen und die Geldscheine. Und mit ihnen das Versprechen, wieder mit dem Onkel, den ich vergötterte, zusammenarbeiten zu können. Ich wusste jedoch, was ich zu tun hatte. Ich sagte zum ersten Mal Nein zu ihm. »Ich kann das nicht machen, Gilbert.«

»Denk drüber nach.«

»Nein«, sagte ich, nahm das Geld und ging raus. Ich bemerkte, wie er einen Moment lang zögerte, sich dann den Stoff griff und die Werkstatt verließ. Später kam Frank zu mir. Ich hockte in einem ausgebrannten Truck, hinten auf dem Schrottplatz.

»Danny, du weißt doch, Gilbert tut jetzt das, was er tun muss und was er schon immer getan hat. Aber für dich ist das nichts mehr.«

»Er hat mir einen Riesen in Cash und zwei Viertelunzen hingelegt.«

»Hast du es genommen?«

»Das Geld ja, den Stoff nicht.« Ich wedelte mit einem Bündel Dollarnoten vor Franks Nase herum.

»Richtig so. Krall dir die Kohle und fertig.« Frank lachte.

Bei einem R.I.F.-Treffen fiel mir eine junge Frau namens Debbie auf. Sie trug einen blauen Minirock und weiße Stiefel mit sehr hohen Absätzen. Sie hatte wunderschönes, langes Haar – ein unfassbar hübsches Ding und gerade erst achtzehn Jahre alt.

Debbie war abhängig von Pillen und gerade auf dem Weg der Genesung. Sie hatte zugehört, wie ich der Gruppe meine Geschichte erzählt hatte, und ich merkte rasch, dass sie mich mochte.

Anfangs hatte Frank mich immer hin- und herkutschiert, aber bald schon wechselten sich die Kids aus der Gruppe ab. Es galt als cool, meinen Chauffeur spielen zu dürfen. Nach einem der Treffen sagte ich, dass ich ein eigenes Auto bräuchte. Debbie entgegnete darauf: »Meine Eltern kaufen mir demnächst ein neues Auto. Ich kann dir meins vermachen.« Sie hatte einen wunderschönen 1959er Impala. Ich besaß damals keinen Führerschein, doch sie ließ mich trotzdem fahren.

Wir gingen nach den Meetings regelmäßig mit den Kids auf einen Kaffee zu Du-par's oder zum Abendessen in ein Restaurant. Sie fühlte sich sicher mit mir – ich glaube, ich machte ihr so viel Angst, sie hatte keine andere Wahl. Eines Abends stand ich in einem Burgerladen in der Schlange, um zu bestellen, und sie kam von hinten zu mir nach vorn. Einer der Typen in der Schlange ging auf Tuchfühlung und versuchte, sich an ihr zu reiben. »Hey, du Arschloch, was soll das werden?«, blaffte ich ihn an.

»Was denn?«, sagte er.

»Fick dich, Alter!«, erwiderte ich. »Du weißt genau, was ich meine.«

Er ging raus zu seinem Wagen und schob den Arm durch das offene Fenster, als würde er etwas herausholen wollen.

Ich folgte ihm und stellte ihn zur Rede. »Weißt du, Kumpel, ich kann nur hoffen, dass du eine Knarre aus deiner Schrottlaube fischen willst. *Ich* hab nämlich eine.«

»Hey, Mann. Was soll das? Was willst du überhaupt von mir?«, stammelte er.

»Du hast Scheiße gebaut, Kumpel. Du weißt genau, was du gemacht hast«, antwortete ich.

Schließlich entschuldigte er sich.

Als es vorbei war, fragte Debbie mich: »Hast du wirklich eine Waffe?«

»Nicht dass ich wüsste«, sagte ich. Es war allerdings nur die halbe Wahrheit. Ich hatte alle meine Waffen entsorgt, vergraben im Garten hinter dem Haus meiner Eltern, aber ich wusste natürlich, wo ich mir jederzeit ein Schießeisen besorgen konnte.

So oder so, sie war beeindruckt. Von da an sagte sie ständig »harter Kerl« zu mir.

R. I. F. veranstaltete auch Abende für die Angehörigen. Dort lernte ich Debbies Eltern kennen.

In der Runde meldete sich eine Teenagerin zu Wort. »Ich habe noch nie die Worte ›Ich liebe dich‹ von meiner Mom gehört.«

Die Mutter saß direkt neben dem Mädchen. »Ja, aber du weißt doch, dass ich es tue. Das muss ich doch nicht extra sagen, oder?«

»Warum kannst du es denn nicht sagen?«

»Weil du es schon weißt.«

Der Austausch machte mich rasend vor Wut. Ich hätte Schellen verteilen können. Alter Mist aus meiner Kindheit kam in mir hoch. Schmerz, den ich nicht verarbeitet hatte. Ich fühlte mich wie ein weinerlicher Tropf, aber die Emotionen waren überwältigend. Meine Eltern hatten kein einziges Mal zu mir gesagt, dass sie mich lieb hatten. Offenbar gab es eine ganze Armee von Erwachsenen, die ihren Kindern nicht sagen konnten, dass sie sie liebten.

Debbies Vater arbeitete in der Chefetage von Hanna-Barbera Productions, die für Sendungen wie *Jonny Quest, Scooby-Doo* und *Yogi Bär* verantwortlich waren. Debbie war dort als Illustratorin tätig. Ihre Eltern liebten sie, und ganz im Gegensatz zu den Eltern meiner Ex-Frau Laura liebten sie auch mich. Ich denke, dass sie möglicherweise deshalb so engagiert waren, weil sie Angst davor hatten, was mit ihrer Tochter passieren könnte, sollte sie wieder in die Abhängigkeit rutschen. Diese Angst, dieser Gram kann regelrecht lähmend sein: mit ansehen zu müssen, wie das geliebte Kind diesen Mist durchmacht, und dabei zu wissen, dass man es nicht ewig beschützen kann. Mit mir blieb sie clean. Das gab den Eltern Sicherheit. Debbie und ich waren erst seit wenigen Monaten ein Paar, als ihre Mom plötzlich sagte: »Wann heiratet ihr zwei denn endlich?«

Wir fanden die Idee gut. Warum auch nicht? Also machten wir ein Datum aus. Viele Leute können nicht verstehen, warum ich so locker beim Thema Heiraten bin. Ehrlich gesagt sah ich eine Ehe nicht als lebenslanges Versprechen oder gar als ein Sakrament an. In erster Linie schien es mir eine Spitzengelegenheit für eine großartige Party zu sein – ein toller Weg, um die Missus glücklich zu machen, und schlussendlich auch ein netter Zeitvertreib, bis ich die Lust an der trauten Zweisamkeit verlor.

Debbie war ein Engel, liebevoll, fröhlich, wunderschön, voller Energie. Wenn sie nach der Arbeit nach Hause kam, machte sie immer großes Aufhebens um die kleinen Bildchen, die sie mir im Büro zeichnete: süße Karikaturen von uns zweien. Ihre Eltern kauften ihr den versprochenen Neuwagen, einen MG Midget, und ich erbte den Impala. Keeno, der Vater meines Jugendfreundes Chubby, brachte den Motor auf Touren, und Frank und ich kümmerten uns um die Karosserie. Wir beulten die Dellen aus, trugen Dichtmasse auf und sandstrahlten den Wagen, um ihn anschließend zu lackieren. Ich wollte, dass er tipptopp aussah.

Eines Tages machte ich einen Ausflug und fuhr den Laurel Canyon Boulevard runter Richtung Fernangeles Park, wo immer viele Junkies rumhingen. Mir fiel ein Anhalter am Straßenrand auf, und so fuhr ich rechts ran. Als der Mann zur Beifahrertür kam, hörte ich ein eigenartiges Geräusch. Es war kein Seufzen und auch kein Grunzen, aber irgendetwas dazwischen. Wie ich kurz darauf feststellen sollte, war es der Klagelaut eines Menschen, den gerade das letzte Fünkchen Hoffnung verlassen hatte. Der Anhalter war Dennis. Mein alter Ganovenkollege. Der Typ, der mich ans Messer geliefert hatte.

Meine Finger umklammerten das Lenkrad. »Steig ein, Dennis.«

Als Erstes fiel mir der Geruch auf, der den Wagen erfüllte, als Dennis auf dem Beifahrersitz saß. Es roch nach Tod. Eine Minute lang hockten wir schweigend nebeneinander.

»Wirst du mich jetzt töten?« Er sagte es voller Resignation. Seine Stimme klang wie die eines Schulkindes, das wissen will, ob man ihm zum x-ten Mal eins der verhassten Schinkensandwiches als Pausenbrot eingepackt hat.

Jeder kannte die Geschichte von unserer Festnahme und dem anschließenden Verrat. In unserer Welt galt diese Art der Illoyalität als die größte Sünde überhaupt und wurde mit dem Tod bestraft. Im Knast hatten mich viele Mitgefangene gefragt, ob sie Dennis für mich töten sollten. Ich hatte immer geantwortet, das würde ich schon selbst besorgen. Ein Freund von mir, Charlie Fasanella, war während des Vollzugs zur Entgiftung in ein Krankenhaus nach Norco geschickt worden und dort auf Dennis getroffen, der ebenfalls in dem Hospital entgiftete. Eines Tages rief Dennis die Gruppe zusammen, weil er den Mitgliedern etwas mitzuteilen hatte. Derartige Gruppentreffen sind eine gängige Praxis in Entgiftungseinrichtungen und psychiatrischen Anstalten. Als alle im Stuhlkreis Platz genommen hatten, begann Dennis mit den Worten: »Wisst ihr, Leute, heute geht's mir echt nicht gut.«

»Weißt du, wem es heute wirklich nicht gut geht, du Wichser?«, schrie mein Kumpel Charlie ihn an. »Danny Trejo, Mann!« Dann sprang er auf und erwischte Dennis so heftig mit der Faust im Gesicht, dass er ihm das Jochbein brach. Ergebnis: Charlie wurde wegen schwerer Körperverletzung verurteilt und kam nach Soledad, wo er mir die Geschichte erzählte.

Und nun saß ich im Fahrersitz meines neuen alten Wagens, und neben mir hockte der Kerl, dessen Aussage mich nach San Quentin, Folsom und Soledad gebracht hatte. Der Kerl, wegen dem man mir zehn Jahre aufgebrummt hatte. Der Kerl, wegen dem ich in einem Umfeld leben musste, in dem ich jeden Tag ermordet und problemlos selbst zum Mörder hätte werden können, nur um zu überleben. Da saß sie, die Ratte. Wäre ich Dennis nicht in diesem Moment meines Lebens begegnet – clean, trocken, verlobt, mit einem eigenen Wagen unterm Hintern und voller Lebenslust –, ich hätte ihn getötet. Ich hätte ihn töten müssen, um das Gesicht bei meinen Leuten zu wahren. Doch ich war clean, ich war trocken, und obwohl ich ihn immer noch dafür hasste, was er getan hatte, verstand ich die Angelegenheit mittlerweile etwas besser. Ich erinnerte mich an die Familienfotos an den Wänden seines Elternhauses, insbesondere an das von seiner Abschlussfeier, auf dem Dennis mit Absolventenhut auf dem Kopf und einem neugierigen Blick in den Augen zu sehen war. Dieser Junge, vor dem eine Welt voller Möglichkeiten gelegen hatte, war schon lange verschwunden. Ich hatte Mitleid mit ihm.

Außerdem wusste ich: Wenn ich ihn tötete, würde ich meinen 1959er Chevy hergeben müssen, und diesen Wagen hätte ich für nichts und niemanden wieder hergegeben.

»Nein, Dennis, ich werde dich nicht töten.«

»Macht eh keinen Unterschied mehr. Ich sterbe ohnehin schon.«
Er zog den Ärmel hoch und zeigte mir seinen rechten Arm. Es war ein ekelhafter Anblick. Nicht nur hatte er Abszesse vom Fixen,

nein, sein Arm war schwarz und grün und sah aus wie verfaultes Fleisch. Ich musste fast kotzen. Nekrotisierende Fasziitis, das Gewebe wurde durch eine Weichgewebsinfektion zersetzt.

»Meine Güte, Dennis!«

Dennis erzählte mir, dass die Feds ihn dazu benutzt hatten, andere Leute dranzukriegen. Nachdem er gegen mich ausgesagt hatte, zwangen sie ihn, weitere Deals anzuleiern, bei denen er stets die Hälfte der Drogen behalten konnte. Wenn er zu sehr neben der Spur war, schickten sie ihn nach Norco zum Entzug und begannen nach seiner Entlassung das Spiel von vorn. Ich nahm ihn ein paar Häuserblocks mit und setzte ihn an der Ecke Lankershim Boulevard und Vineland Avenue ab.

»Es tut mir sehr leid, Danny.«

Ein paar Wochen später fand man seine Leiche im Valhalla Memorial Park in North Hollywood, direkt neben dem Friedhof. Es hieß, es sei eine Überdosis gewesen und er habe mehrere Stichwunden gehabt. Viele tippten auf einen Hot Shot – eine bewusst gewählte Überdosierung mit tödlicher Wirkung. Anfangs gingen die Cops davon aus, ich hätte etwas mit der Sache zu tun. Hatte ich aber nicht. Dennis hatte das halbe Valley verarscht. Er war ein Abhängiger gewesen und sein Tod nur eine Frage der Zeit.

Fünfzehn Jahre später kam eine Frau auf einem Meeting zu mir und bat mich darum, ihre Tochter zum Entzug in das Suchthilfezentrum CRI-Help aufzunehmen, in dem ich mitarbeitete. Dann offenbarte sie mir, dass Dennis der Vater des Mädchens war.

»Wirst du sie töten, Danny?«, fragte sie mich. Ich war sprachlos. Hielt sie mich tatsächlich für ein derartiges Monster? War ich all diese Jahre über tatsächlich derart brutal und skrupellos gewesen, dass fremde Menschen annehmen konnten, ich wäre zu einer Horrortat wie dieser fähig?

»Wie kommst du denn auf diesen Schwachsinn?«, sagte ich.

»Natürlich werde ich das nicht tun. Ich rufe jetzt in der Zentrale an, damit deine Tochter noch heute aufgenommen wird.«

Sie warf sich in meine Arme und begann zu weinen.

Debbie und ich heirateten in einem Luxushotel in Burbank, ihre Eltern zahlten den Spaß. Meine Familie war auch da. Ich glaube, sie waren überglücklich, dass ich mein Leben umgekrempelt hatte. Allerdings waren sie, genauso wie die Mutter auf dem Elternabend von R. I. F., unfähig, ihre Gefühle in Worte zu fassen. Die Feier war toll, aber sie änderte nichts daran, wie egal mir das Sakrileg der Ehe eigentlich war. Ein Stück Papier, mehr war es nicht für mich. Wenn es Debbie glücklich machte, dann reichte mir das schon. Es ist schrecklich, so etwas zu sagen, aber verheiratet zu sein, bedeutete für mich garantierten Sex und darüber hinaus nur sehr wenig.

Für unsere Flitterwochen fuhren wir nach Palm Springs. Nach unserer Rückkehr griffen uns Debbies Eltern beim Kauf eines Wohnhauses auf der Osborne Street in Arleta unter die Arme. Nach ein paar Reparaturen richteten wir uns dort ein gemütliches Nest ein. Es gibt jedoch Angewohnheiten, die man nur sehr schwer loswird. Ich war in einer Kultur der Untreue aufgewachsen. Unter Mexikanern gibt es einen Spruch: »Una en la casa, una en la calle.« Eine zu Hause, eine auswärts. Wie alle mexikanischen Kinder hatte man auch mich gelehrt, dass Frauen wie die Jungfrau Maria sind – sie können Kinder gebären und sind verantwortlich für das Wunder des Lebens. Allerdings sah ich auch, dass man sie zu Objekten degradierte und sie deshalb austauschbar waren. Ich bin nicht stolz auf diese Denke, doch aus Mangel an anderen Vorbildern verinnerlichte ich sie. Als ich aufwuchs, hatten alle Männer in meinem Umfeld eine zu Hause und eine auswärts – und ich sollte diesbezüglich später keine Ausnahme sein. Überall waren Frauen: bei den Meetings, auf der Arbeit, beim Einkaufen. Wie es

schien, machte mich meine Ehe für manche Frauen besonders be-
gehrenswert. Sagen wir einfach, ich hatte Optionen und war kein
Kostverächter.

Debbie tolerierte meine Seitensprünge. Sie war nicht blind und
machte Witze über die fremden Frauen, die zu allen möglichen
Uhrzeiten anriefen. Sie war jedoch zu jung und zu nett, um mir auf
die Finger zu klopfen. Ich achtete nicht auf ihre Gefühle. Ich hatte
nur meine Arbeit und das Kohleranschaffen im Kopf.

Kapitel 9

ALTE WUT

1972

Irgendwann war meine Zeit in der Werkstatt von Carlisi vorbei. Frank wollte mich mit jemandem zusammenbringen, der in meiner Nähe wohnte und mir ein Mentor auf dem Pfad der Abstinenz sein konnte. Jhonnie Harris lebte zu weit im Süden der Stadt, und Frank meinte zu seiner eigenen Rolle als potenzieller Ratgeber: »Danny, du warst viel zu tief im System, als dass ich dir die Hilfe geben könnte, die du benötigst.« In gewisser Weise war es die Denke eines Ex-Knackis, aber es stimmte trotzdem. Wir alle schauten zu denen auf, die lange Jahre in legendenumwobenen Knästen wie San Quentin oder Folsom gesessen hatten.

Bei Sam Hardy war ich an der richtigen Adresse. Sam war ein riesiger Kerl vom Lande, ein Typ aus Louisiana, der fünfzehn Jahre für Mord abgerissen hatte. Er sprach immer sehr langsam und hatte zu jeder Tageszeit ein Pfund Kautabak im Mund. Einmal beschrieb er die von ihm begangene Tat wie folgt: »Also, Danny, es war so: Ich hatte Streit mit zwei Gentlemen. Einen von denen hab ich totgeschlagen, den anderen ermordet.«

Sam arbeitete für einen Werkzeughersteller und heuerte mich an, um die Geräte zu verkaufen. Am ersten Tag zog ich mir einen Anzug an und klapperte ein paar Reparatur- und Karosseriewerkstätten ab. Nach der Begrüßung fragte ich gleich nach dem Chef des Ladens. Ich führte die Werkzeuge vor, erklärte ihre Vorzüge, nannte den Preis (dreißig Dollar) … und wurde dann ein ums andere Mal abgewimmelt. Manchmal kam ich nicht mal dazu, die Werkzeuge vorzuführen. Die Angestellten sahen mir schon beim Reinkommen diesen Verkäufer-Look an und schickten mich wieder raus, bevor ich überhaupt nach dem Chef fragen konnte. Nach ein paar Tagen voller Pannen dieser Art versuchte ich es mit einem anderen Ansatz. Ich zog ein weißes T-Shirt an, einen langen schwarzen Ledermantel, gebügelte Levi's mit Folsom-Cuffs und schwarze Boots. Derart gestylt, fuhr ich um den Laden herum, parkte in einer Gasse hinter der Werkstatt und pfiff einmal. Meist kam dann sofort der Chef zur Hintertür. »Was hast du?«

Ich warf einen Blick über meine Schulter und öffnete den Kofferraum. »Diese Werkzeuge hier, Kumpel.«

»Sehen gut aus.«

»Sind sie auch.«

»Wie viel?«

»Vierzig.«

»Nehm ich.«

Einen ehrlichen Mann kann man nicht betrügen, sagt das Sprichwort. Ich wusste jedoch, dass all diese Werkstatttypen ein paar Körnchen Unaufrichtigkeit in sich trugen. Nach dem Deal fragten sie mich tatsächlich, ob ich ihnen Quittungen ausstellen könnte.

»Ach, komm schon, Mann. Sehe ich vielleicht so aus, als würde ich dir eine Quittung ausstellen können?« Dann lachten sie nur.

Nach dem ersten Tag mit der neuen Masche legte ich Sam achthundert Dollar auf den Küchentisch. Er konnte es kaum fassen.

»Wie hast du das denn geschafft?«

»Ich hab die Dinger verkauft, als wären sie gestohlen.«

»Verdammt. Jetzt müssen wir für alle diese Verkäufe Quittungen fälschen. Aber was soll's, du kriegst jedenfalls eine amtliche Provision.«

Sam hatte ein Händchen dafür, mich zu erden, wenn mich in den ersten Jahren nach meiner Entlassung regelmäßig Wutanfälle packten.

Ich hatte als Kind gelernt, meine Scham in Wut zu verwandeln. Die einzigen Lektionen zum Umgang mit dieser Raserei hatte ich von Gilbert erhalten – was jedoch ungefähr so war, als würde ein plumper Riese versuchen, dir den Spitzentanz beizubringen. Eine dieser Lektionen erhielt ich direkt nach meiner Entlassung aus dem Waldbrandlager. Gilbert und ich waren mit zwei älteren Ladys ausgegangen und saßen in einer Bar namens The Rag Doll herum. Als Gilbert gerade Zigaretten holte, kam ein betrunkener Bauarbeiter zu uns herübergetorkelt. Er drängte sich in unser Gespräch, drehte mir den Rücken zu und quatschte die Ladys zu, die ihm allerdings nur dumme Antworten gaben.

Ich sagte dem Kerl, er solle doch bitte abziehen.

Er darauf: »Und wenn nicht? Was willst du denn machen, du Wichser?«

»Komm, Kumpel, lass uns die Sache woanders regeln«, sagte ich und ging in Richtung der WCs. Er folgte mir. Die Toilette hatte eine Schwingtür. Kaum drückte er sie auf, überraschte ich ihn mit einer blitzschnellen Kombination. Dann prügelte ich ihm die Scheiße aus dem Leib. Er lag auf dem Boden und regte sich nicht mehr. Ich war allerdings immer noch so derb wütend, dass ich meine Hose öffnete und auf ihn draufpinkelte.

In diesem Augenblick kam Gilbert in die Toilette. Er schüttelte den Kopf und sagte: »Danny, du kannst jemanden verprügeln und damit davonkommen. Aber du darfst deinen Gegner nicht erniedrigen. Wenn du jemanden demütigst, wird er auf Rache sinnen, bis er stirbt.«

Später am Abend, als wir mit unseren Ladys aus der Bar kamen, liefen wir an einem Cadillac vorbei, aus dem urplötzlich ein Kerl heraussprang.

Ich hörte einen Knall, und ein Blitz durchzuckte die Nacht.

Ich hatte das Gefühl, etwas hätte mich an der Brust erwischt. Ich fiel zu Boden. Der Cadillac fuhr davon.

»Alles in Ordnung?«, sagte Gilbert.

Als ich hinfiel, hätte ich schwören können, von einer Kugel erwischt worden zu sein. Aber es war nur der Schock gewesen, der mich zu Boden geworfen hatte. »Lass uns abhauen«, sagte ich zu Gilbert.

»Was ist passiert?«, fragte er.

»Ich hab mir in die Hose gepisst. Das ist passiert.«

Gilbert brachte mich zu seinem Wagen. Als wir in den Sitzen saßen, lachten wir uns den Arsch ab. »Das nennt man Karma, du Wichser!«, sagte Gilbert.

Ich hörte das Wort zum ersten Mal.

»Du hast bekommen, was du verdient hast. Vergiss nicht, was ich dir vorhin gesagt habe, Mann. Man pisst nicht auf den Kerl, dem man eben erst die Scheiße aus dem Leib geprügelt hat. Solche Demütigungen gehen gar nicht.«

Gut, ich pinkelte nicht mehr auf irgendwelche Leute, die ich bei Kneipenschlägereien niedergestreckt hatte, aber unter der Oberfläche brodelte in mir immer noch eine unbändige Wut. Bestes Beispiel: die Sache mit dem El Camino. Eines Tages war ich auf der Interstate 405 unterwegs, kurz vor dem Ventura Boulevard, als ein El Camino sich vor mich drängelte und der Fahrer mir dabei den Stinkefinger zeigte. In meinem Kopf machte es klick, und ein Schalter wurde umgelegt. Ich jagte dem Kerl gute zehn Meilen auf dem Highway hinterher, immer so dicht an seiner Stoßstange, dass ich ihn ein paar Mal fast rammte. Er fuhr am Wilshire Boulevard ab und raste bei Dunkelgelb über die Kreuzung Wilshire und Sepulveda. Ich trat aufs Gas, ignorierte die rote Ampel und folgte ihm.

Dann landete er in einem Stau und musste anhalten. Ich sprang aus meinem Wagen und rannte schimpfend und fluchend zu dem El Camino vor mir.

Der Fahrer war ein großer Typ. Mit erhobenen Händen saß er hinter dem Lenkrad und schrie: »Nein, bitte nicht. Warte mal! Warte mal!« Er war so verängstigt, dass er nicht mal aus seinem Wagen steigen konnte. Mit einer zittrigen Kinderstimme sagte er: »Tut mir leid, Mann, aber ich hatte einen echt schlechten Tag.«

»Und jetzt wird er noch um einiges beschissener, mein Freund«, sagte ich. Doch dann sah ich diese Geschäftsleute auf dem Gehweg stehen, die mich mit offenen Mündern anstarrten. Sie wirkten geschockt, und mir wurde klar, was ich gerade für ein Bild abgab: Durchgedrehter Mexikaner mit Unmengen von Tattoos und Schaum vorm Mund brüllt auf der Straße herum. *Verdammt, hier stehen echt nur Republikaner rum*, schoss es mir durch den Kopf. Dann sah ich vor meinem inneren Auge die Zukunft: Ich stehe vor einem weißen Richter, auf der Geschworenenbank sitzen fünfzehn weiße Jurymitglieder, im Zeugenstand sitzt der weiße El-Camino-Fahrer, und der weiße Staatsanwalt sagt: »Euer Ehren, dieser irre Mexikaner da …« Ich wusste, die Sache konnte nicht gut für mich ausgehen.

Sam war in der Lage, mich mit Worten zu beruhigen. Während Gilbert mir nur Ratschläge *nach* einem Wutausbruch gegeben hatte, ging Sam die Sache strategischer an. Einmal, wir standen gerade in seiner Küche, sagte er: »Also, wenn der Typ es nicht wert ist, dass du ihn tötest, dann ist er es auch nicht wert, sich mit ihm zu prügeln. Und wenn es nicht lohnt, sich mit ihm zu prügeln, dann bringt es auch nichts, wütend auf ihn zu sein. Und da du jetzt nicht mal mehr wütend bist, hol mir bitte mal eine Dr Pepper aus dem Kühlschrank.«

Irgendwann war ich so weit, dass ich sagen konnte: »Mann, dieser Typ muss es aber ganz schön eilig haben«, wenn mir jemand die Vorfahrt nahm. Ich verfolgte niemanden mehr und spürte, dass ich auf dem Weg der Besserung war.

Nachdem ich mir eingestehen konnte, dass ich ein Problem mit Drogen und Alkohol hatte, ein relativ einfacher Schritt für mich, ging es anschließend darum, an eine über mir stehende Macht im Universum zu glauben. Auch das klang nicht besonders schwer, aber als eigensinniger Egomane, der ich war, rannte ich bei diesem Punkt des Zwölf-Schritte-Programms gegen eine Mauer. Ich verwechselte den Gott, den ich in meiner Familie kennengelernt hatte, mit der »Macht, größer als wir selbst« aus dem Programm.

Sam Hardy versuchte, mir eine neue Perspektive auf die Sache zu ermöglichen. Dazu ging er mit mir an den Strand und sagte: »Und jetzt versuch mal, diese Wellen da aufzuhalten, okay? Der Ozean ist mächtiger als du, Kumpel.« Er erinnerte mich wenig subtil daran, dass der Planet sehr wohl in der Lage war, auch ohne mich und meine Heldentaten zu existieren. »Die Chinesen haben die Große Mauer, und zwar die ganzen viertausend Meilen, ohne deine Hilfe gebaut. Der Ozean, die Gezeiten, Schneelawinen. Es existieren sehr viele Kräfte auf unserer Erde, auf die du keinerlei Einfluss hast.« Sam versuchte, mir zu erklären, dass ich nur ein kleines Etwas in einer großen Welt war. Diese Erkenntnis half mir, eine neue Perspektive auf meine eigenen Kämpfe zu entwickeln. »Pass auf, Dan«, sagte er. »Du solltest dir nicht alles auf die Schultern laden. Der Ozean, das Verhalten anderer Leute ... Dinge, die du nicht kontrollieren kannst, sollten dir keinen Kummer bereiten.«

Mit der Zeit lernte ich, Gott darum zu bitten, meine Probleme und meine Charakterfehler von mir zu nehmen. Ich selbst war ich trotzdem noch. Es ging nicht anders – alle anderen waren ja auch sie selbst. Und so bat ich Gott, mir die Fähigkeit zu geben, diese

Teile meiner Persönlichkeit besser wahrnehmen und effektiver kontrollieren zu können.

Da Sam lange Jahre gesessen hatte, konnte er sich Dinge rausnehmen, die ich anderen nicht hätte durchgehen lassen. Einmal sagte er wie aus dem Nichts zu mir: »Ich liebe dich, Dan.« Ich war geschockt.

»Was zum Henker willst du von mir?«, sagte ich.

»Was hast du denn anzubieten?«, sagte er.

»Hör mal, Kumpel, wie ich das sehe, baumelt zwischen deinen Beinen nur ein Pimmel, und von den Kackdingern hab ich schon einen!«

»Was ist eigentlich los mit dir, Dan? Jedes Mal, wenn du das Wort ›Liebe‹ hörst, ob aus dem Mund einer Schnitte oder eines Gebrauchtwagenhändlers, denkst du, dass jemand gefickt wird. Du hast nichts außer deine Bewährung, und die habe ich auch. Deinen stinkenden Hintern will ich nicht.«

»Aber dass er wohlgeformt ist, musst du schon zugeben, oder?«

Wir lachten. Indem wir einen Witz aus der Sache machten, musste ich nicht in der unangenehmen Wahrheit von Sams Worten schmoren. Bis zu diesem Moment hatte ich noch nie gehört, wie ein Mann zu einem anderen Mann »Ich liebe dich« sagt. Ich selbst sollte noch Jahre für diese Worte brauchen.

Die Sache mit dem Werkzeugverkauf war cool, doch irgendwann hatte ich alle Werkstätten im Valley durch. Als das Geschäft abebbte, riet mir Sam, einen Job zu suchen, bei dem ich draußen arbeitete und körperlich aktiv war. Ich gründete mit Danny Levitoff, einem Freund von R. I. F., eine Firma für Gartenhilfe. Levitoff war ein gut aussehender weißer Bursche aus dem Valley. Er stammte aus einer wohlhabenden Familie, war aber ein skrupelloser Junkie. Um seine Sucht zu finanzieren, hatte er einen Schnellimbiss auf dem Ventura Boulevard, genauer gesagt einen Jack in the Box, ausgeraubt. Nach dem Raubüberfall warf er zwar die Pistole weg, vergaß allerdings, die Skimaske abzunehmen. Fünf Häuserblocks von dem Fast-Food-Laden entfernt wurde er festgenommen, weil er den Boulevard mit einer Skimaske über dem Gesicht entlangmarschierte. Levitoff konnte von Glück reden, dass Richter Hughes seinen Fall auf den Tisch bekam und ihm die Möglichkeit gab, seine Strafe bei R. I. F. zu verbüßen. Im Knast wäre es ihm als Weißer aus einer wohlhabenden und gut vernetzten Familie sicher schlecht ergangen.

Als Levitoff die Geschichte seiner Verhaftung bei R. I. F. erzählte, meinte er, er wäre derart high gewesen, dass er glatt vergessen hatte, die Maske abzunehmen. »Saublöd von mir, oder?«

Wir lachten uns krumm und schief. Das ist ein Aspekt des Genesungsprozesses, der viele Menschen überrascht: Man lacht sehr viel. Lachen besitzt eine große heilende Kraft. Am ausgiebigsten gelacht habe ich in Meetings, wenn andere von ihren Fuck-ups berichteten – und zwar in einer Umgebung, in der man darüber auch lachen darf. In den Texten des Zwölf-Schritte-Programms heißt es nicht umsonst: »Wir sind kein verdrießlicher Haufen.«

Bevor ich Debbie kennenlernte, hatte Levitoff mich irgendwann eingeladen, in seiner Wohngemeinschaft einzuziehen, was ich dann auch tat. Einer der Jungs in dem Haus, ein richtiger Schrank, war total auf Droge.

»Du bist drauf, Alter«, sagte ich ihm ins Gesicht.

»Nein, bin ich nicht, Mann. Fick dich«, antwortete er.

»Ich kann niemanden in meiner Umgebung brauchen, der drückt. Entweder du wirst clean, oder du verpisst dich«, sagte ich.

Als der Kerl ausgezogen war, erklärte mir Levitoff, dass er mich genau aus diesem Grund gebeten hatte, bei ihm einzuziehen. Er wollte diesen Burschen loswerden, wusste aber nicht, wie er es anstellen sollte, ohne Vergeltung fürchten zu müssen. Er ahnte, dass ich die Drecksarbeit für ihn übernehmen würde.

Im Gegenzug lieh er mir seine saubere Visage: Levitoff war das Gesicht unserer Firma. Ich schickte ihn los, um bei potenziellen Kunden anzuklopfen. Beim Anblick seiner weißen Nase standen unsere Chancen besser, als wenn ich vorstellig geworden wäre. Wir hatten schon früh kapiert, dass die Leute nur unwillig oder gar nicht öffneten, wenn ein Furcht einflößender Mexikaner mit tätowierten Armen vor der Tür stand. Einer unserer ersten Jobs war allerdings eine Gratisnummer. Im Viertel meiner Eltern lebte eine Frau, die von den Kindern nur »Die Hexe« genannt wurde. Ich kannte ihre Geschichte, sie war verdammt traurig. Ihr erster Sohn war in Vietnam gefallen, ihr zweiter durch die Gewalt der Gangs ums Leben gekommen. Ihr Mann hatte aus Gram und Verzweiflung Selbstmord begangen.

Nach dem Tod ihres Ehemanns kam die Hexenlady irgendwann nicht mehr aus dem Haus. Der Rasen im Vorgarten sah aus wie ein Dschungel. Levitoff und ich arbeiteten regelmäßig im Garten eines anderen Hauses in der Nachbarschaft. Die Leute dort waren so nett, uns ihren Rasenmäher zu leihen, da wir uns noch keine eigenen Geräte angeschafft hatten. Jedes Mal, wenn wir den Rasen dieser Familie mähten, kümmerten wir uns auch um den Garten der Alten. Wir fragten sie gar nicht erst, sondern gingen einfach rein, mähten den Rasen, begradigten die Kanten und stutzten die Hecken, damit das Grün wieder passabel aussah. Sie kam zwar nie raus, aber manchmal bemerkte ich, wie sie uns hinter den Gardinen beobachtete.

Zwei Monate ging das so, dann wurde es Sommer. An einem heißen Tag arbeiteten Levitoff und ich wieder in ihrem Garten. Als ich die abgeschnittenen Zweige zusammenfegte, hörte ich die Vordertür zufallen. Ich marschierte zum Eingang und entdeckte auf der Terrasse einen großen Kristallkrug mit Limonade und daneben zwei Gläser, ebenfalls aus Kristall, die mit Eiswürfeln gefüllt waren.

Im Knast, ganz besonders während meiner Zeit im Building Five von Folsom, hatte ich oft über »das ganz große Ding« fantasiert, einen riesigen Drogendeal zum Beispiel oder einen wirklich lohnenden Raubüberfall auf einen Geldtransporter. In meiner Fantasie flog ich anschließend mit Koffern voller Cash nach Vegas, wo ich mich in luxuriösen Clubs amüsierte, von wunderschönen Ladys verwöhnen ließ und Whiskey aus Kristallgläsern schlürfte. Der wichtigste Aspekt dabei war das Geräusch der Eiswürfel in einem echten Kristallglas. Ich hatte Drinks aus Plastikbechern getrunken, aus Blech- und Kaffeetassen und aus normalen Gläsern, aber noch nie aus Kristallgefäßen. Im Knast war das eine der eindrücklichsten und lebhaftesten Vorstellungen für mich gewesen.

Als wir die Limonade auf der Veranda der traurigen Alten tranken, hörte ich zum ersten Mal das Klackern von Eiswürfeln in einem Kristallglas. Wenn ich die Augen schließe, kann ich dieses Geräusch immer noch hören. Levitoff hatte gerade etwas Lustiges gesagt, und ich lachte über seinen Witz. Ich war verschwitzt und erschöpft – auf die gute Art erschöpft, von der Arbeit – und trank die Limonade. Sie schmeckte tausend Mal besser als irgendein Whiskey nach irgendeinem bescheuerten Überfall oder Drogendeal – und alles nur, weil wir einer alten Lady halfen, die einen unfassbaren Verlust erlitten hatte. Gott weiß, wie er es anstellen muss, damit am Ende alles aufgeht und sogar geheime Fantasien erfüllt werden. Er hat einen fantastischen Sinn für Humor.

Eine Woche später, wir waren gerade dabei, im Garten der alten Lady aufzuräumen, kam ein weißer Kerl auf uns zu. Er war um die sechzig Jahre alt, über eins neunzig groß und walkte Kautabak in seinem Mund wie eine Kuh.

»Hey, Pancho«, sagte er. »Wie viel nehmt ihr für das Rasenmähen bei der Alten?«

Als ich das Wort »Pancho« hörte, wusste ich, dass ich unter

keinen Umständen mit diesem Wichser reden würde. Ohne auch nur aufzublicken, arbeitete ich weiter.

»Hey, Pancho!«, sagte der Mann noch einmal und spuckte einen Flatschen Kautabak auf den Boden.

Wenn der Typ will, dass wir seinen Garten machen, bekommt er den Arschlochaufschlag und wird locker das Zehnfache zahlen, dachte ich. Aber ich sagte: »Ja?«

»Wie viel nehmt ihr von der Alten für das Rasenmähen?«

»Wir berechnen ihr gar nichts«, antwortete ich. Ungläubig verzog der Fremde das Gesicht.

»Komm mal mit. Ich will dir was zeigen.« Er nickte in Richtung meines Kollegen Danny Levitoff. »Und nimm Paco mit.«

Nach diesem Kommentar war der Arschlochaufschlag auf das Fünfzigfache des Normaltarifs gestiegen.

Wir folgten dem Mann die Straße hinunter zu seinem Haus. Er führte uns zu seiner Garage, in der es jede Menge Werkzeuge von bester Qualität und eine große Werkbank gab. Er hatte die Wände der Garage blau gestrichen und für die Werkzeuge weiße Stellen mit den entsprechenden Silhouetten auf der Fläche belassen. Alles hatte seinen Platz, nur auf der weißen Fläche des Hammers hing kein Werkzeug. Das störte die ansonsten perfekte Ordnung und nervte mich irgendwie.

»Ich hatte letztes Jahr einen Herzinfarkt«, begann er. »Seitdem hat mir die Missus anstrengende Arbeiten verboten. Wenn ihr meinen Rasen macht, könnt ihr all diese Geräte hier haben.« Er zeigte auf einen brandneuen Rasenmäher, einen Trimmer und ein paar Heckenscheren und Rechen. Levitoff und ich sahen einander an. Wir hatten gerade erst darüber gesprochen, dass wir uns eigene Geräte zulegen mussten, um unser Business zu erweitern. Wir konnten uns nicht ewig die Gerätschaften von den Leuten leihen, deren Rasen wir mähten.

Wieder hatte uns Gott aus der Patsche geholfen. Auf dem Rückweg zum Haus der Alten wurde Levitoff philosophisch. »Danny«, sagte er. »Glaubst du, Gott macht das mit Absicht?«

»Natürlich, Paco«, antwortete ich.

Wir pinkelten uns vor Lachen fast in die Hose. Dank der neuen Geräte ging es mit unserer Gartenhilfe D&D Lawn Services steil nach oben. Ich weiß genau, dass der Mann im obersten Stockwerk uns die Gerätschaften beschafft hatte, weil wir der Hexenlady nichts für das Rasenmähen berechneten. Mit der Zeit freundete ich mich sogar mit dem alten Kerl an. Er nannte mich nie wieder Pancho.

Ungefähr zu dieser Zeit meldete sich ein Kollege aus alten Zeiten bei mir, Jimmy Peña. Wir verabredeten uns für einen Plausch in einem Café im Valley. Jimmy hatte auch gesessen und engagierte sich nun stark in der Suchthilfe, um andere Menschen von den Drogen wegzubekommen. Er erzählte mir, dass er in einem neuen Programm in Downtown L.A. arbeitete, das sich Narcotics Prevention Project, kurz N.P.P., nannte. Es war ins Leben gerufen worden, um Heroinabhängige mit Methadon zu behandeln. Methadon wurde in New York bereits regelmäßig bei der Arbeit mit Suchtkranken eingesetzt, hatte in L.A. aber noch keine Verbreitung gefunden.

Jimmy wusste, dass ich oft mit anderen Gefangenen über Abstinenz und Genesung gesprochen hatte. Er hatte auch gehört, dass ich Vorstandsmitglied einer Zwölf-Schritte-Gruppe in Soledad gewesen war und mich nach meiner Entlassung weiter aktiv in der Suchthilfe engagiert hatte. Er sagte, er würde mich gern an Bord holen, um mit einem anderen Suchtberater namens Norman Sprunck beim N.P.P. zu arbeiten. Norm und ein Typ namens Bill Wilson leiteten die klinische Seite von N.P.P., Jimmy kümmerte sich um die Neuzugänge. Damals war es ein kleiner Traum von mir gewesen, beruflich im Bereich Suchtbehandlung und -genesung tätig zu sein. Ich verbrachte ohnehin schon einen großen Teil meiner Zeit damit, aktiv an Meetings teilzunehmen und Abhängige zu unterstützen. Eine Vollzeitstelle in der Suchthilfe zu bekommen, um anderen auf ihrem Weg zu helfen, war wie ein Geschenk von ganz oben für mich. Bei N. P. P. würde ich Gottes Werk tun und dafür bezahlt werden.

Als ich zum ersten Mal mit meinem Cadillac Eldorado nach Downtown zu N. P. P. fuhr, sah ich sofort, dass die Location für Hilfe suchende Abhängige ein absoluter Albtraum war. An jeder Straßenecke standen Dealer herum, in den Häuserecken dösten Junkies vor sich hin. Jimmy empfing mich an der Eingangstür. »Hallo, Danny«, sagte er. »Dein erster Job besteht darin, da draußen aufzuräumen.«

Wie sich herausstellte, hatte Jimmy mich nicht in erster Linie wegen meiner herausragenden Fähigkeiten in der Suchthilfe angeheuert. Es war wie bei Danny Levitoff, der mich auch nicht in sein Haus geholt hatte, weil er unbedingt mit mir zusammenwohnen wollte. Jimmy brauchte schlagkräftige Unterstützung, um eine sichere Umgebung für die Klienten von N. P. P. zu schaffen.

Ich ging raus und machte mich an die Arbeit. Mit einem lauten Pfiff sicherte ich mir die Aufmerksamkeit der Anwesenden. »Hört mal zu, Leute, ihr packt jetzt euren Scheiß zusammen und verschwindet! Klar?«

Ein Dealer sträubte sich. Ich wusste, dass er gesessen hatte, und ich wusste, dass er wusste, dass ich ebenfalls ein paar Jahre im Knast gewesen war.

»Hey, Mann«, sprach ich ihn an. »Glaub mir, wegen so einem Mist wie dem hier willst du nicht noch mal einfahren. Meinetwegen kannst du deine Geschäfte gern weitermachen, aber bitte drei Häuserblocks entfernt. In der Nähe eines Methadonprojekts können wir diesen Scheiß echt nicht gebrauchen.«

Er musterte mich. »Okay, Mann. Weil du's bist.«

Ich brauchte anderthalb Tage, um alle Dealer und Süchtigen wegzuschicken. Danach waren die vier umliegenden Häuserblocks von N. P. P. sauber. Norm zeigte sich beeindruckt. »Wow! Jimmy hat gesagt, du wärst der richtige Mann für den Job.«

»Jimmy hatte recht.«

Der Großteil meiner Arbeit bei N. P. P. bestand darin, am Morgen neue Patienten aufzunehmen und sie anschließend zur Entgiftung zum Metropolitan State Hospital in Norwalk zu fahren. Da ich der Einzige im Team mit einer Mitfahrerversicherung war, musste ich den Chauffeur für die Patienten spielen. Die Fahrt dauerte nur vierzig Minuten, aber oftmals erreichte ich in dieser Zeit mehr als ein durchschnittlicher Sozialarbeiter oder Psychologe. Es war so, wie es mein Seelenklempner in San Quentin, Dr. Berkman, immer gesagt hatte: »Weißt du, Danny, kein Psychologe der Welt kann einem Patienten helfen, der nicht zuallererst sein Drogenproblem angeht.«

Wenn zwei Abhängige zusammenkommen, passiert mitunter Erstaunliches. Wir können direkt miteinander sprechen und vom ersten Augenblick an all den üblichen Bullshit beiseitelassen. Er kann mir nichts vormachen, ich kann ihm nichts vormachen. Die meisten unserer Klienten hatten Strafakten, und sie wussten, wofür ich stand: ein cleanes Leben außerhalb des Knasts. Ich war der lebende Beweis dafür, dass man von den Drogen wegkommen und sein Leben umkrempeln konnte. Doch ich drängte mich nie auf. Kein Suchtkranker ist scharf auf ungebetene Therapiesitzungen. Mein Motto lautete immer: »Lass uns was essen gehen und ein bisschen entspannen.« Wenn die Leute sprechen wollten, taten sie das von ganz allein. Zuerst aber sorgte ich dafür, dass sie etwas zwischen die Zähne bekamen. Pancakes können wahre Wunder bewirken.

Zu meiner Arbeit gehörte es auch, unsere Klienten zu ihren Gerichtsterminen zu begleiten. Als ich eines Tages bei N. P. P. in einem Anzug auftauchte, fragte mich Jimmy Peña, was die Verkleidung solle.

»Hey, Homie«, antwortete ich. »Weißt du denn nicht, dass der Anzug das Standardoutfit für die Gerichte dieser Welt ist?« Tauchte man vor dem Richter im klassischen Vato-Look auf oder womöglich mit kurzen Hosen und Sandalen, dann wurde man entsprechend behandelt. Nicht selten entließ ein Richter einen Angeklagten in meine Obhut, nur weil ich einen Anzug trug.

Um die Sache noch eine Spur offizieller zu machen, fertigte ich mir eine laminierte Dienstmarke an. Im Grunde war es nur ein Passbild mit den Buchstaben N. P. P. drauf. Wenn die Beamten am Gericht jedoch diese Marke sahen, das schwöre ich beim lieben Herrgott, war die Hälfte von ihnen überzeugt, ich wäre ein Bundesagent. Einmal musste ich ins L. A. County Jail, um einen Klienten abzuholen, und wurde von den Wachen am Security-Check vorbei direkt in den Innenbereich des Gefängnisses geführt. Ich hatte keine Ahnung, was da abging, bis einer der Uniformierten im Polizeisprech mit mir zu parlieren begann, als wäre ich vom FBI. Wahnsinn, wie weit man mit einem Anzug und einem laminierten Ausweis kommt. Bestes Beispiel ist sicherlich der Fall von Kevin Pullum aus dem Jahr 2001. Der Mann saß im L. A. County Jail und hatte einen Gerichtstermin wegen versuchtem Mord. Nach dem Schuldspruch wurde er in den Twin-Towers-Knast in L. A. überstellt, aus dem er problemlos herausmarschierte, weil er sich Zivilkleidung besorgt und einen laminierten Ausweis (mit dem Bild von Eddie Murphy als Dr. Dolittle anstelle seines Passfotos) gebastelt hatte.

Als ich ein anderes Mal einen Klienten vom L. A. County Jail abholen musste, um ihn ins Krankenhaus nach Norwalk zu bringen, sprach mich einer der Cops an und sagte: »Trejo, soll ich dem Kerl Handschellen anlegen?« Sehr wahrscheinlich war ihm nicht bewusst, dass ich – als lediglich ziviler Angestellter – gar keine Schlüssel für die Dinger hatte.

»Nicht nötig«, sagte ich. »Das geht auch so.«

Der Typ, den ich abholen sollte, war ein alter Bekannter, der mit mir gesessen hatte. Er starrte mich an und schien genauso geschockt wie ich über das, was gerade passiert war. »Was zum Henker war das denn eben?«, fragte er mich.

»Der Cop dachte, ich bin ein Bundesagent«, antwortete ich. Wir mussten beide lachen.

Ungefähr zu dieser Zeit machten meine Kollegen Bill Wilson und Normen Sprunck vom N. P. P. mich mit einem Mann namens Dr. Dorr bekannt, der ein Programm mit dem Titel »Western Pacific Med Corp« leitete. Dr. Dorr hatte gerade seine erste Methadonklinik in Glendale eröffnet und wollte mich als Mitarbeiter gewinnen. Ich hatte damals keinerlei Ausbildung in Sachen Suchthilfe und konnte auch keine einschlägigen Qualifikationen vorweisen, aber das spielte keine wirklich große Rolle. In den Siebziger- und Achtzigerjahren ging es mehr um die Resultate. Bei N. P. P. und bei Western Pacific brachten wir Junkies vom Heroin weg, und allein das zählte.

Ich übergab meine Anteile an der Gartenhilfe-Firma meinem Kollegen Danny Levitoff und widmete mein Leben fortan komplett der Suchthilfe. Regelmäßig klapperte ich die Dealer ab, die ich kannte. Viele von denen hatten Kunden, die komplett pleite waren und sie trotzdem wegen Dope nervten, obwohl sie es sich nicht leisten konnten. Die Dealer wussten genau, welche ihrer Schäfchen sich zu lästigen Nervensägen entwickeln würden, und überließen sie mir. Einmal schickte mich ein Dealer direkt zum Haus eines seiner Kunden. Auf der Veranda fand ich zwei alte Bekannte, Little Joe und Tommy Andrews, die beide mit den noch in ihren Armen steckenden Nadeln weggedöst waren. Ich weckte sie auf und sagte: »Los, Jungs, steht auf, wir gehen!«

»Wohin gehen wir denn?«

»Metropolitan State Hospital.«

»Okay, Danny, aber lass uns noch einmal fixen.« Tommy suchte auf der Veranda nach einer Spritze.

»Die Nadel hängt noch in deinem Arm, Mann.«

»Ach du Scheiße. Stimmt! Danke, Alter.«

Kapitel 10

UNA EN LA CASA

1975–1976

Ich half vielen Leuten dabei, clean zu werden, aber das hielt mich nicht davon ab, die zweite Runde meiner Karriere als miesester Ehemann der Welt einzuläuten. Ich legte mir selbst eine Entschuldigung zurecht: Ich tat beruflich so viel Gutes für so viele Menschen, da konnte ich ruhig etwas egoistisch im Privaten sein. Debbie war die Leidtragende, denn ich beglückte gleich mehrere Frauen in anderen Vierteln der Stadt. Zwei von ihnen wohnten gemeinsam in einem Apartment in Van Nuys. Sie waren verrückt nach mir und hatten kein Problem damit, mich zu teilen und sich gemeinsam um mich zu kümmern. Wenn die Kohle knapp wurde, heuerten sie als Stripperinnen in den Nachtclubs von Oxnard an und brachten das Geld eimerweise nach Hause. Ich lebte zwei Leben. Wieder hieß es für mich: »Una en la casa, una en la calle.« In meinem Fall waren es allerdings eher *drei oder vier auswärts*.

Mein abgefucktes Verhalten gegenüber Frauen war nicht allein durch die Chauvi-Kultur zu begründen, in die ich hineingeboren worden war. Der Kern des Problems hatte eher mit einem finsteren und sehr beklemmenden Erlebnis zu tun, einem Familiengeheimnis, das ich seit meinem siebten Lebensjahr mit mir herumtrug.

Es passierte an einem Nachmittag nach der Schule, als ich mit meinem Hund Hoppy und meiner Mom zu Hause war und mein Onkel David zu Besuch kam. Meine Mom sagte mir, ich solle mit Hoppy rausgehen. Ich tat, worum sie mich gebeten hatte, und spielte mit Hoppy auf dem Rasen im Garten. Kaum hatte ich das Haus verlassen, schloss meine Mutter alle Fenster und ließ die Jalousien herunter. Ich wusste nicht, was das sollte, fand es aber sehr komisch.

Meine Mom und Onkel David blieben dann eine ziemlich lange Zeit im Haus, eine gefühlte Ewigkeit für ein Kind. Ich war dermaßen unschuldig und naiv, dass ich glaubte, sie hätten sich verbarrikadiert, weil sie eine Überraschung für mich vorbereiteten.

Nach ungefähr fünfundvierzig Minuten kam Onkel David aus dem Haus. Er sah mich nicht an, sondern stiefelte direkt zu seinem Auto. Anschließend zog meine Mutter die Jalousien wieder hoch und kam raus in den Garten. Dann tat sie etwas sehr Eigenartiges. Sie ging noch mal rein und holte eine Fotokamera, mit der sie mich und Hoppy fotografierte. Meine Mutter machte sonst nie Fotos von mir. Danach ging sie wieder ins Haus und bereitete das Abendessen vor. Ich kann mir das Foto heutzutage kaum ansehen. Dieser gespielt fröhliche Ausdruck auf meinem Gesicht, dieser gefakte »Alles in bester Ordnung«-Blick. Schrecklich.

Ein paar Wochen später fuhr meine Mutter nach Mexiko, um ihre Familie zu besuchen. Für die Zeit ihrer Reise waren mein Dad und ich auf uns allein gestellt. Mein Vater konnte schon immer gut mit Kindern … hauptsächlich mit anderen, nicht so sehr mit mir. Er war witzig und großzügig. Er brachte meine Cousins zum Lachen, kitzelte sie, zauberte Münzen hinter ihren Ohren hervor, aber ich stand meist nur daneben und schaute zu. Oft dachte ich dann: *Warum zum Henker hat er noch nie eine Münze hinter meinem Ohr hervorgezaubert?* Eines Tages brachte er sogar einen kleinen Jungen namens Bernie mit zu uns nach Hause. Er sollte bei uns wohnen. Bernies Vater war ein Trinker, der den ganzen Tag durch die Straßen vagabundierte.

Ich hasste Bernie. Zum Glück blieb er nur eine Nacht und wollte am nächsten Tag wieder nach Hause. Ich war eifersüchtig. Warum konnte mein Dad nicht mit mir so sein? Während der Reise meiner Mutter war es jedoch anders. Da waren mein Vater und ich Kumpels. Wir schauten Western und holten uns Tacos. Eines Abends sagte er: »Am Samstag könnten wir zu Tante Lobby und Onkel David fahren und lecker Carne asada grillen.«

In meiner Arglosigkeit erwähnte ich, dass Onkel David einige Zeit zuvor zu Besuch gekommen war, während mein Vater gearbeitet hatte.

»Was?«

»Onkel David und Mom hatten etwas Wichtiges zu besprechen. Deshalb haben sie mich für eine Weile in den Garten geschickt.«

Mein Vater hörte sich die Sache an, schien dem Ganzen allerdings keine große Bedeutung beizumessen. Bis meine Mutter von ihrer Reise nach Hause kam.

Ich wachte auf, weil ich Schreie hörte.

»Warum war David hier?«

»Er lügt! Ich weiß nicht, warum, aber er lügt!«

Mein Vater trat die Tür zu meinem Zimmer auf und zerrte meine Mutter zu meinem Bett. Dann packte er mich am Hals und hielt mir die Faust ins Gesicht.

»So, und jetzt erzählst du mir noch mal, was du über Onkel David gesagt hast.«

Noch nie zuvor hatte ich meinen Vater derart wütend gesehen. Er war außer sich und zitterte vor Anspannung. Ich erstarrte zu einer Salzsäule. Meine Mutter sank auf die Knie und heulte. »Warum hast du gelogen, Danny? ¿Por qué mentiste?«

Ein falsches Wort, und er hätte mich vielleicht getötet. Ein falsches Wort, und er hätte sie vielleicht getötet. Ich wusste, was auch immer ich sagte, die Sache würde schlimm enden. Also entschied ich mich, meine Mom zu schützen.

»Ich habe gelogen.«

Mein Vater zog seine Faust zurück, als ob er ausholen und mich schlagen würde. »Wenn du mich noch einmal anlügst, bringe ich dich um.«

Als mein Dad aus meinem Zimmer verschwunden war, starrte ich an die Decke und dachte: *Was zum Henker war das denn für eine Scheiße? Was habe ich bloß getan?*

Nach diesem Vorfall war nichts mehr wie früher. Weder mit meiner Mutter noch mit meinem Vater. Oder gar mit mir. Ich merkte, wie sie mich beobachtete. Als würde sie sich fragen: *Was weißt du, Junge?* Im Gegenzug fragte ich mich: *Was verheimlichst du, Mutter?*

Das ging ein gutes Jahr lang so. Dann bereitete meine Mom eines Tages meinen Lieblingssnack, frittierte Okraschoten, stellte mir den Teller auf den Tisch und sagte: »Warum hast du diese Sache mit dem Besuch von Onkel David erfunden?«

Sie schaute mir direkt in die Augen und wiederholte die Frage.

Ich starrte auf die Okraschoten. Ich konnte sie nicht ansehen. Der Appetit war mir vergangen. Ich wollte nur noch weg.

»Ich weiß nicht«, sagte ich. »Ich schätze mal, ich bin einfach böse.« Ich nahm die Schuld für etwas auf mich, das ich nicht getan hatte und das ich nicht verstand. Ich hatte keine Ahnung, was eine Affäre war. Ich hatte keine Ahnung, was meine Mutter und mein Onkel für ein Spiel spielten. Trotzdem war ich für meine Eltern der Schuldige.

Sie lächelte und sagte, ich solle essen. »Come, come.« Sie manipulierte mich und schaffte es tatsächlich, mich gleichzeitig zu bemuttern.

Seit jenem Tag hasse ich Okraschoten.

Mein gesamtes Leben habe ich den Leuten ein und dieselbe Geschichte über meine Mutter erzählt: Sie ist eine Heilige. Sie hat mich großgezogen, sie hat meine Wäsche gewaschen und mir Briefe in den Knast geschrieben. Sie hat sich stets mit wenig begnügt, immer ihre Telenovelas geschaut und nie so richtig verstanden, wie ich mein Geld verdiene – bis ich fast fünfzig war und einen Gastauftritt mit Luke und Laura bei *General Hospital* hatte. Als ich später in ein paar Folgen von *Schatten der Leidenschaft* mitspielte, riefen die Freunde meiner Mutter bei ihr an und flippten förmlich aus. Den Leuten zu erzählen, dass ich als Schauspieler arbeitete, war eine Sache. Mein Gesicht dann tatsächlich auf dem Bildschirm zu sehen und mit ihren Freunden darüber zu tratschen, war eine ganz andere. »O mijo«, tschilpte meine Mom dann. »Du bist ein Star!«

Das war die Story, die ich anderen über meine Mutter erzählte. Die Wahrheit ist allerdings, dass ich nie das Gefühl hatte, sie würde diese Dinge aus Liebe tun, sondern immer nur, weil es ihr Job war. Mein Vater hatte sie nicht zuletzt deshalb geheiratet, damit sie sich um mich kümmerte. Herzliche Geborgenheit spürte ich jedoch nie. Meine Mutter brachte aus einer Reihe komplexer Gründe eine gewisse Kälte in unser Haus. Was dabei nie Beachtung fand: Ich diente beiden, sowohl meinem Vater wie auch meiner Mutter, als Blitzableiter für die Wut auf den jeweiligen Partner.

Man sagt, wir sind so krank wie unsere Geheimnisse.

Die Affäre meiner Mutter mit Onkel David dauerte fast dreißig Jahre lang. Viele Menschen sind an dieser Romanze zerbrochen, zwei Menschen deswegen vor ihrer Zeit verstorben – zum einen mein Vater, zum anderen seine Schwester, also die Ehefrau von Onkel David, meine Tante Lobby. Meine ganze Familie wurde von dieser Affäre auseinandergerissen. Der Knacks, den ich von dieser Sache davontrug, war irreparabel. Meine Gefühle gegenüber Frauen waren verkorkst, ich schaffte es danach einfach nicht mehr, ihnen zu vertrauen.

Ich hatte das Gefühl, dass Frauen nur darauf aus waren, mich zu betrügen. Also musste ich ihnen zuvorkommen und sie zuerst betrügen. Ich war nicht gewalttätig, ich war gleichgültig. Wenn du eine Beziehung mit mir eingingst, musstest du dich daran gewöhnen, dass es auch andere gab und dass deine Gefühle in Bezug auf diese Situation mich nicht interessierten. In meinem Haus war ich der Einzige, dem es gestattet war, Gefühle zu haben. Genauso war es bei meinem Vater gewesen. Wenn jemand log, dann war ich es. Wenn jemand Affären hatte, dann ich. Wenn jemand hintergangen wurde, dann war ich derjenige, der hinterging.

Ich glaube, die Affäre meiner Mom mit Onkel David traf mich deshalb so hart, weil ich damals lernte, dass man eine Frau in ein Haus sperren und ihr sogar das Recht auf ein eigenes Fortbewegungsmittel verweigern konnte, wie mein Vater es bei meiner Mutter getan hatte, und sie dich trotzdem noch betrog. Ich kapierte damals nicht, dass es Unsinn war, den Frauen im Allgemeinen und meiner Mutter, die im Grunde wie eine Magd unter einem Tyrannen lebte, im Besonderen die Schuld an diesem Szenario zu geben. Ich brauchte Jahrzehnte, um das alles zu durchschauen. Bis dahin war Selbstschutz meine oberste Prämisse, und die Frauen in meinem Leben zahlten den Preis.

Der Tropfen, der das Fass für Debbie zum Überlaufen brachte, war der Vorfall mit ihrer Freundin. Diese Freundin versuchte damals, clean zu werden, und lebte als Hausgast bei uns in der Osborne Street. Eines Abends blieben sie und ich lange auf und schauten fern. Im Verlaufe dieses Abends legte ich sie flach. Im Nachhinein betrachtet, war es eine abscheuliche Sache, sicher, aber auch nicht großartig anders als meine normalen Tête-à-Têtes. Der entscheidende Unterschied: Dieses Mal war es unter unserem Dach passiert.

Die Freundin bekam Schuldgefühle, beichtete Debbie die Sache und versuchte, es auf diese Weise wiedergutzumachen. Sie war noch nicht lange im Suchthilfeprogramm und hatte, so glaube ich, eine wichtige unserer Regeln nicht bedacht: »Wir versuchen bei

Personen, denen wir Schaden zugefügt haben, alles wiedergutzumachen, wo immer es möglich ist. Es sei denn, wir verletzen sie
selbst oder andere dadurch.«

Debbie war am Boden. Sie packte ihre Sachen, während ich
arbeiten war, und zog zu ihren Eltern. Es war vorbei. Als ich abends
nach Hause kam, war das Apartment halb leer. Ich öffnete das
Schubfach, in dem wir die Cartoons aufbewahrten, die sie auf der
Arbeit von mir und von uns beiden gezeichnet hatte. Als ich mir
die Bilder anschaute, kapierte ich erst, was für ein fantastischer
Mensch Debbie war und wie unfassbar mies ich mich verhalten
hatte. Weder zuvor noch danach in meinem Leben liebte mich
jemand mit einer derart bedingungslosen Hingabe wie Debbie.
Sie wurde nie sauer auf mich. Es entsprach einfach nicht ihrem
Charakter. Wenn Debbie mich sah, erstrahlte sie und schmolz
dahin. Oft fing sie dann an zu kichern. Und ich? Ich hatte nichts
Besseres zu tun, als diese unschuldige Liebe zu nehmen und auf ihr
herumzutrampeln. Mir wurde klar, dass ich Debbie mit dem Treue-
bruch unter unserem gemeinsamen Dach genau das angetan hatte,
was meine Mutter meinem Vater angetan hatte. Ich betete jeden
Tag zum lieben Herrgott, dass Debbie jemanden finden möge, der
besser war als ich und sie so liebte, wie sie es verdiente.

Ich hörte nie wieder von ihr.

Kapitel 11

FAMILIENNAME: TREJO

1975

Obwohl mein Privatleben im Chaos versank, rief man mich an, wenn bei anderen aufgeräumt werden musste. Auch an dem Tag, an dem sich eine meiner Cousinen meldete, weil Gilbert und eine junge Frau nackt im Garten meiner Mom feierten, war es so.

In einem Garten in Beverly Hills oder am Strand von Saint-Tropez ist Nacktsein kein Problem, denn die betreffenden Personen sonnen sich in der Regel nur. Lümmelt jemand in Pacoima nackt im Garten hinter dem Haus herum, ist es sehr wahrscheinlich, dass dort gevögelt wird. Ich fuhr sofort zum Haus meiner Mom und fand die beiden auf dem Rasen – splitterfasernackt und bis zum Anschlag zugedröhnt. Ich versuchte, Gilbert zur Vernunft zu bringen. »Hör zu, Gilbert, ich kann dich in einem Entzugsprogramm im Reprieve House unterbringen.« Das Reprieve House war die erste Einrichtung zur stationären Suchtrehabilitation im San Fernando Valley. Bill Beck, der Mann hinter CRI-Help, hatte sie ins Leben gerufen. Ich sagte zu Gilbert: »So geht das nicht. Du verstößt hier gegen deine Bewährungsauflagen, und wenn du nicht clean wirst ...«

Die Frau unterbrach mich. Mit mahlendem Kiefer und freigelegten Brüsten kratzte sie sich in einer Tour am Hintern. »Nehmen die da auch Frauen?«

»Pst«, zischte ich sie an und legte mir den ausgestreckten Zeige-finger auf die Lippen. »Ich rede hier gerade mit meinem Onkel. Du hast jetzt Sendepause.« Dann wandte ich mich wieder an Gilbert: »Wenn dich jemand so sieht, rufen die vielleicht die Cops an. Dann wirst du getestet und ...«

Die Frau unterbrach uns abermals.

»Halt die Klappe!«, knurrte ich. »Ich spreche mit meinem Onkel. Wenn ich ihn nicht in eine Entzugseinrichtung bringe, wird sein Bewährungshelfer den Scheiß hier als Verstoß gegen seine Auf-lagen ansehen. So, Gilbert, und jetzt holst du dir gefälligst ein paar Klamotten und ein großes Handtuch für die Lady hier. Wir müs-sen los.«

»Ich weiß nicht so recht«, sagte mein Onkel. »Ich will jetzt erst mal ein Glas Kool-Aid.«

Ich konnte es nicht fassen, aber er ging tatsächlich rein, um sich etwas zu trinken zu holen.

Als er wieder rauskam, hatte er ein Glas mit dem bunten Zucker-wasser in der einen, seine Eier in der anderen Hand. Wieder redete ich auf ihn ein. »Gilbert, ich kann dir einen Platz im Reprieve House klarmachen, aber wir müssen das jetzt angehen. Bist du be-reit dazu?«

»Nee, nee, scheiß drauf«, erwiderte Gilbert. »Ich will da nicht hin.«

Darauf meldete sich abermals die Lady zu Wort und verkün-dete: »Ich will aber dahin! Kannst du mich hinbringen?« Sie war hackevoll, meinte die Sache jedoch todernst. Ich war etwas ver-unsichert.

Gilbert runzelte die Stirn, als würde er es sich überlegen.

Was ich dann vorschlug, war alles andere als optimal, aber ich musste diplomatisch sein: »Gut, dann fahren wir alle zusammen hin.«

»Wenn sie geht, geh ich auch«, antwortete Gilbert.

Ich besorgte den beiden Klamotten und karrte sie zum Reprieve House. Am folgenden Tag hatte Gilbert genug vom Entzug und brannte mit einer Gangsterbraut namens Rachel Silvas durch. Die beiden legten eine Serie von Raubüberfällen hin, die Gilbert wieder ins Gefängnis brachte. Rachel war noch eine Weile auf der Flucht, sitzt jetzt aber mehrfach lebenslänglich ab. Das nackte Girl aus dem Garten meiner Mom blieb im Entzug. Noch Jahre später habe ich sie bei Meetings gesehen, trocken und clean, wie sie sich um die neu zur Gruppe gestoßenen Frauen kümmerte und ein anscheinend erfülltes Leben führte.

In meiner Funktion als Problemlöser, der dir half, dein Leben auf die Kette zu bekommen, hatte ich bei meinem Onkel Gilbert keinen Erfolg. Wie schon gesagt, landete er wieder im Kahn, dieses Mal in Folsom. Mit den Jahren war er in die Liga der echten OGs des kalifornischen Knastsystems aufgestiegen. Dummerweise geriet sein Sohn, der auch Gilbert hieß, genau um diese Zeit erstmals in ernsthafte Schwierigkeiten. Der Vater saß hinter Gittern, und die Mutter hatte große Schwierigkeiten, Little Gilbert im Zaum zu halten.

Der Junge war gerade mal sechs Jahre alt, als er zum ersten Mal hochgenommen wurde, weil er in eine Zahnarztpraxis eingebrochen und dort sämtliches Zahngold gestohlen hatte. Ich erinnere mich noch gut daran, wie ich in seinem Zimmer jede Menge zahnärztliches Gerät, Zahnimplantate und ähnliches Zeug herumliegen sah und mich fragte, woher das alles kam. Obwohl ich selbst ein Ding nach dem anderen gedreht hatte, dachte ich damals: *Nein, auf keinen Fall, er ist noch zu jung.* Wie sich herausstellte, lag ich falsch. Damals begann ein Teufelskreis, in dem Little Gilbert für die folgenden fünfzig Jahre seines Lebens gefangen sein sollte. Ich kannte ihn nur allzu gut. Sein Vater war in ihm gefangen. Ich war in ihm gefangen. Auch meine anderen Onkel und Cousins steckten in dieser Kultur des destruktiven Machismo fest. Genau das war es, was einen Trejo-Mann ausmachte. Genau darauf lief es hinaus, wenn du ein Trejo warst.

Als ich vier oder fünf Jahre alt war, spielten meine Tanten und Cousinen ständig mit mir. Sie behandelten mich wie eine Kewpie-Puppe: Sie verkleideten mich, schmierten mir Make-up ins Gesicht und steckten mir Schleifen ins Haar. Niemand von uns dachte sich etwas dabei. Es war alles sehr unschuldig. Wir waren unschuldig.

Eines Tages kam mein Onkel Rudy in das Zimmer der Mädchen und sah mich in einem Kleid. Er flippte sofort aus. »Was zum Henker soll denn diese Scheiße?«, sagte er zu meinen Tanten, nicht zu mir. Wahrscheinlich glaubte er, ich wäre zu jung, um zu kapieren, was vor sich ging. Er hatte recht.

Er rieb sich mit den Händen über das Gesicht und atmete stöhnend aus, als würde er es gerade mit einer äußerst abgefuckten Situation, einem Problem von immenser Größe zu tun haben. Für ihn war es das auch. Bei meinem Anblick war für ihn der schlimmste Albtraum eines echten mexikanischen Charro Wirklichkeit geworden. »¡Ay, Dios!«, stöhnte er.

Er drehte sich um, wollte gehen, doch dann hielt er inne und brüllte über seine Schulter: »Jetzt wascht ihm endlich diese Scheiße aus dem Gesicht!«

Als Trejo musste Mann maskulin sein, in jeder Hinsicht, in jedem Moment. Als ich in der Grundschule war, in der Elysian Heights Elementary, brachten die Lehrer eines Tages in der Mittagspause alle Kinder zusammen, um einen Hokey-Pokey-Tanz zu veranstalten. Ich war damals bereits derart vom Macho-Chicanismo meines Vaters und seiner Brüder indoktriniert, dass dieses Bewegungsspiel mit seinen Hüft- und Powackeleien nicht für mich infrage kam. Die Lehrer schickten mich nach Hause, weil ich mich weigerte, an dem Tanz teilzunehmen. Als mein Vater an diesem Tag von der

Arbeit kam, erzählte ihm meine Mutter vom Ärger in der Schule. Mein Vater wollte wissen, was ich falsch gemacht hatte. Ich sagte ihm, dass ich mich nur geweigert hatte, den Hokey Pokey zu tanzen. Mein Vater hatte natürlich keine Ahnung, wovon ich überhaupt sprach, also zeigte ich es ihm. Als ich bei dem Teil mit den schwingenden Hüft- und Pobewegungen angelangt war und dazu »Dann schiebst du die Hüfte raus, dann ziehst du die Hüfte rein …« sang, sprang mein Vater aus dem Sessel und schaltete den Fernseher aus, auf dem er sich gerade ein Baseballspiel angesehen hatte.

»Was für eine Scheiße bringen die euch denn auf dieser Schule bei?«

Am nächsten Tag ging er mit mir zur Direktorin, Ms. Brooks. Ich musste vor ihrem Büro warten, hörte aber die Stimme meines Vaters bis nach draußen: »Ich schicke meinen Sohn doch nicht auf Ihre Schule, damit Sie ihm beibringen, wie man mit dem Arsch wackelt! Er ist ein Mann!« Danach musste ich nie wieder den Hokey Pokey tanzen.

Jedes Mal, wenn ich in Gegenwart meines Vaters oder meiner Onkel etwas tat, was als unmännlich angesehen wurde, nannten sie mich »Prinzessin«. Das war unheimlich demütigend, und das sollte es auch sein. Auf diese Weise lernte ich rasch, alles zu hassen, was als feminin galt. Es war eine Lektion, die ich schnell verinnerlichte.

Little Gilbert hatte mit seinem Vater, der alle naselang im Knast saß, eigentlich nie eine wirkliche Chance. Wie auch ich es vor ihm getan hatte, trat er in die Fußstapfen seines alten Herrn. Jugendfürsorge, Jugendknast, Jugendheim – rein, raus, rein, raus, die ganze Zeit. Mit zehn brachte man ihn in einem Jugendwohnheim in Palm Springs unter. Eines Tages traf ich mich mit meinem alten Kumpel Nolan Warner, und wir fuhren auf unseren Harleys raus in die Wüste, um den Jungen zu besuchen. Als wir an der Einrichtung ankamen, sagte uns einer der Betreuer, dass sie nicht wüssten, wo Gilbert gerade war. »Er ist einfach abgehauen.«

Auf dem Rückweg nach Los Angeles fiel mir auf der Interstate 10 eine Gestalt bei den Büschen am Rand des Freeways auf. Es hätte sonst jemand sein können, aber es war Gilbert. Ein weiteres Beispiel dafür, wie Gott in meinem Leben wirkte. Ich fuhr rechts ran und rief den Jungen zu mir. Er war überglücklich, mich zu sehen.

»Hey, Danny, ich wollte gerade versuchen, per Anhalter weiterzukommen. Was machst du denn hier?«

»Ich hole dich ab.«

Ich wusste, dass Gilbert im Jugendwohnheim nicht gut aufgehoben war. Er brauchte nicht einfach nur Struktur, er brauchte auch die Liebe seiner Familie. Er brauchte mich. Ich konnte für Little Gilbert eine Vaterfigur sein, genauso wie sein alter Herr, mein Onkel, es seinerzeit für mich gewesen war. Vielleicht würde es mir sogar gelingen, seinem Leben eine neue Richtung zu geben. Nolan sagte: »Und, was willst du jetzt machen? Nach Palm Springs wirst du ihn ja wohl nicht zurückbringen, oder?«

»Nein. Er kommt mit mir nach Hause.« Und so fuhr ich die einhundertzwanzig Meilen mit Gilbert auf dem Rücksitz der Harley nach Hause. Der Junge trug keinen Helm, aber die Cops waren in dieser Hinsicht damals noch relativ entspannt. Nolan übernahm die Führung auf dem Freeway. Während ich von vorn den Fahrtwind und von hinten die Arme des kleinen Gilbert spürte, musste ich unweigerlich daran denken, dass ich selbst ungefähr in seinem Alter das erste Mal eingefahren war.

Zum allerersten Mal wurde ich allerdings nicht wegen einer Prügelei oder einem Drogendeal festgenommen, sondern weil ich zusammen mit Tommy Provincio in Roger Jessups Milchfarm in Pacoima eingestiegen war. Tommy und ich liefen eines Abends an der Ecke Branford Street und Laurel Canyon Boulevard rum und hörten das Muhen der Milchkühe. Für uns klang es, als würden die Tiere leiden. Also kletterten wir über den großen Zaun, schoben die schweren Gattertore auf und ließen die Tiere laufen. Die Kühe konnten gar nicht schnell genug von der Farm wegkommen und verteilten sich über ganz Pacoima. Für ein paar Stunden müssen sie im siebten Himmel gewesen sein.

Da Milch verarbeitende Betriebe unter die Jurisdiktion der Lebensmittelüberwachungs- und Arzneimittelbehörde, also der Food and Drug Administration, fallen, nahmen sich die Feds der Sache an. Als sie uns geschnappt hatten, leugneten wir gar nicht erst die Tat. Unsere Schuhe und Hosen waren voller Kuhscheiße.

Das war der Start meiner Delinquentenkarriere, deren vorläufiger Höhepunkt in der zehnten Klasse kam – oder zumindest in dem Jahr, in dem ich in der zehnten hätte sein sollen. Ich war bereits aus der Poly, der Sun Valley, der Monroe, der Van Nuys und der North Hollywood geflogen. Keine der Schulen im Valley wusste, was sie mit mir anfangen sollte. Und dann kam der Freitagabend, an dem ich mit einem Freund namens Freddie T. und zwei Mädchen zu James' Drive-thru ging. Nach diesem Ausflug war das Thema Schule für mich erst mal passé.

Wir waren gerade auf dem Weg in den Imbiss, um zu bestellen, als zwei weiße Typen uns angriffen. Es kam sofort zu einer Schlägerei, zwei gegen zwei auf dem Parkplatz. Ich war klar im Nachteil, denn ich war rotzbesoffen. Es spielt keine Rolle, wie gut du bist, wenn du torkelnd und taumelnd gegen einen Kerl mit soliden Kampfsportskills antrittst – und dieser Weiße war grundsolide. Nach ein paar Schlägen schleuderte er mich gegen das Auto. Eins unserer Mädchen öffnete die Tür. Ich fiel hinein und griff mir eine Weinflasche.

Gilbert hatte mir beigebracht, einem Gegner, der mich greift und festhält, den Daumen ins Auge zu rammen oder in den Hals zu beißen. Damit zeigt man dem anderen, dass man wahnsinnig ist, und niemand will sich mit einem Wahnsinnigen prügeln. Gilbert sagte seinen Gegnern oft Sachen wie: »Ich werd dir dein Auge aus dem Schädel reißen, Mann. Wenn wir fertig sind, kannst du es dir in die Hosentasche stecken und mit nach Hause nehmen.«

Ich schlug meinem Gegner die Weinflasche über den Schädel und presste ihm anschließend den abgebrochenen Flaschenhals ins Gesicht. Als er darauf wie am Spieß zu schreien begann, sprangen wir ins Auto und fuhren weg.

Ich ließ mich am Haus meiner Eltern absetzen. In meinem Zimmer zog ich meine Klamotten aus, warf sie auf einen Haufen und legte mich ins Bett. Ich hatte an dem Abend eine Khakihose mit Bügelfalten getragen, dazu ein weiß-gelbes Sir-Guy-Hemd und einen ebenfalls weiß-gelben Westover. Daran erinnere ich mich deshalb so gut, weil diese Klamotten nach der Prügelei von Blut besudelt waren und später als Beweisstücke verwendet wurden. Ich schlief noch keine zwanzig Minuten, als die Cops mit gezückten Waffen die Tür zu meinem Zimmer eintraten.

»Aufstehen, Trejo!«

Ich hievte mich auf die Beine, aber das Zimmer drehte sich. Ich war immer noch betrunken.

»Los, zieh dir was an.«

Ich ging zu meinem Kleiderschrank, doch einer der Cops hielt mich auf und zeigte auf den Haufen vor meinem Bett. »Zieh das Zeug da an.«

Danach klickten die Handschellen, und ich wurde mit blutbefleckten Klamotten ins L. A. County Jail gebracht.

Ein paar Wochen später saß ich neben meinem Pflichtverteidiger und sah, wie die zwei weißen Jungs von der Prügelei in den Gerichtssaal kamen. Sie trugen Matrosenuniformen. Der Kerl, gegen den ich angetreten war, hatte einen weißen Kopfverband, der den Großteil seines Gesichts bedeckte. Ich blickte zum Richter –

ein alter Knacker, der sicher schon den Sleepy-Lagoon-Mord und die Zoot-Suit-Riots mitbekommen und ganz bestimmt nicht auf der Seite der Mexikaner gestanden hatte. Mir schwante Böses.

Ich wurde wegen schwerer Körperverletzung mit erheblicher und dauerhafter Entstellung verurteilt und musste ins Waldbrandlager.

Ein paar Jahre später, auf der Rückfahrt nach Los Angeles, wusste ich genau, welchen Weg Little Gilbert eingeschlagen hatte. Am liebsten hätte ich ihn für immer auf meiner Harley behalten, um ihm eine neue Richtung im Leben aufzuzeigen. Genau das tat ich dann auch, indem ich schnellstens mit ihm zu mir nach Hause fuhr.

Kapitel 12

ALLER GUTEN DINGE SIND DREI

1975

Als ich Little Gilbert mit nach Hause brachte, war meine Freundin Joanne sofort ganz vernarrt in ihn.

Joanne und ich waren zu diesem Zeitpunkt seit ungefähr sieben Monaten zusammen. Ich hatte sie durch meine Arbeit kennengelernt. Dank Dr. Dorr und meinem Freund Bill Beck war ich damals in alle wichtigen Suchthilfeprogramme im San Fernando Valley involviert. Als ich eines Tages bei CRI-Help war und aushalf, hörte ich zufällig, wie eine junge Frau von einem anderen Suchtberater die Empfehlung bekam, »doch einfach gegen ihre Bewährungshelferin auszusagen«. Ich hatte nur diesen Fetzen aufgeschnappt und konnte nicht anders, als weiter zu lauschen. Wie sich herausstellte, nutzte die Bewährungshelferin ihre Schützlinge aus und ließ sie mit Heroin dealen. Die junge Frau, die den Suchtberater um Rat gefragt hatte, hieß Joanne und war mit zweiunddreißig Einzeldosen Heroin erwischt worden. Nun hatte sie eine Klage wegen Drogenbesitz mit Verkaufsabsicht am Hals.

Ich nahm Joanne beiseite und fragte sie, was da eigentlich los sei.

»Die wollen, dass ich gegen meine Bewährungshelferin aussage.«

»Verstehe«, sagte ich. »Ich meine, du musst tun, was du für richtig hältst. Allerdings solltest du bedenken, dass du überall als

Ratte gelten wirst, wenn du aussagst.« Sie hatte keine Ahnung, wovon ich sprach.

»Wenn ich der Staatsanwaltschaft aber nicht sage, dass meine Bewährungshelferin mich dazu gebracht hat, dann muss ich ins Gefängnis.«

»Es ist gut möglich, dass du so oder so in den Knast musst. Hinter Gittern werden alle wissen, dass du jemanden verpfiffen hast. Für die Bewährungshelferin ist das im Endeffekt egal, aber für dich wird das schlimme Folgen haben.«

Wahrscheinlich hätte ich mich gar nicht einmischen sollen, aber ich sah es als meine Aufgabe an, anderen zu helfen, clean zu werden, ganz egal, welche Hindernisse es dabei zu überwinden galt. Joanne war damals bereits seit mehreren Monaten drogenfrei und gerade dabei, ihr Leben wieder in den Griff zu kriegen. Und ausgerechnet zu diesem Zeitpunkt kam dann diese Sache. Ich konnte ihr nicht sagen, was sie tun und was sie lassen sollte. Ich wollte jedoch sicherstellen, dass sie das große Ganze sah.

Zwei Wochen später tauchte Joanne bei mir zu Hause auf. Sie war vollkommen aufgelöst, heulte und sagte, sie sei keine Ratte. Sie erzählte mir, dass sie mit ihrer Familie gesprochen und die Sache mit einem weiteren Suchtberater diskutiert hatte. Sein Name lautete Jack Birch. Er war früher selbst ein Ganove gewesen und hatte ihr ebenfalls geraten, nicht auszusagen. Joanne war verängstigt. Ich und ein paar der anderen Jungs bei R. I. F. organisierten ihr eine Wohnung. Als sie dort eingezogen war, riet ich ihr, einfach die Füße still zu halten, weiter clean zu bleiben und abzuwarten. Alles andere würde sich schon von allein finden.

Ich kannte einen Strafverteidiger im Valley, der eine große Nummer im Bereich Drogendelikte war. Er schuldete mir noch einen Gefallen und setzte seinen Kollegen auf Joannes Fall an. Kurz darauf begannen wir, uns auf ihren Gerichtstermin vorzubereiten. Die Anklage gegen Joanne war sehr ernst. Drogenbesitz mit Handelsabsicht bei einer derart großen Menge an Heroin konnte leicht auf zehn Jahre Haft hinauslaufen. Es war natürlich abscheulich, dass ihre Bewährungshelferin sie dazu gebracht hatte, mit Drogen zu dealen. Fakt war allerdings: Wenn Joanne das aussagte, würde sie im Knast durch die Hölle gehen. Unterm Strich war es besser, sich der Strafe für ihre Tat zu stellen.

Als der Tag kam, begleitete ich Joanne und ihren Anwalt zum Gericht. Nachdem die Verlesung der Anklage und die Eröffnungsplädoyers durch waren, schob ich Joannes Anwalt einen Zettel mit einer Nachricht zu. Er las ihn und sagte zum Richter: »Euer Ehren, ich bin heute mit Mr. Danny Trejo zu dieser Verhandlung gekommen. Er arbeitet für das R. I. F.-Programm, ›Recovery in Freedom‹, und ist der Suchtberater meiner Mandantin. Er würde gern ein paar Worte an die Anwesenden richten.«

Der Staatsanwalt regte sich mächtig auf und zeterte: »Das geht nicht, Euer Ehren. Dieser Zeuge wurde uns gegenüber nie benannt. Das ist doch unerhört!« Der Richter hob die Hand und gebot dem Anwalt Einhalt. Ich kannte den Mann hinter dem Pult. Es war Richter Hughes, der sich in der Vergangenheit oft für R. I. F. eingesetzt hatte. Ehrlich gesagt hatte ich damit gerechnet, dass er Joannes Verfahren leiten würde, da er eigentlich alle Drogenfälle in Van Nuys bekam.

Richter Hughes sagte: »Mein lieber Herr Staatsanwalt, ich bin mir nicht sicher, ob Sie es wissen, aber ich bin einer der Gründer von R. I. F. Es ist ein außerordentlich effektives Programm!« Anschließend setzte er zu einem langen Monolog über seine Zusammenarbeit mit R. I. F. an. Der Staatsanwalt ahnte, dass er am Arsch war. Als der Richter geendet hatte, sagte er: »So, und jetzt haben Sie das Wort, Mr. Trejo.«

»Vielen Dank, Euer Ehren. Diese junge Frau ist seit längerer Zeit schon regelmäßiger Gast bei den R. I. F.-Meetings und hat seit drei Monaten weder Alkohol noch Drogen angerührt. Sie nimmt an einem intensiven Suchthilfeprogramm teil und macht gerade große Fortschritte bei der Neuordnung ihres Lebens.«

Richter Hughes sah Joanne an. »Und Sie gehen jeden Tag zu einem Meeting?«

»Ja, Euer Ehren«, antwortete sie. »Außer an den Tagen, an denen ich in der Spätschicht arbeite.«

»Dann haben Sie eine Arbeit?«

»Ja, Euer Ehren.«

Der Staatsanwalt konnte es nicht fassen und donnerte eine Aktenmappe auf seinen Tisch. Richter Hughes verurteilte Joanne zu dreißig Tagen Haft und erlaubte ihr, die Zeit an den Wochenenden abzusitzen, damit sie weiterhin arbeiten konnte. Der Staatsanwalt hätte mich am liebsten umgebracht. Joannes Verteidiger hingegen sagte zu mir: »Mr. Trejo, ich will Sie bei all meinen Drogenfällen dabeihaben.«

Als wir gerade den Gerichtssaal verlassen wollten, nahm Richter Hughes mich beiseite und sagte: »Mr. Trejo, sagen Sie Ihrer Klientin, dass sie in zwei Wochen bei mir vorsprechen soll, dann evaluieren wir die Angelegenheit noch einmal.« Ich wusste genau, was er mir damit sagen wollte.

Ich weiß nicht mehr, wie lange Joanne an den Wochenenden hinter Gittern saß, doch es war vorbei, bevor sie es merkte. Freitagnachmittags musste ich sie immer am Sybil Brand Institute in Monterey Park absetzen. Noch heute denke ich mit einem Lächeln an den irrwitzigen Anblick zurück, wie dieses süße kleine Ding vor den massiven Toren des Frauenknasts stand. In den darauffolgenden Monaten verloren Joanne und ich uns aus den Augen. Irgendwann sahen wir uns zufällig bei einem sogenannten Sober Dance wieder, einer Tanzveranstaltung ohne Alkohol und Drogen, und gingen nach dem Event auf einen Kaffee ins Du-par's. Wir wurden ein Paar. Es dauerte nicht lange, dann zog sie zu mir in die Osborne Street, und wir begannen ein gemeinsames Leben.

Nachdem ich Little Gilbert auf dem Highway aufgelesen hatte, nahm ich ihn mit zu mir nach Hause und sagte Joanne, dass der Junge bei uns bleiben würde. Sie richtete sofort das Gästezimmer für ihn her. So war Joanne. Als sie in der Anfangszeit unserer Beziehung morgens fremde Männer auf unserer Wohnzimmercouch fand, wusste sie nicht so recht, was los war. Als ich ihr jedoch erklärte, dass genau darin unsere Aufgabe bestand – anderen zu helfen, von den Drogen wegzukommen und ihr Leben neu zu ordnen –, war sie sofort mit an Bord.

Joanne war zwar erst zwanzig Jahre alt, aber sie wurde schnell zu einer wunderbaren Ersatzmutter für den zwölfjährigen Gilbert. Der für ihn zuständige Sozialarbeiter war einverstanden, dass Gilbert bei uns lebte. Er sagte: »Danny, wir wissen nicht, was wir mit Gilbert noch machen sollen oder wie wir zu ihm durchdringen können. Vielleicht schaffst du es ja.«

Es dauerte nicht lange, bis Joanne und ich übers Heiraten sprachen. Wie bereits erwähnt, verhieß eine Ehe für mich in erster Linie eine richtig gute Party. Zuerst hatte ich es mit Laura probiert, dann mit Debbie ... aber aller guten Dinge sind drei, richtig? Unsere Trauung fand in einer Kirche auf der La Brea Avenue statt. Joanne wartete bereits im Gotteshaus, als ich mit einer Limo vorfuhr. Auf dem Gehweg stand eine Freundin von Joanne, die sie zu unserer Trauung eingeladen hatte. Als ich sie beim Aussteigen sah, dachte ich: *Wie cool wäre es eigentlich, wenn ich mit der Kirsche in der Limo rummachen könnte?* Ich sprach sie an und machte einen Witz über das Vögeln in Luxuslimousinen. Keine Ahnung, was passiert wäre, wenn sie sich zu mir in den Wagen gesetzt hätte. Ich war in vielerlei Hinsicht rehabilitiert, als Ehemann jedoch ganz gewiss noch nicht.

Jahre später sagte mein Anwalt Terry Roden zu mir: »Danny, jetzt hab ich's endlich kapiert. Du kannst die Ehe nicht ausstehen, aber du liebst Hochzeiten.«

Für ein paar Jahre lief es großartig für Little Gilbert. Er ging regelmäßig zur Schule und spielte American Football. Er war so hyperaktiv, dass der Coach ihn aus der Offense seines Pop-Warner-Teams nahm und in die Defense steckte. Der Junge konnte einfach nicht still stehen und provozierte ständig Fouls wegen »Illegal Motion«. Als er dann Defense spielte, konnte er sich frei bewegen und mähte seine Gegner nieder. Er war ein Phänomen. Andere Teams versuchten, ihn mit miesen Tricks aus dem Verkehr zu ziehen. So verlangten die Coaches der gegnerischen Mannschaften regelmäßig seine Geburtsurkunde. Irgendwann meldete sich seine Mutter. Sie vermisste ihren Sohn und wollte Gilbert wieder bei sich haben. »Hör mal, Linda«, sagte ich. »Der Junge braucht jemanden, der ihm Grenzen aufzeigt. Er ist ein toller Bursche, aber jemand muss ihn im Zaum halten. Manchmal muss man ihm die Leviten lesen und die Hammelbeine langziehen, aber du kannst das nicht.«

»Er ist mein Sohn, und ich vermisse ihn.«

Little Gilbert zog zurück zu seiner Mutter und wanderte in der Folge ein ums andere Mal in den Jugendknast. Wie ein Güterzug ohne Bremsen raste er unaufhaltsam auf das Unvermeidliche zu. Mit siebzehn beging Gilbert dann den Gangmord, der ihn für die nächsten achtunddreißig Jahre seines Lebens ins Gefängnis brachte.

Traurigerweise war das keine Überraschung für die Familie. In meiner Trejo-Generation – angefangen bei Big Gilbert, der zwar mein Onkel, aber dabei so jung war, dass er zu meiner Generation zählte – gingen eigentlich alle davon aus, dass man irgendwann im Knast landete. Toni, Coke, Salita, Mary Carmen sowie ihr Ehemann Ponchee und ich, Danny – wir alle waren Gangster und Dealer, und wir alle saßen eine Zeit lang hinter Gittern. Little Gilbert brummte sogar mal eine Weile zusammen mit seinem Vater in San Quentin. Big Gilbert nutzte all seine Mafiakontakte, um dafür zu sorgen, dass ein paar abgebrühte Vatos immer und überall die

Sicherheit seines Nachkommen im Auge behielten. Mein Onkel Gilbert mag ein Gangster gewesen sein, doch er tat immer alles Menschenmögliche, um denjenigen zu helfen, die er liebte.

Kapitel 13

DIE BOMBE PLATZT

1978

Nach drei Jahren Ehe verließ mich Joanne aus den gleichen, absolut nachvollziehbaren Gründen wie meine vorherigen Ehefrauen. Fast schien es, als würde ich den Ladys dieser Welt eine Botschaft senden wollen: *Ihr glaubt also nicht, dass ich ein Mistkerl bin? Wartet, hier ist der Beweis.*

Als Joanne aus dem Haus in der Osborne Street auszog, entschied ich, dass es Zeit für eine Veränderung war. In einem der Meetings hatte jemand erwähnt, sein Apartment in Venice Beach aufgeben zu wollen. Ich bot an, es zu übernehmen, solange es keine Scherereien gab und wir die Sache schnell über die Bühne bringen konnten. Ich sah mir die Wohnung an, und einen Handschlag später organisierte ich ein paar Freunde, die mir noch am selben Nachmittag halfen, meinen Krempel in die neue Bude zu schaffen.

Gleich an meinem ersten Tag am Strand ging ich zum Muscle Beach, dem berühmten Kraftsportareal in Venice, und stemmte Eisen. Muscle Beach war zwar für jedermann zugänglich, aber wer nicht willkommen war, bekam das relativ schnell zu spüren.

Von da an pumpte ich am Muscle Beach, wann immer ich konnte. Ich liebte diesen Ort, der mich mit seinen Vibes an die Hantelbänke in San Quentin und Soledad erinnerte, jedoch ohne angespitzte Schraubenzieher auskam.

Meine Arbeit in der Suchtrehabilitation nahm mich voll und ganz ein. Gemeinsam mit Dr. Dorr eröffnete ich ein neues Behandlungszentrum namens O. U. R. House (Ongoing Unity and Recovery) an der Ecke Western Avenue und 3rd Street in Koreatown. Außerdem planten wir die Eröffnung eines neuen Suchthilfehauses auf der Gardner Street, wo unsere Klienten mehr als nur die bloße Methadonbehandlung erhalten sollten. Wenn sie es ernst meinten und ihr Leben wirklich umkrempeln wollten, dann sollten die Abhängigen einen Ort haben, an dem sie für diese Zeit des Übergangs wohnen und in einer strukturierten Umgebung an der Organisation ihres neuen Lebens arbeiten konnten. Damals war das ein neuartiger Ansatz.

An Klienten mangelte es uns nie. Big Gilbert meldete sich öfter aus Folsom, um nachzufragen, was ich so trieb. Manchmal schickte er Bilder von sich auf dem Gefängnishof und scherzte, dass er drei Dollar pro Foto von mir kriegen würde. Er schickte mir aber auch neue Klienten. Viele Leute im Knast machten sich Sorgen um Angehörige, von denen sie wussten, dass sie draußen mit Drogenproblemen zu kämpfen hatten. Gilbert gab ihnen meine Nummer und sagte: »Hier, Mann, ruf meinen Neffen Danny an, er hilft vielen Leuten in L. A., clean zu werden.« So erhielt ich unzählige Anrufe von Gefangenen und deren Familienangehörigen, die erfahren hatten, dass ich vielleicht helfen konnte.

Meist machte ich mich schon um sechs Uhr früh auf den Weg, um Abhängige auf der Straße und in Drogenhöhlen aufzuspüren und sie zu überzeugen, eine Entzugsbehandlung anzutreten. Manche fuhr ich zu Vorstellungsgesprächen, für andere glättete ich die Wogen bei ihren Bewährungshelfern. Ich ging ständig zu Meetings und sponserte Leute im Zwölf-Schritte-Programm. Ich war schwer beschäftigt, und ich liebte es. Auf gewisse Weise brachte die Arbeit

Gefühle in mir hoch, die ich aus der Zeit kannte, als ich Waldbrände gelöscht oder mich im Knast für Underdogs eingesetzt hatte. Durch meine Arbeit als Suchtberater half ich anderen. Ich machte einen Unterschied.

Diana lernte ich im North Hollywood Rehab kennen, einem weiteren stationären Suchtbehandlungszentrum, das Dr. Dorr und ich gegründet hatten. Die ersten zwei Dinge, die mir an ihr auffielen: Sie war wunderschön, und sie hatte einen gebrochenen Zeh. Ihr Zimmer war nur über eine kleine Treppe zugänglich, und so bot ich ihr an, sie hochzutragen. *Verdammt, ich mag diese Lady*, dachte ich. Sie war jedoch eine Klientin. Ich wollte nicht unprofessionell sein, sodass ich mir nichts anmerken ließ und ihr fortan bewusst aus dem Weg ging. Ich hatte mich nie mit Ruhm bekleckert, wenn es in meinen Ehen darum gegangen war, Grenzen zu ziehen und einzuhalten. Im Berufsleben gelang mir das jedoch ganz gut.

Der Genesungsprozess bei Suchtkrankheiten ist eine sehr intime Angelegenheit. Man erlebt die Abhängigen in ihren schlimmsten Momenten, erfährt von ihren größten Geheimnissen und ihren schwersten Fehlern. Es ist gut möglich, dass Diana bemerkte, wie innig mein Umgang mit anderen Klienten war und wie distanziert und sachlich ich mich ihr gegenüber verhielt. Ihr Interesse weckte ich jedoch erst, so glaube ich zumindest, an dem Abend, an dem wir zum Zirkus gingen.

Ich hatte gehört, dass der Ringling Bros. and Barnum & Bailey Circus ins Forum nach L. A. kam, und rief umgehend im Büro des Veranstalters an, um mich mit dem oder der Verantwortlichen für Charity-Tickets verbinden zu lassen. Als ich die betreffende Dame an der Strippe hatte, beschrieb ich ihr die Einrichtung, für die ich arbeitete, und fragte, ob ich rabattierte Eintrittskarten für unsere Klienten bekommen könnte. Die Dame entschuldigte sich und erklärte, bereits alle Charity-Tickets rausgegeben zu haben.

Unter den Freiwilligen in unseren Suchthilfezentren war ein Kerl, der einen Blumenladen führte. Er schlug vor, der Frau einen hübschen Strauß und eine Grußkarte zu schicken. Ich hatte nichts zu verlieren. »Vielen Dank für das nette Gespräch«, schrieb ich auf die Karte. Und: »Denken Sie doch bitte an uns, wenn der Zirkus im nächsten Jahr wiederkommt.« Sie rief mich sofort zurück und meinte, sie arbeite schon seit zwanzig Jahren im Forum und hätte noch nie Blumen bekommen. Am Ende des Telefonats versprach sie, mir sechsunddreißig Tickets zu schicken.

Wir luden zwei Vans und mehrere Privatfahrzeuge mit Klienten voll und fuhren mit insgesamt dreißig Leuten zum Forum nach Inglewood. Wie sich herausstellte, hatte ich sechs Tickets übrig, von denen jedes sechzig Dollar wert war. Das war damals eine Menge Geld, für jeden von uns. Mein Freund Jack Birch, der Suchtberater mit Straßengauner-Background, der Joanne von der Aussage gegen ihre Bewährungshelferin abgeraten hatte, schlug vor, ich solle die Dinger vor der Show vertickern und mir die Kohle in die eigene Tasche stecken. Dem Gauner in mir gefiel dieser Vorschlag, und so spazierte ich zum Eingang, um die Karten zu verkaufen. Nach ein paar Minuten kam ein Schwarzer auf mich zu. Er hatte fünf kleine Kinder im Schlepptau. Ich bin mir sicher, dass ich ziemlich zwielichtig aussah, denn das tat ich eigentlich immer. Und so meinte der Mann zu mir: »Hast du Tickets?«

»Ja, hab ich.«

»Wie viel?« Ich sah mir den Typen an. Er trug eine graue Khakihose, ein verschwitztes und von einer Staubschicht überzogenes T-Shirt und ein paar zementpanierte Arbeitsschuhe. Man sah ihm an, dass er einen harten Tag auf dem Bau hinter sich hatte. Die Kids waren mehr oder weniger im selben Alter und sehr wahrscheinlich nicht alle seine eigenen. Ich nahm an, dass der Mann seinen Jungen und vier von dessen Freunden aus der Nachbarschaft ins Forum gebracht hatte, um ihnen ein einmaliges Erlebnis zu bescheren.

»Sind umsonst, Kumpel.«

Er blickte mich misstrauisch an. »Umsonst?« Dann wurde er wütend. »Wie zum Teufel sollen die Tickets denn umsonst sein?«

»Pass auf, Mann, ich hab diese Tickets geschenkt bekommen. Sind absolut in Ordnung. Ich will kein Geld mit ihnen machen.«

Der Mann sah sich die Eintrittskarten an und musterte mich anschließend von oben bis unten. Ich merkte, dass er mir nicht traute.

»Probier's doch einfach aus, Mann. Wenn sie dich mit den Dingern nicht reinlassen, wirst du sicher noch jemanden finden, von dem du welche kaufen kannst.«

Als ich Jack erzählte, was ich getan hatte, wurde er sauer. »Danny, du hättest dreihundertsechzig Steine mit diesen Tickets machen können!«

»Ich weiß«, sagte ich. »Aber was ich stattdessen dafür bekommen habe, ist viel besser.«

Die Zirkusvorstellung war grandios. Unsere Klienten liebten jede Minute des Spektakels. Als die Elefanten durch die Arena trabten und ihre Kunststücke aufführten, schaute ich zur Seite und erkannte ein Stück weiter den Mann, dem ich die Tickets geschenkt hatte. Er lachte und applaudierte. Die Kinder, die er beaufsichtigte, waren im siebten Himmel. Dieser Mann hatte ihnen einen Abend geschenkt, den sie ihr ganzes Leben nicht vergessen würden. Als sich unsere Blicke trafen, führte er die Hände über seinem Herzen zu einer Dankesgeste zusammen und zeigte den Kindern, wo ich saß. Die Kleinen winkten und johlten. Ich stupste Jack an und nickte in Richtung der Kids. Möglich, dass ich eine ganze Stange Cash in den Sand gesetzt hatte, aber zu erleben, wie dieser Kerl für seinen Jungen und dessen Freunde zum Helden wurde, und dabei den Ausdruck auf seinem Gesicht zu sehen, war einfach unbezahlbar.

Diana bekam das alles mit und betrachtete mich danach in einem anderen Licht. Ich glaube, sie hat sich an diesem Abend in mich verliebt. Dabei war es nie meine Absicht gewesen, sie oder irgendjemand anders zu beeindrucken. Aber wie ich schon oft gesagt habe: All die guten Dinge in meinem Leben sind direkte Resultate meiner Hilfe für andere. Sie ereigneten sich nur, weil ich fremde Menschen unterstützte, ohne im Gegenzug etwas von ihnen zu erwarten. Als die Vorstellung zu Ende war, gingen wir alle mit einem guten Gefühl aus der Arena.

Nachdem Diana mit der Suchtreha durch war, fing sie einen Bürojob an. Eine ganze Zeit lang hatten wir keinen Kontakt, doch nach sechs Monaten meldete sie sich bei mir.

Ich hatte gerade mit Dr. Dorr das neue Suchthilfehaus auf der Gardner Street in Hollywood eröffnet. Wie sich herausstellte, wohnte sie in einem Apartment, das nur wenige Häuserblocks entfernt war. Für die neue Location fiel unheimlich viel Papierkram an, den wir unmöglich allein bewältigen konnten. Ich bot Diana eine Teilzeitstelle an, damit sie uns dabei half. Zu dieser Zeit erhielten wir zur Unterstützung unserer Programme diverse Förderungen vom Bundesstaat, von der Bundesregierung und von der Kommune. Wir brauchten dringend jemanden, der uns half, den enormen Verwaltungsaufwand zu meistern. Diana leistete so großartige Arbeit, dass ich zu ihr sagte: »Wie viel verdienst du eigentlich bei deinem anderen Job? Ich zahle dir gern mehr, damit du Vollzeit bei uns einsteigst.« Diana willigte ein und arbeitete fortan in der Gardner-Location. Da sie keine Klientin mehr von uns war, konnten wir uns auch privat näherkommen, aber wir zogen nicht zusammen. Diesen Fehler wollte ich nicht noch einmal machen.

Ich war in meinem Apartment in Venice, als die Bombe platzte. »Sie hat es getan, sie hat es wirklich getan«, rief mein Vater in den Hörer. »Ich hab sie rausgeschmissen.« Ich sagte ihm, er solle ruhig bleiben und durchhalten, ich käme sofort vorbei, doch er erzählte mir die Sache am Telefon.

Wie sich herausstellte, hatte meine Mutter einige Zeit zuvor einen Nervenzusammenbruch erlitten. Der Tradition in vielen mexikanischen Familien folgend, hatte niemand darüber gesprochen, bis die Kacke am Dampfen war. Nach dem Zusammenbruch hatte sie mehrere Tage zur Beobachtung in einem Krankenhaus gelegen und war anschließend in einem ambulanten Nachsorgeprogramm untergekommen. Dort nahm sie unter anderem auch an Gesprächstherapiesitzungen teil, die von ihrem Therapeuten mitgeschnitten wurden. Aus irgendeinem Grund, den ich wahrscheinlich niemals verstehen werde, hielt dieser Therapeut es für eine gute Idee, meinem Vater Teile dieser Aufnahmen vorzuspielen. Unter anderem ist in diesen Mitschnitten zu hören, wie meine Mutter ihre dreißigjährige Affäre mit meinem Onkel David gesteht.

Mein Vater berichtete mir, dass man ihn im Rahmen des Nachsorgeprogramms zu einem Gespräch – einer Art Familienberatung – eingeladen hatte, bei dem der Therapeut ihm dann die besagten Aufnahmen präsentierte. Die Worte meiner Mutter zermalmten ihn. Als er von dem Geheimnis erfuhr, flippte mein Vater aus und warf die Sachen meiner Mutter auf die Straße. Er war allein, verängstigt und bis auf die Knochen gedemütigt. Erst als der emotionale Schmerz ihn in die Knie gezwungen hatte, griff er zum Hörer und suchte meinen Beistand.

Rückblickend habe ich eine Vermutung, warum dieser Therapeut seine Verschwiegenheitspflicht gegenüber meiner Mutter verletzte und die Inhalte ihrer Gespräche meinem Vater offenbarte. Dieser Psychologe war der Vater von dem Burschen, den ich Jahre zuvor wegen Drogenkonsum aus der Wohngemeinschaft von Danny Levitoff geworfen hatte. Es ist nur eine vage Ahnung, aber vielleicht war der Mann immer noch sauer, dass ich seinen Junkiesohn auf die Straße gesetzt hatte, weshalb er die Gelegenheit nutzte, um sich auf diesem Weg zu revanchieren. Wie dem auch sei, nachdem mein Vater meine Mutter rausgeschmissen hatte, fuhr er zum Haus seiner Schwester Lobby und schob Onkel David eine Pistole in den Mund. Im Kahn gab es unter den Schwarzen einen Spruch für die unbedingte Notwendigkeit, in Krisensituationen das Heft in die Hand zu nehmen und als Erster zu handeln. Selbst wenn sich ein Konflikt erst allmählich zusammenzubrauen schien, hieß es bei ihnen: »Wer loslegt, gewinnt.«

Lobby flehte meinen Vater an, das Leben von Onkel David zu verschonen. »Bring ihn nicht um, Dan! Bitte! Nicht vor den Kindern! Ich werfe ihn raus. Heute noch schmeiße ich ihn raus!«

Sie stand zu ihrem Wort, und damit war die Familie ein großer Scherbenhaufen.

Nachdem mein Vater mir all das am Telefon erzählt hatte, stieg ich ins Auto und fuhr rüber zum Haus meiner Eltern in Arleta. Ich fand ihn auf der Wohnzimmercouch, vornübergebeugt und am Boden zerstört. So hatte ich ihn noch nie gesehen. Meine Gedanken überschlugen sich. Anfangs war ich selbstgerechterweise mächtig wütend darüber, dass er mir all die Jahre zuvor nicht geglaubt hatte. *Ich hab's dir doch damals gesagt, du Armleuchter,* dachte ich. *Aber du hast mich einen Lügner geschimpft und dich auf ihre Seite gestellt.* Ich war sauer, dass er mich zu diesem falschen Geständnis gezwungen hatte. Ich war sauer, dass meine Mutter mir scheinheilig mein Lieblingsessen hingestellt und mich dann eiskalt manipuliert hatte. *Warum hast du dir diese Geschichte von Onkel Davids Besuch ausgedacht?* Sofort musste ich daran denken, dass mein Vater anderen Kindern gegenüber immer cool, zugewandt und nett gewesen war, aber nie zu mir. Ich erinnerte mich an Picknicke und Grillpartys im Kreise der Familie, bei denen mein Dad sich bei Onkel David anbiederte, als wollte er damit noch einmal extra unterstreichen, was für ein mieser Lügner ich in seinen Augen doch war.

Die Beziehungen zwischen meinem Vater, meiner Mutter und mir waren auf Unmengen an Schmerzen, Tränen und Ängsten aufgebaut. Ich konnte kaum mit meinen eigenen Gefühlen umgehen, geschweige denn mit denen meines Vaters. In den ersten Wochen nach der Katastrophe nahm ich mir Zeit und versuchte, einfach nur für ihn da zu sein. Er war jedoch untröstlich. Ich setzte auf die Methode der Ablenkung und fragte ihn, ob ich ihm Dates mit netten Ladys arrangieren sollte. Etwas anderes fiel mir nicht ein. Meiner Meinung nach musste etwas passieren, das ihn von der harschen Realität wegführte. Er hatte allerdings keine Lust auf Frauen.

Ich erfuhr, dass meine Mutter gemeinsam mit ihrer Mutter in ein Apartment in Lincoln Heights gezogen war. Die genauen Umstände kannte ich nicht, und ich wollte sie auch nicht kennen. Die ganze Familie, ich eingeschlossen, war wütend auf sie. Die Trennung meiner Eltern dauerte aber nicht lange. Mein Dad war, ganz ähnlich wie ich auch, in Haushaltsdingen komplett hilflos. Essen kochen, die Wohnung putzen, Wäsche waschen, Rechnungen bezahlen – all diese Dinge hatten immer schon andere Menschen für uns erledigt. Selbst im Gefängnis hatten Mitgefangene meine Klamotten gewaschen und meine Zelle sauber gemacht. Mein Dad war genauso. In seinem Fall war der für ihn putzende Gefangene meine Mutter. Sie erledigte einfach alles für ihn. Doch auch sie brauchte ihn. Um Sinn und Aufgabe im Leben zu finden, um eine Identität zu haben. Ihre Beziehung war vollkommen abgefuckt, aber jeder für sich allein war noch abgefuckter, also kamen sie wieder zusammen. In gewisser Weise empfand ich das als einen erneuten Verrat.

Nach der Versöhnung rief mein Dad an und meinte, ich solle doch mal vorbeikommen und sie besuchen. Ich schätze, er wusste, dass ich noch sauer wegen all dem Mist in unserer Vergangenheit war, und wollte die Wogen glätten. Eigentlich hatte ich keine Lust, aber ich besuchte ihn trotzdem und nahm Diana mit, damit er sie kennenlernen konnte.

Ohne meine Mutter hatte das Haus bei meinen Besuchen neutral auf mich gewirkt, einfach nur ein Haus. Mit ihrer Rückkehr fühlte es sich wieder frostig an. Sie hatte diese Kälte früher genutzt, um ihre Geheimnisse zu verbergen und zu kontrollieren, was andere Menschen dachten und fühlten. Obwohl nun alles ans Licht gekommen war, hatte ich immer noch den Eindruck, dass sie versuchte, die Reaktionen der anderen zu steuern. Ich war zu meinen Eltern gefahren, um Frieden zu schließen. Meine Mutter hatte Abendessen gekocht. Es schien, als könnten wir die Verletzungen der Vergangenheit überwinden. Ich wusste, dass weder mein Vater noch meine Mutter sich verändern würden, und akzeptierte, dass ein jeder von ihnen seine Art hatte. Nach dem Abendessen entschieden Diana und ich, bei meinen Eltern zu übernachten. Im Schlafzimmer alberten wir noch eine ganze Weile herum und lachten, wahrscheinlich zu laut, aber mehr passierte nicht. Mit Diana an meiner Seite schien ich wie von einer Schutzschicht umgeben, die mich gegen die Wut und den Schmerz abschirmte.

Als wir am nächsten Morgen in die Küche kamen und uns Kaffee einschenkten, wollte meine Mutter unter vier Augen mit mir sprechen. *Vielleicht ist jetzt der Moment gekommen*, dachte ich. *Vielleicht gesteht sie jetzt, nach Jahren des Betrugs, ihre Fehler ein. Vielleicht will sie sich jetzt entschuldigen.* Sie nahm mich beiseite, ging mit mir in den Flur und sagte: »Was du mit dieser Frau unter meinem Dach treibst, gefällt mir ganz und gar nicht, Danny. So etwas dulde ich nicht in meinem Haus.«

Mein Wille, mich mit der Situation zu arrangieren, verpuffte von einem Moment auf den anderen. Zu oft hatte ich mich von ihr manipulieren lassen und war auf ihre Tricks hereingefallen. Damals hatte ich im Garten gewartet und geglaubt, ich bekäme ein Geschenk von ihr und meinem Onkel. Dann folgte die Sache mit den Okraschoten und ihr Versuch, in meinem Kopf Wahrheit gegen Lüge auszutauschen. Und jetzt, gerade als ich dachte, sie würde sich endlich entschuldigen, kam sie mir mit ihrem pseudomoralischen Bullshit, weil ich im Schlafzimmer mit meiner

Freundin herumgealbert hatte. Ein weiteres Mal wurde ich von meinen Vertrauensproblemen gegenüber Frauen eingeholt. Ich liebte sie, aber wie sollte ich ihnen je glauben?

Ich habe seit jeher diese Fertigmischung in mir getragen, diese Instant-Wut. Meine Mutter musste nur noch Wasser draufgießen und fertig. Ich sah rot. In diesem Moment, ich schwöre bei Gott, hätte ich ihr am liebsten ins Gesicht geschlagen oder sie niedergestochen. Aber nicht etwa, weil ich sie gehasst oder weil ich ihre Affäre schändlich gefunden hätte. Nein, ich hätte ihr den Kopf abreißen können, weil sie gesagt hatte, was sie gesagt hatte. *All diese Jahre*, dachte ich, *hast du die Beine für Onkel David breit gemacht, und jetzt wagst du es, mir im Haus meines Vaters Moralpredigten zu halten?* Mit nur einem einzigen Kommentar hatte sie es geschafft, die scheußliche Bestie hervorzukehren, die ich einmal gewesen war.

Ich antwortete ihr nicht. Sie wusste, dass sie eine Grenze überschritten hatte und es kein Zurück mehr gab. Ich ging zu Diana und sagte nur: »Komm, lass uns verschwinden.«

Kapitel 14

LEBEN UND TOD

1981

Für eine Zeit lang hatten Diana und ich viel Spaß. Wir gingen zu den Meetings, reisten gemeinsam zu Suchthilfekongressen, entspannten in Palm Springs und am Lake Tahoe. Das Leben war gut oder hätte es zumindest sein sollen. Doch ich war ein schwieriger Mensch. Sie ebenfalls, wenn auch nicht ganz so extrem. Unsere gelegentlichen Streitereien übertrugen sich auf unsere Arbeit, die natürlich darunter litt. Meine Reaktion: Ich ging auf Abstand. Da wir nicht zusammenwohnten, konnte ich selbst entscheiden, wann und wie oft ich sie sehen wollte. Unsere Beziehung verwandelte sich in eine On-off-Geschichte. Dann verkaufte Dr. Dorr das Suchthilfehaus auf der Gardner, sodass Diana und ich nicht mehr zusammenarbeiteten. Wenig später fand sie heraus, dass sie schwanger war.

Ich war unentschlossen, was wir tun sollten, aber unterm Strich war es ihre Entscheidung. Sie sagte mir, dass sie das Baby behalten wollte. Ich versicherte ihr, mich immer um sie und unser gemeinsames Kind zu kümmern. Das meinte ich so, wie ich es sagte, darüber hinaus hatte ich jedoch keine rechte Vorstellung von einem Leben mit Kind. Ich war fast sechsunddreißig, alt genug also, um Nachwuchs zu haben, aber ich hatte mein gesamtes Leben ohne eine derartige Verantwortung gelebt und war entsprechend egoistisch.

Während der Schwangerschaft traf ich mich öfter mit Diana. Wir befanden uns in einem eigenartigen Schwebezustand, waren zusammen und doch nicht zusammen. Ich wollte sichergehen, dass es ihr gut ging, und ihr die notwendige Unterstützung bieten. Gedanken über die Zukunft beschäftigten mich. Ich freute mich riesig, hatte aber auch Angst und im Grunde genommen keine Ahnung von gar nichts.

Eines Abends fuhr ich zu Diana und blieb bei ihr in Hollywood. Es war einer dieser Tage, an denen wir »zusammen« waren, gleichzeitig hatte ich große Schwierigkeiten, mich an die neue Realität zu gewöhnen. Ihr immer dicker werdender Bauch, die Information, dass es ein Junge war – das alles war sehr viel für mich. Zu viel vielleicht. Ich konnte nicht schlafen. Mit tausend Gedanken im Kopf lag ich hellwach im Bett, als mitten in der Nacht das Telefon klingelte. Es war meine Mutter. Sie sagte, dass mein Vater einen schweren Autounfall gehabt hatte und in einem Krankenhaus in Marina del Rey lag. Diana und ich fuhren sofort los. Als wir ankamen, informierte man uns, dass er sich auf der Intensivstation befand. Die Geschichte zum Unfall ging so: Ein junger Bursche, mit dem mein Vater auf dem Bau arbeitete, hatte sich einen neuen Mustang gekauft. Möglich, dass sie das Ereignis begossen hatten, jedenfalls ließ der Kollege meinen Vater ans Steuer. Bei einem Wettrennen mit einem anderen Wagen verlor mein Vater die Kontrolle und krachte so heftig gegen einen Telefonmast, dass der Mustang anschließend nicht mehr als solcher zu erkennen war.

Wundersamerweise war dem jungen Burschen nichts passiert. Meinem Vater allerdings sehr wohl. Er lag mehrere Wochen auf der Intensivstation und bekam dort Medikamente, die seinen Blutzuckerspiegel beeinflussten. In der Folge geriet sein Diabetesleiden außer Kontrolle. Es wurde so schlimm, dass die Ärzte davon sprachen, ihm einen Arm und ein Bein amputieren zu müssen, um sein Leben zu retten. Ich konnte meiner Mutter nicht in die

Augen schauen. Für mich war sie die Hauptverantwortliche an der Misere.

In seinem Bett auf der Intensivstation sah mein Vater klein und gebrechlich aus. In meiner Kindheit war er groß wie ein Baum gewesen. Ganz ähnlich wie sein jüngerer Bruder, mein Onkel Gilbert, schien er auf über zwei Meter anzuwachsen, wenn er wütend wurde. Seit er jedoch die Mitschnitte der Therapiesitzungen meiner Mutter gehört hatte, war er in sich zusammengefallen, geschrumpft und gewelkt. Er hatte seinen Lebenswillen verloren, war ein gebrochener Mann. Halsbrecherische Rennen zu fahren, wenn jemand mit ihm im Wagen saß – das passte überhaupt nicht zu ihm. Ich wusste, dass er niemals vorsätzlich andere Menschen verletzen würde, aber der Unfall schien mir wie das Ende einer langen Talfahrt – eine Talfahrt, die begonnen hatte, als er von der Untreue meiner Mutter erfuhr.

Nachdem ich die Information erhalten hatte, dass seine Gliedmaßen amputiert werden müssten, ging ich raus auf den Parkplatz und schrie in den Himmel. »Gott, du verdammter Wichser, entweder kommt jetzt eins deiner Wunder, und mein Vater wird wieder der Alte, oder du nimmst ihn zu dir. Nimm ihn besser jetzt als später! Mein Dad wird nicht mehr leben wollen, wenn ihm ein Bein und ein Arm fehlen!« Ob er indessen mit dem Wissen um die Affäre zwischen meiner Mutter und Onkel David leben konnte, war noch mal eine ganz andere Frage.

Mitten in meinem Zwiegespräch mit der Chefetage rollte ein Streifenwagen des LAPD heran und richtete seinen Scheinwerfer auf mich. »Was machen Sie da?«, rief einer der beiden Cops.

»Das geht euch einen Scheißdreck an!«, schrie ich zurück. Harte Worte gegenüber der Polizei, sicherlich. Aber ich glaube, Gott hielt in diesem Moment seine Hand über mich, denn die Polizisten schalteten den Suchscheinwerfer aus und fuhren weiter. Sie hätten schießen können, und eigentlich hatte ich sogar mit einer

Kugel gerechnet. Die meisten Cops lassen es nicht auf sich sitzen, wenn sie derart angeschrien werden. Wahrscheinlich ahnten die beiden jedoch, dass ich gerade einen schwierigen Moment durchmachte, und zeigten Mitgefühl.

Am nächsten Morgen um sechs Uhr früh rief meine Mutter an. Mein Vater war in der Nacht verstorben. Gott hatte mir zugehört.

Meine Tanten kümmerten sich um die Beerdigung meines Vaters. Trotzdem gab es Drama, denn niemand aus meiner Familie wollte meine Mutter beim Begräbnis sehen. Es war eine wirklich abgefuckte Situation. Ich war so wütend auf diese Frau, wusste aber gleichzeitig, dass ich in dieser schweren Zeit für sie da sein musste. Denn sie war, Affäre hin oder her, am Boden zerstört. Ich setzte mich zu ihr, trauerte mit ihr, hielt sie fest. Ich wusste, dass meine Tanten ihr die kalte Schulter zeigen würden, und so mobilisierte ich meine Freunde, damit sie für sie da waren und auch den Bekannten meiner Mutter das Gefühl gaben, willkommen zu sein.

Kurze Zeit nach der Beisetzung besuchten mein Onkel Gilbert und ich meine Mutter, um ihr bei der Arbeit im Garten zu helfen. Er war gerade aus Folsom entlassen worden und zum ersten Mal seit Jahren wieder clean. Ich hatte ihn überzeugen können, bei einer unserer Einrichtungen, der Western Pacific Med Corp, anzufangen, um ihn so im Auge zu behalten, während er dort im Bereich Suchtrehabilitation arbeitete. Zum ersten Mal, seit ich Gilbert kannte, schien er positiv in die Zukunft zu blicken. Ich drückte ihm beide Daumen. Obwohl wir nicht über Little Gilbert sprachen, wusste ich, dass der »Kleine« mit den Gangs im Valley unterwegs war und heftig über die Stränge schlug.

Ich war gerade im Garten hinter dem Haus damit beschäftigt, einen Baum zu beschneiden, als meine Mutter zu mir kam. »Diesen Baum lässt du bitte zufrieden!« Ich nickte und ging weiter, bemerkte aber plötzlich an dem Baum, den ich zufriedenlassen sollte, einen toten Ast. Ich lief zurück, um ihn abzuschneiden. Was ich jedoch nicht bemerkte: Meine Mutter beobachtete mich vom Fenster aus. Plötzlich stürmte sie aus dem Haus und schrie. »Ich habe dir doch gesagt, du sollst diesen Baum nicht anfassen! Das hier ist jetzt mein Haus! Das ist mein Haus!« Sie war so aufgebracht, dass sie kaum die Worte hervorbrachte.

Ich zitterte am ganzen Körper. Mit einem Mal war ich wieder sieben Jahre alt. »Aber der Ast ist doch tot, Mommy«, stammelte ich. In diesem Moment schienen in meinem Inneren zwei Versionen meines Ichs um die Vorherrschaft zu kämpfen. Das Ich mit dem toten Ast in der linken Hand war ein verängstigter Junge. Das Ich mit der tuckernden Kettensäge in der rechten Hand war ein gefährlicher Erwachsener. Nachdem ich ihr während der Beerdigung Beistand geleistet hatte und meine Freunde sie, auf meine Bitte hin, vor den geringschätzigen Blicken meiner Tanten bewahrt hatten, konnte ich nicht fassen, dass sie jetzt so mit mir sprach.

Als sie wieder ins Haus zurückgekehrt war, kam Gilbert zu mir. »Es hat nicht viel gefehlt, und du hättest sie mit der Kettensäge zerlegt, Danny. Das weißt du doch, oder? Du musst hier weg. Du versuchst ihr zu helfen, aber diese Frau will dich nicht hierhaben. Am Ende wirst du sie umbringen, ich sag's dir.«

Wir gingen durch das Seitentor hinaus und sprangen in Gilberts Wagen. Er drehte den Kopf nach hinten, um auf die Straße zurückzusetzen, und sagte: »Aber keine Sorge, Kumpel, wenn du sie tatsächlich abmurkst, helfe ich dir natürlich, die Leiche zu beseitigen.«

Wir lachten. Humor war schon immer unser Ventil gewesen, wenn die Welt verrücktzuspielen schien.

Nach diesem Vorfall weigerte ich mich, sie wiederzusehen. Der Oberhammer: Jemand erzählte mir, dass meine Mutter wieder mit Onkel David zusammengekommen war.

Diana und ich waren eigentlich nicht mehr zusammen, trotzdem unternahmen wir hin und wieder etwas. Ein paar Wochen vor dem Geburtstermin lud ich sie ins Kino ein. Als ich den Wagen in Hollywood parkte, kam ein Mann an ihr Fenster. Ich dachte, dass der Kerl uns überfallen wollte, und sprang aus dem Auto. Ich verpasste ihm eine Linke ins Gesicht und schnitt mir dabei die Hand an seinen Zähnen auf. Es war dieselbe Hand, die ich mir in Soledad bei einer Auseinandersetzung mit einem anderen Gefangenen ruiniert hatte. Der Mann war allen als Ratte bekannt. Als ich eines Tages an dem Sicherheitsraum vorbeiging, in dem er untergebracht war, schnitt er durch das dicke Drahtglas eine Grimasse. Ohne zu zögern, rammte ich meine Faust durch das Sicherheitsglas in sein Gesicht. Als ich jedoch die Hand durch das splittrige Loch zurückzog, konnte ich am Boden der tiefen Schnitte das Weiß der Knochen sehen.

Nun war bei der Prügelei mit dem Kerl auf dem Kinoparkplatz meine alte Handverletzung zum Tragen gekommen: Ich blutete wie ein abgestochenes Schwein. Ich raste sofort ins Krankenhaus, wo man die Wunde einfach nur nähte. Ich wunderte mich ein wenig über die schnelle Lösung des Problems. Das schien fast zu schön, um wahr zu sein. Am nächsten Morgen wachte ich mit unfassbaren Schmerzen auf, und mein Arm war bis zur Schulter hinauf angeschwollen wie ein Ballon. Ich fuhr zurück ins Krankenhaus. Was ich damals nicht wusste: Der menschliche Mund ist ähnlich verkeimt wie das Maul eines Komodowarans, weshalb man sich weder von dem einen noch von dem anderen eine offene Wunde einhandeln sollte. Mein Cut war infiziert, und es sah übel aus. Am Vorabend hatte man einfach nur den offenen Schnitt an meiner Hand zugenäht, ohne die Bakterien, die aus der Fresse dieses Typen in die Wunde gelangt waren, sorgfältig zu entfernen.

Als ich den Ärzten meinen geschwollenen Arm zeigte, schickten sie mich auf die Intensivstation und pumpten mich mit Antibiotika voll. Mein Zustand verbesserte sich jedoch nicht, worauf ich ins Harbor-UCLA Medical Center, eine auf Infektionskrankheiten spezialisierte Einrichtung, eingeliefert wurde. Ich legte die Sache in Gottes Hand. Eine Operation folgte der nächsten. Die Ärzte trugen immer wieder Knochen ab, um die Infektion auf diese Weise eindämmen oder ausmerzen zu können. Das ging drei Wochen so, brachte aber keinen Erfolg. Dann kam ein neuer Chirurg, um es ein weiteres Mal zu versuchen. Als er meine Tattoos sah, sagte er: »Ich hoffe nur, dass Sie den Arm behalten werden. Es wäre schade um diese Tätowierungen.«

»Geben Sie einfach Ihr Bestes, Doc«, antwortete ich.

Nach der Operation mochte ich gar nicht zu meinem Arm hinunterschauen. Ich fühlte zwar etwas, doch ich wusste auch, dass viele Menschen nach einer Amputation immer noch ihre fehlenden Gliedmaßen spürten.

Kurz darauf kamen Gilbert und sein Kumpel Fury in mein Zimmer. Gilbert machte Witze darüber, dass ich meinen linken Arm verloren hätte. »Mach dir keine Sorgen, Danny«, sagte er. »Wenn du wieder in den Knast kommst, sagen wir allen, dass sie dir beim American Handball nur auf die rechte Pfote servieren dürfen. Dann kannst du auch einarmig noch zocken.« Er und Fury lachten sich kringelig. Für sie war die Sache unheimlich witzig. Als sie johlten, wusste ich wenigstens, dass Gilbert mich veralbert hatte, dass mein Arm noch ganz war und alles wieder gut werden würde.

Nach dem Verbandwechsel sagte ich dem Arzt, dass ich gehen müsse. Er wollte mich nicht entlassen, aber es musste sein, denn Diana hatte gerade unseren Sohn zur Welt gebracht. Wir nannten ihn Danny. Das Foto, auf dem ich ihn mit bandagiertem Arm im Cedars-Sinai Medical Center halte, habe ich immer noch. Von dem Moment an, in dem ich Danny Boy zum ersten Mal in meinen Armen wog, fühlte ich mich wie ein Vater. Ich wusste, dass ich nun eine lebenslange Verantwortung hatte. Mein Dasein hatte plötzlich einen größeren Sinn, denn nun war da jemand, dessen Leben von mir abhing. Es mag sich ziemlich abgefuckt anhören, aber da Diana und ich nicht mehr zusammen waren, hatte ich das Gefühl, dieser Moment hätte noch schöner sein können, wenn Danny Boy und ich allein, also ohne Diana, im Zimmer gewesen wären. Ich weiß, das klingt scheußlich, doch ich fühlte tief in mir drin, dass dieses Kind und ich auf unsere ganz eigene Reise gehen würden, nur wir beide. Ich hatte keine Angst vor der Zukunft und dachte stattdessen nur daran, wie großartig das Leben war. Danny Boy machte mir das Vatersein leicht. Gott hätte mir keinen schöneren Jungen schenken können.

Kapitel 15

DER STREIT MIT GILBERT

1982

Gilbert blieb nicht lange clean. Ich erfuhr, dass er wieder drückte, und ich kannte meinen Onkel nur zu gut. Wenn er selbst Drogen nahm, dann dealte er auch. Der Kollege von Western Pacific, der es mir gesagt hatte, fühlte sich sehr unwohl in seiner Haut, denn alle Welt wusste, wie nah Gilbert und ich uns standen. Es nutzte jedoch nichts, bei uns herrschte eine Null-Toleranz-Politik. Ich hatte Gilbert gewarnt, dass er nicht bei Western Pacific arbeiten konnte, wenn er Drogen nahm.

Im Büro unseres Behandlungszentrums in Reseda stellte ich ihn zur Rede.

»Du kannst nicht mehr hier arbeiten, Mann.«

»Wieso nicht?«

»Weil du wieder drauf bist.«

Ich merkte Gilbert an, dass sich seine Gedanken überschlugen. »Nein, bin ich nicht, Mann! Warum kommst du mir mit diesem Scheiß?«

»Wir können diesen Mist nicht im Umfeld unserer Klienten dulden. Du musst gehen.«

Gilberts Gesichtsausdruck verzerrte sich zu einer irren Grimasse, und im nächsten Moment tauchte wie aus dem Nichts ein Messer in seiner Hand auf. Es war wie ein Reflex. »Was soll das werden, du Wichser?«, sagte ich. »Willst du mich jetzt abstechen, oder wie?«

»Du Arschgeige hast ja keine Ahnung. Ich hab sogar Dope gedrückt, als wir zusammen Eisen gestemmt haben.«

»Fick dich!«, fauchte ich. »Wenn du mit deinen Messerspielchen hier fertig bist, geht's dir an den Kragen, das verspreche ich dir. Aber vielleicht ziehst du ja mit der blutigen Klinge gleich weiter zum Grab deiner Mutter, also meiner Großmutter, und zeigst ihr, was du Tolles getan hast. Oder zum Grab meines Vaters, also deines Bruders, der wird sicher auch beeindruckt sein.«

Gilbert betrachtete seine Hand, als würde die gerade etwas tun, dessen er sich nicht bewusst war. Dann hob er seinen Arm und starrte auf das Messer. Der Anblick schien ihn zu überraschen. »Ich wollte dir nichts tun, Danny! Auf keinen Fall. Es war nur ein Reflex, Mann. Es war nur ein Reflex!« Noch nie hatte ich Gilbert so aufgewühlt gesehen.

Ich packte ihn und zog ihn dicht an mich. »Ich liebe dich, Gilbert. Wenn du Hilfe brauchst, können wir dir Hilfe besorgen. Lass mich dir helfen.«

Er konnte mir nicht in die Augen sehen. »Ich muss los, Danny. Ich muss jetzt los.«

»Gilbert, bleib doch«, bat ich ihn. »Wir können dir helfen.«

Gilbert war und ist immer noch der einzige Held, den ich jemals hatte. Er besaß diese unwiderstehliche Art, mit der er alles Mögliche erreichen und alles Erdenkliche hätte werden können. Manchmal male ich mir aus, was wohl geschehen wäre, wenn Gilbert mich nicht unter seine Fittiche genommen hätte. Wahrscheinlich wäre ich, von Einsamkeit und Depressionen zerrüttet, irgendwann an einer Überdosis gestorben.

Ganz egal, was er gerade machte, Gilbert hatte immer Zeit für mich. Und diese Zeit und seine Aufmerksamkeit waren für mich so lebensnotwendig wie Trinkwasser. Gilbert gab mir das Gefühl, alle Hindernisse überwinden, jeden Gegner besiegen zu können, solange wir nur zusammenhielten. Als es in Folsom schlecht für mich lief und ich in Isolationshaft musste, sagte Gilbert zu mir: »Danny, die können uns mit Fäusten und Knüppeln schlagen, sooft sie wollen, aber brechen können sie uns nicht.« Er hatte recht. Selbst wenn wir am Boden lagen – aufgeben war keine Option.

Ich liebte Gilbert, und ich wollte, dass er eine zweite Chance im Leben bekam. Ich wusste, dass es möglich war, und ich hätte alles dafür gegeben, ihm in diesem Moment die Hilfe zukommen lassen zu können, die so viele andere Abhängige von mir bekommen hatten. Die Frage war lediglich, ob er sie akzeptieren konnte. Wie sich herausstellte, konnte er es nicht.

»Ich muss los.«

Gilbert war so beschämt, dass er keine Hilfe anzunehmen vermochte. Ich glaube, tief in seinem Herzen sah er sich als einen hoffnungslosen Fall an. Als hätte ein Arzt ihm attestiert, er sei todkrank. Wenn du dir selbst einredest, dass sogar Gott dich für einen aussichtslosen Fall hält, kommt jede Hilfe zu spät. Gilbert hatte sich mit der Vorstellung arrangiert, dass ihm nicht mehr zu helfen war. Auch wenn er damit falschlag.

Als er weg war, ging ich ins Bad und atmete ein paar Mal tief durch. Ich wusste nicht, ob ich gleich weinen, schreien oder mir in die Hose scheißen würde. Noch nie zuvor in meinem Leben hatte ich mich so elend gefühlt. Noch nie zuvor hatte ich mich mit Gilbert gestritten. Seit ich denken konnte, war er der Stern, nach dem ich meinen Kompass ausrichtete. Ob Boxtraining, Angeln, Kiffen … schon als Kind war ich immer mit ihm unterwegs. Ich hatte eine männliche Bezugsperson in meinem Leben gebraucht, und Gilbert war diese Person für mich gewesen.

Jetzt befand er sich im freien Fall. Wir hatten uns immer gegenseitig den Rücken freigehalten, bedingungslos, aber dieses Mal war er auf sich allein gestellt. Auf unserem gemeinsamen Weg waren wir an einer Gabelung angelangt. Ich liebte ihn immer noch von ganzem Herzen, doch gegen seine Sucht kam ich nicht an. Es dauerte keine Woche, bis Gilbert das Verbrechen beging, das ihn wieder zurück nach Folsom brachte.

Kapitel 16

DANNY BOY

1983

Diana war eine hingebungsvolle Mutter und führte einen soliden Haushalt. Sie wohnte immer noch in dem Apartment auf der Gardner. Sie liebte das Mutterdasein, sogar das Windelwechseln. Sie wusch Dannys Sachen und kochte seine Fläschchen aus. Danny Boy war ein wunderschönes Baby, süß wie eine Puppe. Wenn es nach mir ging, hatten wir das schnuckeligste Kind auf der ganzen Welt. Vielleicht macht Gott die Kleinen, besonders in instabilen Verhältnissen, ja deshalb so liebenswert und goldig, damit sie größere Überlebenschancen haben. Mein altes Ich allerdings – das zweifelnde Ich, das Ich, das sich auf Teufel komm raus nicht binden konnte – hielt sich alle Optionen offen. Ich wohnte weiterhin in meinem Apartment in Venice Beach, kam und ging, wie es mir passte. So bewahrte ich mir meinen Notausgang – nicht mehr Heroin, immerhin, aber trotzdem einen Notausgang, der mir ein Doppelleben ermöglichte. Auf diese Weise konnte ich Familienvater und lebenshungriger Junggeselle zugleich sein. *Solange du ihnen Geld gibst, bist du ein vollwertiger Elternteil*, redete ich mir ein.

Nach ihrem Mutterschaftsurlaub suchte sich Diana einen neuen Job. Auch ich hatte zu tun: Wir eröffneten neue Standorte für Western Pacific Med Corp, und ich leitete mehrere Suchthilfehäuser im Valley. Während Diana und ich arbeiteten, wurde Danny Boy von einer älteren weißen Lady betreut, die wir nur »Nanny« nannten. Nanny war Witwe, hatte selbst erwachsene Kinder und lebte in der Wohnung über Diana. Sie freute sich sehr über die Möglichkeit, auf Danny Boy aufpassen zu können.

Im darauffolgenden Jahr hatte ich permanent mit Selbstzweifeln zu kämpfen. Warum konnte ich nicht mit einer Frau zusammenleben? Warum fühlte ich mich dabei stets gefangen? Und warum fragte ich mich dauernd, was ich wohl gerade verpasste und was noch alles da draußen auf mich wartete?

Es gab Zeiten mit Diana, in denen ich dachte: *Ich packe das. Ich kann mit dieser Frau zusammen sein und ein Familienleben führen.* Aber ich hing zu sehr an meiner Freiheit. Ich war egoistisch. Ich hatte das Beste aus beiden Welten. Ich hatte meine kleine Familie … und ich hatte meine Junggesellenbude am Strand.

Das Leben nahm mir die Entscheidung ab. Diana zog in ein Apartment in Los Feliz, um näher bei ihrer neuen Arbeitsstelle zu wohnen. Ich fuhr eines Abends rüber, um Danny zu besuchen. Im Wohnzimmer traf mich der Schlag: Auf dem Couchtisch lagen Drogen, auf dem Sofa saß ihre Connection. Ich hatte schon in den Wochen zuvor ein komisches Gefühl gehabt, doch jetzt, als ich die Fix-Utensilien im Zimmer sah – Spritzen, Nadeln, Löffel –, flippte ich aus.

Ich packte ihren Drogenbuddy am Hals, zerrte ihn auf den Balkon und hielt ihn über das Geländer. Wahrscheinlich habe ich meiner Abstinenz die zusätzlichen zwei Sekunden zum Nachdenken zu verdanken, die mich am Ende davor bewahrten, einen schrecklichen Fehler zu begehen. »Wenn ich dich jemals wieder hier sehe, bring ich dich unter die Erde«, sagte ich.

Ich ging wieder rein und schnappte mir Danny Boy. Diana weinte. Ich sagte: »Solltest du dich diesem Kind noch einmal nähern, bringe ich dich um!« Und in diesem Moment meinte ich es so, wie ich es sagte. Dass ich damit genau dasselbe tat wie mein Vater, als er mich meiner leiblichen Mutter weggenommen hatte, begriff ich allerdings nicht. Mit dem schlafenden Danny Boy im Arm marschierte ich aus der Wohnung. Ich legte ihn auf den Rücksitz meines 1976er Oldsmobile Cutlass Supreme und fuhr in Hollywood herum. Es war schon spät, und ich wusste nicht, was ich tun sollte. Mein Hauptproblem: Es war mitten in der Woche, und ich musste am nächsten Tag früh zur Arbeit. Natürlich hatte ich Danny Boy schon vorher bei mir in der Wohnung gehabt, aber das war immer nur an Wochenenden gewesen, und selbst dann waren immer irgendwelche Ladys bei mir, die mir mit dem Kleinen halfen.

Ich war jung, ich war unreif. Ich war auf eigenartige Weise der Meinung, für mich würden in Bezug auf das Elternsein andere Regeln gelten als für den Rest der Welt. Ich betrachtete die Kindererziehung aus der Perspektive eines Gefangenen – man nimmt es, wie es kommt, und sieht zu, dass man heute überlebt –, nicht aus der eines vollständig erwachsenen und verantwortungsbewussten Menschen.

Gedanklich ging ich die Meetings durch, bei denen ich noch jemanden abpassen könnte, der sich um Danny Boy kümmerte. Ich fuhr den Santa Monica Boulevard entlang, doch von den Grüppchen, die nach dem Mitternachts-Meeting in Hollywood oft noch auf dem Gehweg vor der Location herumhingen, war niemand mehr zu sehen. Ich bog rechts in die Ohio Avenue, aber auch der Kirchenparkplatz war leer. Als Nächstes suchte ich nach Prostituierten. Ich kannte die meisten Straßenmädchen ziemlich gut. Unter ihnen gab es einige, mit denen ich in der Suchtreha zu tun gehabt hatte und von denen ich wusste, dass ich sie gegen Bezahlung als Kindermädchen anheuern konnte. Unter den Frauen vor dem IHOP-Restaurant am Sunset Boulevard erkannte ich jedoch keine. Ich fuhr weiter nach Westen und hielt auf der Formosa Avenue am Seventh Veil, einem Stripclub, aber dort brannte kein Licht. Meine Verzweiflung wuchs. Ich brauchte die Unterstützung meiner Freunde aus den Suchthilfeeinrichtungen, so spät in der Nacht war allerdings niemand mehr aufzutreiben. Dann warf ich einen Blick zu dem Knirps auf dem Rücksitz und wurde fast wahnsinnig. Ich war überwältigt von der Situation. *Nanny!*, schoss es mir durch den Kopf.

Sie trug ein Mu'umu'u, ein traditionelles hawaiisches Kleid, als sie mir die Tür öffnete. Kaum hatte sie Danny Boy erblickt, zirpte sie freudig: »Mein Baby! Mein Baby!« Ich erzählte ihr, dass Diana Drogen nahm. Sie sagte nur: »Ich weiß. Ich habe Dinge bei ihr gesehen, die mir wirklich Angst gemacht haben.«

»Pass auf, Nanny, ich wusste nicht, wohin mit dem Kleinen. Ich brauche ein wenig, um den ganzen Mist zu regeln, und ich weiß nicht, wie lange es dauern wird, eine endgültige Lösung zu finden. Ich muss jedenfalls morgen früh arbeiten, und da dachte ich, dass du vielleicht …«

Sie war sehr froh, dass ich zu ihr gekommen war. »Du lässt ihn einfach bei mir. Ich werde mich um ihn kümmern, solange es nötig ist. Ich liebe den Kleinen.«

Danny Boy wachte auf. Als er Nanny erblickte, sagte er: »Möchte Makka mit Käse, Nanny, Makka mit Käse.«

»Bring ihn rein«, sagte sie und ging in die Küche, um Danny Boy Makkaroni mit Käsesoße zu machen. Nanny hielt nichts von Fertiggerichten und bereitete für Danny Boy alles frisch zu. Sie war ein Engel. Ich sagte, ich würde am nächsten Tag wiederkommen.

»Keine Sorge, wir kriegen das schon hin. Bei mir ist er gut aufgehoben. Er ist doch mein kleines Baby.«

Ich fuhr zurück nach Venice und dankte unterwegs Gott dafür, dass er Nanny in mein Leben gesandt hatte.

Diana musste irgendwann wegen Drogendelikten ins Gefängnis, aber Nanny und ich schafften es trotzdem irgendwie. Wie bei vielen getrennten Paaren zu dieser Zeit wurde auch ich zu einem

Wochenend-Dad: Ich arbeitete die gesamte Woche über und holte Danny Boy dann zu mir nach Venice, wo wir viel Zeit mit meinem Kumpel George Perry verbrachten. George war ein altgedienter Pimp aus San Francisco, den ich bei einem Meeting von CRI-Help kennengelernt hatte. Mit der Zeit wurde er zu einem meiner engsten Freunde. Er hatte schon 1935 in San Quentin gesessen, das erste seiner sechs Gastspiele dort. Small Talk gab es bei uns nicht. Wir waren auf einer Wellenlänge. Er verstand mich. In diesen Jahren brauchte ich einfach einen Freund wie George. An den Wochenenden stieß Danny Boy dazu, und mit George waren wir eine eigene kleine Familie.

Oft ging ich mit dem Kleinen am Strand spazieren. Er war sehr drollig. Wenn wir Frauen sahen, ging er manchmal hin und sagte: »Wisst ihr, ich und mein Vater sind allein. Meine Mommy ist nicht mehr da.« Die Ladys schmolzen dahin wie Butter.

George konnte es kaum glauben.

»Hast du ihm etwa diese Aufreißertricks beigebracht, Danny?«

»Nein.«

»So oder so, geniale Masche.«

Gott hatte sich um alles gekümmert. Ich half Nanny finanziell, und sie half mir bei der Betreuung meines Sohnes. Sie hatte einen enormen Einfluss auf Danny Boy. Eines Tages, ich hatte ihn gerade bei Nanny abgeholt, sagte er zu mir: »Daddy, ich brauche eine Aufgabe im Haushalt. Ich brauche was zu tun.« Ich sagte ihm, er solle das herumliegende Papier aufsammeln. Zur Belohnung gab ich ihm einen Zehn-Dollar-Schein. Als George und ich den Kleinen am nächsten Abend zu Nanny zurückbrachten, schob er den Geldschein unauffällig in die Tasche ihres Kleids. George sah es und hätte um ein Haar geweint. Der Mann war ein knallharter Ex-Knacki, aber diese Geste rührte ihn.

Alles in allem war mein Leben im Lot. Meine Arbeit in den Rehabilitationszentren lief gut, ich wurde ein Stammgast am Muscle

Beach und hatte einen Nebenjob als Hausmeister in meiner Wohn-
anlage ergattert, durch den ich keine Miete mehr zahlen musste.
Die Besitzer der Anlage hatten Probleme mit säumigen Mietern,
und sie wussten, dass sie ihr Geld pünktlich bekamen, wenn ich an
die Türen klopfte, um abzukassieren. An den Wochenenden gingen George und ich mit Danny Boy an den Strand. Er hatte ein
kleines, batteriebetriebenes Motorrad mit drei Rädern und kurvte
mit dem Ding immer zwischen uns beiden hin und her. Irgendwann kam er auf dieses Spiel, bei dem er plötzlich anhielt, einen
übertrieben lauten Seufzer ausstieß und sagte: »Plattfuß!« Wir
mussten dann so tun, als würden wir ihm helfen, den Reifen zu
wechseln. Einen Häuserblock weiter hielt er erneut an, und das
Spiel wiederholte sich. Als am Abend die Sonne unterging und der
Himmel nur noch ein blutorangefarbener Streifen am Horizont
war, hielt Danny Boy zum x-ten Mal an und seufzte wie ein alter
Mann.

»Schon wieder ein Plattfuß?«, fragte George und beugte sich
zu ihm hinunter. Während ich den beiden beim »Reifenwechsel«
zusah, dachte ich daran, dass diese Tage meinetwegen ewig so weitergehen könnten.

Teil 3

HÄFTLING NR. 1

Kapitel 17

RUNAWAY TRAIN

1985

Bei einem unserer Meetings erwähnte ein gut aussehender junger Bursche mit jeder Menge Tinte auf der Haut, er würde als Statist bei Film- und Fernsehproduktionen arbeiten. Ich war sofort fasziniert. Er sprach von einem Agenten namens Sid Levin, der sich auf Typen mit »roughem Look« spezialisiert hatte und Jobs vermittelte. Der Junge aus dem Meeting kassierte fünfzig Dollar pro Tag dafür, dass er bei Filmdrehs im Hintergrund herumstand. Die Vorstellung, als Statist beim Film zu arbeiten, gefiel mir. Irgendwann erwähnte ich die Sache in der Methadonklinik bei einem Gespräch mit Dr. Dorr. Er war sofort begeistert. »Das ist eine großartige Chance, Danny. Wenn du eine solche Plattform bekommst und die Leute deine Geschichte hören, wäre das sicherlich eine fantastische Werbung für unsere Arbeit und unser Anliegen.«

Bald darauf bekam ich tatsächlich ein paar Jobs als Komparse, die mit fünfzig Dollar pro Tag bezahlt wurden. Fünfzig Dollar mag nicht nach viel Geld klingen, doch zu dieser Zeit halfen mir derartige Extraeinkünfte enorm, denn schließlich musste ich auch Nanny unterhalten. Hinzu kam die Tatsache, dass ich auf den Filmsets jede Menge Klienten für unsere Suchthilfeangebote fand. Damals war Kokain einfach überall – sowohl in den Produktionsbüros als auch in den Requisitenkammern. Ich traf unheimlich viele Leute mit unheimlich vielen Problemen, und ich wusste, dass meine Botschaft von Abstinenz in diesem Umfeld auf fruchtbaren Boden fiel.

Bei einem meiner ersten Statistenjobs wurde ich als Knacki (Überraschung!) für eine TV-Serie gecastet. Gemeinsam mit den anderen Komparsen wartete ich in einem Zelt, um ans Set gerufen zu werden. Ein paar der Jungs maulten über die Qualität des Mittagessens, insbesondere am Steak ließen sie kein gutes Haar. Dabei saßen wir direkt neben dem Cateringtisch, dem Tisch mit dem Essen und den Getränken, die man den Darstellern und Crewmitgliedern für die Zeit des Drehs bereitstellte. Der Tisch war übervoll mit allen erdenklichen Gerichten und Snacks.

Ich konnte es nicht fassen. Was für ein großartiger Job, bei dem man fürs Herumhängen bezahlt und vom Chef rund um die Uhr verköstigt wurde. Und dann kamen diese Typen und beschwerten sich über ihr Steak. »In welchem anderen Job kriegst du dreimal am Tag zu futtern und kannst dich außerdem noch an einem Tisch voller Essen bedienen, wenn du zwischendurch Hunger hast? Du spielst hier einen Häftling, Alter! Mach dir ein Sandwich und halt die Fresse.«

Ungefähr einen Monat später bekam ich einen Anruf. Es war fast Mitternacht, und ich hatte keine rechte Lust ranzugehen, aber dann dachte ich an die Worte von Jhonnie Harris. Er hatte mir gesagt, was zu tun war, wenn jemand auf der Suche nach Hilfe die Hand ausstreckte. »Dann musst du da sein, Danny. Das tust du nicht unbedingt für den anderen, sondern für dich. Es wird dir helfen.«

Ich nahm den Hörer ab. Der Anrufer war ein junger Bursche, der eins unserer Meetings besucht hatte, bei denen ich über das Cleanwerden sprach. Ich hatte kein Gesicht zu seinem Namen – bei den Selbsthilfegruppen gab ich jedes Mal allen möglichen Leuten

Dad besucht mich 1949 bei meinen Großeltern in Burbank. Kurz darauf holte er mich
zu sich. Die Vorstellung, mich von meinen
Tanten und Cousinen verabschieden zu
müssen, um bei meinem Vater und meiner
Stiefmutter zu wohnen, schmeckte mir gar
nicht.

Ich und unser Hund Hoppy 1951 im
Garten vor dem Haus. Meine Mom machte
dieses Bild, nachdem mein Onkel David
sie eines Nachmittags besucht hatte.
Das Grinsen kostete mich einige Anstrengung. Ich ahnte, dass irgendetwas an
dem Besuch komisch war. (Abdruck mit
freundlicher Genehmigung von Alice Trejo)

Ich und meine zweite Cousinen-Gang
1947 in der Temple Street in Lincoln
Heights. Ich bin sehr dankbar, in einem
Umfeld mit so vielen großartigen Frauen
aufgewachsen zu sein.

Ich und Joey Meyer in einer Fotokabine Anfang
der 1960er. Wir hatten kurz zuvor einen Überfall begangen und uns von der Beute ein amt-
liches High gegönnt. Damals war nicht so ganz
klar, ob ich Überfälle beging, um meinen Drogenkonsum zu finanzieren, oder Dope drückte,
weil ich süchtig nach Raubüberfällen war.

V.l.n.r.: Ich, Toni, Gilbert, Coke, Eddie und Mary Carmen. Die Familie tanzt in der Küche. Anfang der 1950er war es nicht ungewöhnlich, dass fünfzehn oder zwanzig Familienmitglieder in einem Haus lebten.

Meine Erstkommunion Anfang der 1950er. Breit von einem Joint, starre ich zu Jesus am Kreuz hinauf. Ich fühlte mich zutiefst unwürdig, die erste Eucharistie zu erhalten, aber ich zog die Sache meinen Großeltern und Eltern zuliebe durch.

Meine leibliche Mutter, Dolores Rivera King. Ich erfuhr erst im Erwachsenenalter, warum sie nach meinem dritten Geburtstag aus meinem Leben verschwunden war.

Porträtfoto von meinem Dad aus der Zeit vor meiner Geburt in den frühen 1940ern. Mein alter Herr hatte den Look eines Filmstars.

Dad in Burbank 1949, als ich fünf Jahre alt war. Mein Vater verbrachte damals nur sehr wenig Zeit mit mir, aber ich freute mich immer riesig, wenn er mich besuchen kam.

Dad und Alice Ende der 1940er, Anfang der 1950er in einer mexikanisch-amerikanischen Version von *American Gothic*.

Durch das Boxen in San Quentin, Soledad und anderen Gefängnissen bekam ich 1966 einen ersten Vorgeschmack auf das Celebrity-Dasein. Nach dem Knast hätte ich Profiboxer werden können, aber in Kalifornien bekam man nach einer Gefängnis-entlassung zwei Jahre lang keine Lizenz.

Hunde waren zeit meines Lebens meine besten Freunde. Hier bin ich Anfang der 1950er mit Hoppy vor dem Haus meiner Großmutter zu sehen.

Mein Vater und Alice am Pop's Willow Lake, einem Badesee im Valley, wo Anfang der 1950er Schönheitswettbewerbe und alle möglichen Partys stattfanden. Ich liebte das Leben im Amerika der Fünfzigerjahre.

Mein Vater 1949, nachdem er sein Auto geschrottet hatte. Er war Bauarbeiter, jobbte aber auch in Karosseriewerkstätten. Diesen Wagen hätte er sicher wieder hinbekommen.

V.l.n.r.: Ich, mein Vater, Edwina, Betty, Emma und ein paar Kids aus der Nachbarschaft 1954. Waren andere Kinder in der Nähe, erwachte mein Vater zum Leben. Mir gegenüber blieb er reserviert.

Das wichtigste Ereignis im Leben aller mexikanischen Kinder, die Erstkommunion. Hier sieht man mich 1951 mit Betty (links) und Emma (rechts) an ihrem großen Tag. Ich konnte meine eigene Kommunion im Folgejahr nur bekifft ertragen.

Mein Vater und Alice in der Anfangszeit ihrer Beziehung in den frühen 1940ern. Er war ein alleinstehender Vater auf der Suche nach einer Frau, die ihm dabei half, mich großzuziehen.

Anfang der 1950er auf der Jagd mit meinem Vater. Alle Trejos konnten schon als Kinder gut mit Waffen umgehen.

Dad, ich und Alice Mitte der 1950er im Haus ihrer Eltern. Man beachte das »Lächeln« meines Vaters. Er war ein Gangster!

Ich halte Mitte der 1950er die Piñata für Alice im Garten ihrer Schwester Mary. Bei ihren Schwestern und ihrer Mutter blühte Alice auf. Ich sollte Jahre brauchen, um sie zu verstehen.

Hinten v.l.n.r.: Onkel Art, Dad, Onkel Fred.
Vorn v.l.n.r.: Onkel Rudy, Onkel Gilbert.
Die Trejo-Männer Ende der 1940er –
eine Riesenportion Machismo in
einem einzigen Bild.

Dad 1948 während seiner Zoot-Suit-
Zeit. Mein Vater gehörte zur 38th Street
Gang, die Bande im Zentrum des berühmten Sleepy-Lagoon-Mordfalls,
der später die Grundlage für den Film
Zoot Suit mit Edward James Olmos in
der Hauptrolle bildete.

Hoppy Anfang der 1950er auf
einem Jagdausflug. Ich liebte es,
meinen Hund zu verkleiden.

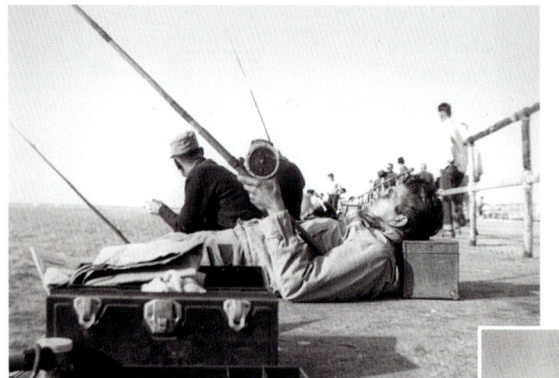

Mein Vater Ang der 1950er beim Angeln am Redondo Beach Pier. Sein Traum war ein Pick-up-Truck mit aufgesetzter Wohnkabine, um für Angelausflüge an der Westküste entlanggondeln zu können.

Ich und Oma Anfang der 1970er zu Besuch bei Gilbert in Folsom. Als ehemaliger Gefangener hätte ich eigentlich niemanden besuchen dürfen, aber der Captain mochte mich und ließ mich rein.

Mein Onkel Gilbert 1956 mit achtzehn Jahren, nach dem Bootcamp und vor der Ausbildung zum Fallschirmjäger. Die meisten Brüder meines Vaters waren bei der Armee. Ich wäre auch gegangen, aber meine Akte war schon zu dick für die Marines. (Abdruck mit freundlicher Genehmigung von Gilbert Trejo)

Der Teich im Garten meiner Eltern, neben dem ich in den 1960ern ein unterirdisches Depot für Waffen und Cash angelegt hatte. Als mich meine Mutter im Knast anrief und erzählte, mein Vater wolle ein neues Sprinklersystem in der Nähe des Teichs verlegen, flehte ich sie an, das unbedingt zu verhindern.

Gilbert war sich 1975 seiner mexikanischen und indigenen Wurzeln sehr bewusst. Meine Großmutter, seine Mutter, erinnerte uns oft daran, dass wir die Nachfahren von Yaqui-Kriegern waren.

Big Gilbert bei seinem täglichen Workout hinter Gittern. Später wurden die Gewichte aus sämtlichen kalifornischen Knästen entfernt.

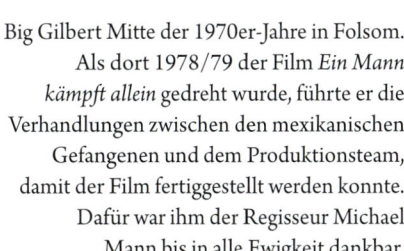

Big Gilbert Mitte der 1970er-Jahre in Folsom. Als dort 1978/79 der Film *Ein Mann kämpft allein* gedreht wurde, führte er die Verhandlungen zwischen den mexikanischen Gefangenen und dem Produktionsteam, damit der Film fertiggestellt werden konnte. Dafür war ihm der Regisseur Michael Mann bis in alle Ewigkeit dankbar.

Little Gilbert, der Sohn meines Onkels Gilbert, als er bei mir und Joanne Mitte der 1970er in der Osborne Street wohnte.

Little Gilbert Mitte der 1970er im Jugendknast. Dieses Foto entstand kurz nach seiner Zeit als vielversprechendes Football-Talent und nicht allzu lange vor dem Verbrechen, das ihn für die folgenden achtunddreißig Jahre seines Lebens hinter Gitter bringen sollte.

Meine erste Frau Laura. Sie ließ mir die Scheidungspapiere zukommen, als ich im Jugendknast saß. Ich nutzte die Unterlagen zum Notieren der Spielstände beim Domino.

Meine Mutter Alice und meine zweite Frau Debbie 1971 bei unserer Hochzeit. Mein Anwalt witzelte später: »Danny, ich glaube, du magst es nicht besonders, verheiratet zu sein, aber du liebst es zu heiraten!« Debbie war eine Seele von Mensch.

Debbie 1970 vor unserem Apartment im Valley. Ich war gerade erst entlassen worden, aber immer noch für Fisimatenten zu haben.

Auch bei meiner dritten Frau Joanne war es 1976 für mich wie beim ersten und zweiten Mal Liebe auf den ersten Blick. Kein Wunder, oder?

Diana und ich in Palm Springs. Wir arbeiteten gemeinsam in der Suchthilfe und bereisten ganz Kalifornien. Dieses Foto entstand in den späten 1970ern, kurz bevor Diana herausfand, dass sie mit unserem Sohn Danny Boy schwanger war.

Mein Sohn Danny Boy 1981 –
das wunderschönste Wesen, das ich
bis dato gesehen hatte.

Ich 1988 mit meinem Sohn
Gilbert. Als Gilbert dreißig
Jahre später mit mir an seinem
Film *From a Son* arbeitete,
zeigte er mir dieses Foto,
um mich emotional auf die
Dreharbeiten vorzubereiten.

Silvester mit Maeve, als sie mit unserer Tochter Danielle 1989 schwanger war.

Ich und Danielle, als ich mit Maeve und den Kids 1990 ihrer Oma in Arleta einen Besuch abstattete.

Ich und Gilbert, frisch nach seiner Geburt am 20.03.1988. Und nein, man bekommt keine Bedienungsanleitung mit den Knirpsen geliefert!

Ich und meine kleinen Männer Danny Boy (links) und Gilbert (rechts) 1989.

Fahrradausflug mit der Familie an der Strandpromenade in Venice 1990. V.l.n.r.: Gilbert, ich, Maeve, Danielle und Danny Boy.

Das berühmt-berüchtigte Familienfoto. Es gab Tränen vorher, währenddessen und nachher. Maeve bemühte sich immer darum, dass wir Dinge taten, die man als normale Familie tut. (1990, [Jimmy Forest])

Die T-Ball-Teams meiner Kinder zu coachen, war eins der Highlights meines Lebens. Genau das ist es, was richtige Männer (und Frauen) tun! Hier bin ich Anfang der 1990er mit Danny Boy zu sehen. (Ronnie Brown)

Mein wahrscheinlich schönstes Erlebnis im Filmbusiness war die Möglichkeit, mit meinem besten Freund Eddie Bunker und den Legenden Robert De Niro, Val Kilmer, Jon Voight und Tom Sizemore 1994 an *Heat* zu arbeiten. Ich werde Michael Mann für immer dankbar sein, dass er mir die Rolle gab. Wahrscheinlich dachte er ohnehin: *Wer wäre besser geeignet als Trejo, um einen schwer bewaffneten Bankräuber zu spielen?*

Eddie Bunker war mein bester Freund und meine Vertrauensperson, ein Mensch, der mich schon aus unserer gemeinsamen Zeit in San Quentin kannte. Ich weiß, dass seine Seele über mich wacht. Einer der Schauspieler, mit denen ich mich während meiner Karriere besonders anfreundete, war Val Kilmer. Wir sind bis heute in Kontakt. (1994)

Gott wollte, dass Eddie und ich 1996 zur selben Zeit Paris besuchten. Als wir eines Tages durch die Stadt der Liebe und des Lichts schlenderten, musste ich zum Pinkeln unter eine Seine-Brücke verschwinden. Anschließend sagte ich: »Hey, Eddie, erinnern dich diese Mauern hier nicht auch an Folsom?« Er antwortete: »Junge, du bist in Paris! Kannst du denn Folsom nicht mal für eine Minute vergessen?«

Mein Sohn Gilbert gibt mir 2018 Regieanweisungen bei seinem Spielfilmdebüt *From a Son*. Auf die Arbeit an diesem Film bin ich stolzer als auf all meine anderen Rollen. Und auch als Vater könnte ich nicht stolzer auf diesen Streifen sein. *From a Son* fühlte sich wie die Vollendung eines Kreises an, die Übergabe der kreativen Fackel vom Vater an den Sohn. (Frank Ockenfels III)

Donal und ich 2010 bei der Eröffnung seines Restaurants La Vida in Hollywood. Ein cooler Laden, der leider irgendwann schließen musste. (Angela Weiss)

meine Nummer. Er klang jung, neunzehn vielleicht, und erzählte, dass er gerade auf der Arbeit war, wo massenhaft Kokain kursierte. Er hatte Angst, wieder rückfällig zu werden. Ich ließ mir die Adresse geben und versprach ihm, vorbeizukommen und ihm zu helfen, einen weiteren Tag ohne Drogen zu überstehen. Wahrscheinlich war es irgendeine Lagerhalle, wahrscheinlich würde ich mit dem Burschen ein bisschen in meinem Truck abhängen, Kaffee trinken, Zigaretten rauchen und über Gott und die Welt labern.

Als ich an der Adresse ankam, herrschte dort ein riesiges Gewimmel. Lastwagen, Scheinwerfer, Leute ohne Ende. Ich war an einem Filmset gelandet, dem Set von *Runaway Train*.

Ich machte mich auf die Suche nach dem jungen Kerl. Ein Regieassistent kam auf mich zu und fragte, warum ich kreuz und quer übers Set lief. Durch meine Erfahrung als Komparse ahnte ich, dass er sehr wahrscheinlich vorhatte, mich runterzumachen, weil ich nicht dort war, wo ich hätte sein sollen. Als ich ihm jedoch antwortete, ich würde nur nach einem Freund suchen, musterte er mich von Kopf bis Fuß.

»Du hast einen interessanten Look«, sagte er. »Schon mal drüber nachgedacht, als Statist zu arbeiten?«

»Als Sta-was, bitte schön?« Ich wusste natürlich, was er meinte, aber ich stellte mich ahnungslos.

Er erklärte mir, es ginge um eine Gefängnisszene, für die sie noch Darsteller mit Knacki-Look im Hintergrund brauchten. »Meinst du, du kannst einen Knacki spielen?« Ich dachte an Soledad, Folsom, San Quentin.

»Yeah, ich könnte es zumindest mal versuchen.« Der Regieassistent nickte und sagte, der Job würde achtzig Dollar cash einbringen. Achtzig waren dreißig mehr, als ich bei den anderen Statistenjobs bekommen hatte. Er brachte mich zur Garderobe, wo man mir Knastklamotten aushändigte, und meinte dann, ich solle mich gleich umziehen. Als ich mein Hemd abstreifte, hörte ich einen Mann aus der anderen Ecke des Sets rufen: »Jimmy Peña!« Offenbar verwechselte mich da jemand mit meinem Kollegen Jimmy, der mir den Job bei N. P. P. vermittelt hatte. Ich blickte in Richtung der Stimme und sah einen älteren Weißen auf mich zukommen. Als er das Set zur Hälfte überquert hatte, fiel ihm auf, dass ich nicht Jimmy war. »Was rede ich denn für einen Mist?«, sagte er. »Du bist Danny Trejo!«

Es waren fast zwei Jahrzehnte vergangen, seitdem ich den Mann zum letzten Mal gesehen hatte, aber ich erkannte ihn sofort wieder. Es war Eddie Bunker.

»Danny, Mensch, ich hab gesehen, wie du in San Quentin den Titel im Leichtgewicht geholt hast.«

»Eddie Bunker? Verdammt, ist das lange her! Was treibst du hier?«

Jahre später, als Freunde meines Sohnes Gilbert Eddie kennenlernten, waren sie von seiner Ausstrahlung geschockt. Ich hörte einen von ihnen sagen: »Der Typ chillt nur ab, aber er hat die fieseste Visage, die ich je bei einem Weißen gesehen habe!« Bei unserer Begegnung am Filmset grinste Eddie jedoch über beide Ohren.

Eddie war ein Berufsgauner und in ganz Los Angeles bekannt. Ich hatte ihn einige Jahrzehnte zuvor kennengelernt, genauer gesagt 1962 im Valley. Damals hatte er meinem Onkel Gilbert und mir den Plan für einen Raubüberfall auf eine Pokerrunde mit großen Einsätzen verkauft. Aus diesem Plan wurde später eine Szene in dem Dustin-Hoffman-Streifen *Stunde der Bewährung* – ein Film, der wiederum auf Eddies Buch *Wilder als ein Tier* basiert. Damals verkaufte Eddie detaillierte Pläne für Raubüberfälle an Gauner wie uns. Später merkte er, dass mit der Fiktionalisierung seiner kriminellen Ideen mehr Geld zu verdienen war.

Eddie hatte eine schwierige Kindheit und wuchs in Heimen und Jugendknästen auf. Er war seit jeher für seinen brillanten Geist bekannt. Im Kahn hatte er den Spitznamen »The Brain«. Als er nach

San Quentin kam, war er der jüngste Gefangene überhaupt. Trotzdem erzielte er beim Eignungstest ein so gutes Ergebnis, dass man ihm den Job als Schreiber des Captains anbot – die einflussreichste Stelle für einen Gefangenen. Während sich der Gefängnisleiter um die großen und grundlegenden Themen kümmerte, hatte der Captain den Alltagsbetrieb der Haftanstalt zu organisieren. Sein Schreiber war die Person, die ihm alle möglichen Anfragen und Bescheide zur Unterschrift vorlegte. Es gab eine Unmenge von Anträgen, die der Schreiber vom Captain abzeichnen lassen musste, insbesondere auch Gefangenenumzüge in andere Zellen und Dienstplanänderungen der Wachen. Wenn du einen bestimmten Aufseher nicht leiden mochtest, kein Problem, Eddie konnte ihn auf einen anderen Posten versetzen. Wenn du eine bestimmte Person in deiner Zelle haben wolltest, konnte Eddie das ebenfalls bewerkstelligen. Manchmal geschah so etwas, um einem Freund nahe zu sein, manchmal, um einen Feind im Auge zu behalten, manchmal, um einen Liebhaber zu gewinnen.

Die eine Sache, für die Eddie im Knast wirklich berühmt war, betraf sein goldenes Händchen bei Anträgen für richterliche Haftprüfungen. In Folsom saß damals ein einflussreicher Drogendealer aus L. A. namens Denis Kanos ein. Der Fall dieses Mannes war eigentlich abgeschlossen, er hatte keinerlei Revisionsmöglichkeiten mehr. Eddie schaute sich die Unterlagen von Kanos an und sagte: »Denis, so wie ich das sehe, hast du laut Aktenlage mindestens drei Möglichkeiten für einen außerordentlichen Antrag auf Überprüfung der Rechtmäßigkeit deiner Inhaftierung durch ein ordentliches Gericht.«

Die Krux bei diesen Anträgen war folgende: Sie mussten in perfektem Rechtschinesisch verfasst sein und durften keinerlei grammatikalische oder gar orthografische Fehler aufweisen. Eddie hatte das drauf. Kanos erhielt eine Anhörung, am Ende wurde sogar seine Verurteilung aufgehoben. Danach rannten alle zu Eddie und bezahlten ihn dafür, dass er ihnen diese Anträge schrieb. Eddie war es egal, für wen er arbeitete. Wenn du die nötige Kohle hattest, setzte er sich an deinen Fall. So kam es, dass Eddie beste Beziehungen zu den Bossen aller Gangs unterhielt: Black Guerrilla Family, Aryan Brotherhood und Mexican Mafia.

Als Eddie nach San Quentin kam, war er so jung, dass man ihn in den relativ sicheren Nordblock steckte, wo die Wachen ihn besser im Blick hatten. Seine Zelle lag neben dem Todestrakt, und er teilte einen Lüftungsschacht mit Caryl Chessman, der wegen Mord verurteilt und gleichzeitig eine Ikone der Literaturszene war. Chessman wurde ständig von ausländischen Journalisten und berühmten Autoren besucht. Mit dem Schacht als Kommunikationskanal freundeten sich Caryl und Eddie an. Caryl ermutigte Eddie dazu, sich als Schriftsteller zu versuchen. Die Schreibmaschine, auf der er seine ersten Bücher verfasste, bekam Eddie von Louise Fazenda, einem mit dem Produzenten Hal Wallis verheirateten Stummfilmstar. Louise hatte Eddie in einem Heim kennengelernt, in dem sie als freiwillige Helferin arbeitete, und fortan gefördert. Sie ermutigte ihn, eine Ausbildung zu machen, und kaufte ihm später auch die bereits erwähnte Schreibmaschine.

Jetzt stand Eddie an diesem Filmset vor mir. »Ich habe diesen Film hier geschrieben. Oder besser gesagt, ich habe das Drehbuch adaptiert. Und was machst du hier?«

»Ich suche einen jungen Burschen, der meine Hilfe braucht. Leider kann ich ihn nicht finden.«

»Sag mal, boxt du noch?«

»Ich trainiere und bin in Form, aber ernste Kämpfe mache ich nicht.«

»Ich frage, weil es eine Kampfszene in unserem Film gibt, bei der Eric Roberts gegen einen anderen Gefangenen antritt. Unser Regisseur Andrei Kontschalowski sucht jemanden, der mit Eric in den Ring steigt. Ich denke, er könnte deine Hilfe gebrauchen. Es gibt dreihundertzwanzig pro Tag.«

Das klang wie Musik in meinen Ohren. »Eddie, du sagst mir, wie heftig ich diesen Kerl vermöbeln soll, und los geht's.«

»Du sollst mit ihm in den Ring steigen, um ihn zu trainieren, Danny. Du sollst ihn nicht verprügeln.«

Eddie sagte, ich solle den Sandsack bearbeiten, und holte dann den Regisseur dazu, um ihm zu zeigen, was ich draufhatte. Wenn du geübt bist, knallen deine Schläge am Sandsack wie Kanonensalven. Ich hängte mich rein und brachte den Sack zum Schwingen. Meine Vorstellung brachte Andrei ins Grübeln.

Er hob seine Hände und führte Daumen und Zeigefinger in einem Rechteck zusammen, so wie es Regisseure manchmal tun, um die Perspektive einer Kamera nachzuahmen. »Das ist das lächerlichste Gangzeichen, das ich je gesehen habe«, witzelte ich zu Eddie. Andrei brütete weiter.

»Kontrast«, sagte er. »Kontrast!«

Zu diesem Zeitpunkt wusste ich nicht, dass Andrei bereits einen Schauspieler engagiert hatte, um den Gefangenen zu spielen, der in der Knastfight-Szene gegen Eric boxen sollte. Der Mann war groß, dünn und gut aussehend, genau wie Eric. Andrei wurde klar, dass diese Kombination nicht funktionieren würde.

Am Ende der Sandsack-Session kam Andrei auf mich zu, nahm mein Gesicht in seine Hände und küsste mich links und rechts auf die Wangen. »Ich will dich in Film. Ich will du boxen Eric Roberts in Szene. Kontrast! Du siehst so aus, Eric sieht anders aus. Kontrast wichtig für Film! Du sollst mein Freund sein! Du sollst in Film sein.«

Anschließend dampfte er ab. Eddie sagte: »Glückwunsch, Junge! Dir ist gerade ein echter Coup gelungen. Du hast den Job!«

»Hey, Eddie, aber ›Freund‹ bedeutet doch für Andrei nicht das, was es im Kahn bedeutet, oder?«

Eddie lachte über meinen Witz.

»Für dreihundertzwanzig kann Eric mich meinetwegen mit einem Stock verprügeln, wenn's dem Film nutzt. Aber für die Wangenknutscherei von dem Typen müsste ich eigentlich Aufschlag verlangen.«

Eddie erklärte mir, Andrei sei ein russischer Aristokrat, und die Leute in Europa gingen nun einmal so miteinander um. Als wir uns anschließend einen Kaffee gönnten, fiel mir Eddies Verhalten auf. Er war nervös, und mir kam es so vor, als würde ihm irgendetwas gerade große Probleme bereiten.

»Eddie, was zum Teufel ist los mit dir, Mann?«, sagte ich.

»Nichts.«

»Red doch keinen Mist, Mensch. Ich bin schon zu lange dabei, um so etwas nicht zu bemerken.«

Eddie beugte sich nach vorn und sprach leise weiter, als wären wir wieder auf dem großen Hof.

»Danny«, sagte er. »Ich sollte eigentlich bloß für eine Woche hier sein und morgen wieder zurück nach New York fliegen. Jetzt wurde mein Trip für zwei Wochen verlängert.« Er machte eine Pause und kam dann auf das eigentliche Problem zu sprechen. »Ich bin auf Methadon, Kumpel, und ich hatte nur genug Tagesdosen dabei, um bis heute durchzuhalten.«

»Eddie, ich glaube, du weißt nicht, wem du hier gegenübersitzt, oder?«, sagte ich. »Ich leite mehrere Methadonkliniken. Ich kann dir helfen.«

Gut möglich, dass Eddie in diesem Moment dachte, ich wolle ihn auf den Arm nehmen. Er wurde jedenfalls sauer.

»Verarsch mich nicht, Danny. Die Sache ist scheißernst für mich.« Er war im Panikmodus.

»Ich veräppel dich nicht«, sagte ich. »Ich arbeite mit einem Kerl namens Dr. Dorr zusammen, und wir leiten mehrere Suchthilfeeinrichtungen. Sag mir, wo du untergekommen bist, und ich hol dich morgen früh um halb sechs ab. Dann fahren wir zu Western Pacific Med Corp in Glendale und lassen dein Rezept auf eine Apotheke hier in der Gegend übertragen.«

»Echt jetzt?«, sagte er. »Verarsch mich besser nicht, mein kleiner mexikanischer Freund!«

Als ich am nächsten Morgen vor Eddies Hotel in Hollywood hielt, stand er schon auf dem Gehweg. Ich hatte einen unserer Ärzte extra früh zu Western Pacific bestellt. Er rief in der New Yorker Suchthilfestation an, die Eddie betreute, um zu überprüfen, dass er tatsächlich in deren Methadonprogramm war. Als er alles geklärt hatte, übertrug er das Rezept, sodass Eddie das Methadon vor Ort bekam.

Gott verrichtete weiter sein Werk in meinem Leben. Wäre ich nicht an diesem Abend an diesem Filmset aufgetaucht und hätte Eddie getroffen, er wäre rückfällig geworden und hätte wieder gedrückt. Wäre Eddie, dem originalen Zeitplan entsprechend, nach New York zurückgereist, und hätte ich nicht versprochen, dem jungen Burschen am Filmset zu helfen, ich hätte nie Karriere gemacht.

Den Jungen, der mich angerufen und um Hilfe gebeten hatte, konnte ich während des gesamten Drehs von *Runaway Train* nicht aufspüren. Ich schätze, er hat der Versuchung nachgegeben und wieder mit den Drogen angefangen.

Gleich zu Beginn meiner Arbeit am Set von *Runaway Train* bat ich Eddie, den Hauptdarsteller des Films, Eric Roberts, hinter eine der Kulissen zu bringen, wo ich einen Sandsack bearbeitete. Ich wollte, dass Eric und ich beim Training an einem Strang zogen, und ich wusste, dass ich dieses Ziel nicht mit einer Ansprache erreichen würde. Wenn er mir dabei zusah, wie ich auf einen Sandsack eindrosch, wäre er definitiv an Bord. Eric beobachtete mich eine Weile, dann wandte er sich zu Eddie und sagte: »Ich will lernen, wie man das macht.«

Kurz bevor die Boxszene gedreht werden sollte, kam der Stuntkoordinator zu mir, um die Details der Action durchzusprechen. »Gib mir einen Jab«, sagte er. Ich zeigte ihm ein paar Jabs.

»Die sind wunderschön, Danny. Gerade, knackig, auf den Punkt.

Ich würde es hassen, einen von denen abzukriegen«, sagte er. »Das Ding ist: Die Kamera kann solche Schläge nicht einfangen.« Er erklärte mir, dass er in der Vergangenheit oft Probleme mit professionellen Boxern gehabt hatte. In Filmen, so meinte er, müsse man weit ausladende Schläge ausführen, damit die Kamera sie auch einfangen kann. Ich tat, was er mir sagte.

Als es ans Drehen ging, versetzte mich das zurück in meine Knastzeit, zurück zu meinen Titelkämpfen in San Quentin und Soledad. Der Laden war rappelvoll, alle schrien und johlten, und ich war heiß auf den Fight. Dann rief Andrei »Action!«, und auf einmal lief alles in Zeitlupe ab. In der Szene kämpften zwei Männer vor einem riesigen Publikum, doch ich hatte das Gefühl, es ginge bloß um mich. Ich wusste, was ich zu tun hatte. Solange ich die Action steuerte, konnte ich Eric dirigieren und Andrei genau das liefern, was er wollte. Ich wusste, wie ich mich bewegen musste, um Erics Körper in die richtige Position zu bringen, damit die Kamera seine Schläge optimal einfangen konnte. Die Szene machte mir unheimlich viel Spaß. Ich liebte jede Sekunde des Drehs.

Zwischen den Takes der Kampfszene kam der Regieassistent zu mir, der mich ganz am Anfang gefragt hatte, ob ich einen Knacki spielen könne. Er wedelte mit einem Porträtfoto von mir herum und sagte: »Hey, Danny. Heute hat deine Agentur dich als Statisten angeboten.«

Ich lachte. »Bloß gut, dass ich ein aufgewecktes Kerlchen bin und diese Stufe gleich übersprungen habe.«

»Das hast du wirklich. Ich hätte dich irgendwo als Komparse ins Publikum gesteckt. Jetzt verdienst du wie ein SAG-Mitglied.« Er schien genauso überrascht von den Entwicklungen wie ich. »Wir können dich aber gern wieder auf den Statistentarif von achtzig Dollar pro Tag zurückstufen, wenn du willst!«

»Nee, danke. Passt schon.«

Er lachte und klopfte mir auf den Rücken.

Früher hatten mir Filme in einem finsteren Moment einmal das Leben gerettet, jetzt spielte ich selbst in einem mit. Als ich 1966 nach Folsom kam, steckte man mich in Einzelhaft. Absonderung. Das war immer so, wenn man in einen neuen Knast kam. Entweder ging's ab ins Loch oder in ein Irrenhaus wie die B-Station von San Quentin. Als ich in Folsom einlief, bekam ich nicht mal den Yard zu sehen, sondern wurde sofort in Ketten gelegt und für die Zeit meiner Einstufung ins Loch von Building Five verfrachtet. Es gab kein Zeitlimit für diesen Einstufungsprozess, er konnte ewig dauern. In San Quentin hatte man mich als »institutionelle Belastung« gebrandmarkt, was nichts anderes bedeutete, als dass ich für Verwaltung und Personal eine kolossale Nervensäge war. Ich war in Unmengen von Schmuggelgeschäften und anderem illegalen Bullshit involviert gewesen. Jetzt konnten die Gefängnisleitungen mit mir machen, was sie wollten … und sich dazu alle Zeit der Welt lassen. Folsom sieht mit seinen massiven Granitmauern aus wie die Burg von Graf Dracula und trägt deshalb auch diesen Beinamen, »House of Dracula«. Im Sommer wurde es dort über zweiundvierzig Grad heiß, im Winter konnte man gut und gerne an Unterkühlung sterben. Folsom wird auch »das Verlies« genannt. Im Building Five saß ich während der Absonderung im Verlies der Verliese. Ich bekomme heute noch Albträume davon.

Meine Zelle war eins achtzig mal drei Meter groß und hatte eine Stahltür mit einem fünfzehn Zentimeter breiten Schlitz, mein Fenster zur Außenwelt. Ich war komplett isoliert, hatte nur mit den Wachen Kontakt. Zweimal am Tag reichten sie mir Essen durch den Spalt in der Tür. Immerhin war es kein Schweinefraß. Dafür war Folsom bekannt: Das Futter war gut. Um im Loch nicht durchzudrehen, machte ich jeden Tag so viele Liegestütze und Rumpfbeugen, wie ich konnte. Außerdem spielte ich Filme in meinem Kopf durch. Die beiden Streifen, zu denen ich in meinen Gedanken immer wieder zurückkehrte, waren *Der Glöckner von Notre-Dame* mit Charles

Laughton und *Der Zauberer von Oz*. Jeden Tag erinnerte ich mich ein wenig mehr. Ich schürfte in meinem Gedächtnis, um die bekannten Szenen mit den halb und schließlich mit den ganz vergessenen Passagen zu kombinieren. Es war unglaublich, wie viele Details in meinen Erinnerungen wieder aufblitzten. Ich konnte es erst gar nicht fassen. Von allem, was der Mensch sieht oder hört, fertigt das Gehirn eine Kopie an, um diese dann irgendwo abzuspeichern. Man muss bloß suchen. Diese Erinnerungen schenkten mir ein bisschen Freiheit. Jedes Mal, wenn die Wachen riefen: »Halt endlich die Fresse, Trejo!«, konterte ich mit neuen Zitaten. Zum Beispiel aus *Der Glöckner von Notre-Dame*: »Wasser, sie hat mir Wasser gegeben!«

So spielte ich auch die Szene durch, in der Dorothy, der Zinnmann, die Vogelscheuche und der Löwe durch das Mohnfeld laufen. Als ich den Film zum ersten Mal gesehen hatte, schien sich dieses Feld meilenweit bis zum Horizont zu erstrecken. Erst durch meine Jobs beim Film wurde mir klar, dass es sich um eine gemalte Kulisse handelte. Ich erinnerte mich daran, wie die vier zum ersten Mal die Smaragdenstadt erblicken, und konnte beim Nachspielen der Szene beinahe selbst die wunderschönen, smaragdgrünen Turmspitzen in der Ferne funkeln sehen. »Da ist die Smaragdenstadt«, wiederholte ich Dorothys Worte. »Ist sie nicht wunderschön? Er muss ein wirklich großartiger Zauberer sein, wenn er in einer Stadt wie dieser lebt.«

Die Schauspielerei war kein komplett neues Terrain für mich. Ich hatte geschauspielert, um meine Kindheit zu überleben, hatte oft so getan, als hätte ich keine Furcht, obwohl mir die Angst tief in den Gliedern steckte. Ich hatte bei meinen Raubüberfällen geschauspielert. Und in Folsom hatte ich geschauspielert, um meinen Verstand nicht zu verlieren. Ich musste mich bewegen, musste laut sprechen, musste meine eigene Stimme hören.

»Sieh nur, was du angerichtet hast, du verrücktes Kind! Ich schmelze!«, schrie ich wie die böse Hexe des Westens.

Obwohl ich keinen Kontakt zu den anderen Gefangenen hatte, wussten sie, was mit mir los war. Auch Joey Abausto, ein alter Weggefährte, erfuhr, dass ich in Einzelhaft saß und wie ein Irrer die Wände anbrüllte. Joey, selbst ein großartiger Boxer, aber ein noch besserer Trainer, hatte mit mir in Jamestown gesessen und mich dort trainiert. Angesichts meiner Situation brachte er eine Petition unter den Gefangenen von Folsom in Gang: Sie forderte meine Freilassung aus der Einzelhaft, da man um meine Geistesgesundheit fürchtete.

Nun schauspielerte ich nur noch zum Spaß und nicht mehr, um die Isolationshaft zu überleben. Ich merkte, wie sehr es mir gefiel. Ich liebte die Schauspielerei, ich liebte dieses Gefühl. Es war wie eine neue Droge, ich war sofort abhängig.

Mein erster Gehaltsscheck für *Runaway Train* war so gigantisch, dass ich anfänglich von einem Fehler ausging. Zu Eddie sagte ich halb scherzend, ich würde das Geld noch am selben Tag zur Bank bringen, bevor die Lohnstelle den Fuck-up bemerkte. Er erklärte mir dann, wie es lief: Zum einen bekamen wir Überstunden bezahlt, zum anderen gab es sogenannte »Meal Penalties«, also Strafzahlungen des Arbeitgebers, wenn Cast und Crew nicht alle sechs Stunden verköstigt wurden. Es war der Wahnsinn. Und ganz sicher die beste Bezahlung meines bisherigen Lebens. Ich hätte vor Freude heulen können. Ich brauchte eine Weile, bis mir das Konzept der Meal Penalties einleuchtete. Wie konnte man von ausgefallenen Mahlzeiten sprechen, wenn der Cateringtisch großzügig bestückt und kostenlos für alle war? Eines Tages stand ich an besagtem Catering und machte mir drei Sandwiches, die ich für Danny Boy und mich mit nach Hause nehmen wollte. Dabei wurde ich von einer Produktionsassistentin überrascht, die etwas von Meal Penalties murmelte. Ich dachte erst, sie meinte, ich müsste eine Strafe wegen der Sandwiches bezahlen.

»Ich kann die auch wieder zurücklegen«, sagte ich.

Sie lachte. »Nein, Danny. Mach dir so viele Sandwiches, wie du willst. Ich wollte dir nur sagen, dass wir euch heute keine Mahlzeit anbieten können und euch deshalb Meal Penalties zahlen. Ihr bekommt also mehr Geld.«

Das Filmbusiness gefiel mir mehr und mehr.

Eines Abends stand ich zwischen zwei Takes auf der Straße neben dem Lagerhaus, in dem wir drehten, und rauchte eine Zigarette. Plötzlich kam ein junger Bursche in einem abgewrackten Datsun, holte einen Koffer aus dem Wagen und ging in die Lagerhalle. Ich folgte ihm und sah, dass er große Bündel Bargeld aus dem Koffer zog und an Darsteller, Stuntmen und Crew verteilte. Er zahlte die Per Diems aus, die Pauschalen für den täglichen Verpflegungsmehraufwand. In den Achtzigerjahren schwankten die Per Diems noch enorm zwischen den unterschiedlichen Berufsgruppen. Stars wie Jon Voight und Eric Roberts bekamen riesige Bündel Cash. Der Gauner in mir war fasziniert.

In der Folgewoche stellte ich mich am betreffenden Abend wieder auf die Straße. Wie bestellt kam der Kerl in seinem Datsun. Eddie gesellte sich zu mir und zündete sich auch eine Zigarette an.

»Na, was treibst du hier?«

»Ich rauch nur eine, genau wie du.«

»Das ist alles?«, fragte er.

»Eddie, hast du eine Vorstellung davon, wie viel Kohle der Bursche da in seinem Koffer durch die Gegend schleppt?«, sagte ich. »Er ist ganz allein und stellt seine Karre immer in der dunkelsten Ecke des Parkplatzes ab. Mann, eigentlich könnte ich mir problemlos den Geldkoffer schnappen.«

»Das ist eine große Versuchung, verstehe ich vollkommen«, sagte Eddie. »Aber denk mal nach, Danny: Mit deinem Look und deiner Story ist das doch nur Klimpergeld. Du wirst noch jede Menge Kohle in dieser Branche machen, verlass dich drauf.

Selbst wenn der Junge da sechzig Riesen in dem Koffer hat, ist das ein Almosen im Vergleich zu den Summen, die du verdienen wirst, wenn du die Sache jetzt nicht gegen die Wand setzt.«

Ich konnte nicht fassen, dass Eddie wirklich so viel Vertrauen in mich hatte. Er war unheimlich erfolgreich. Seine Worte ließen mich daran glauben, dass ich es im Filmbusiness schaffen konnte und auf diese Weise auch die Chance bekäme, die Botschaft eines erfüllten Lebens ohne Drogen zu verbreiten, die unsere Welt so dringend hören musste. Eddie drückte seine Zigarette aus und wollte gerade wieder reingehen, als er sagte: »Falls du die Sache mit dem Koffer trotzdem durchziehst, will ich dabei sein.«

Dann lachte er mit seiner kehligen Zeitlupenlache.

Eddie Bunker, Mann. Eine Legende.

* * * * *

Nach *Runaway Train* wollte ich weiter in der Filmbranche arbeiten. Ich liebte die bezahlten Überstunden. Und die Meal Penalties auch. Der Stuntkoordinator war derart zufrieden mit meiner Leistung bei der Boxkampfszene, dass er mich direkt für seinen nächsten Auftrag anheuerte. Es war ein Job als Statist, bei dem es aber einen Aufschlag für Stunteinsätze gab.

Bei meinem dritten Film konnte ich endlich eine Figur spielen, die auch einen Namen hatte. Der Streifen hieß *Penitentiary III*, und ich war See Veer, ein Bösewicht. Der Produzent und Regisseur des Films hieß Jamaa Fanaka und bot mir an, als Statist zu arbeiten, bis es Zeit für meine Sprechszene war.

Just als die Arbeit an *Penitentiary III* begann, kam mein Freund George Perry aus San Jose zu Besuch nach L. A. Er hatte einen Streit mit seiner Teenie-Tochter Lisa gehabt und brauchte eine Luftveränderung, um über ein paar Sachen nachzudenken. Der

Plan war, dass er seine Zelte bei mir in Venice aufschlug. Als George mich anrief, um mir Tag und Uhrzeit seiner Ankunft durchzugeben, ging ich ins Produktionsbüro zu Jamaa Fanaka und erzählte ihm von einem Freund, der lange gesessen hatte und einen perfekten Knast-OG abgeben würde. Ich wollte, dass George etwas zu tun hatte, wenn er nach L. A. kam.

Gleich am ersten Arbeitstag nahm ich George mit zum Set, weil ich wusste, dass alle Welt ihn cool finden würde. George war längst kein Pimp oder Dealer mehr, als ich ihn kennenlernte. Er hatte geheiratet und dieses Leben hinter sich gelassen. Den Pimp-Style allerdings hatte er sich bewahrt. Seine Fingernägel waren makellos, sein gesamtes Auftreten glich dem einer gut gekleideten Frau. Wenn es ums Anziehen ging, ließ George sich alle Zeit der Welt. Er legte sein Outfit zurecht, suchte die passenden Schuhe heraus und stimmte alles genauestens aufeinander ab.

Als wir auf dem Weg vom Parkplatz zum Set waren, hielt ein großer blauer Rolls-Royce neben uns. George sah den Wagen und sagte laut: »Wer ist der Pimp da?«

Es war der Regisseur. Ich sagte: »Hallo, Jamaa. Das ist der Kerl, von dem ich dir erzählt habe!« Jamaa musterte George in all seiner Pracht und Herrlichkeit. Dann lächelte er und sagte: »Glückwunsch, Mann, du bist im Film!«

George hatte nicht zugehört. »Was hat der Typ gesagt?«

»Er hat gesagt, dass du im Film bist.«

George war außer sich vor Freude. Wir beide waren happy. Mit der Zeit stumpft man ab, sicherlich, aber an einem Film mitwirken zu können, war für uns ein absolutes Highlight. Diese Möglichkeit schien in der Welt, aus der wir kamen, nahezu unvorstellbar.

George und ich gingen in den Pausen regelmäßig für einen Kaffee und eine Zigarette auf die Straße vor dem Lagerhaus, in dem gedreht wurde. Eines Tages fuhr eine schwarze Limousine vor und setzte einen jungen Kerl ab. Er war Italiener und trug einen modischen Anzug. Als er uns sah, sprach er uns an: »Warum habe ich das Gefühl, dass ihr zwei Vögel nicht hierhergehört?«

»Weil wir nicht hierhergehören«, antworteten wir. Der Mann lachte. Es stellte sich heraus, dass es Anthony Gambino war, der Sohn des Oberhaupts der gleichnamigen italoamerikanischen Mafiafamilie. Er war gekommen, um mit Leon Isaac Kennedy zu sprechen, dem Star des Films. Wie es aussah, hatte Anthony in den Streifen investiert. Wir boten an, ihn zum Set zu führen. Als wir gerade durch eine Seitentür in die Lagerhalle gehen wollten, trat Leon auf die Straße. Er begrüßte Anthony und bat ihn hinein, versuchte jedoch, George und mich daran zu hindern mitzukommen. Anthony blaffte ihn an: »Hey, lass sie rein. Die beiden arbeiten für mich!« Ich weiß nicht genau, ob Anthony damit einen Witz machen oder nur nett zu uns sein wollte. Nach diesem Vorfall hatten jedenfalls sowohl Leon als auch alle anderen am Set einen Heidenrespekt vor uns.

Wir wurden bar bezahlt, immer am Ende des Tages. Es gab hundertzwanzig Dollar, den Überstundenbonus regelmäßig obendrauf. Wir hatten also Cash ohne Ende. Für gewöhnlich machten wir um zwei oder drei Uhr morgens Feierabend. Anschließend fuhr ich uns nach Venice rüber. Nach einem besonders langen Arbeitstag bemerkte ich, wie George auf dem Beifahrersitz hin und her rutschte und an seinen Schuhen herumfummelte.

»Alles in Ordnung, George?«, fragte ich.

Er sah mich mit einem verdatterten Blick an und wedelte mit einem Bündel Geldscheinen vor meinem Gesicht herum. »Danny, ich glaube, ich brauch größere Socken.«

George verstaute sein Geld immer noch in seinen Strümpfen. Einmal Straßengauner, immer Straßengauner.

Ich lernte Maeve während der Dreharbeiten zu *Penitentiary III* kennen. Das erste Mal sah ich sie bei einem Meeting einer Selbsthilfegruppe und war sofort total von den Socken. Eigentlich war ich mit einem Kumpel da, der an ihr interessiert war, aber kaum hatte ich sie erblickt, sagte ich mir: *Scheiß drauf, die will ich für mich selbst.* Ich ging zu ihr und sprach sie an. »Ruf deine Mom an und sag ihr, dass sich hier jemand für den Rest deines Lebens um dich kümmern wird.« Sie starrte mich an wie einen Wahnsinnigen.

Nach dem Meeting hätte sie ein Freund nach Hause bringen sollen, doch der Kollege tauchte nicht auf. Also fuhr ich sie auf meinem Motorrad zu ihrer Wohnung. Als sie hinter mir auf den Sitz stieg, meinte sie: »Nur damit du es weißt, zwischen uns wird nichts passieren.«

Sie war noch nicht lange clean, und ich wusste, dass sie erst mal Raum für sich brauchte, den ich ihr auch gab. Fakt war allerdings, dass ich den ersten Move gemacht hatte und ihr nun die kalte Schulter zeigte. Eines Abends kam Maeve nach dem Meeting zu mir und wollte wissen, warum ich mich so rarmachte. Sie schien bereit für eine Beziehung. Wir gingen es langsam an. Erst amtliche Dates, dann verliebten wir uns. Wobei sich diese Liebe manchmal wie Krieg anfühlte.

Ruf deine Mom an und sag ihr, dass sich hier jemand für den Rest deines Lebens um dich kümmern wird? Was für eine abgefuckte Denke. Damals konnte ich es noch nicht erkennen, aber im Grunde hatte ich ihr angeboten, sie zu meiner Gefangenen zu machen. So hatten es alle Männer in meinem Leben gehandhabt. Mein Freund DJ Bennett meinte mal: »Mein alter Herr war ein Green Beret, und meine Mom war das, wonach auch immer ihm gerade der Sinn stand.«

Ich muss immer wieder drüber lachen, wenn ich diesen Satz höre. Doch dieses Lachen kommt von einem finsteren Ort. Es ist ein treffendes Statement über die Welt, in der wir aufwuchsen.

Als ich sie kennenlernte, wohnte Maeve mit einer Freundin zusammen, und das passte mir sehr gut. Die Sache zwischen uns wurde zunehmend ernster, aber noch nicht so ernst, als dass ich meine Junggesellenbude aufgegeben hätte. Ungefähr zwei Wochen nachdem wir offiziell ein Paar geworden waren, holte Maeve bereits regelmäßig Danny Boy bei Nanny ab, wenn sie zu mir kam. Sie hatte zwar keinen Führerschein, konnte jedoch besser fahren als so mancher Trucker. Maeve wusste, dass Diana im Gefängnis saß. Sie sagte mir, ihrer Meinung nach würde Nanny den Kleinen verhätscheln und verwöhnen. Das waren Details, die an mir vorbeigegangen waren, aber Maeve hatte sie sofort auf dem Schirm.

Einmal sagte Maeve zu Danny Boy: »Pass auf, Kleiner. Bevor wir wieder zu Nanny fahren, räumen wir noch schnell dein Spielzeug auf.«

Danny Boy antwortete: »Bei Connie musste ich nie meine Spielsachen aufräumen.« (Connie war meine Freundin vor Maeve.)

Maeve erwiderte: »Und genau darum wirst du Connie auch nicht mehr wiedersehen.«

Ich mochte Maeves Erziehungsstil. Ich selbst hatte nie allzu viel darüber nachgedacht, was für eine Art Vater ich sein wollte. Doch ich wusste ganz genau, was für eine Art Vater ich nicht sein wollte. Auf keinen Fall wollte ich meinem Sohn mein abgefucktes Wertesystem aufbürden – ganz besonders galt das für die chauvinistische Maxime »Eine im Haus und drei auf der Straße«. Und vor allem sollte er immer wissen, dass ich ihn liebte. Egal, ob er Anführer der mexikanischen Mafia oder US-Senator würde.

Meine Herangehensweise an das Thema Erziehung schien Eindruck auf George zu machen. Kurz nachdem *Penitentiary III* im Kasten war, gingen wir mal wieder mit Danny Boy an der Uferpromenade in Venice spazieren. George war ein paar Schritte hinter mir und dem Kleinen. Als ich mich umdrehte, um ihn aufschließen zu lassen, sah ich, dass er sehr gerührt war. »Was ist denn los, George?«, fragte ich. George erklärte, es sei wegen Danny Boy, der gerade seine Finger in die Gürtelschlaufe meiner Hose eingehängt hatte.

»Ich muss zurück nach San Jose und die Sache mit Lisa in Ordnung bringen.«

»Freut mich, dass wir dir helfen konnten, das rauszufinden«, sagte ich.

Wir lachten.

Kapitel 18

ABSCHIED VON EINEM ANDEREN LEBEN

1986

Obwohl ich es damals noch nicht wusste, begann mit meinen ersten Filmrollen ein neues Leben für mich. Mein Onkel, eine feste Größe meines bisherigen Weges, begleitete mich weiterhin in einer Art Paralleluniversum. Als er aus dem Gefängnis entlassen wurde, kehrte er sofort wieder auf die Straße zurück, zu dem, was er am besten konnte und kannte. Er heuerte beim größten Drogendealer im Valley als Geldeintreiber an. Wenn Gilbert klopfte, beglichen die meisten Leute sofort ihre Schulden, denn alle Welt wusste, dass er keinen Spaß verstand. Konnte jemand nicht zahlen, nahm Gilbert das Boot oder die Autos desjenigen mit, bis die Kohle am Start war.

Bei besonders hartnäckigen Schuldnern kehrte Gilbert seine finsterste Seite hervor. Er wurde dabei nie laut, denn wer schreien muss, hat schon verloren. Stattdessen rief er bei dem Säumigen an und sagte: »Morgen wirst du deine Frau anrufen müssen, um ihr zu sagen, dass dein ältester Sohn gestorben ist. Ich bin bereit, über die Todesart zu verhandeln, aber passieren wird es so oder so. Überleg dir, was für eine Art Unfall es sein soll, und sag Bescheid. Eins ist nämlich klar: Deiner Frau erzählen zu müssen, dass euer gemeinsamer Sohn nur wegen dir draufgegangen ist ... das willst du nicht.«

Diese Ansage spulte er so ruhig und sachlich herunter, dass die Person am anderen Ende der Leitung, ganz gleich, um wen es sich handelte, Himmel und Hölle in Bewegung setzte, um ihre Schulden zu begleichen.

Dabei befand sich Gilbert selbst im freien Fall. Und ich wusste es. Er wohnte in Sylmar, einem Viertel im Norden des San Fernando Valley, und fuhr jeden Abend mit seiner Harley zu mir nach Venice Beach runter, um mit mir und George abzuhängen. Oft wartete er schon mit Pizza von dem Italiener am Ende der Straße vor meinem Apartment auf uns.

Gilbert hatte immer ein Messer, eine längere Klinge und zwei Pistolen am Mann. Eines Abends erzählte er mir, dass er, obwohl er dreizehn Riesen Cash mit sich rumschleppte, auf dem Weg zu meiner Wohnung einen Schnapsladen ausgeraubt hatte. Die Beute: achtzig Dollar. Er war süchtig, nicht nur nach Drogen, sondern auch nach den Adrenalinschüben der Raubüberfälle. Es war eine Mischung, die ich nur allzu gut kannte. Am Ende meiner Gangsterjahre wusste ich auch nicht mehr, ob ich raubte, um Drogen nehmen zu können, oder ob ich Drogen nahm, um rauben zu können.

Gilbert hatte in den Scheiß-drauf-Modus geschaltet – genauso wie ich bei meinem Lauf mit Dennis, genauso wie mein Vater bei dem Rennen mit dem Mustang seines Kollegen. Egal, was passiert, man tritt das Gaspedal immer weiter durch, bis man irgendwann gestoppt wird. Von einem Baum, den Cops, einer Kugel.

Wir sprachen darüber, dass er nun auch Kokain verkaufte. Er meinte, das sei keine große Sache.

»Keine große Sache? Erinnerst du dich nicht mehr an Chuey?«

Chuey wohnte in der Temple Street und war damals, als ich vierzehn war, unsere Connection für Heroin. Ein paar Jahre später hatte er etwas Neues für uns.

Gilbert holte mich früh mit dem Wagen ab, um runter zur Temple Street zu fahren. Als wir um die Ecke von Chueys Häuserblock bogen, sahen wir seine gesamte Familie auf der Veranda: seine Lady im Hausmantel und mit Lockenwicklern im Haar, seine Kinder heulend daneben. Gilbert parkte den Wagen.

»Wo ist Chuey?«, fragte er.

Sie zeigte zur Haustür. »Ach, Gilbert. Chuey ist auf diesem Zeug drauf.«

»Was für ein Zeug?«

»Na, auf *diesem* Zeug eben!«

Gilbert warf mir einen Blick zu, und wir gingen rein. Die Wohnung sah übel aus. In der Küche lagen das Kochgeschirr und jede Menge zerbrochene Teller auf dem Boden. Aus einem der hinteren Zimmer drangen seltsame Laute zu uns nach vorn.

Die Vorhänge waren zugezogen, aber das karge Licht reichte aus, um die an die Wände geschmierten Exkrementspuren zu erkennen. Chuey war ein Junkie und ein Dealer, doch er war auch ein Familienvater. In seinem Haus hatte immer Ordnung geherrscht. Nie hatte es dort Drama gegeben, keine wilden Schimpftiraden, keine Wutausbrüche. Die Nachbarn wussten, was Chuey tat, aber sie akzeptierten es als seine Art, den Kühlschrank seiner Familie zu füllen. Nichts von dem, was wir nun in der Wohnung sahen, passte zu dem Chuey, den wir kannten. In einem der hinteren Zimmer hörten wir wirres Gemurmel und Gekicher. Es kam aus einem Wandschrank, der mit einem Betttuch zugehängt war.

»Chuey? Bist du da drin?«

»Gilbert?«

»Ja, ich bin's, Carnal.«

Die Hand eines alten Mannes kam hinter dem Bettlaken hervor und zog es zur Seite. Chuey hockte halb nackt und vornübergekippt auf dem Boden und fuchtelte mit einer Machete herum. Seit unserem letzten Treffen schien er zwanzig Jahre gealtert.

»Was zum Henker ist hier los?«, fragte Gilbert.

»Es ist das Zeug, Mann. Ich bin auf dem Zeug da!« Chuey zeigte mit der Machete auf eine Kommode.

»Was für ein Zeug?«

»Na dieses Zeug!«

Gilbert bat mich, die Vorhänge ein wenig aufzuziehen.

»Nein, Gilbert, nicht die Vorhänge! Die sind da draußen.«

»Da draußen ist niemand, Chuey. Wir wollen nur ein bisschen Licht hier drinnen haben, damit wir uns anständig mit dir unterhalten können.«

Ich zog den Vorhang zurück. Obwohl ich schon einigen Scheiß gesehen hatte, war Chueys Transformation ein schockierender Anblick für mich.

»Ist das hier das Zeug, von dem er faselt?« Ich zeigte auf einen großen Brocken auf der Kommode, der aussah wie ein Klumpen aus wunderschönem Perlmutt.

»Ja, das muss es sein«, sagte Gilbert.

»Wir wollen dir nur helfen, Chuey. Am besten holen wir dir erst mal ein bisschen Wasser, okay?«

Chuey ließ sich von Gilbert die Machete abnehmen und anschließend auf die Beine helfen. Ich schnappte mir den alabasterartigen Brocken von der Kommode, wickelte ihn in ein T-Shirt ein und steckte ihn in meine Jackentasche. Chueys Lady war außer sich.

»Er ist nicht mehr er selbst! Ich weiß nicht, was ich noch machen soll, Gilbert!«

»Keine Angst, wir kommen wieder und werden uns was überlegen.«

Nachdem sie uns unser Heroin gegeben hatte, fuhren wir zum Valley zurück. In Gilberts Apartment legte ich den marmorfarbenen Brocken auf den Couchtisch. Gilbert wirkte überrascht.

»Was zum Teufel ist das denn? Hast du das mitgenommen?«

»Er hat doch selbst gesagt, dass es der Wahnsinn ist.«

»Gut gemacht.«

»Was sollen wir damit anstellen?«

»Fixen.«

Mit einem Löffel trennte ich mir ein gehöriges Stück von dem Brocken ab. Das Zeug sah faszinierend aus, kristallweiß. »Was meinst du, ist das genug?«

»Ja, passt.«

Wie sich herausstellte, war es viel zu viel. Es war das reinste Kokain aller Zeiten, und ich hatte noch keinerlei Erfahrung mit der Droge. Bis zu diesem Tag im Jahr 1962 wusste ich noch nicht mal, wie man den Stoff nannte. Ich drückte mir den ganzen Löffel in den Arm und ging sofort an die Decke. Ich dachte, ich hätte einen Herzinfarkt.

»Fuck!« Ich stürzte aus Gilberts Wohnung und rannte draußen einfach die Vineland Avenue runter. Ich hatte keine Ahnung, wohin ich überhaupt wollte. Ich wusste nur eins: Ich musste mich bewegen, andernfalls würde ich draufgehen. Gilbert fuhr mir mit seinem Wagen hinterher. »Steig ein, Mann. Los, steig ein.«

»Gilbert, ich glaub, ich sterbe, Mann. Was ist das für ein Scheißzeug?«

»Kokain.«

Jetzt verkaufte Gilbert das Zeug also. In meinem Apartment in Venice lachte er nur darüber und sagte: »Danny, Koks ist keine Droge wie Heroin. Es ist ein Muntermacher, mehr nicht. Ein Muntermacher, mit dem ich länger aufbleiben und mehr H verkaufen kann.«

Bei seinem letzten Besuch in Venice ließ Gilbert sein Motorrad einfach auf dem Rasen meines Nachbarn fallen. Der Kerl wollte gerade etwas sagen, doch dann sah er Gilberts Gesicht und verkniff sich jeglichen Kommentar. Gilbert war ein herzlicher und hilfsbereiter Mensch, aber er konnte seinem Gegenüber mit nur einem

Blick das Blut in den Adern gefrieren lassen. Wie mein Vater schien auch er auf über zwei Meter anzuwachsen, wenn die Wut in ihm emporstieg.

Gilbert hatte Pizza und frittierte Zucchini-Sticks mitgebracht, allerdings war das Essen mit Grashalmen vom Rasen des Nachbarn garniert. Er entschuldigte sich für die Sauerei und aß das Zeug trotzdem. Gilbert war an diesem Abend sehr emotional. Er erzählte mir, wie stolz er auf mich war und wie leid es ihm tat, dass er mich zu den Drogen und den Gaunereien gebracht hatte.

Ich sagte: »Laber keinen Scheiß, Gilbert. Hättest du das nicht getan, würde ich jetzt irgendwo vor der Glotze hängen und Nachrichten schauen. Du hast mich zu dem gemacht, der ich bin. Meine Erfahrungen haben mich zu dem gemacht, der ich bin. Es gibt nichts, was ich ändern würde.«

Er nickte schweigend und antwortete dann: »Ich glaube, ich fahr jetzt besser heim.« Er war ziemlich breit und hatte einen Dreißig-Meilen-Ritt vor sich.

»Warum bleibst du nicht einfach hier?«

»Nee, passt schon. Ich liebe dich, Danny.«

»Ich liebe dich auch, Mann.«

Ich hatte lange gebraucht, um diese Worte zu einem anderen Mann sagen zu können. Gilbert gegenüber waren sie nie nötig gewesen, da es für uns beide stets klar und bedingungslos gewesen war.

Er umarmte mich und ging in die Nacht hinaus. Selbst wenn er breit war, sah er noch wie ein Filmstar aus.

Nachdem Gilbert weg war, sagte George zu mir: »Danny, ich glaube, Gilbert wollte dich um Vergebung bitten.« Meiner Ansicht nach gab es jedoch nichts, wofür Gilbert sich bei mir hätte entschuldigen müssen.

Mein Cousin Sal fand ihn ein paar Tage später tot in seinem Apartment. Überdosis. Gilbert hatte siebzehn Riesen Cash und acht Unzen Koks und H bei sich. Überall lagen Knarren herum. Ich sagte Sal, er solle das Zeug verschwinden lassen, bevor er den Krankenwagen rief. Für mich wurde das Leben meines Onkels nicht von diesem Mist definiert, und ich wollte nicht, dass es nun seinen Tod überschattete. Wir beerdigten ihn wenige Tage darauf auf dem Valhalla-Memorial-Friedhof in North Hollywood. Als ich von der Beisetzung nach Hause kam, heulte ich wie ein Baby. Ich fühlte mich verloren. Als ob plötzlich die Hälfte von mir selbst verschwunden wäre. Ganz gleich, ob Gilbert gerade im Knast saß oder draußen war, wir hatten uns nie aus den Augen verloren. Er war der einflussreichste Mensch in meinem Leben. Nun war ich allein und musste mich ohne ihn durchschlagen.

Kapitel 19

ERSTE KLASSE

1987

In einem meiner ersten Interviews meinte die Journalistin zu mir: »Mr. Trejo, Sie spielen immer den tätowierten Mexikaner. Haben Sie keine Angst vor Typecasting?«

Ich antwortete: »Ich *bin* ein tätowierter Mexikaner.« Trotzdem, an ihren Worten war etwas dran. Umso mehr freute ich mich, für die Rolle eines italienischen Gangsters gecastet zu werden, den ich in *Death Wish 4 – Das Weiße im Auge* mit Charles Bronson spielen sollte. Bronson war genau so, wie ich es mir erhofft hatte. Sein Gesicht, sein Look, seine Gesten. Er war einer der wenigen Männer, die mich an Gilbert erinnerten. Beide konnten ihr Gegenüber mit nur einem Blick zu Stein erstarren lassen.

In *Death Wish 4* spielte ich einen italienischen Mafioso namens Art Sanella. Eines Tages drehten wir eine Restaurantszene, und der Regisseur bat uns, eine Unterhaltung zu erfinden, die wir im Hintergrund führen könnten. In der Szene spielte auch ein altgedienter Nebendarsteller namens Perry Lopez mit, der uns Tipps gab, worum es in der Unterhaltung gehen könnte. Perry war ein Puerto Ricaner aus New York, der noch das alte Studiosystem kannte und dort Vertragsschauspieler gewesen war. Er war eine Legende unter den Darstellern mit Latinowurzeln. Mit uns am Tisch saß ein junger

Kerl, der allen in einem Fünf-Meilen-Radius erzählte, dass er in Hooliard gewesen sei. Ich fragte Perry, was das denn bitte schön sein solle. Perry lachte. »Juilliard, Danny, die Schauspielschule Juilliard.«

Perry erklärte uns abermals, worum es seiner Meinung nach in der Unterhaltung gehen könnte. Der junge Kerl blaffte ihn an: »Und wer zum Henker hat dich zum Regisseur des Streifens gemacht?«

Perry sah aus, als hätte er einen Faustschlag ins Gesicht bekommen. Ich flippte aus. »Ich war das, du Flachwichser. Entweder tust du jetzt, was er sagt, oder ich schlag dir die Zähne in den Hals.«

Mit einem Mal waren alle still. Ich merkte, dass jemand hinter mir an den Tisch getreten war. Es war Charles Bronson. Er hatte alles mit angesehen. Ich dachte nur: *Glückwunsch, Danny, damit hast du deine noch junge Filmkarriere gegen die Wand gesetzt.* Bronson musterte mich von Kopf bis Fuß und sagte: »Wie ich höre, bist du so eine Art Suchtberater.«

»Ja, bin ich.«

Er lächelte. »Mir gefällt, wie du die Leute *berätst*.« Wie es aussah, hatte ich bei Bronson einen Stein im Brett.

Nach diesem Film nahm meine Schauspielkarriere Fahrt auf. Ich bekam eine Rolle bei einem Dreh in Philadelphia: *Shannon – Sein schwerster Fall.* Als ich den Flieger Richtung Ostküste bestieg, konnte ich es kaum fassen. *Jetzt bin ich ein richtiger Schauspieler!*, fuhr es mir durch den Kopf.

Ich war erst einmal zuvor mit einem Flugzeug gereist, und zwar zu einem Kongress zum Thema Sucht in San Francisco, zu dem man mich eingeladen hatte. Danny Boy war damals vier Jahre alt gewesen, und ich hatte ihn mitgenommen. Wir flogen von Burbank aus los. Es war ein großartiges Gefühl, zum ersten Mal zu fliegen, aber noch schöner fühlte es sich an, mit meinem Sohn auf dieses besondere Abenteuer gehen zu können. Während des Fluges gab es Turbulenzen. Ich hatte keine Ahnung und nahm deshalb an, dass diese Achterbahnfahrt ganz normal wäre. Doch dann gerieten Leute in Panik, die schon öfter geflogen waren. Danny Boy rief den anderen Passagieren zu: »Ihr braucht keine Angst zu haben, Leute. Hebt einfach eure Hände in die Luft und ruft: ›Bei der Macht von Grayskull!‹« Grayskull war das magische Schloss seiner Lieblings-zeichentrickserie – *He-Man und die Masters of the Universe*. Die Passagiere taten, was er sagte, und im Handumdrehen sah ich nur noch lächelnde Gesichter um mich herum.

»Jetzt haben sie keine Angst mehr, Dad!« Danny Boy strahlte.

Bei dem Kongress saß ich auf dem Podium. Der Saal war voller Abhängiger im Rehabilitationsprozess. Da unser Suchthilfeansatz die vollkommene Abstinenz propagierte, sagte ich zum Abschluss: »Und übrigens: Trinken tun wir auch nicht!«

Wie auf Kommando wirbelte in diesem Moment Danny Boy über die Bühne und rief: »Wir trinken nicht! Wir trinken nicht! Wir trinken nicht!« Der ganze Saal lachte los. Er war mein kleiner Sidekick.

Nach und nach bereiste ich Ecken der Welt, von denen ich vorher nur geträumt hatte. Bei *Shannon – Sein schwerster Fall* zum Beispiel konnte ich zunächst gar nicht fassen, dass wir erste Klasse flogen und in einem luxuriösen Hotel untergebracht waren. Und dann gab es da natürlich noch die Verpflegungspauschalen. Ich war ein vorbestrafter Ex-Knacki und hatte den Großteil meiner Zeit als Jugendlicher und junger Erwachsener hinter Gittern gesessen. Klar, ich hatte die Stadt in Filmen gesehen und in Geschichtsbüchern von ihr gelesen, aber als ich durch die Straßen von Philadelphia lief, konnte ich es nicht so recht glauben. Ein »Wow!« jagte das nächste.

Es war mein erster Filmdreh *on location* überhaupt, und es war auch das erste Mal, dass ich den Wünschen der Produktionsfirma zuwiderhandelte. Man hatte uns ermahnt, ein bestimmtes Viertel zu meiden, da es als problematisch galt. Mein Kollege Tommy

Rosales und ich hüpften sofort nach Feierabend in ein Taxi und ließen uns in die besagte Gegend fahren.

Es war nicht so schlimm, wie man uns gesagt hatte. Wir fanden eine coole Bar und tanzten bis spät in die Nacht.

Wenn ich nicht gerade arbeitete, ging ich weiterhin zu den Meetings der Selbsthilfegruppen oder klapperte die Straßen ab, um Abhängige dazu zu bringen, clean zu werden. Dr. Dorr hatte recht behalten mit der Einschätzung, dass eine gewisse Prominenz uns helfen würde, mehr Klienten zu Western Pacific Med Corp zu bringen. Es kam jetzt öfter vor, dass die Leute mich wegen meiner Filmrollen erkannten. Immer wieder sah ich diesen ungläubigen Ausdruck auf ihren Gesichtern. Ich finde nicht, dass eine Präsenz in Film oder Fernsehen die Tätigkeit eines Menschen aufwerten sollte, doch in meinem Fall, als Suchtberater, war sie von großem Nutzen. Selbst in den besten Monaten brachte ich durch die Schauspielerei keine riesigen Summen mit nach Hause. Für unsere Verhältnisse war es zwar ein großartiges Zubrot, aber wir sprechen hier von höchstens siebenhundert Dollar pro Monat. Allgemein wird ja oft angenommen, dass man sich eine Villa und einen Hubschrauber leisten kann, nur weil man in ein paar TV-Serien über den Bildschirm huscht. Aber viele Leute erkannten dank dieses Kontrasts – zwischen einem vermeintlich großen Erfolg im Filmbiz und der Arbeit in der Drogenrehabilitation –, dass mir die Suchthilfe am Herzen lag. Das tat sie wirklich, und das tut sie immer noch.

Bei Western Pacific verbrachte ich viel Zeit damit, die Leute von der Straße zu holen. Ein neues Leben in unser Zuhause zu holen, war jedoch eine Vorstellung, für die ich nicht sonderlich aufgeschlossen war. Maeve war schwanger. Ich wünschte, ich könnte behaupten, einen Freudensprung gemacht und die werdende Mutter mit Blumen eingedeckt zu haben, als ich die Nachricht erhielt. Aber so war es nicht. Meine Reaktion war von der unschönen Sorte. Ich fragte Maeve, was sie tun wolle, worauf sie antwortete, sie würde das Kind zur Welt bringen. Ich war dagegen. Ich fühlte mich nicht bereit für ein zweites Kind. Meine Meinung interessierte sie nicht. Sie sagte: »Du kannst mich mal, Danny. Ich werde das Kind behalten. Und wenn ich dafür in eine Notunterkunft für alleinstehende Mütter ziehen muss!«

Wir waren in einer Sackgasse – oder besser gesagt: Sie wusste, was sie tat, und ich wusste es nicht. Kurz darauf musste ich nach Hawaii, um in einem Film mit Erik Estrada mitzuspielen: *Guns – Sex Frauen räumen ab.*

In den vorbereitenden Treffen wirkte Erik distanziert, vielleicht sogar ein bisschen abgehoben. Wenn Leute mich erkannten, reagierte er eigenartig, ganz so, als gäbe es einen Wettbewerb. Er konnte es nicht verstehen. Seine große Zeit als Motorradpolizist Ponch in der Serie *CHiPS* lag einige Jahre zurück, und in Wahrheit interessierte sich keine Sau mehr dafür. Für mich war diese Begegnung eine willkommene Erinnerung daran, stets ein höheres Ziel als Hollywood zu verfolgen.

Ich war erst sehr spät gecastet worden. Die Produktionsleitung teilte uns mit, dass sie etwas klamm war und alle Darsteller deshalb in der Touristenklasse nach Hawaii fliegen mussten. Ich hatte kein Problem damit. Als wir in Los Angeles an Bord gingen, saßen Erik und seine Freundin erst mit mir und den anderen ganz hinten in der Maschine. Kurz vor dem Start kam eine Stewardess zu Erik und flüsterte ihm etwas zu. Die beiden standen auf und wurden in die erste Klasse geführt. Als sie dort Platz genommen hatten, zog die Stewardess den Vorhang zu.

Ich starrte den Vorhang an und kochte innerlich. Zu frisch waren die Erinnerungen an meinen Erste-Klasse-Flug nach Philadelphia, die riesigen Sitze, den exzellenten Service. *Warum hatten die von der Produktionsleitung mein vertraglich zugesichertes Recht auf einen Erste-Klasse-Flug missachtet?* In mir wuchs der Verdacht, dass die

Sache abgekartet war, eine Art vertrauliche Vereinbarung zwischen Erik und den Produzenten, nach der er anfänglich so tun sollte, als fliege er Touristenklasse, bevor er in die erste Klasse umgesetzt wurde. Meine Knastzeit lag zu diesem Zeitpunkt zwar bereits fast zwanzig Jahre hinter mir, aber es war immer noch so, dass selbst ein leichter Hauch von Respektlosigkeit mich in Rage brachte. Innerlich rumorte es in mir, und ich grübelte darüber nach, wie sehr man mich verarscht, angelogen und, was am schlimmsten war, zum Narren gehalten hatte. Ja, ich hatte der Touristenklasse zugestimmt, weil es alle Darsteller betraf, doch sobald mein Kollege und seine Freundin hinter dem Vorhang in die erste Klasse verschwunden waren, begann es in mir zu gären. Am liebsten wäre ich aufgestanden und hätte Stunk gemacht.

Aber ich tat es nicht. Stattdessen rief ich mir einige der Weisheiten von Sam Hardy ins Gedächtnis, lehnte mich zurück und schaute aus dem Fenster. Es war ein wunderschöner Tag, ich hatte vier Sitze nur für mich allein. Trotzdem rasten meine Gedanken hin und her. Einerseits brütete ich über der Respektlosigkeit, die ich gerade erlitten hatte. Andererseits machte ich mir bewusst, dass ich in einem Flugzeug saß, eine ganze Sitzreihe für mich hatte und zum ersten Mal nach Hawaii reiste. Ich war noch nie dort gewesen, aber auf Fotos wirkte es wie ein Paradies.

Vor mir saß ein Pärchen Mitte siebzig. Die Frau nahm die Hand des Mannes und sagte: »Jetzt wird dein Versprechen vom Hawaii-Urlaub zu unserer goldenen Hochzeit doch noch wahr. Verrückt, oder?«

Ich lauschte dem Gespräch der beiden und starrte dabei durch die Lücke zwischen den Sitzen auf ihre ineinandergeschlungenen Hände. Der Mann hatte Pranken groß wie Schaufeln und rau wie Leder. Wahrscheinlich goss er Beton auf dem Bau oder arbeitete als Schweißer. Seine Hände sprachen jedenfalls dafür, dass er ein Arbeiter war. Er hatte seiner Frau vor fünfzig Jahren diese Reise versprochen und womöglich sein ganzes Leben lang gespart, um den Traum wahr werden zu lassen. Mit einem Schlag war ich wieder zurück in der Realität. Wer zum Henker war ich denn bitte schön, dass ich mir einbildete, ständig den Kürzeren zu ziehen? Ich kam mir wie ein blasiertes Arschloch vor.

Gott hat seine ganz eigene Art, mir Botschaften zu schicken, damit ich mein Ego herunterfahre und meine Wünsche zügele.

Ich bewunderte die Zuneigung des Pärchens in der Sitzreihe vor mir und musste sofort an meine Beziehung mit Maeve denken. Vielleicht sollten wir uns ein schöneres Heim in Venice suchen, mit großer Küche und allem Drum und Dran. Vielleicht würde das neue Baby dafür sorgen, dass wir uns wieder näherkamen. Vielleicht könnten auch wir im Alter Reisen unternehmen. Vielleicht wäre sie dann alles, was ich brauchte. Vielleicht wäre ich dann alles, was sie brauchte. Ich wusste es nicht. Ich hatte noch nie viel Vertrauen in die Zukunft gehabt. Einerseits hatte ich Angst, dass Maeve mich verlassen könnte, andererseits wollte ich frei sein. Warum war die Vorstellung, den Rest meines Lebens mit einer Frau zu verbringen, so ein großes Problem für mich?

»Entschuldigung«, sagte ich. »Ich sitze hier ganz allein in dieser Reihe. Wenn Sie gern etwas mehr Platz hätten, tausche ich gern mit Ihnen.«

»Das ist aber sehr nett«, sagte die Frau.

Als ich aufstand, um mit dem alten Pärchen die Plätze zu tauschen, lächelte mir einer der Produzenten des Films zu. Er flog ebenfalls in der Holzklasse und streckte mir den nach oben gereckten Daumen entgegen. Alles war genau so, wie es sein sollte.

Nach ein paar Stunden Flug drehte ich mich kurz zu dem alten Paar um. Sie machten gerade rum wie zwei Teenager. *O mein Gott*, dachte ich, *diesen Anblick hätte ich mir vielleicht lieber erspart.*

Der Film selbst war albern, machte aber Spaß. Ich werde oft gefragt, ob es mir etwas ausmacht, B-Movies zu drehen. Meine

Antwort ist immer dieselbe: Wenn ich an einem Film mitwirke und meine Arbeit zu dessen Fertigstellung beiträgt, bedeutet das für mich in erster Linie, dass die Leute ihr Gehalt bekommen und ihre Familien ernähren können. Außerdem sind Filme mehr als nur der fertige Streifen. Die Menschen, die man beim Dreh kennenlernt; die Unterhaltungen, die man dort führt; das Leben, das während der Filmarbeiten weiterläuft – das ist das wirklich Einmalige daran.

Ich glaube, ich kriege immer wieder Jobs von denselben Leuten, weil sie wissen, was sie von mir kriegen: Ich verhalte mich wie ein Arbeiter unter Arbeitern, ich konzentriere mich voll auf den gerade anstehenden Job, ich widme dem Projekt hundert Prozent meiner Aufmerksamkeit und gebe alles, ich mache keine Welle. Es gibt viele Leute, die sich selbst sehr wichtig nehmen und darüber andere Dinge aus dem Blick verlieren. Man kann versuchen, sie auf den richtigen Pfad zurückzuführen – ich habe mehr als die Hälfte meines Lebens damit verbracht –, aber für gewöhnlich ist das nicht sehr aussichtsreich, wenn die betreffende Person sich einmal entschlossen hat, ihr Leben durch egomanisches Verhalten gegen die Wand zu fahren. Manche Leute wissen einfach nicht zu schätzen, was sie haben, und sind nur darauf fokussiert, was sie nicht haben.

Die Sache mit der Holzklasse gab mir die Möglichkeit, mein Ego zu bremsen. Eddie Bunker fasste es einmal perfekt in Worte: »Danny, die ganze Welt darf denken, dass du ein Filmstar bist. Du darfst das nicht.«

Kapitel 20

UND DANN WAREN ES FÜNF

1988

Nachdem ich aus Hawaii zurückgekehrt war, sagte ich Maeve, sie solle ihre Sachen packen und bei mir einziehen. Sie willigte ein, bestand jedoch darauf, dass Danny Boy dauerhaft bei uns wohnte. Sie fand es falsch, meinen zweiten Sohn in ein Zuhause zu bringen, in dem der erste nur ein paar Tage die Woche verbrachte. Ich ahnte, dass es Nanny das Herz brechen würde, und wusste nicht so recht, wie ich die Trennung angehen sollte. Dann stürzte sie allerdings, brach sich das Becken und starb im Krankenhaus. Das Universum hatte mir die Entscheidung abgenommen. An dem Wochenende des Unfalls war Danny Boy ohnehin bei mir. Ich rief Maeve an und sagte: »Pack deine Sachen. Danny Boy wohnt jetzt bei uns.«

Auf Nannys Beerdigung klammerte sich Danny Boy die ganze Veranstaltung über an mir fest. Die Aufmerksamkeit, die er von den Anwesenden erhielt, und die komplexen Gefühle eines so schweren Verlusts überforderten ihn. Er war noch zu jung für eine derartige Lektion in Sachen Leben und Tod. Er blieb dicht bei Maeve und mir und wollte so schnell wie möglich nach Hause fahren. Auf der Heimfahrt sagte er: »Daddy, ich bin froh, dass du da warst. Ich will nie wieder zu so einer Sache gehen.«

Den Moment, in dem Maeves Fruchtblase platzte, bekam ich

gar nicht richtig mit. Ich hatte an diesem Abend einen schrecklichen Migräneanfall und kauerte im Bad über der Kloschüssel. Als es mir etwas besser ging, war Maeve nicht mehr da. Sie hatte eine Freundin gebeten, sie zum Krankenhaus zu fahren. Ich wünschte, ich könnte die Uhr zurückstellen, aber ich kann es nicht. Es hat einige Zeit gedauert, doch mittlerweile habe ich mir selbst verziehen, dass ich nicht dabei war, als unser erstes gemeinsames Kind das Licht der Welt erblickte.

Als ich mit Danny Boy im Cedars-Sinai Medical Center ankam, hielt Maeve den in eine Decke gehüllten Knirps schon in den Armen. Ganz ähnlich wie Danny Boy war auch dieser kleine Mann das süßeste Wesen, das ich je zu Gesicht bekommen hatte. Das Kind, das ich anfangs nicht gewollt hatte, ließ mich vom ersten Moment an dahinschmelzen. Wir nannten es Gilbert, nach meinem Onkel. Es war Maeves Idee. Sie wusste, wie sehr ich zu ihm aufgeblickt hatte.

Nach und nach richteten wir uns ein gemütliches Zuhause in unserem winzigen Apartment in Venice ein. Ich baute Gilbert eine Wiege, und die beiden Brüder teilten sich ein Zimmer. Danny Boy liebte den Kleinen über alles.

Es lief gut – so gut, dass wir einfach immer weitermachten. Zum ersten Mal in meinem Leben gab ich mein Bestes, um ein echter Vollzeitvater und ein guter Partner zu sein. Maeve hatte viel zu tun, um die Kinder und ihr Studium am Santa Monica College unter einen Hut zu bekommen. Darüber hinaus unterstützte sie meine Schauspielkarriere, so gut sie konnte, war insgeheim jedoch besorgt über die Tatsache, dass keiner von uns beiden einen »richtigen« Job hatte, besonders weil es nun so viele Münder zu stopfen galt. Und der Nachschub ließ nicht lange auf sich warten! Zwei Jahre und drei Monate nach Gilberts Geburt musste Maeve wieder ins Krankenhaus, um unsere Tochter Danielle zur Welt zu bringen. Es war wie bei der Geburt von Gilbert: Als es losging, hatte ich einen Migräneanfall. Die Kopfschmerzen waren real, kamen aber aus psychologischer Sicht natürlich gerade recht. Dieses Mal ließ Maeve keine Ausreden gelten. »Mir egal, ob du gerade stirbst, Danny, du wirst mich jetzt ins Krankenhaus fahren«, sagte sie. Am Eingang des Cedars-Sinai meinte sie dann: »So, hier kannst du mich absetzen.«

»Jetzt sei nicht albern«, erwiderte ich, parkte den Wagen und ging mit ihr ins Krankenhaus. Als ich gerade grübelte, ob ich wohl auch mit in den Kreißsaal gehen sollte oder nicht, wurden Maeves Wehen plötzlich so heftig, dass die Schwestern ein paar Lampen herbeischafften und die Entbindung direkt in dem Raum durchführten, in dem wir uns gerade befanden.

Irgendwann wurden die Schmerzen so schlimm, dass Maeve schrie: »O mein Gott! O mein Gott! O mein Gott!«

Ich sagte: »Schrei lieber ›O mein Danny!‹. Schließlich hab ich das gemacht.«

Ein scharfer Blick von ihr genügte, um mich zum Schweigen zu bringen.

Ich erinnere mich noch an den Moment, als Danielles Kopf zum Vorschein kam. Ich sah zur Uhr, denn ich wollte diesen Augenblick für den Rest meines Lebens in Erinnerung behalten. Als ich unsere Kleine in den Armen hielt, war das wie ein Neuanfang für mich. Ich war von ihrem ersten Atemzug an mit dabei, und so war meine Beziehung zu dem kleinen Ding wie eine weiße Leinwand, die wir so füllen konnten, wie auch immer wir es wollten. Für diese Erfahrung werde ich ewig dankbar sein. Die ersten Worte, die ich zu Danielle sagte, nachdem der Arzt sie mir gereicht hatte, lauteten: »Niemand wird dir jemals wehtun, Baby.« Als der Arzt mir jedoch dann die Schere reichte, um die Nabelschnur zu durchtrennen, erstarrte ich. Ich hatte ihr doch gerade erst versprochen, dass man ihr niemals wehtun würde.

»Keine Angst, Mr. Trejo, das wird sie nicht merken.«

»Aber ich werde es merken!« Das war kein Witz. Ich hatte gerade zum ersten Mal die Geburt eines meiner Kinder miterlebt und sofort einen unauflösbaren Bund mit ihm geschlossen. Jetzt Danielles Nabelschnur zu durchtrennen, kam für mich nicht infrage.

Maeve übernahm das Kommando und sagte dem Arzt, er solle den Schnitt machen. Danielle streckte ihre winzigen Ärmchen in die Höhe und weinte.

»Ich hab dir doch gesagt, du sollst ihr nicht wehtun, Kumpel!«

Der Arzt lächelte. Ich glaube, er war noch nie zuvor mit »Kumpel« angesprochen worden.

Kapitel 21

AMERICAN ME

1991

Im Jahr 1991 waren in Hollywood zwei Drehbücher im Umlauf, die sich mit der Gründung und dem Aufstieg von La Eme beschäftigten, der größten mexikanischen Gang im kalifornischen Gefängnissystem. Da ich ein relativ bekannter Chicano mit Knasterfahrung war, klopften die Macher beider Filmprojekte bei mir an. Sie wussten, dass meine Mitwirkung an ihren Vorhaben Pluspunkte in Sachen Glaubwürdigkeit bringen würde. Eins der Projekte trug den Namen *American Me – Das Gesetz der Gewalt* und war von und mit Edward James Olmos. Der andere Streifen hieß *Blood In, Blood Out – Verschworen auf Leben und Tod*.

Als ich mich hinsetzte, um das Skript von *American Me* zu lesen, war ich sehr gespannt. Olmos hatte gerade eine oscarnominierte Performance in *Stand and Deliver* hingelegt und bereitete nun diesen neuen Film über eine mir sehr vertraute Welt vor. Meine anfängliche Begeisterung schlug allerdings rasch in Entsetzen um. Nach zehn Seiten wusste ich bereits, dass es Probleme geben würde. In der Anfangsszene wird die Mutter des von Edward James Olmos gespielten Protagonisten Montoya Santana in der Nacht der Zoot-Suit-Riots von mehreren Matrosen vergewaltigt, sodass sie nicht weiß, wer der Vater von Montoya ist. Olmos' Figur basierte auf einem echten Boss der Mexican Mafia, nämlich Rodolfo »Cheyenne« Cadena, zu dessen Leben diese Darstellung jedoch nicht passte. Daher war schon der Einstieg komplett unwahr.

Das war allerdings nicht das einzige Problem. Zwanzig Skriptseiten später folgte eine schockierende Szene, in der Montoya im Jugendknast Gewalt angetan wird. Ich werde die Tat an dieser Stelle nicht näher beschreiben, denn die Wahrheit ist, dass Cheyenne niemals in der beschriebenen Art und Weise missbraucht worden war. Der Umstand, dass er sich laut Skript sofort an seinem Peiniger rächt, spielt keine Rolle. Ich weiß, dass es hart klingen mag, aber wenn jemand derartig missbraucht wird wie im Film dargestellt, kann er unmöglich bis an die Spitze einer Knastgang aufsteigen. Vielleicht könnte diese Person ein Killer werden und ein unerbittlicher Motherfucker noch dazu, doch er würde niemals eine Gang anführen. Das würde einfach nicht passieren. Und viel wichtiger noch: Es ist nicht passiert.

Meiner Meinung nach bestand ein weiteres großes Problem darin, dass ein Spielfilm über die mexikanische Mafia das Okay der OGs im Knast haben musste. Bevor ich mich also für eins der beiden Projekte anheuern ließ, musste ich erst einmal herausfinden, was die Bosse von den Drehbüchern hielten.

Im Skript zu *American Me* erwähnten die Autoren irgendwo kurz vor Seite dreißig den Namen der Gang im Mittelpunkt des Films: La Eme. Das ist allerdings der tatsächliche Name der Mexican Mafia, und ich ahnte, dass die Verwendung dieser Bezeichnung ein großes No-Go für Leute wie Joe Morgan, Robot, Donald Garcia und Sailor Boy war – die Köpfe von La Eme, die ich während meiner Zeit im Jugendknast, in der Gladiatorenschule YTS, in der Deuel Vocational Institution und in San Quentin kennengelernt hatte.

Ich wusste, dass La Eme keinen Spaß verstand und bis zum Äußersten ging. Ich war mit diesen Jungs aufgewachsen, und mein

Onkel Gilbert kannte die älteren Bosse persönlich. In dieser Hinsicht hatte ich sehr viel Glück gehabt: Gilbert war so respektiert im Knast, dass dieser Respekt auch mir, seinem Neffen, entgegengebracht wurde. Als ich ins Gefängnis kam, warnte er mich davor, der Mafia beizutreten. Er meinte, das sei ein Vertrag fürs Leben, und wir sollten lieber die Finger davon lassen. Ich tat wie geheißen und hielt mich fern von der Mexican Mafia, kam aber trotzdem mit den Burschen gut zurecht. Sailor Boy und ich hatten im YTS gemeinsam unsere Klamotten gestärkt. Robert »Robot« Salas war ein Kumpel von mir. Donald Garcia kannte ich seit der Junior High. Gilbert war mit all diesen Leuten gut befreundet, besonders mit Joe »Peg Leg« Morgan, dem damaligen Chef der Mexican Mafia.

Gilbert und ich waren zwar keine Gangmitglieder, galten aber vielen als »Sympathisanten« – ein Titel, der nicht leichtfertig vergeben wurde. Ramon »Mundo« Mendoza, ein Auftragskiller der Mexican Mafia, äußerte sich später zu meinen Freundschaften mit Syndikatsmitgliedern. Er schrieb: »Danny Trejo ist ein Glückspilz. Er war mit Leuten auf beiden Seiten befreundet, wurde aber immer respektiert.«

Ich hatte mit diesen Männern gesessen. Sie waren knallharte Vatos. Ihre Welt und ihr Leben sollten in diesem Film dargestellt werden (fehlerhaft und verzerrt, wie ich befürchtete), und ich konnte mir nicht vorstellen, dass sie besonders happy darüber sein würden.

* * * * *

Edward James Olmos bat mich zu einem Treffen, um das Drehbuch zu besprechen. Das Meeting sollte in Jerry's Famous Deli in Encino stattfinden. Edward wollte seinen Agenten mitbringen, ich hatte Eddie Bunker an meiner Seite. Wenn es eine Person gab, die den Bullshit von den Fakten trennen konnte, dann Bunker. Wir saßen an einem Tisch und warteten auf unsere Gesprächspartner. Plötzlich blickte Eddie auf und sagte: »Da sind sie.«

Ich drehte mich um und sah Edward, der ein komplettes Cholo-Outfit trug. Ein Hemd im County-Jail-Style, oben zugeknöpft, unten offen, und dazu County-Jail-Denims. Allein das Haarnetz fehlte. Eigentlich war es ein Geschäftstreffen, und so waren Eddie und ich auch gekleidet: casual zwar, aber wie Geschäftsleute.

»Órale, ese, ¿qué onda?«, begrüßte mich Edward. Ich war verwirrt, nicht so sehr von seinen Worten, sondern von seinem Aussehen. Edward war ein Schauspieler, ein großartiger Schauspieler. Er war jedoch nie Mitglied einer Gang gewesen, und im Knast gesessen hatte er schon gar nicht. Trotzdem stand er jetzt in diesem Aufzug vor mir und tat so, als wäre er ein OG von der Straße. Ich nahm an, dass es sich um einen Method-Acting-Ansatz handelte, mit dem er sich auf die Rolle in *American Me* vorbereiten wollte.

Ich liebe Schauspieler und ihre Werke, die Filme. Als ich in Folsom und Soledad im Bunker saß, hat mir das Nachspielen von Filmen geholfen, diese finsteren Wochen zu überleben. Aber ich kannte den Unterschied zwischen dem echten Leben und dem Vortäuschen desselbigen. Gute Schauspieler können alle möglichen Rollen verkörpern und ihr Publikum überzeugen. Ein geschiedener Familienvater, eine Frau mit einem Geheimnis, ein Nazis killender Soldat, ein Boxer, der die Handschuhe besser schon an den Nagel gehängt hätte. Das alles ist kein Problem für sie. Doch sie sind nicht das, was sie darstellen. Ich glaube nicht, dass es je einen Mafioso gab, der einen Mobster überzeugender als Ray Liotta, Robert De Niro oder Al Pacino hätte spielen können – das ist die Aufgabe des Schauspielers. Aber diese Rollen gehen nur so weit, wie es die Schauspielkunst erlaubt. Robert De Niro hat noch nie einen Mann zu Tode geprügelt, und auch wenn Edward James Olmos mal einen Zoot Suiter gespielt hatte, er war nie einer gewesen. Mein Vater hingegen schon. Der war ein echter Zoot-Suit-Gangster gewesen, ein Mitglied der 38th Street Gang, die nicht nur im Zentrum des kontroversen Sleepy-Lagoon-Mordfalls gestanden hatte, sondern sehr viel später auch im Film *Zoot Suit*, mit Edward in der Hauptrolle, porträtiert worden war. Meine Mom kam aus der Ford Maravilla Gang, in der Joe Morgan in den späten 1930er-Jahren seine Karriere begonnen hatte. Ich hatte zu viele persönliche Verbindungen zu dem Stoff des Films, als dass mir das Maß an Freiheit, das Edward sich bei der Darstellung der Story herausnahm, behagte.

Um ehrlich zu sein, hatte das Problem für mich sowohl mit meinen persönlichen Bedenken dem Skript gegenüber als auch mit den Intentionen von Edward James Olmos zu tun. Als er in seinem Cholo-Kostüm vor mir stand, kam in mir die Frage auf, ob Edward, ein fantastischer Darsteller, der sein Leben der Schauspielkunst gewidmet hatte, wirklich einen Draht zu mir als Schauspielkollege oder eher zu mir als irgendeine Art Gangster suchte. Sah er, wenn er mir in die Augen blickte, vielleicht doch in erster Linie die Person, die ich in meinem früheren Leben gewesen war? Ein Leben, das ich mit viel Mühe abgestreift und hinter mir gelassen hatte?

Es war nicht das erste Mal, dass ich diese Dynamik beobachtete. Zugegeben, ich war bei diesem Thema sehr sensibel, aber ich hatte sehr wohl das Gefühl, dass einige Latinos in Hollywood in mir eher den Gangster als den Kollegen sahen. Für diese Leute war ich eine Attraktion aus dem Kuriositätenkabinett, eine Figur aus der Hood, aus einer Welt, von der sie zwar wussten, die sie jedoch niemals selbst erfahren hatten.

Das Treffen hatte jedenfalls komisch begonnen.

Wir bestellten Sandwiches und Matzeknödelsuppe und begannen, über den Film zu sprechen. Edward kam direkt zur Sache und fragte, ob ich Interesse hätte, in dem Streifen mitzuwirken. Bevor ich darauf eingehen konnte, schaltete sich Eddie Bunker ein und trug eines unserer Hauptbedenken vor.

»Sag mal, Edward, hast du eigentlich mit Joe über den Film

gesprochen?«, fragte Eddie und meinte natürlich Joe Morgan, mit dem ihn eine jahrelange Freundschaft verband.

Olmos erwiderte: »Ich habe Joe besucht. Er hat sein Okay gegeben.«

In meinem Kopf heulten sofort die Alarmsirenen los. Wenn ich im Kahn eine Sache gelernt hatte, dann die Fähigkeit, sofort zu erkennen, wenn jemand weiche Knie bekam. In Olmos' Antwort schwang etwas Ausweichendes mit, der Hauch eines Täuschungsversuchs. Ich schielte zu Eddie Bunker rüber und sah, dass er meine Zweifel teilte.

Dann legte ich den Finger in die Wunde. »Pass auf, Edward. Das Problem ist, dass in diesem Skript Sachen stehen, die nicht wahr sind.« Ich erläuterte ihm meine Bedenken.

Edward antwortete: »Ich weiß, aber auf diese Weise ist es aus dramaturgischer Sicht viel sinnvoller für die Story.«

Ich hatte gehofft, er würde sagen: *Ich weiß, und wir werden das ausbügeln.* Oder: *Wir werden einen Weg finden, unsere Story zu erzählen, ohne die Lebensgeschichten realer Personen zu verdrehen.* Doch das tat er nicht. Er war zu der Ansicht gelangt, dass der fiktionale Spannungsbogen des Skripts wichtiger war als alles andere und die Wahrheit einer guten Story nicht im Weg stehen sollte. Das mochte man in den Büros von Hollywoodproduzenten so sehen. In der Welt, die ich kannte, war es ganz bestimmt nicht der Fall. Ich konnte kaum glauben, wie leichtfertig er mit Details umging, die aus meiner Sicht von entscheidender Bedeutung waren.

Ich brachte noch ein potenzielles Streitthema vor. »Edward, Cheyenne ist von Nuestra Familia ermordet worden, nicht von seiner eigenen Gang.« Das war ein gewichtiger Punkt.

Cheyenne wusste an jenem Tag im Jahr 1972, dass es einen Mordversuch gegen ihn geben würde. Die Schließer wussten es ebenfalls und boten ihm morgens an, den Tag über in seiner Zelle in der Abteilung Palm Hall des Chino Reception Center zu bleiben.

Cheyenne lehnte ab und trat auf den Gang, wo ihn Mitglieder von Nuestra Familia mit mehr als fünfzig Messerstichen ermordeten. Innerhalb von La Eme wird Cheyenne als Märtyrer verehrt und nicht als jemand gesehen, der von seinen Brüdern ermordet wurde.

Edward argumentierte, dass auch dieses Detail im Film dramaturgisch motiviert war.

Meine Güte! Ich konnte nicht glauben, was ich da hörte. Trotzdem versuchte ich, weiter diplomatisch zu bleiben. Ich mochte Edward James Olmos und hatte großen Respekt vor seiner Bedeutung als Schauspieler für die hispanische Gemeinschaft. Ich wollte meine Meinung mit einem Witz rüberbringen. »Edward, die Leute, von denen du erzählst, sind aber keine dramaturgischen Figuren.« Eddie und ich garnierten den Scherz mit einem finsteren Lachen.

Der Reaktion unserer Gegenüber nach zu urteilen, gefiel Edward James Olmos und seinem Agenten gar nicht, in welche Richtung sich das Treffen entwickelte. Keine Ahnung, was die beiden sich erhofft hatten. Ich kann mir beim besten Willen nicht vorstellen, dass sie annahmen, die Sache würde vollkommen reibungslos über die Bühne gehen. Vielleicht hatten sie gedacht, ich würde das Skript nicht anzweifeln und einfach nur happy über das Jobangebot sein, wie es jeder andere Schauspieler gewesen wäre.

Für mich gab es allerdings unheimlich viele unbeantwortete Fragen in Bezug auf dieses Projekt. Vor allem wollte ich wissen, was die Chefabteilung von La Eme davon hielt. All dieses Gerede von Dramaturgie und »interessanten Charakterentwicklungen« machte mich rasend. Hollywood hat seit jeher die Geschichten von Gangstern erzählt – manche basieren lose auf ihren Biografien, andere sind eins zu eins von den Verhandlungsprotokollen abgeschrieben. Noch nie zuvor jedoch hatte ich erlebt, dass die Fiktionalisierung eines Stoffes sich derart dramatisch auf die Realität auswirkte.

Rückblickend glaube ich mittlerweile wirklich, dass Edward

James Olmos durch seine schiere Brillanz und Großartigkeit in der Welt des Films bis zu einem gewissen Grad blind gegenüber der Tatsache geworden war, dass Knastpolitik eine im wahrsten Sinne des Wortes todernste Angelegenheit darstellte und auch draußen auf der Straße große Wellen schlagen konnte. Ironischerweise war genau dies das zentrale Thema von *American Me*. Wenn man die falschen Leute anpisst, gibt es keine künstlerische Freiheit.

Dabei brauchte man nur etwas gesunden Menschenverstand: Jeder hat einen tollwütigen Hund lieber zum Freund als zum Feind.

Eddie Bunker meldete sich noch mal zu Wort. Er war der Schreiber des Captains in San Quentin gewesen. Wenn es jemanden gab, der um die Komplexität und die wahre Tragweite von Knastpolitik wusste, dann war es Eddie Bunker. Er sagte: »Edward, bist du dir wirklich sicher mit diesem Projekt?«

Eddie Bunker versuchte, Olmos zu warnen, dass das Ganze mächtig schiefgehen konnte. Olmos hingegen schien fest entschlossen, seine Version des Films zu verwirklichen.

Am Ende unseres Meetings sagte ich zu, mich am folgenden Tag erneut mit Olmos in dessen Büro zu treffen, um noch einmal über das Projekt zu sprechen. Ich hoffte, er würde über die Sache schlafen und seine Meinung in Bezug auf einige der strittigen Punkte ändern. Mein Bauchgefühl sagte mir jedoch, dass er sich bereits entschieden hatte, welche Geschichte er erzählen wollte.

Der folgende Tag brachte Gewissheit.

Als ich sein Büro betrat, begrüßte er mich abermals in kompletter Cholo-Montur. Nicht nur Edward hatte eine Nacht über die Themen des Vortags schlafen können. Nach dem Treffen in Jerry's Famous Deli hatte ich lange darüber nachgegrübelt, warum mich seine Verkleidung so sehr nervte. Ich wusste, dass mein Problem damit tief in meinen Knast- und Gangjahren verwurzelt war. Ich schätzte seinen Enthusiasmus bei der Darstellung eines Lebens, das er weder selbst gelebt hatte noch kannte (genau das tun Schauspieler schließlich). Aber die ganze Angelegenheit störte mich ungemein, und das hatte mit meinem Verständnis davon zu tun, was es bedeutet, ein Cholo zu sein. Wenn du den Look und die Codes eines Cholo, eines Crip, eines Blood, eines Mitglieds der Mexican Mafia oder meinetwegen auch der Aryan Brotherhood übernimmst, dann wirst du zu etwas, das nicht länger nur mexikanisch, schwarz oder weiß ist. Bei Gangklamotten geht es nicht darum, dass du einfach nur eine Uniform trägst. Vielmehr ist es eine Deklaration an die Welt, dass du dich für ein Leben des Verbrechens entschieden hast. Ein Leben, für das du auch das Wohlergehen der dir nahestehenden Personen opferst – Mutter, Vater, Ehefrau, Schwestern, Brüder, Kinder. Ein richtiger Mann zu sein – ganz gleich, ob Mexikaner, Weißer oder Schwarzer –, bedeutete für mich jedoch zum Beispiel, nach einem harten Arbeitstag noch mit seinen Kindern zum Baseballtraining zu gehen.

Gut möglich, dass ich überreagierte. Schließlich gab es zu dieser Zeit schon Gespräche darüber, dass ich in *Blood In, Blood Out* – dem anderen Film über Knastgangs, in dem wir ebenfalls in Cholo-Outfits rumlaufen würden – die Rolle eines Typen namens Geronimo übernehmen sollte. Im Grunde ließe sich sogar argumentieren, dass ich selbst nach den Regeln der Gangs spielte, weil ich die Freiheiten kritisierte, die sich Olmos im Skript genommen hatte. So oder so, die Unwahrheiten im Drehbuch bereiteten mir große Bauchschmerzen.

Ich hatte schon viele Filme über das organisierte Verbrechen gesehen, aber noch nie zuvor hatte ich die im Film dargestellten Menschen persönlich gekannt. Ich wusste einfach zu viel, um die Klappe zu halten. Ich wollte mich nicht als Vermittler aufspielen, konnte den Ärger allerdings förmlich riechen.

Edward fragte mich, was ich von der Rolle des Pedro Santana hielt, dem Vater von Montoya Santana, der den Lebensstil seines Sohnes ablehnt. Ich schaute mir den Part etwas genauer an und war alles andere als begeistert. Ich sagte Edward, ich würde es mir überlegen.

Ich erklärte ihm nicht, dass ich kein Interesse an der Rolle von Pedro Santana hatte, weil sie mich zu sehr an meinen eigenen Vater erinnerte. Auch die kontroversen Aspekte des Skripts sprach ich nicht noch einmal an. Ich musste nicht weiter in diese komplizierten Themen eindringen. Denn Edward machte mir die Entscheidung leicht, indem er die Order ausgab, alle Darsteller, die an *Blood In, Blood Out* mitwirkten, von *American Me* auszuschließen. Das war der Tropfen, der für mich das Fass zum Überlaufen brachte. Es gab ohnehin nur sehr wenige Parts für mexikanische Darsteller in Hollywood. Nun existierten plötzlich zwei Projekte mit einem großen Bedarf. Ich empfand es als unfair, dass die Teilnahme an dem einen zum Ausschluss bei dem anderen führte. Insbesondere wenn man bedachte, dass diese Auflage von jemandem stammte, der für sein großes Engagement in Sachen Chicanismo bekannt war.

Am Ende des Meetings sagte ich Edward, dass ich erst mal alles mit meinem Agenten besprechen müsste. Was ich allerdings nicht erwähnte, war das Telefonat, das ich kurz vor dem Treffen geführt hatte. Mein Cousin Sal hatte mich aus dem L.A. County Jail angerufen. Sein erster Satz: »Hey, Danny, Joe Morgan will mit dir sprechen.« Die beiden saßen zusammen in High Power, einer Abteilung im L.A. County für hochrangige Gangmitglieder und besonders gefährliche Häftlinge. Sal klang besorgt. »Alles in Ordnung bei dir?« Wir wussten beide, dass ein Telefonanruf von Joe im Allgemeinen nichts Gutes erahnen ließ.

»Alles bestens, Sal. Wie läuft's bei dir?«

»Ach, du weißt ja, wie's geht. Bereite mich gerade auf meine Verhandlung vor.«

»Gut, meld dich, wenn ich dir irgendwie helfen kann, okay?«

»Yeah. Also Joe wird dich um fünf Uhr bei Bunker anrufen.«

»Morgen Nachmittag?«

»Heute.«

Spätestens an dieser Stelle wusste ich, dass es Joe um eine ernste Angelegenheit ging. Indem er bei Eddie Bunker anrief, um mit mir zu sprechen, anstatt direkt meine Nummer zu wählen, versuchte er, mich aus der Schusslinie zu nehmen.

»Sag ihm, ich werde da sein. Halt die Ohren steif.«

»Immer doch, Kumpel.«

Dann legte er auf. Natürlich wusste Big Joe über den Film Bescheid, und natürlich wusste er auch, dass ich mich am Vortag mit Edward James Olmos getroffen hatte. Es gab nur sehr wenig in dieser Welt, von dem Big Joe in seiner Zelle – ganz gleich, ob in San Quentin, Chino oder im L. A. County – nichts mitbekam. Die Ankündigung dieses Telefonanrufs bestätigte meine Vermutung: Joe war nicht happy mit dem Skript.

Joe Morgan war der Sohn eines irisch-amerikanischen Vaters und einer kroatischen Mutter, aber er war in mexikanisch dominierten Vierteln aufgewachsen. Joe gehörte zu den ganz harten Hunden. In jungen Jahren schon schloss er sich der Maravilla-Gang an und stieg dort schnell auf. Er hatte durch eine Schießerei sein Bein eingebüßt und daraufhin den Beinamen »Peg Leg« (Holzbein) erhalten. Diese Einschränkung konnte ihn jedoch nicht aufhalten. Joe war auch mit Prothese einer der besten American-Handball-Spieler, die ich je gesehen habe. Er sprach perfektes Spanisch und hatte eine unglaubliche Ausstrahlung. In der Nähe seiner Zelle spürte man förmlich, wie die Moleküle in der Luft zu surren begannen. Joe sprach nur mit Menschen, wenn sie seine besten Freunde waren oder er sie tot sehen wollte. Ich wusste, dass Joe nicht beabsichtigte, mich zu töten, aber irgendetwas wollte er von mir.

Am Nachmittag fuhr ich zum Haus von Eddie Bunker. Als ich ankam, hatte er uns bereits einen Pott Kaffee gemacht, den besten der Welt für meine Begriffe. Um Punkt fünf Uhr klingelte das Telefon. Eddie ging ran.

»Wie geht's, Big Joe? Alles in Ordnung?« Er hörte eine Weile lang zu. Dann sagte er: »Ja, der steht hier neben mir«, und reichte mir den Apparat.

Ich drückte den Hörer an mein Ohr.

»Danny? ¿Qué pasó?«

»Alles gut bei mir, Mann.«

»Wie ich höre, hast du ein Angebot für eine Rolle in diesem Film gekriegt, *American Me.*«

»Ich hab eins für beide Filme gekriegt. Für *Blood In, Blood Out* auch.«

Dann kam Joe zum Punkt. »In welchem wirst du mitspielen?«

»Ach, komm schon, Joe. Was für eine Frage. Ich werde bei *Blood In, Blood Out* mitspielen.«

Joe war zufrieden. »Gute Wahl. Das ist der schnuckeligere von beiden!« Wir mussten lachen. Dann sagte er »La Onda« und zog dabei das Wort in die Länge. La Onda war der Name der fiktiven mexikanischen Gang in *Blood In, Blood Out.* Ich muss immer noch lachen, wenn ich daran denke, dass Joe Morgan einen Film über eine Bande knallharter Killer »schnuckelig« nannte.

»Va a haber un chingo de pedos«, meinte Joe. »Mit diesem anderen Film wird es viele Probleme geben.«

»Hab ich mir auch gedacht.«

Dann sprach er über Olmos. »Dieser Baboso rennt in der Weltgeschichte rum und erzählt den Leuten, er hätte mich in Chino besucht und mein Okay bekommen. Was für ein Idiot. Alles Bullshit. Ich hab seine Anfrage nach einem Treffen abgelehnt. In diesem Skript steht jede Menge Mist.«

»Genau das hab ich ihm auch erklärt.«

Dann sagte Joe: »Weißt du, Danny, du könntest natürlich auch diesen anderen Film machen ...« Er meinte damit, dass er mir keine Vorwürfe machen würde, sollte ich mich für *American Me* entscheiden.

»Nein, Joe«, antwortete ich. »Dafür habe ich zu viel Respekt.«

»Gracias, Kumpel. Die Vatos da draußen respektieren dich sehr. Sie würden es dir nicht übel nehmen.«

»Danke, Joe.« Dann fragte ich ihn zu meinen Kollegen. »Hey, was ist mit der Crew und den Darstellern, die an dem Film mitwirken?«

Mit seiner Antwort nahm er mir alle Bedenken. »Die Crew und die Schauspieler sind Arbeiter, Mann. Die verdienen sich doch bloß ihre Brötchen.«

»Órale.«

In diesem Moment fiel mir ein großer Stein vom Herzen. Ich kannte viele der Schauspieler, und ich wollte nicht, dass sie Ärger bekamen. Joe sagte: »Mach's gut, Danny. War nett, mit dir zu plaudern.« Dann legte er auf.

Es war schon irre: *Blood In, Blood Out* und *American Me* bearbeiteten in vielerlei Hinsicht dieselben Themen. Gangkonflikte im Knast, Mord, Verrat. Der Unterschied war, dass *Blood In, Blood Out* ein fiktionales Werk war, mit dem nie versucht werden sollte, die wahre Geschichte von La Eme darzustellen.

Als wir mehrere Monate später in San Quentin mit dem Dreh von *Blood In, Blood Out* beschäftigt waren, erfuhr ich, dass die Macher von *American Me* bei den Filmarbeiten in Folsom Probleme mit den dort inhaftierten Sureños hatten, Gangmitglieder aus den Barrios von Südkalifornien. Wenig später kontaktierte mich jemand aus der Produktion von *American Me* und bot mir einen Job an, um als »Berater« den Film zu betreuen und für zwei Tage nach Folsom zu kommen. Mein Verdacht war, dass sie in Folsom diplomatischen Einfluss brauchten. Ich wollte mit der Sache jedoch nichts zu tun haben.

Kurz bevor *American Me* in die Kinos kam und Gerüchte über

etwaige Probleme zunahmen, meldete sich William Forsythe bei mir, der in dem Film die auf Joe Morgan basierende Figur J. D. spielte. Er wollte wissen, was an den Gerüchten dran war und ob alles gut ausgehen würde.

»Natürlich, William«, versicherte ich ihm. »Die Darsteller werden keine Probleme bekommen. Du bist nur ein Arbeiter, der sich seine Brötchen verdient.« Dann sagte ich ihm, dass er großartig in dem Film sei, was die volle Wahrheit war. William Forsythe gab einen unfassbar guten Gangster.

Damals hatte ich keine Ahnung, wie schlimm die ganze Sache im Endeffekt werden sollte. Später hieß es auf der Straße, dass mindestens acht Menschen wegen ihrer Mitwirkung an diesem Film sterben mussten. Vielleicht sogar zehn, vier draußen, vier bis sechs im Kahn. Einer der Ermordeten war ein Mitglied der Mexican Mafia namens Charlie Manriquez, der wegen seines Drogenkonsums in Verruf geraten war. Bei den Dreharbeiten drückte man ihm eine Levi's, ein Paar Turnschuhe und ein bisschen Geld für Weed in die Hand, damit er als Statist in einer Szene rumstand und als inoffizieller »fachlicher Berater« agierte. Er wurde in Ramona Gardens erschossen.

Ein anderer Kerl wurde mit sieben Schüssen getötet, nur weil er in einer Szene im Hintergrund in einem Auto saß. Ana Lizarraga, die in ihrer Gemeinde mit Straßengangs arbeitete und die Chefberaterin der Produzenten war, wurde in der Zufahrt zu ihrem Haus vor den Augen ihres Sohnes exekutiert. Lizarraga war im Vorfeld gewarnt worden, sich nicht an dem Projekt zu beteiligen. Genauso wie Olmos hatte sie fälschlicherweise behauptet, Joe Morgan im Knast besucht und dessen Okay für den Film bekommen zu haben. Im Grunde war Olmos wie ein Kind, das mit einer Granate spielte und die ganze Zeit über dachte, das Ding in seiner Hand wäre eine Wunderkerze. Noch Jahre später rumorte die Gewalt, die dieser Film ausgelöst hatte. Ich kannte Vatos aus dem Süden, die in den folgenden Jahren im Knast saßen und große Bauchschmerzen wegen der nach wie vor bestehenden Mordaufträge gegen bestimmte Sureños hatten, die an der Produktion von *American Me* beteiligt gewesen waren. Viele dieser Männer waren einfach nur Junkies gewesen, die Geld für einen Fix gebraucht und deshalb als Statisten oder in Minirollen angeheuert hatten.

Es ist ein abscheuliches Kapitel, das problemlos hätte vermieden werden können. Filmfreunde und Kritiker ohne Insiderwissen würden sehr wahrscheinlich noch nicht einmal den Unterschied zwischen den beiden Streifen erkennen. In keinem Fall billige ich die Gewalt im Nachgang von *American Me*. Sie war falsch, ohne Frage. Dennoch war es unverantwortlich, so zu tun, als würden bestimmte Handlungen keinerlei Konsequenzen haben.

Die ganze Geschichte um *American Me* brachte meine Knastvergangenheit wieder aufs Tableau. Ich mochte mittlerweile zwar sehr weit weg vom Feuer sein, aber es war immer noch ziemlich heiß. Edward James Olmos ging dieses Projekt mit einer Oscar-Nominierung im Gepäck an. Sein Stern war im Aufstieg begriffen. Ich glaube, dass ihn das blind für Dinge gemacht hat, die andernfalls ziemlich offensichtlich gewesen wären. Diejenigen unter uns, die Erfahrungen auf der Straße und hinter Gittern gesammelt hatten, wussten, dass Drohungen von großen Gangs niemals abgetan werden sollten oder durften, doch diesen Background haben eben nicht alle. Die Filmproduzenten Hollywoods verstehen nicht immer das Wesen und die Lebensrealitäten der Menschen, die sie in ihren Werken darstellen. Niemals werde ich die Verdienste von Edward James Olmos kleinreden, weder in Bezug auf seine schauspielerische Arbeit in Hollywood noch hinsichtlich seines fortgesetzten Engagements für die Latino-Community, aber meiner Meinung nach war die gesamte Episode unnötig verantwortungslos. Hätte sich Olmos etwas genauer mit Cheyenne befasst, ich denke, er hätte eine nuanciertere Geschichte erzählt, ohne dabei Gewalt und Kriminalität zu verherrlichen.

Damit kommen wir zu meinem wahrscheinlich größten Problem mit *American Me*. Die Produzenten des Streifens gaben zwar an, dass der Film junge Menschen dazu ermutigen sollte, nicht diesen Weg einzuschlagen, und dennoch beleuchtete er genau jenen mit den hellsten Scheinwerfern, die Hollywood zu bieten hatte. *American Me* machte aus einer kalifornischen Knastgang, die bis dahin nur Menschen mit Gefängniserfahrung ein Begriff war, eine Organisation mit weltweitem Bekanntheitsgrad. Ramon »Mundo« Mendoza äußerte sich Jahre später über das Rekrutierungspotenzial von *American Me* unter Chicano-Kids. Er schrieb, dass der Film »die öffentliche Bekanntheit einer Organisation steigerte, die im Begriff war, mehr als nur eine Knastgang zu sein«. Er fügte hinzu, dass dieser Umstand »den leicht zu beeindruckenden Jugendlichen im Umfeld der Gangs natürlich nicht verborgen blieb. Diese Kids sahen eine Mitgliedschaft in La Eme fortan als ebenso erstrebenswert an wie junge Burschen aus unterprivilegierten Verhältnissen die Aufnahme in die Streitkräfte unseres Landes.«

Selbst heute bringen Crips und Bloods bei Stress mit La Eme Sprüche wie: »Ihr wisst doch, was mit diesem Vogel Cheyenne im Jugendknast passiert ist, oder?« *American Me* hatte anderen Gruppierungen schwere Munition geliefert, mit der diese sich ermächtigt fühlten, die Mexican Mafia zu beleidigen. Das Ergebnis: noch mehr Auseinandersetzungen, noch mehr Tote. Mitglieder anderer Gangs hielten die Darstellungen in diesem Film schon allein deshalb für wahr und authentisch, weil sie von einem Mexican American stammten.

Das ist alles nichts Neues. Es ist hinlänglich dokumentiert, dass es viele warnende Stimmen gab, die Widersprüche in Olmos' Aussagen aufdeckten oder ihre Bestürzung in Bezug auf das geplante

Produkt zum Ausdruck brachten – so zum Beispiel am Film mitwirkende Polizisten und ein als Berater agierender stellvertretender Gefängnisdirektor. Olmos aber hatte von alledem nichts hören wollen. Alles war bereit für die Dreharbeiten von *American Me* im Folsom State Prison. Das Schiff hatte den Hafen verlassen, und ich hatte alles gesagt, was ich sagen konnte.

Kapitel 22

ZELLE C550

1992

Vor dem eigentlichen Drehbeginn von *Blood In, Blood Out* verbrachten wir einige Wochen in Los Angeles mit Szenen- und Kostümproben. Das Skript gefiel mir gut, aber ich merkte rasch, dass ich immer noch auf einem schmalen Grat zwischen zwei Welten wandelte – meine Vergangenheit als verurteilter Straftäter einerseits, mein neuer Beruf als Schauspieler andererseits. Möglicherweise hatte es mit den Gesprächen zwischen Olmos und mir zu tun, dass ich sehr sensibel auf diese Kluft zwischen meinem persönlichen Background und meiner Arbeit in der Filmbranche reagierte. Ich weiß, dass es mehr an mir als an den anderen lag, doch mir schien, als würden die Darsteller von *Blood In, Blood Out* bei den Proben sehr viel Zeit damit verbringen zu betonen, wo sie studiert hatten und aus welcher Schauspieltradition sie kamen. Stanislawski, Method-Acting, The Actors Studio und so weiter und so fort. Sie sprachen oft von Shakespeare. Ich glaube, dadurch sollte eine Art Rangordnung festgelegt werden – und mich wollte man daran erinnern, dass ich in ihrer Welt nichts zu melden hatte.

Ich sprach mit George über die Sache, dem ich einen Job als Statist in dem Film besorgt hatte. Er riet mir, die Angelegenheit nicht persönlich zu nehmen. Das sei ganz einfach die Lingo in diesen Kreisen. Und außerdem: Wer bitte schön sollte besser einen Häftling in San Quentin spielen können als ich, der das alles schon im echten Leben durchgemacht hatte?

Zudem war es ja nicht so, als hätte ich bis dahin noch nie Schauspielunterricht gehabt.

Und ob! Ich dachte an eine Episode aus meiner Kindheit zurück, als ich zwölf Jahre alt gewesen war. Damals hatte ich Gilbert, Bobby Ortega und Charlie Diaz beim Kiffen belauscht. Sie quatschten über den Raubüberfall, den sie gerade begangen hatten. Gilbert bemerkte mich durch den Türspalt und sagte: »Komm rein, Danny Boy. Ich will dir etwas beibringen.« Gilbert drückte mir seine .45er in die Hand und meinte, ich solle mich damit vor den Spiegel stellen. »Und jetzt ziel auf den Spiegel und sag: ›Her mit der Kohle, und zwar rápido!‹«

Ich war so schmächtig, dass ich die Pistole nicht sicher mit einer Hand halten konnte. Charlie und Bobby lachten.

Mit zitterndem Arm und dünner Stimme piepste ich dann: »Her mit der Kohle!«

Die anderen drei lachten noch heftiger.

»Damit jagst du niemandem Angst ein, ese. Es muss fieser klingen!«

Ich versuchte es noch einmal. »Her mit der Kohle!«

»Nimm beide Hände, um die Knarre zu halten.«

Ich tat, was er sagte, aber die Worte aus meinem Mund klangen immer noch lasch.

Bobby kam dann auf die Idee, mir eine abgesägte Schrotflinte zu geben. Das war komplett anders. Ich konnte das Ding gut halten und hatte das Gefühl, mit der Flinte der Boss zu sein und notfalls eine ganze Armee aufhalten zu können.

»¡Escúchame, puto! Her mit der Kohle!«

Dieses Mal packte ich es. Die anderen klatschten Beifall und klopften mir auf die Schulter. »Du hast es drauf, Kumpel! Du bist ein echt furchterregender Hombrecito!«

Wenn ich jetzt darüber nachdenke, glaube ich, dass die Jungs einfach nur high waren und sich einen Spaß daraus machten, einen Zwölfjährigen zu einem Raubüberfall anzuleiten. Für mich war die Sache allerdings kein Spaß. Von Kindesbeinen an entwickeln wir die Masken, die wir tragen, um der Welt zu zeigen, dass wir nicht ängstlich oder verletzt sind, dass alles in Ordnung ist. Das war meine erste richtige »Schauspielstunde«. Lange nachdem mein Onkel und seine Freunde aus dem Zimmer gegangen waren, starrte ich immer noch auf mein Spiegelbild mit der Schrotflinte in der Hand und versuchte, meine Stimme noch tiefer und noch bedrohlicher klingen zu lassen.

»Los, Mann, rück die scheiß Kohle raus!«, knurrte ich.

Genau so sollte es klingen. Ich schaute erneut in den Spiegel. Mir gefiel, was ich dort sah.

Als es endlich mit den Dreharbeiten für *Blood In, Blood Out* losging, wurde die gesamte Produktion nach San Francisco verlegt. Die Fahrt mit dem Kleinbus nach San Quentin versetzte mich emotional fünfundzwanzig Jahre in die Vergangenheit zurück, in das Jahr 1965. Nachdem wir den Van vor den Gefängnismauern geparkt hatten, kam George zu mir.

»Danny, einer der Schauspieler hat ein Messer dabei.«

Ich sprach den Darsteller an, George hatte recht. »Los, gib mir das Messer, Mann«, sagte ich zu ihm.

»Vergiss es. Ich lass mir von keinem der Flachwichser da drinnen dumm kommen!«, erwiderte er. Der Mann verhielt sich wie ein Frischling, der bei der Leibesvisitation Theater macht.

»Pass auf, Kollege«, sagte ich. »Wir sind Schauspieler, die Jungs da drinnen sind Killer. Und jetzt gib mir das beschissene Messer.«

Ich reichte George die Klinge. Er schob sie unter den Sitz des Vans.

Als wir den großen Hof von San Quentin betraten, war anfänglich alles still, doch dann brach plötzlich ein ohrenbetäubender Lärm über uns herein. Wenn man ihn noch nie zuvor gehört hat, ist er unheimlich angsteinflößend. Es ist der Lärm von dreitausend Gefangenen, die wild durcheinanderschreien und Radau machen. Ich nenne diesen Lärm gern den »Motor«. Viele brüllten meinen Namen, einige riefen Dinge wie: »Hey, Trejo, hab dir doch gesagt, dass du wiederkommst!« Oder: »Danny, komm in meine Zelle! Siehst ja jetzt richtig gut aus!«

Diese Begrüßung machte Eindruck auf meine Darstellerkollegen. Plötzlich liefen sie ganz dicht hinter mir her, als wären sie dadurch sicherer. George flüsterte mir ins Ohr: »Frag sie doch mal, wo ihr beschissener Shakespeare jetzt ist!«

Obwohl sie nervös und vielleicht sogar ängstlich waren, verstanden einige Darsteller immer noch nicht, wie gefährlich es im Gefängnis sein kann. Gleich am Anfang bekamen wir Sicherheitswesten ausgehändigt, die wir in den Drehpausen tragen sollten. Einige der Darsteller weigerten sich, da sie mit diesen Westen Schwierigkeiten hätten, in ihren Rollen zu bleiben.

Der Regisseur des Films, Taylor Hackford, bat mich, den anderen zu erklären, warum diese Westen notwendig waren.

»Hört zu, Leute. Wenn es zur Sache geht, wissen die Wachen anhand der Westen, wen sie *nicht* erschießen sollten«, sagte ich. Danach behielten alle ihre Westen an.

Wieder in San Quentin zu sein, war nicht einfach für mich, aber so richtig erwischte es mich erst, als die Dreharbeiten im Südflügel begannen. Wir stiegen die Treppen hinauf zum Set. Mit jeder Stufe pochte mein Herz stärker. Als wir auf dem Absatz zwischen dem vierten und dem fünften Stock angekommen waren, hielt ich an. Ich stand an der Stelle, wo Tyrone den Kerl, der mich töten wollte, niedergestochen hatte. Am Ende der Treppenstufen bogen wir nach rechts ab, und der Regieassistent führte uns zu dem Zellenblock, in dem die Proben stattfinden sollten. Die Produktion hatte die Zellen C545 bis C550 für die Dreharbeiten absperren lassen. C550. Meine alte Zelle. Ich linste zu George. Er sah aus, als würde er gleich in Tränen ausbrechen. Er zeigte mit dem Finger Richtung Himmel.

Nachdem wir die Szene geprobt hatten und die anderen Darsteller zur Kostümausgabe und zur Maske gegangen waren, schlug George vor, dass wir beten sollten. Wir betraten meine alte Zelle, knieten uns auf den Boden und dankten Gott, dass wir frei waren – frei von Drogen und Alkohol sowie frei vom Gefängnis. Und wir dankten ihm für unsere Kinder und unser Leben. Der Kreis hatte sich geschlossen.

Während der Dreharbeiten konnten wir uns sehr viel freier bewegen, als ich ursprünglich angenommen hatte. Es mag sich etwas prahlerisch anhören, aber ich wusste, dass die Gefangenen mich respektierten und ich somit sicher war. Gleich am Anfang des Drehs kamen acht Norteños auf mich zu und fragten, woher ich stammte. Ich weiß nicht, ob sie wirklich erwarteten, dass ich auf diese Frage anspringen und die Fahne des San Fernando Valley hochhalten würde. Ich antwortete nur: »Ach, kommt schon, Leute. Ich bin aus Hollywood, ihr Putos!« Die Norteños lachten.

Obwohl die Produktion es untersagt hatte, ging ich zu den Pumpern auf den Hof. Da gab es einen riesigen Vato, der fast zweihundert Kilo auf der Bank drückte und Curls mit fünfzig Kilo schweren Kurzhanteln abriss. Jahre später ließen die kalifornischen Behörden sämtliches Bodybuilding-Equipment aus den Gefängnissen entfernen, weil sich die Cops auf der Straße über Ex-Knackis mit Oberarmumfängen von fünfundfünfzig Zentimetern und mehr beschwerten. Der Kerl mit den Fünfzig-Kilo-Hanteln vor mir war ein Vato der Marke »Vorsicht, fieser Mexikaner!«.

Und er trug blaue Shorts! Nach einem Satz Klimmzüge lief ich zu ihm rüber.

»Was machst du hier?«, fragte ich ihn.

»Meine Zeit absitzen«, sagte er, ganz offensichtlich nicht an Small Talk interessiert.

»Nein«, sagte ich. »Ich meine, was machst du mit blauen Shorts auf diesem Hof?« Der Mann erklärte mir, dass er im L. A. County Jail einfach die Beine einer langen Hose abgeschnitten hatte, um sich diese Shorts zu basteln. Sein Name war Mario Castillo, und er stammte aus Baldwin Park. Ich war ziemlich beeindruckt, dass er auf einem Knasthof voller Norteños das Blau der Sureños trug.

Ganz früher waren die Mexikaner in den kalifornischen Knästen eine Einheit. In den späten 1960er-Jahren änderte sich das. Der Auslöser? Ein Mord wegen einem Paar Schuhe.

Die Trennlinie zwischen mexikanischen Gangs aus Nord- und Südkalifornien in den Knästen des Golden State verläuft in Delano, einer landwirtschaftlich geprägten Kleinstadt nördlich von Bakersfield und südlich von Fresno. Selbst die Stadt Delano ist zweigeteilt, die Grenze verläuft entlang einer Straße. Es mag sich irre anhören, aber so liegen die Dinge nun einmal. Vor dem Bau neuer Superknäste im Süden des Bundesstaates (Centinela, Calipatria etc.) wurden die meisten Sureños in die Knäste Nordkaliforniens geschickt, mitten ins Stammland unserer vermeintlichen Feinde.

In San Quentin hatte man einige Zeit vor Drehbeginn von *Blood In, Blood Out* ein sogenanntes Reception-Center für Nordkalifornien eingerichtet – eine erste Anlaufstelle für verurteilte Straftäter aus dem Norden –, wodurch das Ungleichgewicht zwischen Norteños (in der Mehrzahl) und Sureños (in der Unterzahl) noch krasser wurde als zu meiner Haftzeit in den 1960er-Jahren. Mario kümmerte das einen Scheißdreck. Ich mochte ihn sofort. Nicht nur hatte er die Eier, Blau auf dem Hof von San Quentin zu tragen. Nein, er war auch noch witzig. Ernst, aber witzig. Ich sagte, ich könne ihm einen Job besorgen.

Mario interessierte das nicht. »Die Order lautet, dass kein Sureño bei dem Film mitmachen soll. Ihr habt nur Norteños an Bord.«

Nicht nur an der Hantelstation sprang einem die Knastpolitik und die Feindschaft zwischen Sureños und Norteños ins Auge. Sie sickerte auch in die Produktion des Films ein. Nach dem *American Me*-Fiasko hatte Joe Morgan verfügt, dass die Southside-Mexicans in Folsom und San Quentin nicht an den Filmen mitwirken durften – weder an dem von Edward James Olmos noch an unserem Streifen. Gleich zu Anfang hatte Taylor Hackford mich gefragt, warum es so schwer war, Mexikaner für die Aufnahmen zu rekrutieren. Die wenigen, die er engagieren konnte, waren Border Brothers, also Knackis mit mexikanischer Staatsangehörigkeit, die nach Verbüßung ihrer Haftstrafe wieder abgeschoben wurden. Ich versuchte, es ihm zu erklären: »Wir drehen hier einen Film über Sureños im Erstaufnahmeknast für Norteños.«

»Okay, worüber machen sich die Leute hier denn Sorgen?«, fragte Taylor.

»Sehr wahrscheinlich geht es ihnen um die Farben«, sagte ich und erläuterte ihm die Bedeutung von Blau und Rot. »Die Norteños tragen Rot, Blau ist die Farbe der Sureños.«

»Ah, verstehe«, sagte er. »Okay, dann machen wir es so, dass keiner ein Problem hat.«

Taylor Hackford wusste, wie wichtig es war, in dieser Umgebung auf Leute zu hören, die sich auskannten. Er sagte: »Okay, Danny. Meinst du, wir können ein Treffen mit den Norteños organisieren?«

Ich sprach mit George, der ja selbst aus San Jose kam und einige der Bosse von Nuestra Familia kannte. Wir arrangierten ein Meeting. Die erste Forderung unserer Gesprächspartner: »Wir wollen nicht, dass ihr die Norteños in dem Film diffamiert.«

»In diesem Film geht es nicht um Norden und Süden«, erklärte ich. »In diesem Film geht es um Mexikaner. Um Chicanos. Um die Zeit vor unserer Trennung und den Konflikten.«

»Und was ist mit den Farben?«, fragten sie.

»Es werden keine Farben gezeigt«, antwortete ich. »Niemand wird Blau oder Rot tragen.« Für die Zeit der Dreharbeiten trugen wir Braun, eine neutrale Farbe, die für alle Chicanos stand. Es wurde jedoch vereinbart, dass die Native Americans unter den Häftlingen im Film Rot tragen durften, da das schon immer ihre Farbe gewesen war.

Trotz dieser Vereinbarungen gestalteten sich die Dreharbeiten schwieriger als gedacht. Ein paar Tage vor Drehschluss spielte der Darsteller, dem ich am Anfang das Messer abgenommen hatte, mit einem der Schwergewichte aus San Francisco das Große-Fresse-Spiel; ein verbaler Schlagabtausch, bei dem sich die beiden mit irrwitzigen Beleidigungen und Angebereien zu übertrumpfen versuchten. Irgendwann wurde daraus jedoch Ernst, als der Darsteller sagte: »¡Soy mafioso!«

Damit war eine Grenze überschritten. Sofort war das gesamte Stockwerk mucksmäuschenstill. Es fühlte sich an, als wäre die Temperatur von einer Sekunde auf die nächste um zehn Grad gefallen. Es hing etwas in der Luft, das ich nur allzu gut kannte – die Gewissheit, dass jeden Augenblick die Hölle losbrechen könnte. Ich trat sofort an den Schauspieler heran und zog ihn aus der Situation heraus. George vermittelte derweil bei den Norteños. Auf diese Weise konnten wir eine ernsthafte Krise abwenden. Bei einem weiteren Patzer wäre eine gewalttätige Reaktion unvermeidlich gewesen. Ich war froh, dass wir die Knastszenen fast im Kasten hatten.

Am stolzesten bin ich auf die Tatsache, dass die anderen Schauspieler mich am Ende des Drehs von *Blood In, Blood Out* als einen Kollegen und nicht als einen Ex-Knacki sahen. Wir waren alle Schauspieler und nicht die Killer, die wir spielten. Ich hatte es geschafft, meine anfängliche Unsicherheit zu überwinden, und empfand am Ende sehr großen Respekt für die Künstler, die so viel Zeit und Sorgfalt in die Darstellung ihrer Figuren investiert hatten.

Bevor der Film in die Kinos kam, entschied Buena Vista Pictures, eine Tochtergesellschaft von Disney, dass der Streifen einen anderen Titel brauchte: *Bound by Honor*. Ich schätze, einige Leute in der Chefetage empfanden das Original als etwas zu gewalttätig.

Ich habe bei der Arbeit an diesem Film ein paar großartige Freundschaften geschlossen. Neben Taylor und den anderen Darstellern freundete ich mich mit ein paar Mitgliedern von Nuestra Familia an und sprach mit ihnen über das Cleanwerden. Zwei von ihnen sind seither von den Drogen weg – seit mehr als dreißig Jahren also. Einer der Häftlinge, ein Bursche namens Briley »Chato« Perez aus Hayward, ist immer noch ein guter Freund von mir. Er sagte mir neulich, ich hätte ihm damals gezeigt, dass ein anderes Leben möglich war. Er ist mittlerweile entlassen und seit mehr als fünfzehn Jahren clean.

Mario, der Kerl mit den Fünfzig-Kilo-Hanteln, war jedoch die Person, die in San Quentin am meisten Eindruck auf mich machte. Es war nur ein kurzes Treffen, aber ich habe ihn nie vergessen. Fünfzehn Jahre später lud man mich als Redner auf einen Kongress zum Thema Suchtrehabilitation in Burbank ein. Kaum war ich angekommen, sah ich auf der anderen Seite des Saals einen riesigen Vato, der mit dem Rücken zu mir stand. Ich wusste sofort, dass es Mario war. Wie sich herausstellte, war er noch mehrere Male eingefahren, bevor er dann endlich clean und abstinent wurde und alles dafür tat, nie wieder einzusitzen. Zu dieser Zeit hatte ich jedoch noch keine Ahnung, welche Rolle Mario in meinem weiteren Leben spielen sollte.

Kapitel 23

MI VIDA LOCA

1991

Nach Ende der Dreharbeiten zu *Blood In, Blood Out* war eine große Abschiedsparty in San Francisco geplant. Viele der Locals, die an dem Film mitgewirkt hatten, wollten kommen, und die anderen Darsteller flehten mich förmlich an, auch an der Feier teilzunehmen, aber ich konnte nicht. Ich musste nach Hause, musste Maeve umarmen. Ich war in San Quentin so vielen Männern begegnet, die ihre Familien vermissten, dass ich mich mehr als je zuvor nach der meinen sehnte. Als ich in den 1960er-Jahren im Kahn gewesen war, hatte ich großes Glück gehabt. Draußen wartete niemand auf mich, weder auf der Straße noch zu Hause wurde ich vermisst. So wollte ich es damals. Jetzt allerdings hatte ich drei Kinder und eine großartige Frau, und es gab keinen Bewährungsausschuss, der mir sagen konnte, dass ich noch etwas warten müsste. Alles, was ich brauchte, war ein Flugticket.

Auf dem Heimweg betete ich zu Gott, damit er mir die Kraft gab, im Moment zu leben und aufmerksam und liebevoll mit meinen Mitmenschen umzugehen. Das Maß an Respekt und Akzeptanz, das ich von den Häftlingen in San Quentin erfahren hatte, machte mich richtiggehend emotional. Um diesen Respekt als Gefangener zu bekommen, musste man gefürchtet sein. Ihn jetzt zu erhalten, weil ich etwas aus meinem Leben gemacht hatte, war hundert Mal erfüllender. Es war ein unglaubliches Geschenk von Gott, noch einmal an den Ort zurückzukehren, von dem ich früher geglaubt hatte, ihn nicht mehr lebend zu verlassen, und just dort ein Stück Kunst zu schaffen.

Die Zeit von der Landung am LAX bis zur Ankunft in Venice mag nur zwanzig Minuten betragen haben, fühlte sich aber wie ein Jahr an. Zu Hause angekommen, schnappte ich mir als Erstes die Kids und ging mit ihnen zum Strand runter, um im Sand zu spielen, während Maeve das Abendessen kochte. In der Nacht sah ich im Bett hinüber zu Maeve, Gilbert und Danielle, die sich aneinandergekuschelt hatten, und dachte: *Du hast diese Familie, Danny, diese wunderschöne Familie. Willst du dir das denn nicht bewahren? Scheiß doch einfach auf die Sachen, die es dort draußen noch für dich geben mag. Und auf all das, was du gerade zu verpassen glaubst. Das hier ist alles, was du brauchst.* Ich lag mit allem in einem Bett, was mir auf dieser Welt lieb und teuer war – und trotzdem war es nicht genug. Ich dachte: *Was zum Henker stimmt eigentlich nicht mit dir?*

Wäre ich ein wenig selbstreflektierter gewesen, hätte ich erkennen können, dass sowohl Maeve als auch ich sehr emotionale, unreife und unbeständige Menschen waren, die gern kontrollierten, aber auf keinen Fall vom jeweils anderen kontrolliert werden wollten. Ich ganz besonders. Bei meinem Dad, meinen Onkeln und deren Freunden galt man als Schwächling, wenn man nicht die Kontrolle über seine Frau hatte. Es kam vor, dass sie in einer größeren Runde zusammensaßen und einer von ihnen, ohne den Blick zu heben, zu seiner Frau sagte, sie solle ihm ein Bier holen. Dann sprangen sofort auch die Ehefrauen der anderen auf und fragten ihren Partner, ob er nicht auch ein Bier wolle. Wenn eine der Frauen eine Arbeit aufnahm, wurde ihr Mann bei Grillabenden oder anderen Familienzusammenkünften gnadenlos aufgezogen.

»Anna, ist es in Ordnung, wenn Art ein Bier trinkt?« In dieser Welt damals gab es nur einen Weg, um ein Mann zu sein.

Ich wusste, dass ich mich niemals vollkommen auf eine monogame Beziehung einlassen konnte. Ich flirtete jeden Tag, war geheimniskrämerisch. Meine Sehnsucht gehörte der Welt außerhalb unserer Wohnung. Ich fragte nie, wie Maeve damit klarkam, dass ich mein eigenes Ding machte. Wenn ich ausgehen wollte, ging ich aus. Ich bat nicht um Erlaubnis. Ich sagte ihr auch nicht, wann ich wieder zu Hause sein würde. Das machten nur Trottel. Trottel, die ihre Lady um Erlaubnis fragen mussten, wenn sie etwas unternehmen wollten.

»Wo bist du gewesen?« *Geht dich nichts an.* »Wohin willst du?« *Weiß ich selbst noch nicht mal.*

Regelmäßig schmiss Maeve mich raus oder zog selbst für eine Zeit woandershin. Wenn das geschah, riss ich mich zusammen, denn wir vermissten einander. Diese Dynamik hielt sich, noch lange nachdem wir gemeinsame Kinder hatten. Es fiel mir schwer, das Ganze zu verstehen. In meinem Kopf sah ich mich nie als einen Typen, der zu Hause bleibt und nur eine Frau hat.

Am nächsten Tag planschte ich mit Gilbert und Danielle im Pool. Sie waren so klein, dass ich sie auf den Unterarmen halten konnte. Maeve sah mich mit einem ahnungsvollen Blick an. Sie wusste, wie sehr sie sie liebte und wie sehr ich meine Kinder liebte, aber ich musste mich zwingen, eine Person zu sein, die ich einfach nicht sein konnte. Es war, als rechnete sie fest damit, dass dieses Gefühl von uns als Familie unter einem gemeinsamen Dach nicht ewig währen würde. Vielleicht dauerte es nur noch zwei Tage, vielleicht zwei Monate oder fünf Jahre. Dennoch war sie fest entschlossen, nicht zuzulassen, dass das Gespenst einer möglichen Trennung in der Zukunft unsere Gegenwart überschattete. Sie rief vom Grill zu mir herüber: »Danny, Kinder, raus aus dem Pool! Die Hotdogs sind fertig!«

Ich erzählte Maeve davon, dass die Dreharbeiten in San Quentin mir emotional arg zugesetzt hatten. Das war ein großer Schritt für mich, denn eigentlich offenbarte ich anderen nicht, was mir auf der Seele lag. Maeve schlug vor, ich solle mit ihrer Mom sprechen, einer Therapeutin.

»Pass mal auf, Danny«, sagte sie. »Ich denke, du leidest an posttraumatischen Belastungsstörungen. Du bist durch die langen Jahre im Gefängnis mit all den Messern, all den Waffen und all der Gewalt traumatisiert worden. Diese ganzen Geschichten über irgendwelche Typen, die du geschlagen hast – auf der Straße, im Boxring, durch Sicherheitsglas hindurch. Normale Menschen erleben so etwas nicht. Normale Menschen rauben keine Schnapsläden mit vorgehaltener Pistole aus. Deine Erfahrungen sind nicht normal. Du hast unheimlich viel durchgemacht.«

Sie hatte recht mit dem, was sie sagte. Allerdings musste ich in erster Linie an die Leute denken, die mir in diesen Situationen gegenübergestanden hatten. »Ich habe anderen viel zugemutet.«

»Ja, das hast du. Aber die gesamte Schuld auf sich zu nehmen, ohne auf sich selbst zu achten, macht es auch nicht besser.«

Bei meinem ersten Raubüberfall war ich vierzehn Jahre alt gewesen, fast fünfzehn. Mein Kumpel Mike Serna und ich hingen nach der Schule bei mir zu Hause ab und alberten herum. Irgendwann gingen wir in das Zimmer von meinem Onkel Art und kramten in den Sachen unter seinem Bett herum. Ich wusste, dass dort eine Waffe lag, und fand sie auch. Es war ein Revolver mit Kaliber .22 und einem defekten Lauf. Art hatte mir erzählt, dass er das Ding reparieren lassen wollte, die Knarre aber immer noch schoss, wenn man die Hand auf den Zylinder drückte. Mike und ich gingen in den Garten hinter dem Haus und probierten die Waffe aus. Art hatte recht gehabt. Der Revolver funktionierte, doch wir verbrannten uns dabei gehörig die Hände.

Nach der Ballerei im Garten entschieden wir spontan, unser

erstes Ding zu drehen. Obwohl wir schon seit Ewigkeiten von irgendwelchen Raubüberfällen fantasierten, hatten wir nichts Konkretes geplant. Nun war es so weit. Wir nahmen den Wagen von meinem Onkel Rudy, einen 57er Ford Fairlane 500, ein rosa-weißes Cabrio. Wir waren todesmutig, und wir waren Idioten. Nicht nur fehlten mir noch mehrere Jahre bis zu meiner Fahrerlaubnis, nein, als Fluchtwagen für unseren ersten Überfall hatten wir uns ein rosa-weißes Cabrio ausgesucht. Wir fuhren die Penrose Street bis zur San Fernando Road runter und bogen dann rechts ab. Unser Ziel: der Far East Market auf dem Lankershim Boulevard in Sun Valley.

Auf dem Weg zu dem Asia-Shop putschten wir uns gegenseitig auf. »Los, Mann, das ziehen wir jetzt durch!«, sagten wir uns wieder und wieder. Wir parkten den Wagen an einem Schrottplatz unweit der San Fernando Road und schlichen uns von Süden her an den Laden heran. Ich war bereit, angespannt bis in die Fingerspitzen. Das Adrenalin sorgte dafür, dass alles wie in Zeitlupe ablief. Wir stießen die Eingangstür auf und sahen eine ältere Asiatin hinter dem Verkaufstresen. Ich zog den in meiner Hose steckenden Revolver hervor und griff ihn mit beiden Händen. Ich machte es genau so, wie ich es zwei Jahre zuvor vor dem Spiegel einstudiert hatte. »Los, her mit der scheiß Kohle!«

Mike brüllte: »Du hast ihn doch gehört!«

Die Frau öffnete die Registrierkasse und reichte mir acht Ein-Dollar-Scheine.

»Die Zigarrenschachtel, Mensch!«, brüllte Mike erneut. »Die großen Scheine liegen in der Zigarrenschachtel!«

Ich warf einen Blick hinter den Tresen und sah die Schachtel. Als ich mit der Hand darauf zeigte, klappte der Lauf des Revolvers nach unten. Zu allem Überfluss kam just in diesem Augenblick ein weiterer Asiate, wild schreiend und ein Hackmesser über dem Kopf schwingend, aus dem hinteren Teil des Ladens zur Kasse gestürmt.

Mike und ich machten auf dem Absatz kehrt und rannten in Richtung unseres Wagens. Nachdem wir mehrere Zäune überwunden hatten und durch enge Gassen gesprintet waren, erreichten wir endlich den Fairlane. Wir sprangen hinein und mussten wie von Sinnen lachen. Es war ein unfassbarer Rausch. Und wir hatten acht Dollar erbeutet. Die ganze Mühe für acht Ein-Dollar-Scheine! Aber das interessierte uns nicht. Was uns interessierte, war das High, das uns dieses Erlebnis beschert hatte. Mike schlug vor, dass wir uns »The Laughing Bandits« nannten, die lachenden Banditen.

Sicher, damals hatten wir gelacht, aber jetzt musste ich an die Frau denken, die wir ausgeraubt hatten. Daran, wie viel Angst sie hatte und wie lustig die ganze Angelegenheit für Mike und mich gewesen war, als wir aus dem Laden rannten. Das ist eine Sache, für die ich mich noch ewig schämen werde – das Maß an Angst und Schrecken, mit dem ich Menschen wie diese Frau überzogen hatte. Bei einem Raubüberfall mit Schusswaffe kann alles Mögliche passieren. Wenn jemand bei einer solchen Tat stirbt und der Räuber später behauptet, er habe nie gewollt, dass irgendjemand verletzt wird, kann man das getrost unter Bullshit verbuchen. Es ist Mord, da gibt es nichts zu diskutieren. Von dem Augenblick an, in dem du bei einem Überfall eine Waffe ziehst, trägst du für alles Weitere die volle Verantwortung.

Teil des Problems war sicherlich, dass wir nicht das Gefühl hatten, etwas Falsches zu tun. Wenn wir jemanden ausraubten, dann betrachteten wir unsere Opfer nicht in erster Linie als Menschen. Wir sahen nur das Geld, das sie hatten, und einen einfachen Weg, das zu kriegen, was wir brauchten. Mehr als dass wir von ihnen stahlen, beschenkten wir uns selbst. Unsere Logik lautete: Diese Leute hatten Geld, also würden sie sich wieder Neues besorgen können. Irgendwann entsagte ich dem Alkohol und hörte auf, anderen Menschen Derartiges anzutun. Dennoch gab es einige Bereiche in meinem Leben, in denen ich immer noch selbstsüchtig war.

Der Weg der Abstinenz erfordert eine nach innen gerichtete Achtsamkeit. Ich war so lange in dieser Welt gewesen und schämte mich nun dafür, wer ich gewesen war und was ich getan hatte. Dennoch hatte ich nie besonders viel über das unfassbare Maß an Maskulinität nachgedacht, mit der ich aufgewachsen war und die mich geprägt hatte. Ich glaubte, es würde ausreichen, einfach weiter clean zu bleiben und anderen Menschen auf ihrem Weg ohne Drogen und Alkohol zu helfen. Ich beschäftigte mich weder mit dem kleinen Jungen, der ich einmal gewesen war, noch mit der Frage, was mit ihm passiert war oder was all das mit dem Mann machte, der ich wurde.

Ich dachte, ich wäre ein normaler Kerl, der einfach nur unter fiesen Albträumen litt.

Maeve liebte mich innig, ich empfand dasselbe für sie. Ich konnte es jedoch nicht ausdrücken oder ihr auf die klassische Art und Weise zeigen.

Ich habe großen Respekt davor, mit wie viel Haltung sie diese Jahre meisterte. Maeve sagt, dass ich schon vor meinem Erfolg als Schauspieler eine gewisse Ausstrahlung hatte – ganz gleich, ob ich bei Meetings auftrat oder die Uferpromenade in Venice entlangschlenderte. Es war nicht immer einfach für sie und die Kids, in meinem Schatten zu stehen. Ich selbst hätte Stein und Bein geschworen, dass ich keinerlei Ego in Bezug auf meine Schauspielkarriere hatte, aber auch das ist natürlich Bullshit, ein weiterer egozentrischer Gedanke. Als dann *Blood In, Blood Out* in die Kinos kam, veränderte sich mein Leben vollkommen. Gut möglich, dass ich in den einschlägigen Kreisen von Los Angeles berühmt-berüchtigt war – mit diesem Film erlangte ich einen nicht mehr zu leugnenden, weltweiten Ruhm. Es war eine komplett andere Hausnummer, und ich hatte keine Ahnung, ob wir die Sache als Einheit überstehen würden.

Direkt nach *Blood In, Blood Out* bekam ich ein Angebot für eine Rolle in dem Film *Mi Vida Loca* von Allison Anders. Es ging um junge Mädchen, die in der Welt der Gangs aufwachsen und von ihrer Unbarmherzigkeit zerrissen werden. *Mi Vida Loca* war für mich persönlich ein sehr wichtiger Film nach all dem Drama zuvor – sprich: meine Absage an *American Me* und mein Aufstieg durch *Blood In, Blood Out*. Beide Filme wollten die andere Seite des Gang-Lifestyles zeigen, aber am Ende war *Mi Vida Loca* der Streifen, der diesem Anspruch wirklich gerecht wurde.

Mi Vida Loca konzentrierte sich auf Einsamkeit und Verzweiflung, die beide Konsequenzen des Ganglebens sind – auf das Leid der Familien. Niemand wollte einen Zwei-Stunden-Film über seelisch zerbrochene Eltern und ihre Kinder, doch *Mi Vida Loca* nahm sich viel Zeit, um die dunklen und stillen Augenblicke einzufangen. Schwangere Mädchen, die im Sozialamt um Essensgutscheine anstehen; eine Mutter, die in der Küche um ihre durch ein Drive-by-Shooting ermordete Tochter weint; Eltern, die den von Kugeln durchsiebten Wagen ihres Sohnes bei der Polizei abholen.

Allison Anders ist eine Künstlerin, sie hat es einfach drauf. Junge Menschen glauben, dass sie unverwundbar sind und dass die schlimmen Sachen nur anderen, aber niemals ihnen selbst zustoßen. Die Youngsters halten sich für die smartesten Dealer und die härtesten Motherfucker, die jemals auf Erden gewandelt sind. Allison wusste, wie verlockend das Gangleben den Kids aus dem Barrio erschien. Sie hatte kapiert, wie schwierig es ist, jemandem etwas beizubringen, wenn dieser Jemand glaubt, schon alles zu wissen.

Es war Jahre her, dass ich zu einer Gang gehörte, aber ich merkte rasch, dass Gilbert mir diese eine Lektion nicht beigebracht hatte: Wir waren nicht unbesiegbar. Viele meiner alten Homies waren tot, Opfer des Gang-Lifestyles. Die Schlachten, die wir gewonnen zu haben glaubten, hatten Konsequenzen, von denen wir annahmen, dass sie uns niemals betreffen würden. Später hatte ich dauernd mit Witwen und Witwern zu tun, mit verwaisten Kindern sowie Eltern, die ihren Nachwuchs überlebten. Als Heranwachsende hatten wir keinen Respekt vor unserem eigenen Leben und auch nicht vor dem der Menschen in unserer Umgebung. Später habe ich über Jahre hinweg versucht, das wiedergutzumachen.

Kapitel 24

DIE RICHTIGE ENTSCHEIDUNG

1991

Während Danny Boys Mutter ihre Strafe absaß, nahm ich Kontakt zu Dianas Eltern auf, den Großeltern unseres gemeinsamen Kindes, die in Long Beach lebten. Ich fuhr Danny Boy regelmäßig zu Oma und Opa runter, damit er Zeit mit den beiden verbringen konnte. Als er fünf war, bekam ich einmal Ärger mit den Großeltern. Sie hatten Danny Boy gefragt, was er gern unternehmen wollte, worauf der Kleine antwortete: »Lasst uns runter zum Strand gehen und die Schnitten auschecken!«

Dianas Mom rief mich an und meinte: »Danny, was für Zeug bringst du eigentlich unserem Enkel bei?«

Kurze Zeit später zogen sie nach Lompoc, eine wenige Autostunden nördlich von L. A. gelegene Kleinstadt. Als Diana aus der Haft entlassen wurde, zog auch sie nach Lompoc, um bei ihren Eltern zu leben. Danny Boy besuchte sie regelmäßig, und im Sommer ließ ich ihn sogar längere Zeit dort wohnen. Irgendwann einmal, als ich ihn nach einem Besuch in Lompoc wieder abholen wollte, machte ich eine interessante Beobachtung. Dianas Mom begrüßte mich und rief Danny Boy, der draußen auf der Straße spielte. Ich stand eine Weile bei ihr am Haus und sah Danny Boy und seinen zehn Freunden zu. Er war im siebten Himmel. In

Lompoc gab es für Danny Boy große Gärten zum Spielen und jede Menge Kids, mit denen er sich angefreundet hatte. Es war wie in Mayberry aus der *Andy Griffith Show*. Ich hätte mich nicht gewundert, wenn im nächsten Augenblick Opie mit seiner Angelrute die Straße heruntergeschlendert wäre. In Venice hingegen, wo wir lebten, gab es östlich vom Beach nur Gangs: Venice Trece, Crips, Bloods. Sie rekrutierten Kids in Danny Boys Alter. Bei uns gab es für Danny Boy keine zehnköpfige Freundesclique, hier würde er über kurz oder lang Mitglied einer Gang werden – und dann war es nur eine Frage der Zeit, bis er Ärger bekam. Ich arbeitete mit Abhängigen, und insofern war Venice für mich ein idealer Standort, da es dort Unmengen an Menschen gab, denen ich helfen konnte, in einer Suchthilfeeinrichtung unterzukommen. Maeve und ich hatten jedoch selbst mit ernsten Drogenproblemen zu kämpfen gehabt, und wir wussten nur zu gut, dass wir diese Neigung sehr wahrscheinlich an unsere Kinder vererbt hatten. In Venice waren die Schwierigkeiten vorprogrammiert. Vielleicht war es keine gute Umgebung, um Kinder großzuziehen.

Als Danny Boy die Rufe seiner Oma hörte, blickte er zu uns rüber. Er freute sich, mich zu sehen, keine Frage, aber man konnte ihm anmerken, dass es ihm schwerfiel, sich von seinen Freunden zu verabschieden.

»Okay, Dad, eine Minute noch«, rief er. Dann schaute ich zu, wie die Kids einander Auf Wiedersehen sagten. Der Anblick brach mir fast das Herz. Danny Boy war glücklich in Lompoc.

Zurück in Venice, berichtete ich Maeve, was ich beobachtet hatte, und fragte sie nach ihrer Meinung. Maeve hatte Danny Boy wie ihr eigenes Kind behandelt. Er war mittlerweile zehn Jahre alt und für den dreijährigen Gilbert von Anfang an der große Bruder gewesen. Die beiden teilten sich ein Kinderzimmer und schliefen in einem Doppelstockbett, direkt neben der Wiege von Danielle. Die Kleinen liebten ihren großen Bruder von ganzem Herzen. Eine

Trennung würde uns allen sehr schwerfallen, doch Maeve versuchte, das große Ganze zu sehen. Diana und ihre Eltern waren gute Menschen, verantwortungsbewusst, zugewandt, mit richtigen Jobs und einem schönen Zuhause.

»Vielleicht ist es besser für Danny Boy in Lompoc. Vielleicht ist es an der Zeit, ihn bei seiner Mom wohnen zu lassen«, sagte Maeve.

»Ich will aber nicht von meinem Kind getrennt sein«, erwiderte ich.

»In ein oder zwei Jahren ist er alt genug für die Gangs in unserer Gegend, das weißt du genau«, argumentierte sie. »Dort ist er sicherer.«

»Was ist mit Gilbert und Danielle? Brauchen die nicht auch diese Sicherheit?«

»Die sind doch noch Babys. Bei den beiden haben wir noch jede Menge Zeit, uns etwas zu überlegen und von hier zu verschwinden«, sagte Maeve. Fakt war allerdings, dass es sowohl für Maeve als auch für mich schwierig werden würde, einfach so aus Venice wegzuziehen. Zum einen war Maeve hier aufgewachsen, zum anderen verwaltete sie mittlerweile mehr oder weniger den Apartmentkomplex, in dem wir wohnten – sie sammelte die Monatsmieten ein und koordinierte anfallende Reparaturen –, sodass wir selbst keine Miete zahlen mussten. Sicher, es war die Hood, aber für uns war es okay. Nun hatte man Danny Boy ein Ticket für ein Leben in einer besseren Gegend angeboten. Vielleicht sollten wir es einfach einlösen.

Mit Maeves Einverständnis nahm ich Danny Boy bald darauf beiseite und fragte ihn, ob es ihm bei seiner Mom und seinen Großeltern in Lompoc gefiel. Das tat es. »Wie fändest du es, dort zu wohnen?« Die Antwort fiel ihm sichtlich schwer.

»Ich würde nie etwas tun wollen, das deine Gefühle verletzt. Du bist mein Dad.«

»Nichts, was du tust, könnte mich verletzen, Danny Boy. Du bist mein Sohn und wirst immer mein Sohn bleiben. Ich liebe dich mehr als alles andere auf der Welt. Und jetzt zurück zu meiner Frage: Würdest du gern da oben bei deiner Mom wohnen?«

Er nickte. Unser kurzer Austausch hatte ihm das schlechte Gewissen genommen. »Ich bin sehr gern bei Mom.«

»Du hast eine Menge Freunde da, stimmt's?«

»Ja, viel mehr als hier unten. Und dann ist da noch eine Sache ...«

»Ja?«

»Ich bin manchmal traurig, dass Mom da oben ganz allein leben muss.«

Ich ging in die Küche und rief Diana an. »Wie sind eigentlich die Schulen in Lompoc?«

»Wie kannst du mich so etwas fragen?« Sie schrie regelrecht. »Warum verhöhnst du mich?«

Ihre Mutter kam ans Telefon. »Danny, was ist denn los?«

»Ich habe Diana nur gefragt, wie die Schulen in Lompoc sind ... für den Fall, dass Danny Boy zu euch ziehen will. Sie hat wahrscheinlich gedacht, dass ich sie auf den Arm nehme.« Dianas Mom war mit einem Mal dermaßen aufgeregt, dass sie in Schnappatmung verfiel.

»O Danny, also mit den Schulen hier ist es folgendermaßen: Es sind die besten überhaupt. Die Schulen in unserer Gegend sind hervorragend, und die Lehrer sind auch hervorragend.« Ganz offensichtlich hatten sie schon sehr lange davon geträumt, Danny Boy zu sich nach Lompoc nehmen zu können.

»Okay, dann werde ich mit ihm über das Thema sprechen, aber ich glaube, die Idee gefällt ihm.«

Danny Boy zog zu seiner Mom und seinen Großeltern nach Lompoc. Maeve und ich holten ihn jedes Wochenende ab, damit er Zeit mit seinen Geschwistern Gilbert und Danielle verbringen konnte.

Oft fuhren wir auch mit den Kleinen hoch nach Lompoc, um Danny Boy zu besuchen. Gilbert und Danielle vermissten ihn sehr. Wir alle vermissten ihn. Es war hart, aber es war die richtige Entscheidung.

Kapitel 25

DER FIXER

1995

Raymond Cruz, ein Schauspieler, den ich in Venice kennengelernt hatte, schleppte mich eines Tages zu seiner Agentur. Er war der Meinung, mein Agent leiste keine gute Arbeit. Ich hatte das Gefühl, dass Raymonds Agent nicht allzu viel von mir hielt, aber um seinen Schützling zufriedenzustellen, schickte der Mann mich zu einer jungen Kollegin namens Gloria Hinojosa, die gerade erst in der Firma angefangen hatte. Gloria war lustig, cool und riss sich den Hintern für mich auf. Kaum hatte ich bei Gloria unterschrieben, ging meine Karriere durch die Decke.

Der erste Gig, den sie für mich an Land zog, war eine Rolle in *Baywatch*. Ich spielte einen Harley fahrenden Ex-Knacki (Überraschung!), der ein derart kolossaler Wichser war, dass er seinen Sohn nicht in einem Freizeitprogramm für die Kids aus dem Barrio teilnehmen lassen wollte. Es war ein lustiger Dreh, alle waren cool, und ich wurde dafür bezahlt, ein paar Häuserblocks von meiner Wohnung entfernt am Strand abzuhängen.

Ich bekam viele, aber keine sonderlich abwechslungsreichen Jobs. Da war zum Beispiel der Knaststreifen *Last Light* mit Kiefer Sutherland und Forest Whitaker. Für Kiefer war es sein Regiedebüt. Wieder einmal wurde ich (Überraschung!) für die Rolle eines Häftlings gecastet. Mein Name im Skript lautete »Häftling Nr. 2«. Insgeheim dachte ich: *Häftling Nr. 2? Verdammt, anscheinend geht's bergab.*

Kiefer hatte gleich am Anfang der Produktion einen Freund für das Projekt an Bord geholt, der allerdings irgendwann außer Kontrolle geriet. Möglich, dass Kiefer sich den Kerl aufgrund seines wilden Temperaments als überzeugenden Darsteller für eine Häftlingsrolle vorgestellt hatte. An einem Filmset sorgen unberechenbare Charaktere jedoch schnell für massive Kopfschmerzen. Ein Beispiel: Immer wenn der Regieassistent »Rolling« sagte, um klarzumachen, dass jetzt gefilmt wurde, schmetterte Kiefers Freund den Song »Rolling on the river«, und zwar laut und aggressiv.

Als meine Arbeit am Set begann, war der Typ schon verschwunden. Kiefer hatte erkannt, dass ein Mann mit einem derart unwägbaren Wesen für diesen Job nicht zu gebrauchen war. Er hatte die Security rufen müssen, um ihn vom Set entfernen zu lassen. Leider war die Geschichte damit nicht vorbei. Ich merkte, dass irgendetwas an Kiefer nagte und dass er sich Sorgen machte. Ich fragte ihn, was los sei. Er antwortete: »Nichts.«

Eine Woche später wurde offensichtlich, dass es nicht »nichts« war. Kiefer rief mich aus New York an und schilderte mir die Situation: Er machte sich große Sorgen um den Kerl, da dieser nach seinem Rausschmiss nicht nur Kiefer selbst, sondern auch dessen Kinder bedroht hatte.

Ich war zwar Schauspieler, aber ich wurde auch als Fixer angesehen – ein Typ, der Dinge regelte und Probleme löste. Mir eilte der Ruf voraus, mit den Gesetzen der Straße bestens vertraut zu sein. Hatten Leute Probleme, für die sie keine juristische Lösung sahen, kamen sie zu mir, um Rat und Hilfe zu erbitten. Kiefer sagte ich, er solle mir die Angelegenheit überlassen.

Als Erstes fand ich heraus, wer der Typ war, dann knöpften George und ich ihn uns vor. Der Mann war sauer, weil Kiefer ihm versprochen hatte, dass bei der Arbeit an *Last Light* eine SAG-Karte, ein Mitgliedsausweis der Schauspielergewerkschaft, für ihn heraussprang. Deshalb belästigte er Kiefer nun. Ich wollte diplomatisch sein und sagte: »Gut, die Sache mit der SAG-Karte hat bei diesem Film nicht funktioniert. Pech gehabt. Wenn du allerdings Kiefer nicht sofort in Ruhe lässt, steckt dir möglicherweise jemand einen Chinaböller in den Arsch und hält ein Feuerzeug drunter.« Die Ansprache zeigte Wirkung. Am nächsten Tag schickte der Mann Kiefers Frau einen Blumenstrauß und eine Entschuldigung.

Eine Sache fiel mir in diesem Zusammenhang schnell an Hollywood auf: Wenn ich jemandem mit einem Problem half, wurde dieser Jemand entweder zu einem sehr guten Freund oder hielt fortan Abstand zu mir. Kiefer war sehr dankbar für meine Unterstützung. Andere hingegen hatten möglicherweise das Gefühl, mit ihrer Bitte nach Hilfe eine Schwäche offenbart zu haben. Dieses Muster wiederholte sich mehrere Male während meiner Schauspielkarriere. Ich verstand natürlich, warum die Leute zu mir kamen – sie sahen mich als einen harten Hund, nicht als jemanden, der diese Rolle nur in Filmen spielte –, aber die Dynamik dieser Beziehungen behagte mir wenig. Es war der gleiche Mist, den ich schon bei *American Me* durchgemacht hatte. Die alte Frage kam in mir hoch: *Habt ihr mich angeheuert, weil ich ein Schauspieler bin oder weil ich im Knast saß?*

Abseits meiner eigenen Bedenken zu diesem Thema betrachteten die Casting-Agenturen Hollywoods mich eindeutig als den geborenen Bösewicht. Im folgenden Jahr holte man mich für den Film *Con Air* an Bord. Ich sollte Johnny 23 spielen, einen Serienvergewaltiger, der mit einer Gruppe Knackis ein Flugzeug kapert, um aus der Haft zu fliehen. *Con Air* war von Beginn an ein wahres Machofest, sowohl der Film als auch die Produktion. Alles, wirklich alles artete zu einem Wettbewerb aus. Wer hatte den längsten Schwanz, wer die dicksten Eier? Auch die Karate- und Kickboxing-

Legende Benny »The Jet« Urquidez war mit uns am Set, weil er zu dieser Zeit John Cusack trainierte. Ständig wurden Witze gerissen und Streiche gespielt. Einmal regnete es, und einer der Darsteller kam auf die glorreiche Idee, an der Plane zu ziehen, unter der ich und ein paar Kollegen saßen. Das Resultat: Wir wurden komplett nass. Ich sprang auf und schrie: »Was soll der Scheiß, Mann?« Benny sah, wie angepisst ich war, und nahm mich beiseite.

»Ruhig, Danny. Diese Typen haben keine Ahnung, wozu man mit unserer Art Wut in der Brust fähig ist.«

Bei der Arbeit an *Con Air* hatte ich gleich mehrere Male Gespräche mit anderen Darstellern, die alle auf dieselbe Frage hinausliefen: »Was glaubst du, wie ich mich im Knast machen würde?« Eine sonderbare und gleichzeitig fast universelle Faszination vieler Männer. Sie kapieren nicht, wie abgefuckt diese Frage eigentlich ist. Erst mal ist es doch so, dass alle, die diese Frage stellen, sehr wahrscheinlich nicht sonderlich gut im Knast zurechtkämen, denn durch die Formulierung ahnt man ja bereits, was die Befürchtung ist: missbraucht zu werden. Wenn sie es so angehen würden wie viele der Kids, mit denen ich im Jugendknast gesessen habe – sprich: einem Mitgefangenen mit einem Knüppel oder Stein den Schädel spalten oder ihn niederstechen –, dann könnten sie möglicherweise einen gewissen Ruf aufbauen. Tatsache ist allerdings: Hinter Gittern musst du Gewalt ausüben, um der Gewalt zu entgehen.

Ich wusste, worauf die anderen Schauspieler mit ihrer Fragerei hinauswollten, aber es war eine naive Vorstellung. Viele Leute hegen die Fantasie, dass man nur standhaft sein muss, dass man nur bei der ersten Herausforderung durch einen Mitgefangenen aufstehen und zuschlagen muss, um für den Rest der Haftstrafe vor Missbrauch sicher zu sein. Aber das ist Bullshit. Ich kannte einen weißen Burschen, der kurz nach seinem Haftantritt von ein paar Mexikanern angegangen wurde und zwei von den Angreifern niederstreckte. Der Bursche war ein krasser Typ, trotzdem fand man ihn zwei Tage später tot in seiner Zelle – die Wollmütze noch auf dem Kopf, die Kehle von einem Ohr zum anderen aufgeschnitten. Die Blutlache war so groß, dass sie sich bis auf den Gang erstreckte, wo sie die Aufseher bemerkten. Dieser Weiße hatte sich so verhalten, wie man es ihm gesagt hatte – oder wie die Menschen in der normalen Welt denken, dass man sich verhalten muss, um in Ruhe gelassen zu werden. Trotzdem gingen zwei Mexikaner in seine Zelle und nahmen ihm das Leben.

Wenn du in den Knast kommst, musst du dich deinen Leuten anschließen, einen Teil der Last schultern und dir die Hände schmutzig machen wie alle anderen auch. Nur so hast du einen gewissen Schutz, aber selbst dann musst du dich trotzdem noch vor deinen eigenen Leuten in Acht nehmen. Knäste sind Petrischalen für Paranoia und Wahnsinn. Es braucht nur ein Kerl aus deiner Clique etwas zu sagen, egal ob aus Neid oder Argwohn, dann geht es los. Ist das Gerücht erst mal in Umlauf, spielt es keine Rolle, ob es stimmt oder nicht. Du bist sofort in der Defensive, und oftmals ist die Strafe der Tod.

Im Knast muss man sehr vorsichtig sein, wenn es um Dinge wie Drogen, Zockerei oder sonstigen Mist geht, durch den man in die Schuld anderer gerät. Wenn du nämlich derartige Probleme machst, wirst du von deiner eigenen Crew zurechtgestutzt – den Leuten, die dich eigentlich schützen sollten. Eine andere Möglichkeit besteht darin, für den eigenen Schutz zu bezahlen und fortan von aller Welt als Bitch betrachtet zu werden. Gehen Prominente in den Kahn, bleibt ihnen nichts anderes übrig, als für Schutz zu bezahlen. Ich habe viele Bilder von Promis im Knast gesehen, wie sie mit ihrer Crew posierten, aber unterm Strich mussten auch sie diese Jungs auf die eine oder andere Art bezahlen.

Vor der Heirat meines Vaters lebte ich im Haus meiner Großeltern und tat alles, was meine Tanten und Cousinen taten. Das Haus hatte vier Schlafzimmer. Meine Großeltern schliefen in einem der Zimmer; mein Vater und dessen Brüder Art, Rudy, Fred und Gilbert teilten sich ein anderes Zimmer; meine Tante Carmen und ihr Ehemann Manuel hatten ein Zimmer für sich; die anderen acht der Familie – meine drei Tanten Margaret, Reyna und Lobby sowie Carmens vier Töchter Mary Carmen, Salita, Coke und Toni (die Zwillinge) und ich – schliefen in einem Zimmer mit vier Betten am Ende eines langen Flurs.

Ich war der Jüngste, und wenn man sich Bilder aus meiner Kindheit anschaut, bin ich immer von Mädchen umgeben – mal vier, mal fünf, mal neun. Unser Alltag war komplett getrennt von dem der Männer, sogar die Mahlzeiten nahmen wir gesondert von ihnen ein. Deshalb wusste ich auch nicht, dass man als Mann im Stehen pinkeln konnte, bis mein Onkel Gilbert es mir vormachte. Wir vertrieben uns die Zeit mit Rollenspielen und Verkleiden, spielten mit Puppen und unserem Hund Blackie. Wir kreischten, wir lachten. An eine Sache, die ich in den männlich dominierten Umgebungen späterer Jahre immer vermisste, erinnere ich mich besonders gut: Es gab damals praktisch keinen Wettbewerb zwischen uns. Wenn eins der Mädchen einen Stein besonders weit werfen konnte, dann war das cool. Niemand stellte es infrage. Niemand versuchte, sie zu übertrumpfen.

Bei *Con Air* hingegen war es wie auf der Straße oder im Knast, wo Typen miteinander wetteiferten, wer härter zuschlagen oder weiter pinkeln konnte, wer mehr Liegestütze schaffte, mehr Schnitten abschleppte, genauer spuckte. Bei diesem Dreh spielten Männer dieselben gefährlichen Spiele in der Sicherheit eines Filmsets. Nic Cage war allerdings eine megacoole Socke. So testosteronschwanger dieses Set auch gewesen sein mag, freundete ich mich bei *Con Air* doch mit mehr Leuten an als bei jedem anderen Film – John Malkovich, Steve Buscemi, Ving Rhames, Jesse Borrego, Dave Chappelle und mein Homie Emilio Rivera. Emilio hinterließ großen Eindruck bei mir. Er erinnerte mich sehr an mich selbst in jungen

Jahren. Seine Anfänge in der Branche, sein Auftreten am Set. Und um es ein für alle Mal zu klären: John Cusack hat tatsächlich ernst zu nehmende Kickbox-Skills. Unterm Strich war *Con Air* ein guter Film, aber kranke Typen wie Johnny 23 zu spielen, kann mitunter etwas belastend sein. Ich habe einfach zu viele von diesen Kerlen im echten Leben kennengelernt.

Was die Arbeit mit Hollywoodstars anging, erreichte ich mit meinem nächsten Film ein ganz neues Level. *Heat* katapultierte mich auf den Spielplatz der großen Jungs. Den Regisseur des Streifens, Michael Mann, hatte ich schon ein paar Jahre zuvor während meiner Arbeit an der Miniserie *Drogenkrieg: Das Camarena-Komplott* kennengelernt. Die Serie erzählt die Geschichte des Undercover-DEA-Agenten Enrique »Kiki« Camarena, der vom Kartell in Guadalajara gefoltert und ermordet wurde. Ich werde nie vergessen, wie der als streng geltende Regisseur in meinen Trailer stiefelte, um mit mir über einen Dialog zu reden, in dem ich meinen Kollegen Treat Williams hart angegangen war. Michael hatte mir vorher eingeschärft, dass mein Auftritt intensiv sein sollte, und ich denke, alle waren ziemlich überrascht davon, *wie* intensiv er am Ende war. Jedenfalls war ich überzeugt davon, Michael würde mich feuern wollen, als er anschließend an die Tür meines Trailers klopfte. Stattdessen sagte er nur: »Danny, das war eine emmyreife Performance.« Ich wusste vorher nicht einmal, was ein Emmy überhaupt war, und dachte nur: *Gut, wenn das Einschüchtern anderer Leute emmyreif ist, dann hätte ich eigentlich schon einen ganzen Lkw voll von den Dingern verdient.*

Für *Heat* war ich anfangs allerdings nicht als Darsteller angeheuert worden. Man hatte Eddie Bunker und mich als Berater für die Darstellung bewaffneter Raubüberfälle an Bord geholt. Als die Produktion begann, traf ich irgendwann auf Michael Mann, der mich mit »Gilbert« ansprach.

Ich wusste, dass Michael zehn Jahre zuvor *Ein Mann kämpft allein* in Folsom gedreht hatte. Dass er meinen Onkel kannte, weil dieser damals in Folsom gesessen hatte, war mir bis dato nicht in den Sinn gekommen.

Ich sagte Michael, dass ich Danny Trejo sei, der Neffe von Gilbert Trejo.

Zuerst wirkte er verwirrt. Dann flackerte der Ausdruck der Erkenntnis über sein Gesicht, und er sagte: »Natürlich, Danny. Wir haben doch die Camarena-Serie zusammen gemacht.«

Michael erklärte mir, dass er *Ein Mann kämpft allein* nicht ohne meinen Onkel hätte fertigstellen können. Um in einem Knast während des laufenden Gefängnisbetriebs drehen zu können, ist man auf die Kooperation der Häftlinge angewiesen. In Folsom waren die Schwarzen und die Weißen an Bord gewesen, aber die Mexikaner nicht. Gilbert und einige andere mexikanische Shot-Caller leiteten Verhandlungen ein und schafften es, dass auch die Mexikaner grünes Licht für den Dreh gaben. Ich erzählte Michael, dass Gilbert gestorben war. Die Nachricht berührte ihn sehr.

Am Ende unseres Gesprächs sagte der Regisseur: »Weißt du was, Danny? Ich denke, es gibt da eine Rolle in diesem Film, für die du passen würdest.« Zu diesem Zeitpunkt hieß die Figur noch Vince oder so ähnlich, und ich glaube, es handelte sich noch nicht mal um einen Mexikaner. Während ich für die Rolle vorsprach, wurden meine Lines zweimal überarbeitet. Bei meinem dritten Versuch drückte mir Michael das Skript in die Hand und sagte: »Danny, du hast den Part. Tut mir leid, aber ich muss diese Figur einfach Gilbert Trejo nennen.« Es klang fast wie eine Entschuldigung, dabei war es für mich eine unheimlich große Ehre.

Heat ist ein sogenannter Heist-Movie, ein Film über einen bewaffneten Raubüberfall, und zwar einer der großartigsten und spannendsten Streifen dieses Genres überhaupt. Die Besetzung ist sagenhaft: Val Kilmer, Robert De Niro, Al Pacino, Jon Voight, Tom

Sizemore, Amy Brenneman und Ashley Judd. Nicht genug damit, dass Michael meine Figur nach Gilbert benannte; der von Jon Voight gespielte Gauner basierte auf Eddie Bunker! Gleich an seinem ersten Tag am Set ging Jon mit einem Foto von Eddie in den Make-up-Trailer und sagte: »So muss ich aussehen.« Das Endresultat war so gut, dass ich jedes Mal an Eddie denken muss, wenn ich mir den Film anschaue.

Heat war das erste Projekt, bei dem ich regelrechte Ehrfurcht vor meinen Kollegen empfand. Ich kam mir wie ein Typ vor, der seit Jahr und Tag Häuser streicht und plötzlich Vincent van Gogh trifft. De Niro ist eine lebende Legende, aber er war unheimlich geduldig mit mir und brachte mir in unseren gemeinsamen Szenen sehr viel bei. Er ist einer dieser Darsteller, die das Skript beiseitelegen und im Moment aufgehen. Es sind nicht so sehr die Lines und Wörter bei Robert De Niro, sondern der Raum um sie herum. Als wir die Szene vorbereiteten, in der meine Figur stirbt, sagte er: »Danny, wie sollten wir das deiner Meinung nach spielen?«

Ich gab die Frage an ihn zurück und bat ihn um seine Meinung.

Er antwortete: »Ich denke, du bist an dieser Stelle eigentlich schon so gut wie tot und hältst gerade noch lange genug durch, damit du mich um den Gnadenschuss bitten kannst.« Dieser Ansatz machte die Einstellung unheimlich intensiv.

In der Szene frage ich ihn: »Wo ist Anna?« Er antwortet: »Tot.« Von Schmerzen geplagt, stöhne ich, und jegliche Hoffnung verlässt meinen Körper. Als Michael Mann dann »Cut« rief, reichte mir Bobby die Hand und half mir auf die Beine. »Starke Leistung, Danny.«

Ich beobachtete Robert bei der Arbeit am Set. Er war immer nett zu allen, doch er sparte seine Energie für die wichtigen Momente auf. Ein Drehtag kann bis zu siebzehn Stunden dauern. Das ist eine sehr lange Zeit, und man muss bei jedem Take hundert Prozent geben. Ich achtete darauf, wie De Niro, Kilmer und Voight es machten, und lernte viel darüber, wie man sich seine Energie richtig einteilt.

Filmsets sind unwirkliche Umgebungen, an denen Dinge geschehen können, die andernorts undenkbar wären. Es gab eine Zeit (mittlerweile ändert sich das), in der bestimmte Personen, meist Schauspieler und Regisseure, sich wirklich abscheulich aufführen konnten. Ich habe selbst erlebt, wie Darsteller gegenüber Crewmitgliedern unfassbar miese Kommentare abließen. In freier Wildbahn hätte der betreffende Kamerabühnenmann oder Techniker den Schauspieler sicherlich auseinandergenommen, aber weil es an einem Filmset geschah, wollten sie nicht riskieren, die gesamte Produktion lahmzulegen oder einen schlechten Ruf zu bekommen. Einmal war ich dabei, als ein Schauspieler eine junge Garderobenassistentin fertigmachte und sogar zum Weinen brachte. Ich sagte: »Jetzt entspann dich mal wieder, Kollege.«

Als der Kerl sich daraufhin vor mir aufbaute, als wolle er mich herausfordern, sagte ich: »Überleg dir besser ganz genau, was du jetzt tust.« Er wusste sofort, dass ich es ernst meinte. Später rief ich Eddie an und berichtete ihm von dem Vorfall. »Ich verstehe dich«, antwortete Eddie. »Aber bevor du den Kerl allemachst, solltest du kurz den SAG-Ausweis aus deiner Brieftasche ziehen und ihn zerreißen. Wenn du nämlich den Star des Films zusammenfaltest, ist deine Karriere hinüber.«

Ich bat Eddie, mich abzuholen. Während ich auf ihn wartete, kam jemand von der Produktionsleitung zu mir und bot mir an, meine Gage zu verdoppeln, wenn ich bleiben und diesen Schauspieler weiterhin in Schach halten würde. Rückblickend muss ich sagen, dass es eine sehr preiswerte Methode für die Macher des Films war, ihre Investition zu schützen.

Auch Hollywood braucht ab und an eine harte Hand.

*   *   *   *   *

Am Ende des Drehs schenkte ich Michael Mann ein Foto von Gilbert aus dem Gefängnis, das nie hätte aufgenommen werden dürfen. Für die Augen der Feds war es ganz sicher nicht bestimmt gewesen, denn es war ein Gruppenbild mit allen Shot-Callern in Folsom. Soweit ich weiß, hängt das Foto von Gilbert und seinen Kollegen immer noch in Michaels Büro.

Als *Heat* auf Video rauskam, schaute ich mir den Film zusammen mit Maeve, Gilbert und Danielle an. Die Kids waren damals noch sehr klein. Es war das erste Mal, dass sie mich auf dem Bildschirm sterben sahen. Gilbert war der Einzige, der auf der Couch sitzen blieb. Danielle und Maeve mussten rausgehen. Ich schlich zu Danielle, die sich in ihrem Zimmer verkrochen hatte, und nahm sie in den Arm. Sie hielt mich so fest, als wollte sie sich auf diese Weise selbst vergewissern, dass ich noch da war. Meine Todesszene in *Heat* muss sich für sie sehr real angefühlt haben. Aber auch für mich hatte es sich real angefühlt. Die Figur, die ich spielte, trug den Namen meines Onkels, den Namen meines Sohnes und starb, als es nichts mehr gab, wofür es sich noch zu leben lohnte. Für lange Zeit war auch mein Leben auf ein derartiges Ende zugesteuert.

Kapitel 26

MRS. FINLEYS AMAZONIEN

1996

Maeve und ich kamen nicht mehr klar, und mit *nicht mehr klarkommen* meine ich, dass wir uns 24/7 aneinander aufrieben. Innerhalb von einer Stunde lachten wir miteinander, stritten uns, machten Liebe und stritten uns wieder. Es war zu viel. Es war niemals nur die eine Sache, sondern immer alles auf einmal. Mein Verhältnis zu ihr hatte sich extrem verschlechtert. Aus meiner Sicht ließ sie das Ganze so weit eskalieren, dass es keinen Weg zurück mehr gab. Wahrscheinlich war ich aus diesem Grund besonders an Jobs interessiert, für die ich verreisen musste. 1996 spielte ich in zwei Filmen mit, die in der brasilianischen Stadt Manaus gedreht wurden. *Le Jaguar* war ein französischer Streifen, *Anaconda* ein Film mit Jon Voight, Jennifer Lopez, Ice Cube und Eric Stoltz.

Für *Le Jaguar* drehten wir an unterschiedlichen Orten in Brasilien, Venezuela und Paris. Der Regenwald sprengte meine Vorstellungskraft. Ich erinnere mich noch gut an das erste Frühstück in Venezuela: Wir saßen im weitläufigen Außenbereich des Hotelrestaurants und hatten unseren Spaß mit zwei riesigen und wunderschönen Aras. Die beiden waren unglaublich durchtrieben. Während einer seine Scherze mit mir trieb, machte sich der andere an meinem Frühstück zu schaffen. Als ich mir ein zweites Frühstück bringen ließ, ging das Spiel von vorn los, nur dass mich dieses Mal der zweite Ara ablenkte und der erste über mein Essen herfiel. Ich versuchte, Frieden mit einem der beiden zu schließen, indem ich meine Hand ausstreckte, aber das Federvieh schenkte mir nur einen scheelen Blick, der zu sagen schien: »Woher zum Henker kommst du denn, Kollege? Siehst du nicht, wie groß mein Schnabel ist? Damit beiß ich dir problemlos die Finger ab.« Von diesem Tag an bestellte ich mir immer drei Schalen Haferflocken zum Frühstück – eine für mich und zwei für meine neuen Buddys.

Später flogen wir für weitere Aufnahmen nach Brasilien. Während das Flugzeug beschleunigte, flog ein wunderschöner Ara eine ganze Weile neben der Maschine her. Ich fragte mich, ob es vielleicht einer meiner Frühstücks-Buddys war, der nach einer letzten Schale Haferflocken gierte.

In Brasilien drehten wir in einem Dorf, das ungefähr zwanzig Meilen von Manaus, der Hauptstadt des Bundesstaates Amazonas, entfernt lag. Manaus befindet sich im Herzen des Regenwaldes und ist die bedeutendste Stadt in der grünen Lunge der Erde. An den Drehtagen fuhren wir zu einem Ort im Dschungel, wo das Set aufgebaut war. Die Produktionsleitung stellte mir einen Mietwagen zur Verfügung. Nach Feierabend verschwand ich mit den Statisten nach Manaus und feierte die ganze Nacht. Bei diesem Film war ich so gut wie jeden Tag und jede Nacht mit den brasilianischen Komparsen zusammen. Sie hatten eine unfassbar positive, herzliche und entwaffnende Energie, aber sie waren auch sehr stolz. Die Indígenas von Manaus erzählten mir oft, dass ihre Vorfahren die Einzigen gewesen waren, die kein Abkommen mit den Portugiesen oder den Spaniern geschlossen hatten. Die Konquistadoren eroberten die Küstenregionen, schafften es allerdings nie, auf dem Amazonas tief ins Landesinnere vorzudringen.

Als es wieder zurück nach Venezuela in den Nationalpark Canaima ging, wo zusätzliche Szenen in Dörfern und im Dschungel gedreht werden sollten, sah ich vom Flugzeug aus große kahle Stellen im Regenwald unter mir. Die gerodeten Flächen wirkten wie riesige Wunden auf der Haut der Erde. Der Waldliebhaber in mir, der Kerl, der Waldbrände gelöscht hatte, war betrübt durch diesen Anblick. Als wir uns Canaima näherten, flogen wir über den Salto Ángel hinweg, den höchsten frei fallenden Wasserfall der Erde. Ich bin kein passionierter Umweltschützer, aber ich muss schon sagen, dass Gottes Wunder in der Natur atemberaubend sind. »Das muss der Ort sein, an dem der Mann aus der Chefetage Urlaub macht«, sagte ich zu meinem Sitznachbarn.

In Venezuela hatte es kurz vor unserer Ankunft einen Staatsstreich gegeben, und auch ich bekam die Nachwehen dieses Ereignisses zu spüren. Eines Tages war ich gerade mit meinem Guide im Zentrum der Stadt unterwegs, in der man uns untergebracht hatte, als wir von einer Handvoll bewaffneter Fünfzehnjähriger angehalten wurden. Sie schrien herum, zeigten mit ihren AK-47 auf meine Fallschirmspringerstiefel und wollten wissen, woher ich die Boots hatte.

Ich stellte mich dumm, sagte immer wieder »Americano« und überließ das Reden meinem Guide.

Mein Begleiter sagte den Jungs, dass ich ein Schauspieler aus den USA sei und die Schuhe zu Hause in den Staaten gekauft hätte. Dann wollten sie plötzlich eine Rechnung für die Stiefel sehen. Sie waren unheimlich scharf auf meine Boots und glaubten, ich hätte sie mir auf dem Schwarzmarkt besorgt.

Ich glaube, die Produktionsleitung war etwas besorgt über meinen Hang zum Socializing. Als wir eine Woche Drehpause hatten, nutzten zwei andere Klienten meiner Agentin Gloria, nämlich Gil Birmingham und Richard Duran, die Gelegenheit für eine kleine Reise. Mich hingegen wollte man nirgendwohin reisen lassen.

»Aber Richard und Gil fahren nach Peru«, beschwerte ich mich.

»Ja, die bleiben nämlich in der Nähe des Reiseleiters und im Hotel«, entgegnete mir der Verantwortliche. »Wir haben dich beobachtet, Danny. Du ziehst einfach los und machst Party in den schlimmsten Vierteln von Manaus. Wir wissen, dass es bei dir ohne Alkohol und Drogen abläuft, aber trotzdem … Pass auf, wenn du im Hotel bleibst, zahlen wir dir einen Bonus. Und du kriegst sogar noch mal was obendrauf, wenn du dich nur in deinem Zimmer aufhältst.«

Für *Le Jaguar* flog man mich zur Kostümprobe nach Paris. Ja, richtig gehört, den ganzen Weg nach Paris, nur um als Stammesangehöriger mit Lendenschurz verkleidet zu werden. Filmbudgets! Gleich nach meiner Ankunft suchte ich mir eine lokale Selbsthilfegruppe heraus und ging zu deren Meeting. Ich stellte mich als Danny aus Los Angeles vor, aber alle Welt sprach Französisch, und ich verstand kein Wort. Es war trotzdem cool, denn auch ohne Französischkenntnisse kapierte ich, worum es ging – die Sprache der Suchtrehabilitation ist universal.

Nach dem Meeting quatschte mich einer der Teilnehmer an und sagte, er komme auch aus Los Angeles. Bei einem Kaffee und ein paar Marlboros erzählte er mir, dass er eine Französin geheiratet hatte. Nach den Flitterwochen in den USA wollte die Gute allerdings nicht wieder mit zurück nach Frankreich reisen. »Danke für die Staatsbürgerschaft, aber ich bleibe hier«, hatte sie gesagt. Er hingegen wollte wieder nach Paris, sodass sie am Ende getrennte Wege gingen. Seine Abschiedsworte an sie: »Danke für die Staatsbürgerschaft!«

Der Mann sprach Französisch und kannte sich in Paris aus. Er bot an, mir die Stadt zu zeigen. Am nächsten Tag holte er mich an meinem Hotel ab, und wir liefen durch die Gegend, sahen uns den Louvre und andere Sehenswürdigkeiten an. Es war fantastisch. Irgendwann gingen wir an der Seine entlang, wo ich eine riesige

Kathedrale erblickte. Ich wusste genau, um welches Gebäude es sich dabei handelte, war aber gleichzeitig geschockt, es an diesem Ort zu sehen. Aus irgendeinem Grund war ich nämlich der Meinung gewesen, die Kathedrale Notre-Dame stünde in Rom, nicht in Paris.

Der Platz vor der Kirche war komplett leer, ein feiner Nebel hing in der Luft. Der Anblick erinnerte mich an den Moment, als ich zum ersten Mal in den Hof von San Quentin getreten war. Die Kathedrale war jedoch nicht angsteinflößend und bedrohlich, sondern einfach nur wunderschön. Sie vermittelte einen beruhigenden und selig machenden Eindruck. Das Gegenteil des *Hier und Jetzt* von San Quentin: eher ein *Für immer*. Fast wäre ich bei dem Anblick auf die Knie gegangen. Ich war gerührt und musste beinahe weinen. Mein Begleiter fragte mich, was los sei. Ich wollte ihm nicht von meinen Monaten im Loch erzählen, von den Filmszenen aus *Der Glöckner von Notre-Dame*, die ich dort wieder und wieder nachgespielt hatte. Stattdessen sagte ich ihm nur, dass mir der Besuch der Kirche sehr viel bedeute. Er merkte, wie nah mir der Anblick ging, und war ergriffen. Zum Abschied imitierte ich Quasimodo und rief: »Asyl! Asyl!« Wir mussten beide lachen.

Zurück im Hotel telefonierte ich mit Eddie Bunker, um mich mit ihm zu verabreden. Seine Frau hatte mir erzählt, dass er für Dreharbeiten in Paris war. Der Film: *Chameleon* mit Seymour Cassel. Wir trafen uns am Abend und schlenderten durch die Gegend. Unter einer Brücke nahe der Seine musste ich pinkeln. Ich stellte mich an eine der Granitwände, um mein Geschäft zu verrichten. »Hey, Eddie«, rief ich über die Schulter. »Erinnern dich diese Mauern hier nicht auch an Folsom?«

»Junge, du bist in Paris! Kannst du denn Folsom nicht mal für eine Minute vergessen?«, antwortete er.

In der Schule war es nie besonders gut für mich gelaufen, aber als ich etwas später in diesem Jahr *Anaconda* drehte, musste ich an meine Grundschullehrerin denken: Mrs. Finley von der Elysian Heights Elementary School. Mrs. Finley trug immer sehr farbenfrohe Kleider und klobige Armreife aus Holz, die bei jeder Handbewegung klackerten. Sie sah sehr gut aus und mochte mich.

Mrs. Finley war besessen vom Amazonas. Sie erzählte uns, dass ein Zufluss des Amazonas Rio Negro hieß und Sedimente mit sich führte, die dem Strom seinen Namen – schwarzer Fluss – gaben und auch den Amazonas dunkel färbten. Sie berichtete uns auch von den Riesenseerosen am Amazonas namens Victoria amazonica, die bei hohem Wasserstand lange Stängel ausbildeten. Wenn das Wasser wieder zurückging, blieben die Seerosen deshalb über dem Wasser stehen. Ihre Armreife, so erklärte sie uns, stammten von einem Volk namens Yanomami, das im Regenwald lebte.

Wir kreischten sofort los. »¡Ya no, Mami! ¡Ya no, Mami!« Das ist Spanisch und bedeutet so viel wie: »Lass gut sein, Mama!« Sie lachte darüber, und wir lachten mit ihr. Aber dann hob sie die Arme und sagte: »Wisst ihr, Kinder, die Sterne im Nachthimmel über dem Amazonas sind atemberaubend! Atemberaubend, ich sag's euch!« Anschließend schüttelte sie ihre Arme, sodass die Holzreife an ihren Handgelenken klackernd aneinanderschlugen.

Auf die Frage, ob sie denn schon mal in Amazonien gewesen war, antwortete sie mit Nein.

Ich konnte nicht glauben, dass sie mit so viel Vertrautheit über diesen Landstrich sprach, als hätte sie schon einmal dort gelebt. »Wenn Sie noch nie da waren, woher wollen Sie das dann alles wissen?«

»Ich weiß es eben«, antwortete sie.

Mrs. Finley war die einzige Lehrerin, der ich jemals richtig zuhörte. Sie lehrte mich, dass man nur seine Fantasie anstrengen und sich stark genug konzentrieren musste, um sich selbst davon zu überzeugen, an einen Ort seiner Wahl reisen zu können. Es war eine Fähigkeit, die sich später im Gefängnis als sehr wertvoll erweisen sollte.

Am Anfang der Dreharbeiten zu *Anaconda* schipperten wir in einem riesigen alten Holzkahn den Rio Negro hoch und sahen Seerosen von der Größe eines Kleinwagens, die auf langen Stielen aus dem Wasser ragten. Die Dinger wirkten wie Kreaturen in einem Buch von Dr. Seuss.

Ice Cube kriegte sich gar nicht mehr ein. »Was sind das für Monsterpflanzen?«

Ich antwortete, auf Lateinisch hießen diese Pflanzen *Victoria irgendwas*. Und dass sie bei steigendem Wasser wuchsen und bei sinkendem Wasserstand für eine Weile aus dem Fluss herausragten, bis der Pegel wieder stieg.

Ein paar Minuten später äußerte sich jemand über die Farbe des Wassers, und ich erklärte: »Deshalb heißt der Strom hier auch Rio Negro, also schwarzer Fluss. Das Wasser seiner Zuflüsse aus den Bergen ist von den Sedimenten nahezu schwarz gefärbt. Später mischt sich das Schwarzwasser mit dem Wasser der Ozeane.«

Alle starrten mich an, als ginge ihnen gerade ein und derselbe Gedanke durch den Kopf. *Wie zum Henker kannst du diesen Mist wissen?*

Ice Cube meinte: »Verdammt, Danny. Ich dachte, du wärst ein Gangster.«

»Als ich im Kahn war, hab ich viel gelesen, Mann«, erwiderte ich, »um meine mangelhafte Schulbildung auszugleichen.«

Das war gelogen, klar, aber die Story von Mrs. Finley konnte ich ihm nicht erzählen.

Ein paar Wochen später musste ich die Szene drehen, bei der ich von einer riesigen Anakonda gefressen werde. Ich war allein mit dem Regisseur und der Crew unterwegs, die restlichen Darsteller hatten Drehpause und blieben im Hotel.

Wir fuhren den Rio Negro hoch zum Drehort. Ich stand allein am Bug des Schiffs, während die Crew sich nach achtern verzogen hatte, um zu schlafen. Als ich nach oben blickte, sah ich so viele Lichter am Nachthimmel wie noch nie zuvor in meinem Leben. Tausende und Abertausende von Sternen leuchteten dort. Ich fing an zu lachen, und zwar so laut, dass ich alle anderen aufweckte. Der Regisseur kam zu mir. »Was ist denn hier so lustig, Danny?«

Ich warf meine Arme in die Luft, wie es Mrs. Finley getan hatte, und rief: »Die Sterne im Nachthimmel über dem Amazonas sind einfach atemberaubend!« Ich musste noch lauter lachen. »Wo auch immer Sie gerade sind, Mrs. Finley, Sie hatten recht.«

Zwei Tage später kam Jennifer Lopez mit hölzernen Armreifen an den Handgelenken zur Arbeit. Der Schmuck sei ein Geschenk gewesen, meinte sie.

»Die sind vom Yanomami-Volk«, sagte ich.

»Woher weißt du das?«, fragte sie erstaunt.

»Von Mrs. Finley.«

Ice Cube lachte. »Du bist echt der Wahnsinn, Trejo.«

Als ich an diesem Abend ins Hotel zurückkam, rief ich gleich Maeve und die Kids an. Ich sagte ihnen, ich wünschte mir nichts sehnlicher, als dass sie bei mir sein und die Sterne im Nachthimmel über Amazonien sehen könnten. Mir wurde klar, dass ich unheimlich viel durchs Reisen lernte, bis dato jedoch kaum Gelegenheit dazu gehabt hatte. Hoffentlich wären meine Kinder eines Tages in der Lage, die Schönheit der Welt zu bestaunen und unterschiedliche Kulturen kennenzulernen.

Kapitel 27

FAMILIENLEBEN

1996

Von meinen Reisen brachte ich den Kids immer Geschenke mit. In Brasilien hatte ich für Danny Boy ein Blasrohr erstanden, mit dem die Indígenas Frösche erlegen. Maeve meinte nur: »Bist du irre, Mann?«, und hielt mir einen der Pfeile vors Gesicht. »Stell dir mal vor, das Ding hier landet in Gilberts Auge!«

Maeve hatte endgültig genug von meinen Seitensprüngen, genug von unseren Streiten, genug von meinen Drohungen, *ich* würde ausziehen, genug von meinen Ansagen, *sie* solle doch ausziehen. Ich glaube, sie kapierte irgendwann, dass ich nach jedem meiner Auszüge wieder zurückkommen konnte. Also zog sie aus.

Es war härter, als ich dachte. Mit einem Schlag war ich wieder ein alleinstehender Dad. Zu allem Überfluss musste ich aus meiner Wohnung in Venice raus. Ich hatte mich mit der Besitzerin des Gebäudes gestritten, eine toughe alte Lady mit irischen Vorfahren aus Chicago oder Boston oder so. Nach der Konfrontation legte man mir nahe zu gehen.

Immerhin war Maeve so nett, mir ein Apartment in Santa Monica klarzumachen, das ganz in der Nähe der Schule unserer Kinder lag. Ich vermisste Maeve. Wenn ich den Kleinen Frühstück machte, fuhr ich das volle Programm auf. Ich schlug Töpfe zusammen, ließ den Mixer rumoren, warf überall Mehl herum und tat so, als wäre ich ein wahrer Meisterkoch – nur um dann mit einem Stapel perfekt geformter Kühlregal-Pfannkuchen aus der Küche zu kommen.

Ich wusste, dass ich nicht wie mein Vater sein wollte, und hatte seit meiner Knastzeit hinreichend Gelegenheit gehabt, ein paar harmonische Familien kennenzulernen und aus nächster Nähe zu beobachten, wie sie funktionierten. Familien mit einem Fundament aus Liebe, nicht aus Wut. Mit Vätern, die sich nicht scheuten, »Ich liebe dich« zu ihren Kindern zu sagen.

Ich hatte keine speziellen Ziele oder Pläne für meine Kinder. Mehr als alles andere wollte ich, dass sie sich geliebt fühlten. Mein Dad war immer gut mit meinen Cousins und den anderen Kids aus der Nachbarschaft ausgekommen, aber nie mit mir. Er hatte so getan, als würde etwas nicht mit mir stimmen, und mir weder Aufmerksamkeit noch Zuneigung geschenkt. Er hatte nie gesagt, dass er mich liebte. So kam es, dass ich mich nie großartig für andere Kinder interessierte, wenn meine Kleinen da waren, und dass ich Gilbert, Danny Boy und Danielle sowohl im Privaten als auch in der Öffentlichkeit sagte, wie sehr ich sie liebte. Danielle war immer für einen Schmatzer zu haben. Auch den Jungs drückte ich Knutscher auf. Sie konnten es nicht ausstehen, aber ich tat es trotzdem.

Gilbert spielte T-Ball, war jedoch nicht gerade ein neuer Babe Ruth. Genau genommen bestand die gesamte Mannschaft aus den Kids, die es nicht ins erste Team geschafft hatten. Wir waren wie die Bad News Bears aus *Die Bären sind los*, nur eben in echt. Ich unterstützte den Coach und erlebte jedes Wochenende, wie andere Väter ihre Kids anbrüllten. Den Knirpsen in unserem Team sagte ich: »Jungs, macht euch keinen Kopf. Mir ist es egal, ob ihr den Ball trefft oder nicht. Versucht einfach nur, ein Out bei den anderen zu schaffen, okay? Versucht's einfach.« Unsere Mannschaft gewann in dieser Saison kein einziges Spiel, aber die Kleinen hängten sich rein. Es gab ein paar Anfeuerungssprüche in unserem

Team. Bei einem rief ich: »Was ist der schlimmste Fehler im Leben?«
Und die Kids antworteten unisono: »Es nicht zu versuchen!«

Wenn Danny Boy aus Lompoc runterkam, um uns zu besuchen,
fuhr ich mit den Kids oft zu einem Café namens Cheesecake Factory
in Marina del Rey. Gelegentlich gab es dabei eine kleine Verzöge-
rung: Sobald alle im Wagen saßen, schaute mich Danielle mit dem
vorwurfsvollen Gesicht einer alten Dame an, streckte die Hand aus
und sagte: »Daddy! Meine Handtasche.« Ohne ihre Handtasche
ging sie absolut nirgendwohin. Ab ihrem vierten Lebensjahr ist
Danielle auf sämtlichen Fotos mit einer Handtasche zu sehen. Also
stellte ich den Motor ab, lief zurück in die Wohnung, holte ihre
Handtasche und rannte wieder runter. Am Auto angekommen,
schaute Danielle die Handtasche mit großen Augen an und sagte:
»Passt die denn überhaupt zu meinen Schuhen?« Sie sagte es so
sachlich, dass ich am liebsten losgelacht hätte, doch die Farbkom-
bination ihrer Handtasche und ihrer Schuhe war für Danielle eine
todernste Angelegenheit. Also schnappte ich mir die kleine Dame
und ging mit ihr in die Wohnung hoch, damit sie sich eine zu ihren
Schuhen passende Handtasche aussuchen konnte. Ich habe viele
Dinge von Danielle gelernt, in erster Linie Geduld.

Manchmal rauften Danny Boy und Gilbert miteinander. Für
gewöhnlich saßen Danielle und ich dann auf der Couch und sahen
uns das Spektakel bei ein paar Snacks an. »Jungs sind doof«, sagte
sie.

»Stimmt«, erwiderte ich. »Jungs sind echt doof.«

Einmal meinte sie: »Es ist dumm, jemanden ohne Grund zu
verletzen.« Ja, ja, ich weiß, Kindermund tut Wahrheit kund. In
meiner Kindheit musste man jedoch eine gewisse Härte mitbringen, um überleben zu können – und ich war von Anfang an eines
der tougheren Kids. Im Kahn, vielleicht sogar schon im Jugendknast, verlor ich die Fähigkeit, Auseinandersetzungen mit Argu-
menten zu führen. Ich wurde nicht mal mehr ärgerlich auf mein

Gegenüber, sondern schaltete sofort auf maximale Wut. Die beste Verteidigung, über die man verfügen kann, ist genau diese Raserei, da sie einem ermöglicht, eine andere Person nötigenfalls zu töten. Als ich nach meiner Knastzeit in der Suchthilfe arbeitete und Klienten zu Gerichtsterminen begleitete, war ich stets fasziniert davon, wie die Anwälte miteinander diskutierten. Insgeheim wartete ich darauf, dass jeden Moment eine Schlägerei ausbrechen würde. In der Welt, aus der ich stammte, gingen viele Streitereien tödlich aus. Ich wollte, dass meine Kinder in der Lage waren, sich selbst zu verteidigen (sogar Danielle nahm Boxunterricht). Ich wollte aber auch, dass sie die körperliche Auseinandersetzung als letzten Ausweg sahen.

Die Raufspiele meiner Jungs konnte ich nur allzu gut nachvollziehen. Beide konnten gut kämpfen. Das hatten sie in die Wiege gelegt bekommen, wie alle Trejo-Männer. Gilbert allerdings verfügte noch über eine weitere Waffe. Ab seinem fünften Lebensjahr unterließ ich es, mit ihm zu diskutieren, denn er ging aus jedem Streitgespräch als Sieger hervor. Er war so ein meisterhafter Sprachmanipulator, dass ich insgeheim hoffte, er würde – anstatt wie alle Trejos auf der Anklagebank zu landen – ein renommierter Anwalt werden. In diesen Momenten, in denen Danielle und ich auf der Couch saßen und die miteinander ringenden Brüder mit Popcorn bewarfen, wünschte ich mir oft, die drei könnten für immer so bleiben – in einer Welt, in der alle Stürze von dicken Teppichen abgefangen und spöttische Bemerkungen bei einer Schüssel Popcorn beiseitegewischt werden.

Wir wohnten jetzt zwar etwas weiter vom Strand entfernt, gingen aber trotzdem noch zur Uferpromenade und snackten im Sidewalk Café. Dort gab es einen Spielplatz im Sand, auf dem Gilbert jede Ninja-Turtle-Figur verlor, die man für Geld kaufen kann. Dieser Spielplatz war wie ein schwarzes Loch für die Sachen meiner

Kinder. Manchmal ging ich auch zum Trainieren an den Muscle Beach, wo die Kids dann am Zaun herumkletterten und zuschauten.

Venice war eine einzigartige Gemeinschaft, in der jeder seine Freakigkeit ausleben konnte. Dort gab es Feuerspucker; einen Kerl, der mit Kettensägen jonglierte; Harry Perry, den Rollschuh laufenden Gitarristen. Ich war mit all diesen Leuten befreundet und konnte immer auf sie zählen, wenn die Kids betreut werden mussten.

Bei meinen Freunden von der Uferpromenade in Venice fand ich jederzeit Unterstützung. Als Danny Boy noch sehr klein war, passten öfter ein paar Breakdancer auf ihn auf. Bald schon vollführte er auf dem Linoleum die Spin-Moves der Großen und erntete Applaus und Münzen von den Zuschauern. Ein anderer Babysitter, wie man ihn nur in Venice Beach findet, war Louis Offer – ein Kerl mit irren Tattoos und rot gefärbten, zu Teufelshörnern aufgestellten Haaren, der immer mit seinem Leguan am Boardwalk herumhing. Wir liebten Louis. Er hätte alles für meine Kids getan.

Als Gilbert sechs oder sieben Jahre alt war, hatte mein Freund Eric Feigin nach einem Motorradunfall keine eigene Bleibe. Ich ließ ihn bei mir einziehen, und er half mir mit den Kids. Er schleppte sie regelmäßig in einen Hexenladen, wo es intensiv riechende Zauberkerzen, Kristalle und ähnliches Zeug gab. Die Leute, die ich als Babysitter anheuerte, waren definitiv keine Otto Normalverbraucher.

Oft spazierten wir mit Dennis Hopper und dessen Sohn Henry zum Strand hinunter. Sie wohnten nur ein paar Häuserblocks von uns entfernt. Henry war in Danielles Alter und ein großer Fan von Gilbert.

Ich war zu diesem Zeitpunkt bereits seit mehreren Jahren mit Dennis befreundet. Wir hatten uns bei einem Meeting kennengelernt. Meine alte Freundin Connie (die Connie, bei der Danny Boy nie seine Spielsachen wegräumen musste) hatte Dennis damals zu dem Treffen der Selbsthilfegruppe eingeladen. Dennis war gerade frisch vom Alkohol weg, und Connie und ihre Freundin Monica dachten, dass meine Geschichte ihn motivieren könnte.

Ich verstand mich sofort hervorragend mit Dennis.

»Wenn du clean bleiben kannst, Danny, dann kann es jeder«, sagte Dennis.

»Ja«, sagte ich lachend, »das scheint hier der allgemeine Konsens zu sein.«

Von diesem Tag an waren wir unzertrennlich. Dennis lebte in zwei Quonsetbaracken, die über eine Brücke miteinander verbunden waren. Wir machten alles gemeinsam: Wir gingen zu Meetings, zu Galerieeröffnungen und zu den Spielen der L. A. Clippers, seiner NBA-Lieblinge. Meist fuhr Dennis, was für mich okay war, denn der Mann besaß einen superheißen Jaguar. Dennis liebte Basketball, und ich zog ihn oft damit auf. »Dennis, kleine Typen wie wir mögen keinen Basketball.«

»Basketball ist nicht nur für Riesen, Danny. Schau dir Muggsy Bogues und Spud Webb an. Die sind klein und haben's trotzdem drauf.«

Meistens trafen wir uns im Venice Café. Dennis kam rüber und holte mich dort ab. Dann aßen wir etwas und spazierten – mit den Kids, falls sie dabei waren – die Uferpromenade entlang. Dennis war immer zügig unterwegs, damit ihn niemand anquatschte. Ich ging langsam und hatte nichts gegen Small Talk mit Fremden. Dennis allerdings mochte das nicht. Wenn am Boardwalk jemand zu uns kam und ihn volllaberte, wurde er schnell einsilbig. Die Leute wussten dann oft nicht, ob er sauer war und ihnen womöglich gleich den Arsch aufreißen würde. Sie rätselten: *Ist er wütend? Oder macht er gerade einen Scherz?* Ich fand das immer sehr amüsant, denn ich wusste, dass beides zutraf.

Mit Dennis gab es jeden Tag Schauspielunterricht. Er sagte Sachen wie: »Danny, wenn du in einer Szene ein Glas Wasser trinkst, dann trink einfach das Wasser!« Oder: »Wenn du in einer

Szene durch das Zimmer gehst, dann geh einfach durch das Zimmer!« Er wollte die Performance aus der Performance nehmen – überzogene Selbstaufmerksamkeit bei Schauspielern trieb ihn in den Wahnsinn. »Mach einfach dein Ding und kümmere dich nicht um die Kameras«, sagte er. »Wenn dem Regisseur gefällt, was du machst, wird er die Szene noch mal drehen wollen, um sicherzugehen, dass er sie auch wirklich im Kasten hat. Und wenn du weißt, dass du einen guten Take hattest, und er dich fragt, ob du noch einen machen willst, dann sagst du: ›Nein, alles gut!‹« Dennis war ein Perfektionist, aber er vertraute fest darauf, dass der Regisseur und die Kameraleute ihr Handwerk verstanden.

Dennis gefiel es sehr, Zeit mit mir und George zu verbringen. So sehr sogar, dass er uns Rollen in einem Film namens *Der Drogencop* gab, den er in Puerto Rico drehte. San Juan war wunderschön. Für George und mich war es wie bezahlter Urlaub. Wenn wir uns am Strand in der Sonne aalten, kamen immer sehr viele Frauen zu George. Er war über siebzig, hatte aber noch immer diese anziehende Art und diesen Silberfuchs-Look. Die puerto-ricanische Wirtschaft lag 1991 am Boden, sodass viele Frauen in der Sexbranche arbeiteten. Sie bettelten George förmlich an, sie mit nach San Francisco zu nehmen und dort für sich arbeiten zu lassen.

Ich sah George an und sagte: »Und, wie stehst du zu der Sache?«

»Danny, bist du irre, Mann?«, antwortete er. »Ich bin viel zu alt, um irgendwelche Mädchen nachts um eins zum Anschaffen auf die Straße zu scheuchen.«

»Okay«, sagte ich und nickte. »Wie wär's dann abends um zehn?«

Er lachte. Als Dennis Hopper eines Tages vom Drehen zurückkam, staunte er über all die Frauen, die George belagerten. »Wie machst du das, alter Mann? Ich meine, was ist dein Geheimnis? Mal ernsthaft: Was ist dein Geheimnis?«

Es kam der Moment, an dem Maeve und ich uns endgültig trennten. Unsere Sternzeichen hätten uns eine Warnung sein können: Sie war ein Erdzeichen, ich ein Wasserzeichen – zusammen ergaben wir Matsch. Wir stritten uns ohne Unterlass. Mein Sohn Gilbert sagt heutzutage, er habe schon mit einem Jahr in ganzen Sätzen sprechen gelernt, weil er bei den Keifereien seiner Eltern den Schiedsrichter spielen wollte. Maeve meint, Gilbert habe uns mit vier oder fünf angeschrien: »Was zum Teufel stimmt eigentlich nicht mit euch beiden?« Manchmal war er diplomatischer und sagte: »Dad, warum ziehst du nicht nach unten? Da ist gerade eine Wohnung frei.«

Wenn es gut zwischen uns lief, gingen wir alle zusammen runter zum Strand, tobten im Wasser und schleckten Eiscreme. Das sind meine Erinnerungen, wenn ich an diese Tage zurückdenke. Als die Kids in die Schule kamen, brachte Maeve mich in die Spur, und ich ließ mich sogar bei Elternabenden und Lehrergesprächen blicken. Sie war diejenige von uns, die alles daransetzte, die Dinge richtig und nach Lehrbuch zu machen. Sie kochte, kaufte ein, putzte. Sie war eine Supermutter und bewältigte das alles großartig. Da sie Vegetarierin war, gingen wir nicht oft zum Essen aus – und ehrlich gesagt aßen wir ohnehin lieber zu Hause. Ich arbeitete viel: Entweder war ich zu den unmöglichsten Zeiten mit Klienten unterwegs oder richtete Meetings aus und trank anschließend mit den neuen Gesichtern einen Kaffee.

Einmal organisierte Maeve mit einem befreundeten Fotografen – nennen wir ihn an dieser Stelle »K«, um seinem Image nicht zu schaden – ein Shooting für unsere Familie. Sie wusste allerdings nicht, dass K in seinem Studio einen illegalen Stripclub unterhielt, in dem einige der größten Namen der internationalen Pornobranche die Hüllen fallen ließen. Ich kannte den Laden, denn ich war mit George eines Abends Gast in diesem Etablissement gewesen. George, selbst ein ehemaliger Zuhälter, der sechs Mal in San Quentin gesessen und alle Formen der Sittenlosigkeit gesehen und erlebt hatte, nahm mich bei unserem Besuch in diesem Stripclub beiseite und sagte: »Danny, kannst du das spüren?«

»Was meinst du?«, fragte ich ihn.

»Na, die Flammen der Hölle, wie sie an unseren Füßen züngeln.«

Als Maeve mir dann erzählte, dass sie einen Termin bei K für ein Familienporträt gemacht hatte, rief ich den Kerl an. »Hast du Maeve gesagt, du würdest mit uns ein Familienfoto in deinem Studio machen?«

»Keine Bange, Danny«, antwortete K. »Tagsüber ist das Studio komplett jugendfrei.«

Der Termin für das Shooting war fix. Maeve hatte eingekauft: schwarze Hosen, weiße Hemden, rote Binder für Gilbert, Danny Boy und mich; schöne Kleider für Danielle und sich selbst. Wir hatten uns zwar mächtig in Schale geworfen, stritten aber die ganze Zeit. Auf dem Foto kann man erahnen, was für eine Trümmertruppe wir waren. Die Kids weinten, und Maeve war so sauer, dass sie sich nur noch mit Mühe zusammenreißen konnte. Wahrscheinlich dachte sie: *Ich habe diese Krawatten gebunden! Ich habe diese Klamotten gekauft! Und jetzt dieses Fiasko!* Sie war immer um ein normales Familienleben bemüht und organisierte Momente und Aktivitäten, die auf der Agenda normaler Familien standen. Doch ich konnte das einfach nicht. Ich konnte nie einfach nur normal sein.

Einer unserer denkwürdigsten Streite ereignete sich an Weihnachten 1989, als Gilbert noch ein Baby war. Verglichen mit anderen Auseinandersetzungen, war dieser Zoff relativ harmlos. George und ich waren unterwegs gewesen, machten kurz zu Hause halt und wollten gleich wieder los. Maeve meinte: »Moment mal, du hattest doch gesagt, du bleibst heute Abend bei den Kindern zu Hause.« Ich schätze, sie hatte irgendetwas geplant, das ich allerdings vergessen hatte.

»Wir sind ja gleich wieder da«, sagte ich.

Darauf brach der Streit los: Maeve bewarf mich mit den Geschenken der Kinder, wir schrien uns an. Wie sich später herausstellte, hörten die Nachbarn das Gezeter und verständigten die Cops. Kalifornien hatte damals gerade ein neues Gesetz namens Mandatory Arrest Law eingeführt, das die Polizisten bei Fällen von häuslicher Gewalt verpflichtete, eine Konfliktpartei zu arrestieren.

Die Cops kamen, als George und ich gerade in seinen Wagen einstiegen. Sie erklärten uns, dass ein Nachbar den Notruf gewählt und Schreie aus Apartment 22 gemeldet hatte. Wir gingen gemeinsam mit den Uniformträgern in die Wohnung zurück. Die Cops fragten Maeve, ob es ihr gut gehe.

»Ja«, sagte sie. »Was gibt's denn?«

Der Polizist wiederholte, was er mir bereits erzählt hatte. Maeve und ich sagten, dass alles in Ordnung sei, doch der Polizist erwiderte: »Okay, aber einer wird jetzt verhaftet. Wer soll's sein?«

Für mich war klar, dass Maeve auf keinen Fall gehen würde. Sie hatte nichts falsch gemacht. »Okay, dann nehmen Sie mich mit«, sagte ich.

Maeve war vollkommen aufgelöst. »Aber es war doch nur ein Streit!«, rief sie.

Eine Stunde später holten mich Eddie Bunker und George auf Kaution aus dem Gefängnis und fuhren mich nach Hause. Maeve war aufgeblieben und machte uns etwas zu essen.

Damals schien die Sache nur eine Bagatelle, auf lange Sicht stellte sich diese Verhaftung jedoch als sehr problematisch heraus, da sie in meiner Akte vermerkt wurde. Diese Festnahme sorgte später für allerlei juristische Schwierigkeiten, wenn ich für einen Job ins Ausland reisen musste. Sicher, der Zoff zwischen Maeve und mir hätte nicht sein müssen, und ich bin auch nicht gegen ein Eingreifen der Polizei in Situationen, in denen das notwendig ist – unsere Auseinandersetzung fiel jedoch ganz gewiss nicht in diese Kategorie. Es war ein Streit, nichts weiter.

Maeve und ich konnten nicht zusammenleben, andererseits konnten wir auch nicht ohne einander auskommen. Genau genommen lebten wir in einem Prozess der Trennung, seit wir uns zehn Jahre zuvor, Anfang 1986, kennengelernt hatten. Ich machte mir keine Gedanken wegen dem möglichen Aus unserer Beziehung und hatte schon eine andere Lady. Maeve war dann diejenige, die den Schlussstrich zog. Jhonnie Harris gab mir einen Rat: »Danny, wichtig ist nicht, wer es beendet, sondern, dass es endet.« Später erzählte mir Maeve, sie habe das Gefühl gehabt, mir mit ihrem Weggang die Freiheit zu schenken. Ich startete noch einen letzten Rettungsversuch, der allerdings mächtig in die Hose ging. Ich hatte sie nach Hawaii geschickt, damit sie dort mit ein paar Freundinnen Urlaub machen und mal ausspannen konnte. Als ich mitbekam, dass sie am Ende des Trips von einem Kerl zum Flughafen gebracht wurden, kam Eifersucht in mir auf. Wieder hatte ich einen Anlass gefunden, eifersüchtig und sauer auf sie zu sein, aber Maeve ließ sich das nicht mehr bieten. Sie hatte ein für alle Mal genug davon. Verständlich.

Ende April 1997 gingen wir getrennte Wege. Ich war tatsächlich wieder frei, wenn auch nicht für besonders lange. Als ich vier Wochen später eines Nachmittags die Kinder bei Maeve abholte, klingelte ich dort mit freiem Oberkörper. Auf meiner Brust glänzte ein frisches Tattoo: der Name meiner neuen Flamme.

Ich war dreiundfünfzig Jahre alt und führte mich auf wie ein Siebzehnjähriger. Ein paar Monate später heiratete Maeve einen anderen Mann, um sich bei mir zu revanchieren. Und was tat ich, um es ihr heimzuzahlen? Ich heiratete ebenfalls.

Kapitel 28

HÖHEN UND TIEFEN

1997

Ich lernte Debbie Shreve bei dem Meeting einer Selbsthilfegruppe kennen. Wo auch sonst? Bars sind nichts für mich, und ich gehe nicht mit Leuten aus, die Alkohol trinken. Debbie war anders als die Frauen, mit denen ich bis dato zusammen gewesen war. Sie musste nicht von mir gerettet werden und war in finanzieller Hinsicht vollkommen unabhängig. Debbie fuhr einen Mercedes, hatte jede Menge Geld und ging sehr besonnen damit um. In meinen anderen Beziehungen war ich immer der Brötchenverdiener gewesen, mit Debbie war die Situation eine komplett neue für mich. In gewisser Weise hatte ich den Eindruck, mit ihr eine reifere Wahl zu treffen.

Debbie war fest entschlossen, den Straßengauner in mir in Rente zu schicken. Ich trug zum Beispiel seit Jahr und Tag eine per Gummiband zusammengehaltene Rolle Geldscheine in meiner Hosentasche, bei der die größten Scheine stets ganz außen lagen. Als Debbie das sah, sagte sie: »Danny, nur arme Leute schleppen eine Rolle mit dreitausend Dollar cash in der Hosentasche herum. Arme Leute oder Drogendealer!« Ich war beides gewesen.

Am Anfang lief es ganz gut, und wir genossen die gemeinsame

Zeit. Nach ein paar Jahren jedoch wendete sich das Blatt. Wir waren von Winnetka nach Chatsworth gezogen, in ein riesiges Haus mit Garten, das ständig umgestaltet wurde. Es schien mir ein bisschen exzessiv, aber ich mochte das Zuhause, das Debbie für uns eingerichtet hatte. Wir füllten es mit Antiquitäten aus Mexiko, ließen Geländer aus Schmiedeeisen anbringen und mexikanische Fliesen und Teppiche verlegen. Debbie besaß viele Mietobjekte, als ich sie kennenlernte, und mit der Zeit kauften wir zusammen noch mehr. Wenn ich einen Job erledigt hatte, schickte ich meine Gehaltsschecks direkt an unsere Finanzberaterin, die das Geld in den Erwerb neuer Häuser und Apartments investierte. Was auch immer sie sagte, ich tat es.

Ein Großteil unserer Konflikte drehte sich um meine Kinder. Debbie und ich konnten keinen Nachwuchs bekommen. Wir versuchten es, leider ohne Erfolg. Fakt war allerdings, dass ich mit Mitte fünfzig und drei eigenen Kindern auch keinen Bedarf mehr hatte. Gilbert und Danielle waren jedes zweite Wochenende bei uns zu Besuch, aber das wurde bald zu einem Problem. Meine Kinder machten damals eine schwere Zeit durch. Ich weiß nicht, ob es an den Genen ihrer abhängigen Eltern lag, ob sie zur falschen Zeit die falschen Freunde kennengelernt hatten oder ob Maeve und ich es bei Gilbert und Danielle, anders als bei Danny Boy, ganz einfach versäumt hatten, sie aus Venice rauszuschaffen. Wir hatten immer gehofft, es würde nicht dazu kommen. Doch es passierte. Genau wie ich fingen die beiden sehr früh an, Drogen zu nehmen.

Debbie war nicht ihre Mutter, und wenn sie versuchte, Gilbert und Danielle in die Schranken zu weisen, stieß sie auf Widerstand. Also verpflichtete Debbie die Kids zu Hausarbeiten und kontrollierte, wofür sie Geld ausgaben. Ich sagte ihr, sie solle es etwas ruhiger angehen lassen, da ich die beiden ja ohnehin immer nur für ein paar Tage bei mir hatte. Sie antwortete: »Danny, die beiden werden total vermurkst, wenn du jetzt nicht auf die Bremse trittst und ihnen zeigst, dass sie mit anpacken müssen.«

»Mit anpacken? Debbie, die beiden sind gerade mal zehn und zwölf Jahre alt. Außerdem sind sie nur jedes zweite Wochenende hier. Da wollen sie Zeit mit mir verbringen. Ich vermisse sie, sie vermissen mich.«

In gewisser Hinsicht hatte sie jedoch recht. Ich hatte meinen eigenen Erziehungsstil, und auch Diana, die Mutter von Danny Boy, war gelinde gesagt nicht der allergrößte Fan davon. Als Danny Boy mit sechzehn in Lompoc beim Kiffen erwischt wurde, wollten die Cops, dass er ihnen verriet, wer noch dabei gewesen war. Danny Boy verweigerte die Aussage.

Diana rief mich an und schimpfte. Sie sagte: »Du musst jetzt endlich mal wie ein richtiger Elternteil mit ihm reden, wie ein Vater und nicht so, als wärst du sein bester Kumpel.«

Ich wollte Danny Boy keine Moralpredigt halten. Mein Motto war schon immer gewesen, dass es nach so einer Sache manchmal sinnvoller ist, ein paar Pancakes essen zu gehen, als der Person die Leviten zu lesen. Das mit den Pancakes fiel allerdings aus, weil Danny Boy ja in Lompoc war. Also ließ ich ihn ans Telefon holen und sagte: »Mir wurde gerade gesagt, ich solle wie ein Vater mit dir reden – wie ein ernst zu nehmender Elternteil. Also: Messer, Schere, Feuer, Licht – sind für kleine Kinder nicht! Und überhaupt, wenn deine Freunde von der Brücke springen, springst du doch auch nicht hinterher, oder?«

Danny Boy lachte. Diana nahm den Hörer und zeterte erneut: »Was soll das, Danny? Denkst du vielleicht, das ist alles nur ein Witz, oder wie? Was hast du ihm gerade gesagt?«

»Ich habe ihm gesagt: Messer, Schere, Feuer, Licht – sind für kleine Kinder nicht.«

»Du bist so ein Idiot!«, schnaubte sie in die Sprechmuschel, aber dann musste sie auch lachen.

»Also, als ich sechzehn war, haben sie mich wegen bewaffnetem Raubüberfall dranbekommen«, erwiderte ich. »Und überhaupt, wer sind wir denn, bitte schön? Bist du vielleicht Mutter Teresa? Du bist doch selbst gerade erst aus dem Knast gekommen!«

Vielleicht bin ich zu locker mit meinen Kids umgegangen, sodass ich ihnen aus Liebe zu viel Freiraum gewährte und im Endeffekt ihre Sucht förderte. Okay, Danny Boy kiffte, aber das war's bei ihm. Nachdem Gilbert und Danielle mit Weed und Alkohol losgelegt hatten, betete ich zu Gott, dass sie nicht irgendwann auf härtere Drogen umsteigen würden. Als Reaktion beschlossen Maeve und ich, dass die beiden zu Zwölf-Schritte-Meetings gehen mussten. Schon als kleine Stöpsel waren sie bei sehr vielen Meetings von Selbsthilfegruppen gewesen. Später erzählte mir Gilbert, dass er sich wie ein Versager fühlte, als er im Alter von neun das erste Mal kiffte. So hatte ich die Angelegenheit noch nie betrachtet. Später berichteten mir beide, dass sie die Meetings stets als eine Art Bestrafung empfanden.

Irgendwann kippte die ganze Sache, ihre Noten wurden von Mal zu Mal schlechter. Ich bin mir sicher, das ist eine Geschichte, die viele Eltern nur allzu gut kennen. Man weiß nicht, ob es nur eine Phase ist, ob sich das alles wieder einrenkt, in welche Richtung es sich entwickelt ... Als ich meinen Kumpel Timmy Sanchez zum ersten Mal an meinem Joint ziehen ließ, wurde ihm hundeelend davon. Er fasste keine Drogen mehr an, für mich war es der Startschuss zu einem Leben als Abhängiger. Für manche Kids ist Gras eine Einstiegsdroge. Für andere ist es nur Gras. Wenn allerdings die Eltern abhängig sind, dann stehen die Chancen nicht schlecht, dass auch das Kind diesen Pfad geht.

Gilbert und Danielle waren, ganz im Gegensatz zu mir, nie von Wut getrieben. Andere einzuschüchtern, hatte mir früher einen Kick verschafft – Gilbert und Danielle tickten da anders. Ich hatte sie mit einer Art von Liebe erzogen, die ich selbst nie erfahren hatte. Meine Hoffnung bestand darin, damit den Teufelskreis durchbrechen zu können. Aber es funktionierte nicht. Ich kann nicht genau sagen, was letztendlich die Gründe waren – die Gene, ein chaotisches Familienleben oder eine Kombination aus beidem. Fakt ist, sie waren empfänglich für die Verlockungen der Substanzen. Gilbert nutzte seine rhetorische Gabe, um andere um den Finger zu wickeln, einzulullen, zu manipulieren und sich den Weg zum nächsten High zu erquatschen.

Für manch einen mag es so ausgesehen haben, als würde ich mich um das Problem herumdrücken. Aus meiner Perspektive versuchte ich jedoch lediglich, mehr Zeit zu gewinnen, um entscheiden zu können, wie die Sache am besten anzugehen war. Debbie hatte sicher recht damit, sauer auf mich zu sein, weil meine Laxheit den Kids in gewisser Weise den Drogenkonsum erst ermöglicht hatte. Trotzdem stieß mir ihre Kritik mächtig auf. Ich erzählte einem Freund von meiner Situation. Er fragte mich: »Sag mal, lacht ihr beiden eigentlich noch zusammen?«

Ich musste sehr tief in meinen Erinnerungen buddeln, um die letzten unbekümmerten Momente in unserer Beziehung zutage zu fördern. »Nicht so wirklich.«

»Liebe muss Spaß machen, Dan, und sie darf keinen Preis haben. Eine emotionale Geiselnahme bringt doch keinem was.«

Maeve und ich hatten oft gestritten, aber genauso oft auch miteinander gelacht. Unser gemeinsames Leben war von Leidenschaft erfüllt gewesen. Mit dem Einzug von Maeve – sie hatte darauf bestanden, dass Danny Boy bei uns lebte – waren wir eine Familie geworden. Wir hatten die winzige Wohnung in Venice in ein Zuhause verwandelt. Kurze Zeit darauf schon waren wir zu fünft, und trotzdem hatte es sich nie beengt angefühlt. Wenn wir einander nicht gerade anschrien, spaßten und lachten wir miteinander. Das fehlte mir.

Mit dem Alter bemerkte ich eine merkwürdige Eigenart an mir selbst: Ich wollte meinen Freiraum, aber gleichzeitig nicht allein sein. Am Anfang unserer Beziehung bestand Debbie oft darauf, mich bei meinen Reisen zu begleiten. Sie stellte allerdings fest, dass ihr eigenes Business litt, wenn sie nicht vor Ort in L. A. war, und entschied deshalb, zu Hause zu bleiben. Das ging für mich in Ordnung, mir gefiel es, Zeit für mich selbst zu haben. Debbie jedoch schaffte es, dass ich Schuldgefühle bekam, wenn ich für Dreharbeiten verreisen musste – der Begriff »Schuldgefühle« mag vielleicht etwas übertrieben klingen, aber es nervte zunehmend. Wie Maeve oder auch alle meine anderen Ex-Frauen bestätigen können, hatte ich keine Lust, meine Termine mit irgendjemandem absprechen zu müssen. Wobei meine arbeitsbedingten Reisen noch das geringste unserer Probleme waren. Die viel größere Baustelle betraf meine Gesundheit: Ich war an Hepatitis C erkrankt. Die Achtlosigkeit der Vergangenheit – eine Vergangenheit, in der ich Junkiebestecke mit anderen geteilt und Toilettenwasser zum Fixen benutzt hatte – forderte nun ihren Tribut.

Es begann nach *Wild Christmas*, den wir 1999 in Kanada abdrehten. Kurz darauf schleppte ich mich mit Ach und Krach nach Austin, um an *Spy Kids* zu arbeiten. Trotz meiner gesundheitlichen Probleme hatte ich unheimlich viel Spaß bei diesem Film, denn dort arbeitete ich mit zwei der meiner Ansicht nach talentiertesten Jungschauspieler aller Zeiten zusammen – Alexa Vega und Daryl Sabara. Am Set gab es eine Schimpfwort-Dose am Tonwagen, in die man als Erwachsener einen Dollar pro Kraftausdruck werfen musste. Ich vermute, die Kids haben bei diesem Dreh genauso viel Geld mit dieser Schimpfwort-Dose verdient wie mit ihren gewerkschaftlich garantierten Schauspielerhonoraren.

Carla Gugino und Antonio Banderas spielten die Eltern der Kids, Ingrid und Gregorio Cortez, zwei Spione der OSS (Organisation der Superspione). Cheech Marin mimte den einen Onkel der Kleinen und ich den anderen. Mein Name im Film: Isador »Machete« Cortez, der entfremdete Bruder von Antonio, der, ganz ähnlich wie Q in den James-Bond-Filmen, Spezialausrüstung für Spione entwickelt.

Filme von Robert Rodriguez waren wie Familienfeiern: Mit Antonio und Cheech hatte ich schon bei *Desperado* und *From Dusk Till Dawn* zusammengearbeitet. Antonio Banderas ist einfach ein sehr besonderer Schauspieler. Ich witzelte, dass ich, wenn ich so aussähe wie er, den ganzen Tag zu Hause bleiben und Fotos von mir selbst machen würde. Cheech fand das witzig. Er ist jünger als ich, aber er stammt auch aus dem Valley und kannte meinen Onkel Gilbert und mich schon von früher. Cheech hatte eine private Highschool namens Bishop Alemany besucht, und ich zog ihn öfter damit auf.

»Den Kids von der Alemany haben wir regelmäßig das Essensgeld abgezogen.«

»Ich weiß!«, erwiderte er lachend.

Eine ganze Weile versuchte ich mich zu erinnern, ob er auch einer derjenigen gewesen war, die wir beklaut hatten.

Nach dem Dreh mit Alexa Vega und Daryl Sabara arbeitete ich bei meinem nächsten Projekt erneut mit einem brillanten Nachwuchsschauspieler zusammen. Der Film hieß *Bubble Boy*, sein Star Jake Gyllenhaal. An Filmsets werden Menschen unterschiedlichen Alters, buchstäblich zwischen sechs und sechsundneunzig, zu Arbeitskollegen – ein Umstand, der mich schon immer fasziniert hat. In *Bubble Boy* spielte ich einen Biker. Zum Zeitpunkt der Dreharbeiten war meine Hepatitis-Erkrankung allerdings stark fortgeschritten. Ich war blass, ich war schwach. Der behandelnde Arzt bestand auf einer PegIntron-Therapie mit Interferon und Pegatron, während der es mir hundeelend ging. Wenn die Krankheit mich nicht kleinkriegte, so kam es mir zumindest vor, würde die Therapie es auf jeden Fall schaffen. Debbie war in dieser Zeit für mich da, und dafür werde ich ihr für immer dankbar sein. Derart konfrontiert mit der eigenen Sterblichkeit, schienen unsere Streitigkeiten wie nichtiger Bullshit. Meine größte Befürchtung war, nicht mehr arbeiten zu können. Besonders beschäftigte mich die Frage, ob ich es schaffen würde, meine Krankheit vor den Entscheidungsträgern Hollywoods geheim zu halten. Sicherlich hätten die Leute aus der Filmbranche ihr Mitgefühl ausgedrückt und mir gute Besserung gewünscht. Fakt ist allerdings, dass in Hollywood alles anders ist, wenn du einmal als angeschimmelt giltst und den Stempel »Mängelexemplar« hast. Ich musste auf jeden Fall im Game bleiben. Wer sonst sollte sich um die Kinder und Maeve kümmern? Debbie hätte das weder gekonnt noch gewollt.

Also injizierte ich mir jeden Morgen brav die Medikamente und ging weiter zur Arbeit. Ich schwitzte, ich kotzte. Meine Kollegen bemerkten, dass ich an Gewicht verlor, aber ich sagte natürlich nicht: »Ach ja, das kommt von den Medikamenten, die ich wegen meiner Hepatitis C nehme.« Ich erinnere mich noch gut daran, dass mich das Zeug komplett ausknockte. Ich konnte meine Lines für den jeweiligen Tag erst am Morgen lesen und lernen, kurz bevor ich rausgehen und sie in der Szene abliefern musste. Ich hatte das Gefühl, eine ganze Menge Leute hängen zu lassen. Es war ein Krampf. Und wenn ich dann nach Hause kam und über irgendwelchen Mist diskutieren musste, über Geld, Erziehung oder was auch immer, dann wurde es mir schnell zu viel.

Im September 2002 lud man mich wegen meiner Rolle in *Spy Kids* zur Eröffnung des Internationalen Spionagemuseums in Washington, D. C. ein. Während des Ausstellungsrundgangs klingelte Debbies Handy; sie entfernte sich ein paar Schritte von der Gruppe und nahm den Anruf an. Als sie wieder zu uns stieß, hatte sie Tränen in den Augen. »Danny«, sagte sie, »das war der Arzt. Er hat gesagt, es gibt keine Anzeichen von Hepatitis C mehr bei dir. Du bist geheilt!«

Nach dem Ende der Dreharbeiten für *Spy Kids* und der positiven Nachricht vom Arzt stürzte ich mich kopfüber ins Getümmel. Es ist nicht so, dass ich mein Leben vorher nicht geliebt oder es nicht jeden Tag so intensiv wie nur irgend möglich gelebt hätte, doch diese Krankheit hatte meine Seele geschröpft. Es war, als hätte Gott zu mir gesagt: »Du warst demütig und dankbar, du hast dich durchgebissen, jetzt sollst du ein bisschen das Leben genießen.«

Nach dem Kinostart von *Spy Kids* nahm ich eine große Veränderung in Bezug auf das Verhalten der Leute auf der Straße wahr. So wie *Heat, Desperado* und *Blood In, Blood Out* mich bei den Erwachsenen bekannt gemacht hatten, geschah es nun durch *Spy Kids* bei den Kindern.

Einige Jahre später war ich in Südafrika unterwegs. Wir fuhren mit einem Kleinbus durch die Gegend, und ich bemerkte, wie uns Kinderscharen nachliefen. Ich wusste nicht so genau, was da abging, und fragte den Fahrer. Er sagte: »Du bist der Onkel aus *Spy Kids*. Die Kinder hier kennen dich.«

Wow!, dachte ich. *Ich bin für die Kinder in anderen Ländern ein Star. Was für eine Verantwortung.* Mit *Spy Kids* hatte ich mich über Nacht vom klassischen Bad Guy, also einem mexikanischen Stereotyp, in eine Figur verwandelt, zu der Kinder auf der ganzen Welt aufblicken konnten. Über die Jahre habe ich den Satz »Schau nur, Mama, das ist der Mann aus *Spy Kids*!« wahrscheinlich in vierzig verschiedenen Sprachen gehört.

Das Beste an der Rolle des Onkel Machete in *Spy Kids* war für mich, dass die Figur näher an mir als Person dran war als all die gewalttätigen Gangster, die ich in anderen Filmen gespielt hatte. Der Gangster in mir war Ende der 1960er-Jahre gestorben.

Meine Karriere strebte neuen Höhepunkten entgegen, aber mein Sohn Gilbert versank immer tiefer im Drogensumpf. Einmal überraschte ich ihn bei uns zu Hause in der Hiawatha Street, wie er high bis in die Zehenspitzen aus dem Bad schlich. Ich wusste, dass es kein Gras war, fand jedoch erst später heraus, dass er Kokain nahm. Ich packte seinen Arm und schüttelte ihn durch. »Ich breche dir jeden einzelnen Knochen!«

Es waren die Worte, die mein Vater zu mir als Siebenjähriger gesagt hatte, als er glaubte, ich hätte ihn in Bezug auf den Besuch von Onkel David bei meiner Mutter belogen. Und was wirklich verrückt war: Ich roch in diesem Moment genauso wie er. Wenn mein Vater richtig wütend wurde, verströmte er diesen eigenartigen Geruch – es war kein Schweißgestank, sondern eher ein moschusartiger Mief, der Wut und Angst transportierte. In jenem Moment der Konfrontation mit Gilbert fühlte ich genau diese beiden Dinge.

Ich ließ Gilbert los, ging auf die Straße und setzte mich auf den Bürgersteig. Es war schrecklich für mich, Gilbert in jungen Jahren dermaßen auf Droge zu sehen. Dabei war er zu diesem Zeitpunkt schon um einiges älter, als ich es bei meiner ersten Heroinspritze gewesen war. Ich war zu verletzt und zu verängstigt, um in Tränen auszubrechen. Stattdessen ging ich wieder rein und sagte zu ihm: »Weißt du was, Gilbert? Ich werde dich nie wieder so anpacken wie eben, aber du wirst keine Drogen mehr in diesem Haus nehmen.« Schon als ich die Worte sagte, fühlten sie sich leer an. Ich konnte ihn nicht kontrollieren. Ich wusste, dass der Ritt gerade erst begonnen hatte.

Parallel zu Gilberts Drogenmisere, spitzten sich auch die Konflikte mit Debbie zu. Sie hatte große Bedenken in Bezug auf eine Person, mit der ich damals Geschäfte anbahnte. Wir lagen uns ständig deswegen in den Haaren. Wie sich später herausstellte, hatte sie recht mit ihren Einwänden, aber zum Zeitpunkt unserer Auseinandersetzungen konnte ich ihre Sichtweise nicht nachvollziehen.

Dann wurde Gilbert hopsgenommen. Er war bei Maeve ausgezogen, wohnte an den ungeraden Wochenenden bei mir und ansonsten bei einem Freund in Venice. Maeve versuchte, ihn wieder zu sich zu holen, doch Gilbert hörte nicht auf sie. Zu allem Überfluss hatte er kurz darauf eine Klage wegen Graffiti-Sprühereien am Hals. Ich versprach ihm, ihn zur Verhandlung zu begleiten. Maeve wollte auch dabei sein. Ich sagte ihr, wir hätten alles unter Kontrolle, aber sie bestand darauf, mit uns in den Gerichtssaal zu kommen. Während der Verhandlung erklärte sie dem Richter, Gilbert entzöge sich jeglicher elterlichen Kontrolle und sie habe bereits einen Platz für ihn in einer geschlossenen Entzugseinrichtung in Utah besorgt. Der Richter zeigte sich mit dieser Maßnahme einverstanden. Gilbert war verständlicherweise außer sich, auch ich war sauer. Trotzdem war es die richtige Entscheidung, denn so bekam Gilbert die Chance, zum ersten Mal seit Jahren vollkommen clean zu werden.

Zwischen Debbie und mir lief es nicht gut. Neuester Streitpunkt war ein Auto. Mein Freund Ronnie Hernandez wollte einen 38er Chevy verkaufen, in den ich mich unsterblich verliebt hatte. Der Wagen sollte fünfzehntausend kosten, aber Ronnie meinte, er würde ihn mir für elf Riesen vermachen. Debbie sagte, wir hätten das Geld nicht, es sei gerade etwas eng. Ich arbeitete wie ein Wahnsinniger und konnte nicht so recht begreifen, warum der Chevy nicht drin sein sollte. Ich hatte mich durch die PegIntron-Hölle gequält und wollte einfach nur mein Leben ein wenig genießen. Immerhin besaßen wir acht Mietimmobilien, verdammt.

Ich hatte mich schon innerlich von der Karre verabschiedet, als mich Ronnie wenige Wochen später anrief, um mir zu erzählen, dass Debbie den Chevy heimlich kaufen wollte. Es sollte wohl ein Geschenk für mich sein, aber sie beabsichtigte, den Wagen auf ihren Namen zu erwerben. Es war eine hinterhältige Aktion und eine vollkommen unnötige noch dazu. Und überhaupt: Wenn es wirklich bei uns gerade so eng war, wie sie behauptete, woher hatte sie dann das Geld, um den Chevy zu kaufen? Ich stand mit dem Rücken zur Wand. Wenn ich nämlich sagte: »Das war eine schräge Aktion,

Debbie. Musste das sein?«, dann konnte sie kontern: »Ich hab's doch nur für dich getan.« Ich hatte jedoch nicht das Gefühl, dass sie es für mich tat. Vielmehr schien es ihr darum zu gehen, alles zu kontrollieren. Nicht nur das Auto, alles sollte auf ihren Namen laufen. Wir hatten gemeinsam vier Häuser gekauft, die den Papieren zufolge aber ihr allein gehörten. Auch mein alter Truck lief auf ihren Namen. Die einzige Sache, die bei ihr auf *meinen* Namen lief, war ihr Nachname.

Ich hasste das Gefühl, kontrolliert zu werden – was allerdings ziemlich daneben und ironisch ist, denn in all meinen vorherigen Beziehungen war ich der kontrollsüchtige Arsch gewesen. Ich witzelte, dass Debbie mir nun heimzahlte, was ich meinen Ex-Frauen angetan hatte. Die Rache war finanzieller Natur. Ich hatte sie alle verletzt: meine erste Frau Laura, dann die wunderschöne Illustratorin Debbie und schließlich die temperamentvolle Joanne, die mir mit Little Gilbert geholfen hatte. Ich war eifersüchtig gewesen und hatte sie gleichzeitig betrogen. Nun bekam ich die Quittung. Es war Karma – das Wort, das ich zum ersten Mal hörte, als ich einen Kerl in einer Bar zusammenschlug und ihm anschließend auf den Kopf pinkelte. Ich hatte es nicht anders verdient. Aber dennoch: Karma kann eine fiese Sache sein.

Die Beziehung mit Debbie war die einzige, in der ich meiner Partnerin treu blieb. Ich weiß noch nicht mal genau, warum. Vielleicht wollte ich mir selbst und anderen beweisen, dass ich es konnte. Ich war kein Engel, nicht einmal annähernd, aber tief in meiner Seele wusste ich, dass diese Art zu leben falsch war. Die ständige Täuschung war nicht erregend, sondern erschöpfend. Es machte keinen Spaß, die Menschen zu verletzen, die mich von ganzem Herzen liebten und mir vertrauten. Mein altes Ich – der Danny Trejo, den es nicht interessiert hatte, ob er die Gefühle von Laura, Debbie oder Joanne verletzte – erkannte endlich, wie destruktiv dieses Verhalten war. Es tat nicht nur meinen Partnerinnen weh, sondern auch mir selbst. Wenn du eine Lüge lebst, wird sich irgendwann deine Seele bei dir melden. Für mich als Alkoholiker und Abhängiger geschah es in Form eines Flüsterns: *Du musst etwas nehmen, um diesen Schmerz loszuwerden.* Und in diesem Augenblick wusste ich, dass ich etwas ändern musste. Ich stürzte mich nicht in die Rettung meiner Beziehung mit Debbie, aber ich schwor mir, eine respektvollere Person zu werden, ganz gleich, ob ich in einer Partnerschaft war oder nicht.

Einer der Höhepunkte in diesem schwierigen Jahr war die Arbeit an einem Film namens *SherryBaby* mit Maggie Gyllenhaal. Das Drehbuch stammte von Laurie Collyer, die auch Regie führte. Ich will nicht verallgemeinern, doch bei Laurie spürte ich die gleichen Vibes wie bei der Arbeit unter Allison Anders an *Mi Vida Loca*. Beide Frauen brachten ein bemerkenswertes Einfühlungsvermögen und eine einzigartige Perspektive in diese Filme über schwierige und zugleich wirklichkeitsnahe Themen ein.

In *SherryBaby* spielt Maggie eine Frau, die gerade aus dem Gefängnis kommt und Schwierigkeiten hat, clean zu bleiben. Sie wird von Männern in Machtpositionen (vor allem Bewährungshelfern) benutzt und missbraucht, von ihrer Familie abgeschrieben und geht dann eine Beziehung mit einem älteren Mann ein, den sie bei den Anonymen Alkoholikern kennenlernt. Der Kerl heißt Dean Walker und wird von mir gespielt. Bei *SherryBaby* kam mir alles unheimlich vertraut vor. Angefangen bei den authentischen Dialogen in den Selbsthilfegruppen bis hin zu den kleinen und großen Schwierigkeiten des Lebens nach dem Knast – ich kannte das alles aus eigener Erfahrung. Bei *Heat* konnte ich mit Oscar-Gewinnern zusammenarbeiten, mit den großen Jungs – bei *SherryBaby* durfte ich ich selbst sein. Ich sprach, wie ich im Alltag spreche, ich hörte anderen so zu, wie ich es auch sonst tue. Zum ersten Mal überhaupt ging ich voll und ganz in einer Rolle auf.

Die Dreharbeiten zu *SherryBaby* fanden in New Jersey statt und lenkten mich eine Weile von den Problemen in meiner Ehe mit Debbie ab. Ende 2005 hatte ich allerdings endgültig genug. Ich machte mich vom Acker und ließ so ziemlich alles zurück, was ich besaß. Zuerst kroch ich bei meinem Sohn Gilbert in Venice unter. Dort wohnte ich in einem kleinen Apartment, zusammen mit meinen Hunden und ein paar Teenagern, die sich wegen mir aus der Wohnung schlichen, wenn sie Bier trinken oder Gras rauchen wollten. Ich war zwar unfassbar erleichtert, aus dem Haus in Chatsworth ausgezogen zu sein, aber auf Dauer war die Gästecouch in der Bude meines Sohnes keine Lösung. Ich mietete ein größeres Apartment mit genug Platz für Gilbert, seinen Freund Jimmy und mich. Irgendwann wurde jedoch offensichtlich, dass Gilbert eigentlich gar nicht mit seinem alten Herrn zusammenwohnen wollte.

Ich konnte es mir damals nicht eingestehen, aber Gilberts Absage an das gemeinsame Wohnen war ein Schlag in die Magengrube für mich. Ich war es gewohnt, dass meine Kids ihren Daddy brauchten. Selbst wenn sie in Schwierigkeiten steckten oder irgendwelchen Mist im Schilde führten, hatten sie stets meine Rückendeckung gewollt. Es war nicht leicht, realisieren zu müssen, dass Gilbert jetzt ein junger Mann war, der seinen Pops nicht mehr in seiner Nähe haben mochte. Glücklicherweise war es bei Danielle anders, sodass ich mit ihr nach Marina del Rey zog.

Ob sie von sich aus weglief oder rausgeworfen wurde, ist eine Frage der Perspektive. Fakt ist: Danielle packte mit fünfzehn ihre Sachen und verließ Maeves Wohnung. Als ich sie abholte, hatte sie all ihre Habseligkeiten in schwarzen Plastiksäcken verstaut. Sie warf die Säcke in meinen Range Rover und sagte: »Dad, ich muss meinen Hund mitnehmen.«

»Auf gar keinen Fall werden wir einen Hund mitnehmen«, sagte ich, aber dann sprang Cash auf die Müllsäcke und schaute mich mit großen Augen an. Danielle wusste, dass ich nicht Nein sagen würde.

Als meine Tochter bei mir einzog, war sie mit der Schule durch. Sie war auf der Santa Monica High gewesen, dann auf der Venice High, später wieder auf der Santa Monica. Als man ihr sagte, dass ihre Leistungen nur für die zehnte Klasse ausreichten und ein Besuch der elften Klasse, in die sie ihrer Meinung nach gehörte, ausgeschlossen sei, hatte sie genug vom Thema Schule.

Sie bat mich, sie abzumelden und die Highschool abbrechen zu können. Für mich war das okay, aber Maeve und ich hatten hitzige Diskussionen deswegen. Maeve wollte unbedingt, dass ihre Kinder die Highschool beendeten. »Was soll ich dir sagen?«, schrie ich sie an. »Sie will nicht mehr in die scheiß Schule gehen!«

»Sie muss aber!«

»Pass mal auf, Maeve«, sagte ich. »Ich hab mein Highschool-Zeugnis in Soledad gekriegt, und zwar für eine Dose Bugler-Tabak, und ich komme auch klar.« (Es stimmte: Im Knast hatte ich mir für eine Dose Tabak ein Abschlusszeugnis mit passablem Durchschnitt von einer echten Highschool gekauft.)

Das Leben zu dritt – Danielle, Cash und ich – war hin und wieder etwas bizarr, aber insgesamt großartig. Das letzte Mal hatte ich mit meiner Tochter zusammengelebt, als sie ein kleines Mädchen gewesen war. Mittlerweile hatte sie sich in eine junge Frau verwandelt. Allerdings war Danielle anders als all die anderen Frauen in meinem Leben. Sie hatte keine Angst vor mir. Sie machte sich keine Gedanken, ob sie durch Taten oder Worte meine Gefühle verletzen könnte. Ich konnte sie nicht unter Druck setzen oder kontrollieren, indem ich ihr die kalte Schulter zeigte. Sie mochte noch ein Teenager sein, aber sie war auch, und zwar vollkommen ungeniert, eine Frau. Oft kamen ihre Freundinnen vorbei und quatschten mit Danielle über Frauenthemen – zum Beispiel über ihre Perioden oder süße Jungs. Logisch, dass ich mich dabei etwas unwohl fühlte. Aus Spaß hielt ich mir dann die Ohren zu und rief:

»Ich kann euch nicht hören!« Die Ladys schrien zurück: »Periode! Menstruation! Tampon!«

Eines Abends wollte Danielle mit ihrem Freund ausgehen und hatte sich dazu einen schwarzen BH und ein Wifebeater-Shirt angezogen. »So kannst du nicht raus«, sagte ich und musste mich gewaltig zusammennehmen, um ihr nicht die Meinung zu sagen.

»Was meinst du?«, fragte sie.

»Das sieht nuttig aus«, antwortete ich.

»Nein, das tut es nicht. Es sieht süß aus. Punkt.« Ich wollte etwas entgegnen, aber ich sah diesen Blick in ihren Augen, der mir entgegenschrie: *Halt die Klappe, Dad! Heutzutage tragen Frauen so etwas, und du wirst dich verdammt nochmal dran gewöhnen müssen.*

Danielle hatte nur diesen kurzen Augenblick gebraucht, um mir den Spiegel vorzuhalten und mir bewusst zu machen, wie ich über Frauen dachte und wie ich mit ihnen redete. Sie hatte die von Doppelmoral durchsetzte Chauvi-Scheiße in meinem Hirn freigelegt und die Scheinwerfer darauf gerichtet. Mir wurde klar, dass ich mit Machosprüchen über Frauen auch *sie* ansprach. Mir gefiel es, wenn Frauen sexy waren, bei meiner eigenen Frau oder meiner Tochter hingegen war es etwas anderes. Angenommen, eine Frau trug ein Outfit, das mir ein »Wow, das gefällt mir!« entlockte. Spätestens wenn wir zusammenkamen, stellte ich als Erstes sicher, dass sie nicht noch einmal in diesem Aufzug rumlief.

Es war genauso ungerecht, wie es sich anhört, aber immerhin war ich mit zweiundsechzig Jahren bereit, diese Doppelmoral auszumerzen. Danielle hatte mich mit der Nase darauf gestoßen. Sie half mir, all die Frauen in meinem Leben in einem anderen Licht zu sehen. Als Personen mit mannigfaltigen Facetten und ganz eigenen geistigen und sexuellen Bedürfnissen. Das betraf auch meine Mutter, die außerhalb ihrer Ehe nach Geborgenheit gesucht hatte. In gewisser Weise begann ich erst an diesem Punkt, den Frauen alle

Aspekte einer menschlichen Existenz zuzugestehen. Das gesamte Spektrum. All das, was ich mir selbst zugestand.

Als Danielles Freund sie in ihrem Outfit sah, sagte er: »Das geht nicht, du musst dich umziehen.«

Danielle erwiderte: »Nicht mal mein eigener Vater bringt mich dazu, dass ich mich umziehe.«

»Vielleicht sollte er das«, sagte der Bursche. Als er daraufhin ihre Schulter griff, wirbelte Danielle herum und verpasste ihm einen Schlag aufs Auge.

Eine halbe Stunde später rief mich Danielle an und erzählte mir schluchzend, dass sie einen schlimmen Streit mit ihrem Freund gehabt hätte. Ich ging sofort rüber zum Haus der Familie des Jungen. Seine Eltern sahen mich und wussten, dass ihr Sohn in Lebensgefahr schwebte. Mit erhobenen Händen kam er auf die Veranda und sagte: »Es ist nicht so, wie Sie denken, Mr. Trejo. Sie hat mich geschlagen!« Unfassbar, der toughste Kerl der Gegend lief mit einem Veilchen von meiner Tochter herum. Ich war unheimlich stolz auf Danielle, dass sie sich selbst verteidigt hatte.

Die Tatsache, dass er sie barsch angepackt hatte, war allerdings unverzeihlich. »Entspann dich, Dad«, sagte sie. »Den Typen hab ich endgültig in die Wüste geschickt.«

Eines Tages brach Danielle beim Einkaufen in einer Apotheke in Venice zusammen. Wie sich später herausstellte, waren Anämie und Dehydration die Ursachen. Der Apotheker rief einen Krankenwagen und benachrichtigte mich.

Als ich am Ort des Geschehens ankam, lag sie bewusstlos auf dem Boden. Was mir als Erstes ins Auge fiel, war das schreckliche Tattoo auf ihrer Hüfte: ein großer Klecks, der wahrscheinlich eine Blume darstellen sollte. Als sie wieder zu sich kam, erkundigte ich mich nicht etwa nach ihrem Befinden, sondern fragte gleich: »Was zum Henker ist denn das da?«

»Das ist ein Tattoo, Dad«, antwortete sie. »Ich mag's nicht und bereue es auch, aber das ist doch jetzt nicht wichtig. Ich muss ins Krankenhaus!« Nach einer Weile fügte sie hinzu: »Du musst mich wirklich mehr lieben als die Jungs.«

»Wie kommst du darauf?«, fragte ich.

»Wäre das Danny Boy oder Gilbert passiert, hättest du wahrscheinlich gesagt: ›Ach, komm schon, Junge! Jetzt steh endlich auf!‹«

Der Apotheker und die Sanitäter lachten sofort los.

Kurze Zeit später brachte ich Danielle zu Freddy Negrete, damit der ihr ein Cover-up über den Blumenklecks legte. Ich, der ich wirklich kein großer Fan von Tattoos auf Frauenhaut bin, bezahlte meiner Tochter einen mächtig großen und wunderschön gestochenen Pfau. (Was für ein Heuchler ich doch bin.)

Gilbert war aus der Suchtreha zurückgekehrt, rutschte jedoch bald schon wieder ab. Dieses Mal waren es härtere Drogen. Heroin. Er hatte das Gift entdeckt, und ich wusste, dass er sein Leben lang kämpfen würde, um die Sucht zu kontrollieren. Die ganze Situation setzte mir zu. Einige Zeit später fand mich Danielle auf meinem Bett. Ich lag nur da, hielt meinen Kopf mit beiden Händen fest und glaubte, mein letztes Stündlein hätte geschlagen. Sie brachte mich ins Krankenhaus, wo ein Arzt mir sagte, es sei eine Panikattacke. Ich hatte San Quentin und Soledad überstanden, und nun zwang mich der »Stress«, mit meiner Tochter und deren On-off-Lover in einer Wohnung zu leben, in die Knie? Ich wusste, dass es daran nicht liegen konnte, aber um mich besser zu fühlen, zog ich aus und nahm mir ein Zimmer im Bel Air Hotel in West Hollywood, das mittlerweile The London heißt.

Nachdem ich Danielles Miete im Voraus bezahlt hatte, blieben mir noch dreißig Riesen. Ich war sechzig Jahre alt, und alles, was ich besaß, waren dreißigtausend Dollar und ein Range Rover, der auf meinen Namen lief.

Ich weiß, dass viele Leute auf diesem Planeten niemals wissen werden, wie es sich anfühlt, dreißig Riesen und ein Auto zu besitzen. Aber wenn man die Menschen auf der Straße fragt, denkt der Großteil bestimmt: »Danny Trejo ist ein Milliardär.« Nach zwanzig Jahren Plackerei in Hollywood hatte ich nichts vorzuweisen. Ich wusste nicht, wie lange ich noch auf diese Weise weiterarbeiten und Geld verdienen konnte. Der Herbst meiner Karriere war angebrochen. Ich meine, wer will schon Bösewichte im Rentenalter auf der Leinwand sehen?

Ich hatte Angst.

Meine Antwort auf Angst war schon immer *Fuck it!* gewesen. Das Hotel kostete mich dreihundert Steine die Nacht. Ich handelte zwar einen Deal mit dem Manager aus, aber es war trotzdem noch viel zu teuer. Auch ohne Alkohol und Drogen befand ich mich im freien Fall. Ich wachte jeden Morgen in einem anderen Bett auf, war ständig auf der Suche nach Ablenkung. Es war einfach. Ich war in Hollywood, ging jeden Abend auf die Pirsch, geisterte durch die Clubs und tat so, als wäre ich zwanzig und käme frisch aus dem Kahn. Doch dieser ganze Mist ist ohne Substanz. Als ich eines Tages zur Bank stiefelte, um Geld abzuheben, sah ich auf dem Kontoauszug, dass ich nur noch dreitausend Dollar hatte. Es war ein schwerer Schlag. Ich stand dort wie angewurzelt und starrte die Zahl auf dem Papier an. Andererseits war es nicht so, als hätte ich es nicht kommen sehen. Ich war blank und konnte es mir nicht länger leisten, so zu leben, wie ich lebte.

Ich hob die Hälfte meines Geldes ab und ließ mir den Betrag in Zehnern und Zwanzigern auszahlen. Dann fuhr ich willkürlich durch die Gegend, getrieben von dem Gefühl, mein Leben würde gerade über mir zusammenbrechen. Ich landete in Downtown L. A., in der Nähe des Problemviertels Skid Row, wo ich ausstieg und Geldscheine an die Leute verteilte. Ich weiß nicht, ob ich es tat, weil ich Gott versprochen hatte, meinem Nächsten zu helfen, oder um einfach nur mein Ego zu füttern. Vielleicht war es eine Kombination aus beidem. Als ich gehen wollte, sah ich eine schwarze Frau, die mit zwei Kindern an einem kleinen Tisch saß. Ich weiß noch, dass mir auffiel, wie sauber und ordentlich die Kleinen aussahen. Die Frau verkaufte geflochtene Armbänder, die sie selbst hergestellt hatte. Ich reichte ihr einen Zwanziger, und sie bekam fast einen Anfall. »Nein! Das kann ich doch nicht wechseln!«

Ich fragte sie, wie teuer ihre Armbänder seien. Fünfzig Cent, antwortete sie. Ich sagte, sie solle mir drei geben.

»Aber ich kann Ihnen den Zwanziger nicht wechseln.« Sie sagte es, als hätte ich sie beim ersten Mal nicht verstanden.

»Ich will kein Wechselgeld.«

Sie war den Tränen nahe. »Meine Kleinen! Jetzt kann ich ihnen Essen kaufen und auch neue Schuhe.« Ich dachte nur: *Mann, neue Schuhe für zwanzig Dollar? In dem Laden möchte ich auch mal einkaufen.* Ihre große Dankbarkeit machte mir klar, warum ich nach Skid Row gefahren war, an einen Ort, an dem die Not der Schwachen offensichtlicher ist als irgendwo sonst.

Als ich in meinen Wagen stieg, hatte ich keine dreihundert Dollar mehr in der Tasche. Ich wusste jedoch, dass ich das Richtige getan hatte. Ich hatte keine Ahnung, was die Zukunft bringen würde, aber ich fühlte mich großartig. Mir war klar, dass mein Job nun darin bestand, mich nur um das Heute zu kümmern und einen Tag nach dem anderen anzugehen – damit war ich schon in der Vergangenheit gut gefahren. Ich wusste, dass es die Antwort auf die vor mir liegenden Herausforderungen war.

Teil 4

FROM A SON

Kapitel 29

MACHETE

2010

Ich fuhr auf dem Highway 118 nach Westen zum Barrio-Meeting in der First United Methodist Church in San Fernando. Kaum hatte ich den Raum betreten, fühlte ich mich wie zu Hause. Auf einem Tisch an der Stirnseite lagen Broschüren aus, Plastikstühle standen aufgereiht, im hinteren Teil füllten die Leute ihre Styroporbecher mit Kaffee aus einem Thermobehälter im Kantinenformat. Ein Typ, dem man ansah, dass er mitten im Entzug war, knabberte an einem Keks und stellte fest: »Die sind gut.«

Bei einem Meeting dreht sich immer alles um denjenigen, der gerade den Entzug wagt. Unsere Aufgabe ist es, ihm klarzumachen, dass es einen geschützten Raum gibt, einen Ort, an dem er Hilfe bekommt, denn jeder von uns war irgendwann schon einmal in derselben Lage. Die Treffen waren eine Zufluchtsstätte für mich. Sie waren es, seit ich im August 1968 aus dem Bunker gekommen war. Bei einem Barrio-Meeting kam ein Haufen harter Frauen und Männer zusammen, die durch den Entzug weich geworden waren. Sie hatten ihr Leben in die Hände einer Macht gelegt, die größer war als sie selbst, und sich entschlossen, mit jedem Tag bessere Menschen zu werden. Aus Wesen, die nicht einmal auf dich gepinkelt hätten, wenn du lichterloh in Flammen gestanden hättest, wurden Männer und Frauen, die für andere da waren, was auch immer geschah.

Vor der Tür entdeckte ich Mario Castillo und Max Martinez. Max war ein stabiler Vato aus meinem Viertel in Pacoima. Ich hatte ihn in einem Suchthilfeprogramm kennengelernt. Mario war der Homeboy, den ich beim Dreh von *Blood In, Blood Out* in San Quentin getroffen hatte. Er war seither noch dreimal eingefahren. Nach seiner letzten Entlassung war ich ihm bei einem Suchthilfekongress begegnet. Damals lebte er in einer Therapieeinrichtung namens »People in Progress«.

Mario erkundigte sich, wie es bei mir so lief.

»Ich wohne in einem Hotel in Hollywood und versuche gerade herauszufinden, was zum Henker ich mit meinem Leben anfangen soll. Außerdem brauche ich eine Bude.«

Max sagte: »Wir haben ein Haus in Pacoima, und gerade sind zwei Leute ausgezogen.« Ich wusste, dass er und Mario zusammenwohnten. »Wir haben ein freies Zimmer, falls du Interesse hast.«

»Ich lass es mir mal durch den Kopf gehen«, sagte ich, doch noch in derselben Sekunde war die Sache klar für mich. »Ich nehme es.« Die Nacht verbrachte ich noch im Hotel, doch gleich am nächsten Tag brachte ich mein Zeug zu Max und Mario. Zurück in Pacoima! In dieser ersten Nacht in ihrem Haus schlief ich so gut wie seit Jahren nicht mehr.

Am nächsten Tag musste ich zurück nach Venice, um mit den Hunden Gassi zu gehen. Max bot mir an, mich zu begleiten. Wir spazierten den Bürgersteig entlang und warteten, dass die Hunde ihr Geschäft verrichteten. Max meinte, ich könne die Hunde doch einfach nach Pacoima mitnehmen, schließlich gäbe es dort einen großen Garten. Keine Ahnung, warum ich nicht selbst draufgekommen war. Ich schnappte mir die Hunde, holte die letzten paar Kartons mit Klamotten und machte mich auf in mein neues Zuhause.

Zum ersten Mal seit Jahren war wieder alles, was für mich wichtig und bedeutungsvoll war, an einem Ort versammelt. Dazu kam noch, dass meine Mutter nur fünf Straßen weiter wohnte. Als ich das erste Mal bei ihr vorbeischaute, eröffnete ich ihr, dass ich jetzt um die Ecke wohnte und dass ich und meine Freunde Mario, Max und JoJo uns um sie kümmern würden. Sie war so gerührt, ihr kamen die Tränen. Mir wurde klar, dass sie seit Ewigkeiten verdammt einsam gewesen sein musste.

Der Weg zur Versöhnung mit meiner Mutter war in mehreren Etappen verlaufen. Nach dem Tod meines Vaters war ich gerade einmal so lange für sie da gewesen, bis sie die Beerdigung im Kreise meiner Tanten und Onkel, die sie nicht ausstehen konnten, hinter sich gebracht hatte.

Nachdem sie mich angeschnauzt hatte, mein Elternhaus gehöre jetzt ihr allein – obwohl ich ihr nur im Garten hatte helfen wollen –, machte ich meinen Frieden mit Gott und fand mich damit ab, dass meine Mutter nicht mehr Teil meines Lebens sein würde. Meinetwegen konnte sie das Haus haben und einsam und allein darin herumhocken.

Jahre später ermunterte mich Jhonnie Harris, der mich am Anfang meiner Knastlaufbahn in der Gladiatorenschule YTS unter seine Fittiche genommen hatte, ich solle Nachsicht mit ihr zeigen: »Danny, deine arme Mutter muss in ihrem Herzen eine solche Sehnsucht gehabt haben, dass sie bereit war, ihr eigenes Leben und das Leben deines Onkels aufs Spiel zu setzen, indem sie tat, was sie getan hat. Du solltest Mitleid mit ihr haben und für sie beten.« Er sagte, ich solle Stärke zeigen und sie anrufen. In gewisser Hinsicht öffnete mir das Zusammenleben mit meiner Tochter Danielle die Tür zur Aussöhnung mit meiner Mutter. Durch die Impulse meiner Tochter konnte ich meine Mutter als Person mit ganz eigenen Problemen und Bedürfnissen sehen.

Als ich schließlich meine Mutter irgendwann anrief, tat sie so, als hätte es die jahrelange Funkstille zwischen uns nie gegeben. Das mochte nett gemeint sein, aber ich traute dem Braten nicht. Ich wollte ihr nicht zu nahe kommen. Nach Gilberts Geburt hatte ich mit Maeve und dem Knirps im Gepäck meine Mutter besucht. Die Stimmung war allerdings dermaßen unterkühlt, dass es bei dem einen Besuch blieb. Danny Boy und Danielle hatte sie noch nie gesehen.

Selbst jetzt, da ich zurück in Pacoima war, hielt ich Sicherheitsabstand und nutzte Max, Mario und JoJo als Puffer.

Meine Mom war ganz hingerissen von den dreien. Ich konnte nur allzu gut verstehen, wieso das so war. Ohne das Band der Verwandtschaft war ihr Verhältnis frei vom Ballast zurückliegender Enttäuschungen, unerfüllter Erwartungen und allem anderen, womit sich Familien sonst noch das Leben schwer machen. Max und Mario waren einfach ihre Jungs. Von den anderen Frauen in ihrem Lieblingsrestaurant CoCo's oder im Supermarkt hörte sie nur: »Mensch, Alice, du und deine Gang!« Sie genoss es, mit diesen zu Teddybären mutierten Gangstern durch die Gegend zu ziehen.

Auch ich schaute nun häufiger bei ihr vorbei und bemerkte, wie sich das Haus veränderte und herzlicher wurde. Sie hatte die Plastikbezüge von der Couchgarnitur abgenommen. Ich verzieh ihr. Nicht nach dem Motto: »Ich vergebe dir, aber ich bin immer noch wütend auf dich, weil du mit David rumgemacht hast.« Nein, ich verzieh ihr voll und ganz. Sie hatte getan, was sie geglaubt hatte, tun zu müssen, um in ihrem Unglück nicht draufzugehen. Ich selbst hatte es in meinem eigenen Leben immer ganz genauso gehalten.

Dem Prozess des Verzeihens wohnt ein tiefer Zauber inne, und er beginnt damit, sich selbst zu verzeihen. In meinem Leben tat ich vieles nur deswegen, weil ich in dem jeweiligen Moment keine andere Möglichkeit sah, um zu überleben. Ich musste an das Vaterunser denken, das ich seit meiner Zeit in Soledad jeden Tag betete. Was das Verhältnis zu meiner Mutter anging, trafen diese Zeilen voll ins Schwarze, insbesondere die Stelle, an der wir Gott bitten, uns unsere Schuld zu vergeben, »wie auch wir vergeben unseren Schuldigern«. Mir wurde klar, dass ich Gott nicht bitten konnte, den Druck von mir zu nehmen und mich zu lieben und mir zu vergeben, ohne selbst alle anderen freizusprechen, insbesondere meine Mutter.

Wie so viele andere zuvor hatte auch das Barrio-Meeting mit Max und Mario meinem Leben eine Wendung gegeben und mir neue Wege eröffnet. Noch dazu wurde mir nur wenige Tage nach meinem Einzug bei den beiden eine Rolle in einem Film mit dem Titel *Poolboy* angeboten. Die Gage reichte gerade aus, um die Miete für die nächsten Monate zu bezahlen und Mario und Max so weit unter die Arme zu greifen, dass sie mir helfen konnten – mit meiner Mutter, meinen Kindern, meinen Hunden, meinem Leben. Das Timing war perfekt. Mario hatte gerade seine Stelle im Tarzana Treatment Center verloren, und Max hangelte sich als Bauarbeiter von Job zu Job. Zu dritt jedoch kamen wir klar.

Bei Max und Mario hatte ich alles, was ich brauchte: Es gab einen Fernseher mit Kabelanschluss, La-Z-Boy-Sessel und einen vollen Kühlschrank. Außerdem kannte jeder von uns die Regeln: Im Haus werden die Schuhe ausgezogen; wenn man etwas benutzt hat, wird es sauber gemacht; nichts wird liegen gelassen; man respektiert die Privatsphäre des anderen. Der Kodex der Knackis. Wenn ich wegen meiner Arbeit die Stadt verlassen musste, kratzte das Max und Mario wenig. Es gab keine verletzten Gefühle, für meine Hunde und meine Mutter war gesorgt, und ich musste mir meine Pläne von niemandem absegnen lassen.

Meine Mutter brauchte mich, und ich konnte für sie da sein. Wenn ich oder einer meiner Jungs bei ihr vorbeischaute, machte sie uns Frühstück oder Abendessen, je nachdem. Sie war keine Gefangene mehr. Keiner von uns war das.

Danielle und Gilbert hatten sich berappelt, und ich dankte Gott dafür. Ich ergriff die Chance und fragte die beiden, ob sie Lust auf ein bisschen Familienzeit zu dritt hätten. Zum ersten Mal überhaupt sollte ich die Hauptrolle in einer großen Studioproduktion spielen. Durch den damit verbundenen Einfluss konnte ich meinen Kindern problemlos einen Job am Set besorgen. Als meine Agentin Gloria anrief, um mir mitzuteilen, dass sie mein Flugticket zum Drehort in Texas besorgt hatte, schob sie hinterher, dass auch für Gilbert und Danielle welche bereitlagen. Ich nahm meine ganze Crew mit zu den Dreharbeiten von *Machete* – ein Film, in dem ich den ersten mexikanisch-amerikanischen Actionhelden überhaupt spielen sollte. Sogar Mario und Max wollten uns in dem Pick-up-Truck von Max nach Texas folgen, um mir mein Motorrad vorbeizubringen, und sich uns anschließen. Die Idee zu dem Film war fünfzehn Jahre zuvor in einem Gespräch entstanden, nun sollte sie endlich umgesetzt werden.

Zum ersten Mal war ich Robert Rodriguez, dem Regisseur von *Machete*, beim Vorsprechen für *Desperado* begegnet. Ich hatte kaum den Raum betreten, da war Robert in lautes Lachen ausgebrochen. »Du erinnerst mich an die bösen Jungs aus meiner Highschool.«

Ich entgegnete: »Ich bin einer der bösen Jungs aus deiner Highschool.« Er musterte mich, drückte mir ein Messer in die Hand und sagte, ich solle damit schon mal üben. Später rief Gloria an und fragte, wie es gelaufen sei. »Er hat mir ein Messer mitgegeben, also denke ich, dass es ganz gut gelaufen ist.«

Damals war mir nicht klar gewesen, wie sehr die Begegnung mit Robert mein Leben verändern würde.

Der Dreh zu *Desperado* fand in Acuña, Mexiko, statt. Obwohl Salma Hayek und Antonio Banderas in dem Film mitspielten, war anscheinend jeder in der Stadt scharf auf ein Autogramm von mir und ein gemeinsames Foto. Robert beobachtete das Treiben amüsiert und meinte: »Sie denken, du bist der Star.«

»Soll das etwa heißen, ich bin es nicht?«

Irgendwann bei der Arbeit an *Desperado* erzählte mir Robert, die Reaktion der Einheimischen auf mich und mein spezieller Look hätten ihn auf die Idee gebracht, eine Figur nur für mich zu entwickeln, einen Chicano-Superhelden: Machete. »Warum nicht ein Chicano als Charles Bronson? Stell dir mal vor, Danny: ein mexikanischer James Bond!«

Wie sich herausstellte, war Robert nicht einfach ein x-beliebiger Arbeitskollege. Während des Drehs zu *Desperado* kamen Verwandte von mir aus Texas über die Grenze nach Acuña, um uns zuzuschauen. Sowohl die Familie meines Vaters als auch die Familie meiner Stiefmutter stammen ursprünglich aus Texas, daher sind unter meinen Tanten, Onkeln, Cousins und Cousinen jede Menge Tejanos. Mitten im Dreh zu einer Szene bemerkte ich, wie sich mein Onkel Rudy Cantú bei den Videomonitoren mit Robert unterhielt. Ich dachte: *Scheiße, lass den Mann in Ruhe, er muss arbeiten.* Ich ging rüber zu ihnen, um nach dem Rechten zu schauen, und Rudy sagte: »Danny, darf ich vorstellen: dein Cousin Robert.«

»Primo!«, sagte ich zu Robert. »Da wir nun verwandt sind, kannst du meine Rolle ja ein bisschen größer machen!«

Als wir ein Jahr später an dem Film *From Dusk Till Dawn* arbeiteten, fing Robert wieder von Machete an. Ich dachte: *Super, er hat das immer noch im Kopf.* Allerdings war mir nicht klar, ob er es wirklich ernst meinte, daher machte ich mir keine allzu großen Hoffnungen.

In den Jahren nach *From Dusk Till Dawn* waren wir beide schwer beschäftigt, und ich fürchtete schon, die Idee von Machete würde auf der Strecke bleiben. Das hielt mich aber nicht davon ab, Robert immer wieder anzurufen und mit dem Thema zu nerven. Als ich 1999 im kanadischen Vancouver gerade *Wild Christmas* mit Charlize Theron und Ben Affleck drehte, meldete sich Robert. Er erzählte mir von *Spy Kids* und davon, dass er die Machete-Figur als

Onkel der Kinder einführen wolle. »Warum soll ich den Typen nicht einfach dort einbauen?«

»Geht das denn?«

»Klar, ich hab doch das Drehbuch geschrieben. Falls es mit dem Machete-Film nicht klappen sollte, haben wir den Kerl immerhin auf der Leinwand verewigt.«

Seinen ersten Auftritt hatte Machete also in *Spy Kids*, doch erst ein paar Jahre danach glaubte ich durch *Grindhouse* wirklich an einen Machete-Film. *Grindhouse* war ein Action-Double-Feature der alten Schule mit Robert und Quentin Tarantino als Regisseuren. Es war ihre Liebeserklärung an die reißerischen B-Movies der 1970er-Jahre – ein Genre, dem die beiden verfallen waren. Quentin und Robert planten, Trailer für fiktive Filme in *Grindhouse* einzubauen, und Robert sagte: »Ich hab schon einen, *Machete*. Feinste Mexploitation!«

Der anderthalbminütige Trailer, den Robert für *Grindhouse* drehte, enthielt bereits das Gerüst des Films: Machete ist ein ehemaliger mexikanischer Bundespolizist, der sich als Tagelöhner verdingt und für 150.000 Dollar angeheuert wird, einen Senator zu ermorden. Bei dem Attentatsversuch wird er reingelegt, weshalb er seinen Bruder um Hilfe bittet, einen gewalttätigen Priester (gespielt von Cheech Marin, der ebenfalls bei *Spy Kids* dabei war), um die korrupten Mistkerle zur Strecke zu bringen, die seine Frau getötet und ihm übel mitgespielt haben.

Bei der *Grindhouse*-Premiere saß ich hinter Robert. Als das Publikum nach dem *Machete*-Trailer in begeisterten Beifall ausbrach, drehte Robert sich zu mir um und nickte. Ich glaube, er wusste in diesem Moment, dass er etwas ganz Besonderes am Wickel hatte.

Mich faszinierte an *Machete* nicht so sehr, dass es der erste Film über einen mexikanisch-amerikanischen Actionhelden war oder dass es sich um die erste große Studioproduktion mit einem 65-Jährigen in der Hauptrolle handelte, der aussah, als hätte er in seinem Leben schon jede Menge Scheiße gefressen. Machete zu sein, bedeutete für mich, einen Typen wie Batman zu verkörpern. Einen knallharten Rächer, der möglicherweise die Grenze zwischen Gut und Böse verwischt, aber dessen moralischer Kompass intakt ist. Und wie Batman sollte ich zu einer popkulturellen Ikone werden. Ich hatte sogar meine eigene Version des Batmobils, eine Harley-Davidson mit einer Gatling Gun am Lenker.

In der ersten Woche am Set von *Machete* standen Kostümfittings, Besprechungen mit Robert und Proben an. Meine Kinder durften überall dabei sein. Gilbert war beeindruckt, und seine Liebe zum Filmemachen entflammte. Ich selbst kenne gerade mal eine Handvoll Grundregeln. »Lern deinen Text und renn nicht gegen die Möbel«, und so etwas in der Art. Ich habe allerdings keine Ahnung von Beleuchtung und Kameras oder davon, wie der Ton aufgenommen wird. Das überlasse ich den Leuten, die sich damit auskennen. Gilbert hingegen interessierte sich für alles. Er wich Robert nicht von der Seite und löcherte ihn unermüdlich, um zu erfahren, weshalb er die Dinge so machte, wie er sie machte. Robert erklärte ihm Details, von denen ich keine Ahnung hatte – wie er die Objektive auswählte oder dass er das Licht draußen von soundso vielen Tausend Kelvin auf soundso viele Tausend Kelvin abdimmte, um einen bedeckten Tag zu simulieren. Ich wusste nicht einmal, was ein Kelvin eigentlich ist (wie ich erfuhr, handelt es sich um die Maßeinheit für die Lichttemperatur). Anders als Gilbert hatte ich keinen blassen Schimmer, wovon Robert sprach.

Ich betete: »Bitte, lieber Herrgott, verankere die Leidenschaft fürs Filmemachen fest im Herzen dieses Jungen.«

Am ersten Drehtag von *Machete* ging es früh los. Ich trat gerade aus meinem Wohnwagen, da kam Robert De Niro aus seinem. Er lächelte sein weltberühmtes Lächeln und deutete auf mich. »Nummer eins auf der Dispo! Eins auf der Dispo!« Die Tagesdisposition wird bei einer Produktion immer abends für den darauffolgenden

Tag verteilt und listet die Schauspieler nach ihrer Bedeutung für das Projekt auf.

De Niro, eine der größten Schauspiellegenden aller Zeiten, war die Nummer eins auf den Tagesplänen von vielen seiner Filme gewesen, so zum Beispiel bei *Taxi Driver*, *Wie ein wilder Stier* oder *Die durch die Hölle gehen*. Bei *Heat* war er die Nummer eins auf der Tagesdisposition für die »Bösewichte«, während Pacino die Nummer eins auf der Tagesdisposition für die »Guten« war. Bei diesem Film gab es die Nummer eins zweimal, denn wie soll man Schauspielern wie Al Pacino oder Robert De Niro erklären: »Tut mir leid, Sir. Sie sind die Nummer zwei.«

Bei den meisten der vielen Hundert Projekte, an denen ich mitgewirkt habe, fand ich mich irgendwo ganz am Ende der Dispo wieder. Als »Häftling Nr. 1« oder »Fieser Kerl mit Tattoos« stehst du weit unten auf der Besetzungsliste, manchmal fast schon auf einem zweiten Blatt. Doch jetzt stand ich ganz oben. Mir kam die Zeit bei *General Hospital* in den Sinn, als ich mir Coca-Cola-Dosen vom Crew-Catering in die Tasche stopfte, um sie den Kindern mit nach Hause zu bringen. Und nun befand ich mich an einem Set, an dem der ganze Kram – Lastwagen, Crews, Equipment – für einen Film aufgefahren wurde, in dem ich der Hauptdarsteller war.

Als Robert auf mich deutete und den Finger zur Eins hochstreckte, signalisierte er mir, dass ich bei diesem Film der Chef war und er mir seinen Segen gab.

Ich verbeugte mich. »Mr. De Niro, Sir, darf ich Ihnen eine Tasse Kaffee bringen?«

Er lachte. »Wie wär's, wenn wir uns beide einen holen?«

Robert freute sich auf den bevorstehenden Job, trotzdem blieb noch Zeit, um in Erinnerungen zu schwelgen. Wir kamen auf *Heat* zu sprechen, und ich erzählte ihm, dass Eddie Bunker ein paar Jahre zuvor gestorben war. Robert fragte nach den Gründen, und so schilderte ich es ihm: Eddie war Diabetiker gewesen und hatte sich zur Verbesserung der Durchblutung in seinen Beinen einer Operation unterziehen müssen, die er nicht überlebte.

»Er hatte starke Schmerzen. Im Krankenhaus haben sie ihm Morphium gegeben, aber kein Methadon. Am Ende war er auf Turkey.«

Robert zuckte zusammen. Jeder weiß, wie hart selbst der schrittweise Methadon-Entzug ist. Ich erzählte Robert, dass ein gemeinsamer Freund von uns ein bisschen Methadon ins Krankenhaus geschmuggelt hatte, um es Eddie in die Götterspeise zu mischen. Eddie war seit seiner Knastzeit auf Methadon gewesen und hatte auf diese Weise kurz vor seinem Ende noch ein wenig von dem Zeug bekommen.

»Ein Akt der Nächstenliebe«, sagte Robert.

Gilbert gesellte sich zu uns. »Worüber redet ihr?« Ich sagte ihm, dass wir uns gerade über seinen Patenonkel unterhalten hätten.

Gilbert nickte. Der Verlust hatte ihn schwer mitgenommen. Er wandte sich an Robert: »Einmal ist mein Vater mit Eddie Bunker im Schlepptau angekommen, um mir etwas Cash zu geben, als ich mit Freunden in Venice abhing. Als Dad und Eddie weg waren, hat mich einer der Jungs gefragt: ›Wer war dieser Typ bei deinem Dad? Ich hab noch nie einen Weißen mit so fieser Visage gesehen.‹«

Wir lachten, denn wir verstanden genau, was hinter Gilberts Story steckte. Eddie war ein echt harter Kerl mit scharfem Verstand und einem Herzen aus Gold gewesen. Und er war berüchtigt für seinen Hass auf Filmsets, an denen er nur herumstand. Däumchen drehen war ihm zuwider. In Bezug auf *Machete* hatte Eddie jedoch gesagt: »Danny, wenn dieser Film jemals wirklich gedreht werden sollte, verspreche ich dir, dass ich dabei bin.«

Leider hatten uns seine Gesundheit und das Schicksal einen Strich durch die Rechnung gemacht.

Ein paar Tage nach Drehbeginn wurden Danielle und ich in einem Van zum Omni Hotel gebracht. Die Fahrerin war eine schweigsame junge Frau. Als Neuling in ihrem Job tat sie alles, um professionell rüberzukommen. Doch an dem Tag hatte sie einen besonderen Grund, gegen die Etikette zu verstoßen: »Mr. Trejo, ich mache das sonst nie, aber dürfte ich Sie bitten, etwas für einen Freund von mir zu signieren?«

Ich sagte: »Natürlich, mach ich gern.« Sie reichte mir eine kleine Tüte mit einem Taschenbuch und einem Stift darin. Es war Eddies Buch *Wilder als ein Tier.* Danielle sah es und rief aus: »Er ist hier bei uns, Dad! Eddie ist hier!«

Alle meine Kinder waren ganz vernarrt in Eddie gewesen, am meisten wahrscheinlich Danny Boy. Er erzählte immer wieder davon, wie er als kleines Kind mit Eddie und mir in meinem Cutlass Supreme herumgecruist war. Er sagte: »Dad, jeder Tag mit dir und Eddie Bunker kam mir so vor, als würden wir ein Ding drehen!«

Ich konnte mich noch lebhaft daran erinnern, wie Eddie mir am Set von *Runaway Train* gesagt hatte, dass ich es in diesem Business mit meinem Look zu etwas bringen würde. Als die Fahrerin mir Eddies Buch gab, war das für mich wie ein Zeichen von ihm, dass er *Machete* nicht vergessen hatte. Wie auch? Er hatte versprochen, dabei zu sein. 1962 hatte unsere Freundschaft damit begonnen, dass ich ihm Pläne für Raubüberfälle abkaufte, jetzt hatte sich der Kreis geschlossen.

Nicht lange nach Drehbeginn schlenderte ich eines Tages mit meiner Kollegin Michelle Rodriguez zum Set und sagte zu ihr: »Michelle, ich bin dir sehr dankbar, dass du bei diesem Film mitmachst.« Ich fand sie einfach supercool. Sie hatte diese Klasse und diese Toughness, und ich glaube, ich kenne niemand sonst mit einer solchen Lebensenergie (mit Ausnahme von Juliette Lewis vielleicht). Seit *Girlfight* war ich ein Riesenfan. Sie blieb stehen und packte mich am Arm.

»Machst du Witze? Danny, du bist der am meisten gefeierte Mexikaner der Welt!«, erwiderte sie und lachte ihr irres Lachen. Mann, ich liebe diese Frau. Jeden Morgen schaut sie mich in meiner Garage an. Der Künstler Levi Ponce, der das Mural von mir in Pacoima angefertigt hat, verzierte vor einiger Zeit eine Wand meiner Garage mit den Darstellern aus *Machete*. Sobald ich mein Auto raushole, werde ich an die Arbeit an diesem Film erinnert.

Machete war ein Riesenspaß. Bis dahin war ich noch nie in fast allen Einstellungen eines Films dabei gewesen. Jessica Alba, Michelle Rodriguez, Robert De Niro, Jeff Fahey, Don Johnson, Lindsay Lohan – die Zusammenarbeit mit ihnen war ein Fest für mich. Und Robert Rodriguez war einfach nur glücklich, endlich den Mexploitation-Film machen zu können, dessen Gerüst er für *Grindhouse* entworfen hatte. Die Drehtage waren zwar lang, aber wir kamen nicht aus dem Lachen heraus – umso grausamer und blutiger das Gemetzel, desto mehr feierten wir.

Machete war nicht bloß ein Franchise mit einem Chicano in der Hauptrolle, sondern ein Vehikel für viele wunderbare lateinamerikanische Schauspieler – Cheech Marin, Jessica Alba, Michelle Rodriguez –, versammelt von einem großartigen Filmemacher mit mexikanischen Wurzeln. Robert Rodriguez weiß um den Wert unserer Welt und brachte sie einem internationalen Publikum nahe.

Machete öffnete mir in vielerlei Hinsicht die Augen. Unter anderem verstand ich durch den Film besser, was Edward James Olmos geleistet hatte. Wenn Pedro Gonzalez mit seinen Rollen in John-Wayne-Filmen den lateinamerikanischen Talenten erstmals die Türen in Hollywood aufstieß, so sorgte Edward James Olmos mit seiner Arbeit dafür, dass man uns als Schauspieler und Künstler ernst nahm. Bedingt durch meine eigene Unsicherheit hatte ich Olmos bis dahin in einem anderen Licht gesehen und bei seinem Namen immer nur gedacht: *Du warst nie ein Zoot-Suiter. Du warst nie in einer Knastgang.* Doch ich hatte nie einen Gedanken daran verschwendet, wie schwer sein Weg war und was er für das Ansehen der Latinos leistete, indem er sie in seinen Rollen als vielschichtige und komplexe Charaktere porträtierte. Durch die Arbeit an *Machete* wurde mir bewusst, wie mühselig es für Darsteller wie Olmos oder De Niro gewesen sein muss, dorthin zu gelangen, wo sie jetzt sind. Ich begriff die Großartigkeit ihrer Leistung und dass ich ihnen viel zu verdanken hatte.

In den ersten Tagen des Drehs lud Robert De Niro mich zum Abendessen ein. Ich bat meine Kinder, sich von ihrer besten Seite zu zeigen. »Das Essen bedeutet mir eine Menge, also benehmt euch anständig, nicht wie Kleinkinder, okay?« Im Restaurant unterhielten wir uns über den Film. De Niro meinte, für ihn sei Robert Rodriguez ein Autorenfilmer. Ich hatte keine Ahnung, was er damit sagen wollte, doch Gilbert verstand es sofort. Er fachsimpelte mit De Niro über irgendwelche französischen, italienischen und spanischen Regisseure, lauter Typen, von denen ich noch nie gehört hatte – Truffaut, Fellini, Buñuel. Den ganzen Abend tauschten sich Gilbert und Robert über Filme aus. Ich war überrascht, welch immenses Wissen Gilbert über Kunst, Geschichte, Literatur und Kino besaß.

Ich machte einen Vermerk auf dem Notizblock in meinem Kopf: *Sorg dafür, dass deine Kinder immer lesen.* Meine Streifzüge in das Reich der Literatur hatten sich darauf beschränkt, dass ich mir im Jugendknast Eastlake *Archie*-Comics besorgte und versuchte, Veronicas Kleider wegzuradieren. Ich war so stolz auf meinen Sohn, weil er sich vor Bobby behaupten konnte. Seine Begeisterung für das Filmemachen begeisterte mich. Gilbert war seit ein paar

Monaten clean. Ich betete, dass er dieses Mal durchhalten würde, und dachte: *Vielleicht hat er ja etwas gefunden, das er so sehr liebt, dass es seinen Drang zum Heroin verblassen lässt.*

Möglich, dass Robert De Niro etwas Ähnliches empfand, denn er überließ Gilbert ein paar Schlüssel für das Filmarchiv der Universität von Texas in Austin, dem er die Zeugnisse seiner lebenslangen Arbeit vermacht hatte. Damit teilte er seine Liebe zum Kino mit meinem Sohn. Anscheinend hatte Gilbert es in seinen Augen verdient.

Ich hatte die Kinder nicht zuletzt deshalb mit ans Set von *Machete* genommen, weil Maeve eine kleine Auszeit brauchte. Sie hatte sich lange Zeit für die beiden aufgeopfert und zu Hause in Los Angeles alle Hände voll zu tun. Sie und ihr zweiter Ehemann hatten sich getrennt, weshalb sie nun auch noch die beiden Jungs großzog, die aus dieser Beziehung hervorgegangen waren, Theo und Samuel, zwei auch nicht ganz pflegeleichte Kinder. Hinzu kamen unsere Sorgen wegen Gilbert und Danielle. Mit diesem Arrangement war uns beiden geholfen. Ich musste arbeiten, zugleich wollte ich meine Kinder um mich haben.

Nach unserer Rückkehr aus Texas verfielen Gilbert und Danielle bedauerlicherweise wieder den Drogen. Sie mussten in sich selbst den Antrieb finden aufzuhören. Ich konnte nicht rund um die Uhr auf sie aufpassen. Als wäre das nicht schon genug, rief mich auch noch meine Assistentin Mari an, um mir mitzuteilen, dass sich mein Arzt wegen meiner Blutwerte bei einem kürzlichen Routine-Check-up Sorgen machte. Er bestand auf weitere Tests. Während der Dreharbeiten zu *Machete* hatte ich von Dennis Hoppers Tod erfahren und nahm mir vor, meine eigene Gesundheit ernster zu nehmen.

Ich fuhr mit Mari in ein Krankenhaus im Valley, wo man weitere Scans und Bluttests durchführte. Als die Ergebnisse da waren, schickten sie mich ins Cedars-Sinai, wo drei Ärzte Mari und mich erwarteten. In einem Behandlungszimmer zeigten sie mir Aufnahmen, auf denen ein zehn Zentimeter großer Tumor an meiner Leber zu sehen war. Knapp zehn Jahre hatte ich keine gesundheitlichen Probleme mehr gehabt – genauer gesagt, seit ich 2002 die Hepatitis C besiegt hatte –, doch jetzt waren die überwunden geglaubten Leberprobleme schlimmer als zuvor zurückgekehrt.

»Was hat das zu bedeuten?«

»Das bedeutet, dass wir sofort mit der Behandlung beginnen müssen, da Sie sonst sterben.« Wie um mich einzustimmen, zählte der Arzt als Erstes die Nebenwirkungen der Behandlung auf.

Ich sagte: »Mal langsam. Wann?«

Die Ärzte blickten einander an, als wäre ich nicht ganz bei Trost. »Wann was?«

»Wann ich sterben würde.«

»In einem Jahr, in vierzehn Monaten? Schwer zu sagen.«

Am liebsten hätte ich mich sofort aus dem Staub gemacht. Ich wollte mich nicht mit diesem Scheiß auseinandersetzen. Ich schaute zu Mari, die bereits am Telefon hing und Behandlungstermine ausmachte.

»Also, was schlagen Sie vor?«

»Eine Chemotherapie. Aber in Ihrem Fall wäre eine allgemeine Chemotherapie per Infusion weniger wirksam als spezielle Spritzen, die wir direkt in den Tumor setzen können.«

»Wann kann ich anfangen? Auf mich wartet Arbeit.«

Und wie viel Arbeit auf mich wartete! Noch am Set von *Machete* hatte ich in den Branchenblättern von *Predators* gelesen, einer neuen Version des Actionfilms *Predator* aus den 1980er-Jahren, produziert von niemand anderem als Robert Rodriguez. Was die Besetzung betraf, hieß es im Casting-Call, dass sie jemanden wollten, »der so fies und furchteinflößend ist wie Danny Trejo«. Ich stapfte sofort zu Robert und sagte: »Was soll der Scheiß? Ich *bin* Danny Trejo. Ich bin der fiese, Furcht einflößende Typ, den du suchst!«

»Du machst *Machete*.«

»Du auch. Und wir sind bald fertig.«

Am Tag nach meiner letzten Chemo saß ich für den Dreh von *Predators* im Flieger nach Hawaii.

Eine Verschnaufpause war nicht in Sicht. Neben *Predators* warteten auf mich noch *Death Race 2, Six Days in Paradise, Perfect Sunday, Justin Time, Food Stamps, Boston Killer Babes – Böse Mädchen, blutige Nächte, American Flyer, Recoil, Blacktino, Harold & Kumar – Alle Jahre wieder* sowie die Fernsehserien *Bones – Die Knochenjägerin* und *The Cleveland Show*. Ich zog von Stadt zu Stadt und von Job zu Job. Oft hatte ich keinen blassen Schimmer, wo ich überhaupt war. Robert Rodriguez erzählt gern die Story von einem unserer Telefonate, bei dem ich ihm sagte, ich sei gerade in Dallas, um einen Film zu drehen. Auf seine Frage, welchen Film, antwortete ich: »Keine Ahnung. Einen Film eben. Woher soll ich wissen, wie der heißt?«

Machete kam im September in die Kinos. Als Mario und ich in diesem Jahr zu Halloween Süßigkeiten in meinem Viertel in Mission Hills verteilten, waren so viele kleine Mexikaner als Machete verkleidet, dass uns beinahe die Tränen kamen. Aus dem gesamten Land schickten mir Leute Fotos von Kindern im Machete-Kostüm. Sie sahen so niedlich aus mit ihren falschen Fu-Manchu-Schnurrbärten und Plastikmacheten. Die tiefere Bedeutung hinter dem Trend blieb mir nicht verborgen. Endlich hatten wir unseren eigenen Superhelden. Einen Mann, der keine Angst hatte, sich nicht einschüchtern ließ und nie aufsteckte. Und *Machete* gab nicht nur den Kindern einen Superhelden, in dessen Kostüm sie schlüpfen konnten. Der Film schenkte auch ihren vielfach aus Einwandererfamilien der ersten, zweiten oder dritten Generation stammenden Eltern einen Chicano-Superhelden, als den sie ihre Kinder zu Halloween verkleiden konnten.

Hin und wieder fühlen wir uns bestimmten Mächten hilflos ausgeliefert, doch Superhelden geben uns das Gefühl, diese Mächte überwinden zu können. Für die Dauer eines Films oder an Halloween können wir unserer Fantasie freien Lauf lassen: Was, wenn es wirklich einen Superman, einen Batman oder einen Machete gäbe? Aus dieser Fantasie können wir dann echte Hoffnung und Kraft schöpfen. Ein größeres Geschenk gibt es nicht.

Kapitel 30

DOPPELLEBEN

2010

Unmittelbar nach meiner Rückkehr aus Hawaii flatterte bei mir das Angebot für *Bad Ass* unter der Regie von Craig Moss ein. Gloria zufolge verfügte der Film über ein eher schmales Budget, aber sie mochte den Regisseur und die Produzenten und meinte, ich solle es machen. Das größte Plus an der Sache war, dass der Dreh nahezu bei mir um die Ecke stattfinden würde. Der Haken war jedoch, dass die Dreharbeiten bereits zwei Wochen später beginnen sollten.

Mein Arzt hatte mir gesagt: »Wir müssen neue Chemotherapie-Termine ausmachen und so bald wie möglich loslegen.«

»Und wenn nicht?«

»Der Tumor ist zu groß, um Sie auf die Liste für Transplantationen zu setzen. Das geht erst, wenn er auf vier Zentimeter runter ist.«

»Und wenn ich warte?«

»Nun, dann kann er so groß werden, dass keine Behandlung mehr anschlägt. Wenn Sie warten, werden Sie sterben.«

Ich danke Gott, dass er mir Mari geschickt hat. Sie machte sämtliche Behandlungstermine aus, und während ich an *Bad Ass* arbeitete, unterzog ich mich parallel der Chemotherapie. An den

Wochenenden wurde ich in Narkose versetzt, damit die Ärzte das Zeug direkt in den Tumor spritzen konnten. Wenn also jetzt jemand den Film anschaut, sollte er bedenken, dass es mir bei den Dreharbeiten verdammt dreckig ging und ich mein Bestes gab, damit es niemand merkte.

Millionen Menschen kämpfen mit Krebs. Das führte ich mir immer wieder vor Augen und versuchte, positiv zu bleiben. Ich steigerte mich nicht übermäßig in das Thema Behandlungen und Prognosen hinein. Und ich durchforstete auch nicht das Internet nach Horrorgeschichten. Ich vertraute den Ärzten, ihrem Therapieplan und vor allem Gott. Das heißt keineswegs, dass ich nicht auch Momente des Zweifels und des Selbstmitleids erlebt hätte. Eines Abends fuhr ich niedergeschlagen von der Arbeit nach Hause und fragte mich, wie ich auch nur noch einen einzigen Drehtag überstehen sollte. Ich schaute in den Badezimmerspiegel und hätte am liebsten geschrien: *Gott, ich tue alles, was du von mir verlangst! Ich bete jeden Tag zu dir. Und ich bin jeden Tag für deine Kinder da! Wir hatten eine Abmachung!*

Als ich ins Wohnzimmer kam, und das schwöre ich bei allem, was mir heilig ist, lief im Fernsehen ein Werbespot für das St. Jude Children's Research Hospital – das weltbekannte und führende Krankenhaus für maligne Erkrankungen, insbesondere akute Leukämien, bei Kindern. Ein niedlicher kleiner Junge, der nicht älter als sechs oder sieben gewesen sein dürfte, lächelte in die Kamera und sagte: »Und wenn Sie spenden, bekommen Sie von uns diese wunderschöne Decke.« Ich fühlte mich, als hätte mir jemand eine saftige Ohrfeige verpasst. *Du verdammter Idiot, dein Leben ist großartig! Da draußen gibt es kleine Kinder, die mit diesem Mist kämpfen und Chemotherapien durchmachen müssen. Die hatten bisher noch nicht einmal die Chance, wirklich zu leben. Du hingegen hast ein wundervolles Leben. Diese Kinder fighten, sie bemitleiden sich nicht selbst.*

Die Botschaft war angekommen, klar und deutlich. Von da an

fuhr ich regelmäßig ins Kinderkrankenhaus, den Wagen bis oben-hin mit neuen Spielzeugen vollgepackt. Die Ärzte im Cedars waren verblüfft über meine Einstellung. Ich erklärte ihnen, Gott habe mich nicht aus den Fluten des Ozeans gerettet, um mich an einem Strand auszusetzen und an Leberkrebs verrecken zu lassen. Ungläubig be-obachteten sie, wie der Tumor auf die Behandlung reagierte. Als er auf sechs Zentimeter geschrumpft war, sagten sie: »Wir wissen nicht, wieso, aber anscheinend ist Ihr Tumor tot.« Um ganz sicher-zugehen, wollten sie mir dennoch einen weiteren Chemo-Zyklus verpassen. Ich sagte ihnen: »Nur zu.«

Genau wie damals bei der Hepatitis C machte mir nicht der Tod am meisten Angst, sondern die Sorge darum, dass die Leute in der Branche von meiner Krankheit erfahren könnten und mir keinen Job mehr anbieten würden. Und ebenso fürchtete ich, nicht mehr mitzuerleben, was aus meinen Kindern würde, nie meine Enkel-kinder zu sehen und nicht für sie da sein zu können, wenn sie mich brauchten.

Um Danielle in meiner Nähe zu haben, verschaffte ich ihr einen Job als Garderobenassistentin bei *Bad Ass*. Ihre Arbeit begann um fünf Uhr morgens. Nachmittags fragte ich sie: »Bist du müde? Willst du dich kurz in meinem Trailer hinlegen?«

»Papa, das geht nicht.«

»Warum nicht?«

»Ich muss selbst zurechtkommen. Du hast mir genug geholfen. Wenn ich so etwas mache, kriege ich in dieser Stadt nie wieder einen Job.«

An einem der letzten Abende bei *Bad Ass* schickte ich Mario los, um mir ein möglichst vitaminreiches Gericht aus einem Restaurant zu holen. Einer der Produzenten, Ash Shah, sah mich mit dem be-stellten Essen und fragte, ob das Catering nicht gut genug für mich sei. Ich antwortete: »Ash, würdest du bei einem Film mit dem Titel *Bad Ass* dem Catering vertrauen?« Wir lachten. »War nur ein

Witz«, sagte ich. »Ich ernähre mich einfach gerne gesund, das ist alles.« Ich konnte ihm in diesem Moment nicht erklären, weshalb ich beim Essen so sehr auf mich achtete.

Er sagte: »Du solltest ein Restaurant eröffnen.«

Im Scherz erwiderte ich: »Genau, und ich nenne es Trejo's Tacos.«

Als der Film fertig war, ging ich zu einer der letzten Untersuchungen ins Cedars-Sinai. Der Arzt dort meinte: »Wir haben keine Erklärung dafür, Danny, aber Ihr Tumor ist verschwunden. Wir werden jährliche Kontrolluntersuchungen machen müssen, doch im Grunde sind Sie krebsfrei.«

Für mich war die Erklärung einfach: Das verdankte ich alles Gott. Mir war ein neues Leben geschenkt worden. Ich hatte nicht zugelassen, dass eine Diagnose mich von meinen Plänen abhielt. Eine Diagnose ist nur eine Diagnose. Das Ergebnis eines Scans oder eines Bluttests oder einer anderen Untersuchung, aber nicht die Realität. Das Leben ist die Realität. Wenn man sich trotz Krankheit davor drückt, zum Arzt zu gehen, ändert das nichts an den Vorgängen im Körper. Ich hatte keine Angst vor schlechten Nachrichten. Doch ohne Mari, die für mich die Termine vereinbart hatte, hätte ich mich der ganzen Angelegenheit sehr wahrscheinlich nicht gestellt und wäre krepiert. Aber ich war nicht tot. Vor mir lag verdammt viel Arbeit: Man hatte mir gerade eine Rolle in der Serie *Sons of Anarchy* angeboten.

Ich sollte Romero »Romeo« Parada spielen, ein hochrangiges Kartellmitglied, das nebenher als verdeckter CIA-Ermittler daran arbeitet, die illegalen Waffengeschäfte der Sons zu stoppen.

Als ich bei *Sons of Anarchy* einstieg, war meine Krebsbehandlung gerade zu Ende. Ich fühlte mich nach wie vor ein bisschen schlapp und müde, und beim Dreh von *Sons* herrschte ein irrwitziges Tempo. Jeder war konzentriert bei der Sache und auf den Punkt vorbereitet. Ich gab alles, denn ich wollte einen guten Job abliefern und Kurt Sutter zeigen, dass er mir zu Recht vertraute. Der Dreh von *Sons of Anarchy* war einer meiner coolsten Jobs überhaupt und brachte mich mit einigen der stabilsten Darstellerkollegen aller Zeiten zusammen. Eine besondere Freude war für mich, dass auch zwei alte Buddys mit an Bord waren: Emilio Rivera, mit dem ich zum ersten Mal bei *Con Air* zusammenspielte, und Donal Logue, den ich seit 1991 kenne, als er noch als Hausmeister im West Hollywood Drug and Alcohol Center arbeitete.

Sons war ein popkulturelles Phänomen und wurde auf der ganzen Welt gefeiert – in der Serie mitzuspielen, war, als wäre man bei den Rolling Stones.

Doch während ich an *Sons of Anarchy* arbeitete, steckten meine Kinder weiterhin in Schwierigkeiten. Es war, als würde ich einen Krieg an drei Fronten führen: Ich musste jeden Tag zur Arbeit gehen, dabei lächeln und Fotos machen. Ich musste zur Chemotherapie ins Krankenhaus gehen und in ruhigen Momenten Kraft im Gebet suchen. Und ich musste für meine Kinder da sein. Gegen ihre Sucht war ich machtlos, aber ich konnte ihnen die eine Sache geben, von der ich wusste, dass sie immer half – meine Liebe.

Im Jahr 2011 begab sich Danielle schließlich in Therapie und blieb neun Monate in der Klinik. Ich kannte die Einrichtung gut und begann, die Regeln zu beugen – ganz so, als wäre meine Tochter nicht einfach nur eine von vielen hilfsbedürftigen Abhängigen. Ein Beispiel: Die Klienten dieses Zentrums durften höchstens zehn Dollar Bargeld besitzen. Doch wenn ich Danielle besuchte, steckte ich ihr jedes Mal hundert Dollar zu. Mit Geld zeige ich den Leuten, dass sie mir etwas bedeuten, frei nach dem Motto: *Ich liebe dich, du bist mir wichtig. Hier, nimm ein paar Scheine!*

Inzwischen ist mir klar, dass mein Onkel Gilbert genau dasselbe tat, als ich bei Carlisi's arbeitete. Aus Mitleid schob er mir einen Riesen über den Tresen, als ob mich das aus meinem jämmerlichen Dasein erretten würde.

Mein Verhalten gegenüber meinen Kindern war suchtfördernd, ich unterminierte ihren Genesungsprozess. Einmal verdrückte sich Danielle mit einer Freundin aus der Klinik und erzählte ihrem Betreuer, dass sie mich besuchte, nur um mich dann anzurufen und mir die Lüge zu gestehen. Um ihre Geschichte glaubwürdig wirken zu lassen, raste ich los, sammelte sie ein und lieferte sie wieder in der Klinik ab. Eine Woche später rief ihr Betreuer an und sagte: »Danny, es gab einen unglaublichen Durchbruch. Danielle hat zugegeben, dass sie letzte Woche *nicht* bei Ihnen gewesen ist.« Die Sache machte mich wütend. »Verdammt, dabei habe ich ihr doch eingebläut, sich niemals schuldig zu bekennen!«

Daraufhin kam Danielle ans Telefon und sagte: »Dad, ist dir eigentlich klar, dass du sauer auf mich bist, weil ich Verantwortung übernommen habe – und dass ich genau das tun und lernen muss? Du untergräbst den Therapieprozess und förderst mit deinem Verhalten meine Sucht!«

Also wurde ich aus ihrer Reha verbannt. Zwischen meinen Jobs war ich immer noch für Western Pacific aktiv, schrieb Petitionen an Politiker, sprach ebenso auf großen Konferenzen mit mehreren Tausend Teilnehmern wie bei kleinen Reha-Sitzungen vor zwölf Teenagern. Doch obwohl ich mich jahrelang in diesem Bereich engagiert und unzählige Menschen in Therapieeinrichtungen (insbesondere im CRI-Help) untergebracht hatte, wurde ich aus Danielles Reha ausgeschlossen. Als es um meine eigenen Kinder ging, half mir all mein Wissen über den Entzug nicht weiter. Hinzu kam: Mein öffentlichkeitswirksames Engagement in der Drogenhilfe machte es den beiden noch schwerer, clean zu werden. Die Leute dachten, mit diesem Vater sollte es ihnen doch leichtfallen. Aber Heroin und Alkohol lassen dich nicht so einfach aus ihren Fängen. Der Sucht ist es egal, ob du dich für den König des Entzugs hältst. Du kriegst keinen Bonus, der deine Kinder und deine Lieben vor diesem Scheiß bewahren würde.

Danielle war an einem geschützten Ort, aber ich hatte keine Ahnung, wo zum Teufel Gilbert steckte. Auch Maeve und Mario wussten es nicht.

In dieser Situation bat mich ein ehemaliger Gangleader von La Eme, Rafael »Chispas« Sandoval, in einer Highschool in La Puente zu sprechen. Ich sollte die Jugendlichen auffordern, sich von Drogen und Gangs fernzuhalten und in der Schule ihr Bestes zu geben. Chispas hatte einst zu den Bossen der Mexican Mafia gehört, doch irgendwann hatte er zur Religion gefunden und den Pfad der Tugend eingeschlagen. Anders lässt die Mexican Mafia dich nicht ziehen: Du musst ein gottesfürchtiges Leben führen und Gutes tun. Und nein, La Eme vertraut nicht einfach auf dein Wort. Sie haben ein Auge auf dich und schicken Leute in deine Gemeinde, um herauszufinden, ob du dieses Leben auch wirklich lebst und nicht einfach irgendwelchen Mist erzählt hast.

Chispas ging in seiner neuen Bestimmung voll auf. Seit der Entlassung aus dem Gefängnis hatte er sich mit Leib und Seele der Unterstützung seiner Mitmenschen verschrieben. Während die Jugendlichen in die Aula strömten, machten wir uns bereit. Ich überlegte, was ich sagen sollte, aber ich war nicht bei der Sache. Sollte ich ihnen die klassische Geschichte von den Jungs erzählen, die am Donnerstagnachmittag noch denken, sie müssten mit ihrer Gang die Ehre des Barrios verteidigen, und dann am Freitag mit der Aussicht auf dreißig Jahre bis lebenslänglich in U-Haft sitzen? Ich konnte mich schlicht nicht konzentrieren. Ich wusste nicht einmal, weshalb ich an dieser Highschool war, und kam mir vor wie ein Betrüger. Chispas spürte, dass etwas nicht stimmte, und fragte, was los sei.

»Sorry, Mann, aber ich hab keine Ahnung, was ich eigentlich hier mache. Mein eigener Sohn ist irgendwo da draußen auf der Straße und dröhnt sich zu, und ich will den Kindern anderer Leute erzählen, dass sie das nicht tun sollen? Was bin ich bloß für ein Vater.«

Chispas wurde still und sagte: »Danny, Gott will, dass du hier und heute diesen Kids erzählst, wie es für einen Vater ist, mit seinen eigenen Kindern den Schmerz der Sucht zu durchleiden. Sie müssen es aus deiner Perspektive hören.«

Ich wurde vorgestellt, und die Jugendlichen begrüßten mich mit Applaus. Auf dem Weg zum Podium war ich supernervös, dabei hatte es mir noch nie etwas ausgemacht, vor Publikum zu sprechen. Ich wusste jedoch, warum das in diesem Moment anders war: Ich würde mein Leid schonungslos offenbaren. Und dann fing ich an: »Einige von euch nehmen wahrscheinlich schon Drogen und halten sich für cool. Ich will euch erzählen, was es mit den Menschen in eurem Leben anstellt.« Die Tränen stiegen mir in die Augen. »Ich stehe hier und leide wie ein Hund, weil sich mein eigener Sohn irgendwo auf der Straße herumtreibt, verloren an die Drogen und die Sucht. Ich habe keine Ahnung, wo er gerade ist. Ich weiß nicht mal, ob er noch lebt oder schon tot ist. Ich weiß nicht, was er anstellen muss, um an die Drogen zu kommen, die er zu brauchen glaubt. Ich kann euch nicht beschreiben, wie sich dieser Schmerz anfühlt. Die ganze Nacht liege ich wach, kann weder essen noch schlafen. Denkt daran: Egal, was ihr macht, es geht nicht nur um euch.«

Meine Worte trafen bei den Teenagern ins Schwarze. Ich wischte mir die Tränen weg und bemerkte, dass auch meine Zuhörer weinten. Chispas weinte. Diese Kids hatten noch nie die andere Seite der Sucht gesehen, den Schmerz, den sie verursacht. Als Süchtiger denkt man, man würde nur sich selbst schaden. Aber das stimmt nicht.

Ich spürte Erleichterung, wenn auch nur für den Moment. Indem ich etwas für andere tat, heilte ich mich selbst. Ich wusste, dass ich Gilbert auf diese Weise nicht zurückbekommen würde, dennoch half es mir, denn ich war krank vor Kummer.

Zur selben Zeit nahm meine Karriere richtig Fahrt auf. Nach

Machete und *Sons of Anarchy* wurde ich mit Angeboten für Filme, Werbespots und Synchronsprecherrollen für Zeichentrickfilme nur so überhäuft. Alle wollten mich, doch zu Hause gingen die Turbulenzen weiter. Gilbert rief mich von der Straße aus an – unregelmäßig zwar, aber immer wieder – und erreichte mich dann an einem Set in Bulgarien, Rumänien oder weiß der Geier wo. Nach unseren Telefonaten rief ich Mario an, damit er sich auf die Suche machte. Mal fand er Gilbert auf dem Sunset Boulevard, wo er gerade von einem Gläubiger in die Mangel genommen wurde; mal gabelte er ihn in einer Industriebrache auf, voll auf Turkey und in miserablem Zustand; wieder ein anderes Mal überraschte er Gilbert, wie er jemandem aufs Dach stieg, der ihm Geld schuldete. Mario machte ihn jedenfalls immer ausfindig und nahm den Jungen mit.

Die Fortsetzung von *Machete* – *Machete Kills* – führte mich erneut nach Austin, doch diesmal ohne Gilbert und Danielle. Danielle war clean und trocken und schlug sich wacker, während Gilbert weiterhin tief in der Scheiße steckte. Michelle Rodriguez und Jessica Alba übernahmen wieder ihre bekannten Rollen, neu dabei waren Mel Gibson, Lady Gaga, Charlie Sheen und Demián Bichir. Die Sache mit Lady Gaga kam zustande, als ich eines Abends bei meinem Kumpel Mark Mahoney im Shamrock-Tattoo-Studio vorbeischaute. Er verpasste ihr gerade ein neues Tattoo. Sie war ganz aus dem Häuschen, mich zu sehen, und meinte, *Machete* sei einer ihrer Lieblingsfilme. Ich erzählte ihr, dass wir bald mit dem zweiten Teil beginnen würden, und sie sagte, sie wolle unbedingt dabei sein. Noch aus dem Tattoo-Studio rief ich bei Robert Rodriguez an, und er meinte, Lady Gagas Leute sollten sich bei ihm melden, dann würde er das schon deichseln.

Gilbert lebte auf der Straße, wo ich nichts für ihn tun konnte. Im Himmel gibt es einen besonderen Platz für die Eltern von Süchtigen.

Irgendwann müssen sie darauf vertrauen, dass ihre Kinder ihren eigenen Gott haben und sich dessen nur bewusst werden müssen, um die Kraft zu finden, das Richtige zu tun. Während der Dreharbeiten von *Machete Kills* war ich voller Sorge. Aus Wochen wurden Monate, und irgendwann kehrte ich nach L. A. zurück, wo ich die Fortsetzung von *Bad Ass* drehte, *Bad Ass 2: Bad Asses*. Ich konnte an Gilberts Zustand nichts ändern, also konzentrierte ich mich auf meinen Job. Glücklicherweise war Danny Glover beim Dreh dabei. Er ist ein prima Kerl, und die Zusammenarbeit mit ihm war großartig. Als ich ihm vor Drehbeginn zum ersten Mal über den Weg lief, kreischte ich wie ein Groupie: »Danny Glover!« Er war baff. Es war einfach großartig, ihm bei der Arbeit zuzuschauen. Doch wenn ich abends durch die Straßen fuhr, hielt ich Ausschau nach Gilbert und dachte: *Irgendwo da draußen ist mein Sohn.*

Durch die Drogensucht meiner Kinder fühlte ich mich wie ein Versager. Ich war in Entzugshilfe-Kreisen bekannt wie ein bunter Hund, und immer wieder sagte irgendjemand: »Du hast mir das Leben gerettet!« Oder: »Du hast meinem Cousin geholfen.« Aber meinen eigenen Kindern konnte ich nicht helfen. Ich war mir ziemlich sicher, dass auch Danielle erneut abrutschte. Mir blieb nur, dafür zu beten, dass beide irgendwann in sich selbst den nötigen Antrieb fanden.

Als ich Jahre zuvor mit Debbie in der Hiawatha Street gewohnt hatte, war ich bei einem Meeting einem jungen Kerl namens Johnny B. begegnet, nur wenige Tage nachdem ich Gilbert durchgeschüttelt und Gewalt angedroht hatte, weil er mal wieder drauf gewesen war. Johnny war ein cooler Junge und wollte mich als seinen Sponsor gewinnen. Er hatte einen Nasenring, drei Ringe in jedem Ohr und Piercings in Lippen und Nippeln. Ich musterte den Burschen und dachte mir: *Echt jetzt? Aus dem mach ich einen Republikaner!* Ich sollte bei einem Meeting in Santa Barbara sprechen, und Johnny brachte mich vorher in seinem blauen Pick-up zu mir nach Hause. Ich kletterte aus dem Gefährt, und wir gingen nach drinnen. Gilbert kam zugedröhnt in die Küche getorkelt, die Boxershorts Größe M hing lose auf seinen spindeldürren Junkiehüften. »Was geht ab?«, fragte ich und stellte ihm Johnny vor.

Ich duschte und machte mich für das Treffen fertig. Als ich mich angezogen hatte, kam Gilbert und fragte: »Hey, Dad, kann ich Johnny zu einem Meeting begleiten?«

»Klar.« Also fuhr ich allein nach Santa Barbara, während Gilbert und Johnny zu einem Treffen in L. A. gingen. Mit mir wollte mein Sohn nicht zu den Meetings, aber Johnny B. fand er cool. Die Wege in der Suchtrehabilitation sind oft wundersam. Andere konnten für meine Kinder tun, was ich nicht zu tun vermochte. Und ich wiederum kann jemanden auf eine Weise erreichen, wie es seiner eigenen Familie nicht gelingt. Ich betete, dass Gilbert in den Suchthilfeprogrammen eine Person wie Johnny kennenlernen würde, einen Menschen, der auf seiner Wellenlänge lag.

Während ich noch daran zu knabbern hatte, dass Gilbert und Danielle selbst den Kampf mit ihren Dämonen aufnehmen mussten, rief im August 2012 mein ältester Sohn an. Seine Mutter, Diana, war gestorben.

Danny Boy sagte: »Dad, Mom ist tot, und ich dachte mir, dass du das gern wissen würdest.«

Ich fragte, wie es ihm gehe. Er meinte nur: »Alles gut«, aber ich merkte, wie schwer es ihn getroffen hatte. »Danny Boy, lass mich helfen. Was kann ich für dich tun?«

»In zwei Monaten findet eine Gedenkfeier in Havasu statt.« Diana war irgendwann nach Arizona gezogen, an den Lake Havasu. »Es wäre schön, wenn du mich begleiten würdest.«

»Willst du bis dahin bei mir wohnen?«

»Danke, nein, ich komm schon klar. Fahr einfach mit mir nach Havasu, okay?«

»Mach ich.«

Danny Boy und ich flogen nach Las Vegas und machten uns dann in einem Mietwagen auf den Weg nach Lake Havasu. Es war seit Jahren das erste Mal, dass wir Zeit miteinander verbrachten. Natürlich war Danny Boy hin und wieder von Lompoc nach Mission Hills heruntergekommen und hatte bei mir übernachtet, aber diese Reise war anders. Durch den Tod seiner Mutter saßen wir jetzt wieder nebeneinander in einem Flugzeug – so wie damals, als wir auf dem Weg nach San Francisco in Turbulenzen geraten waren und Danny Boy einen Haufen verängstigter Passagiere mit den Worten »Bei der Macht von Grayskull!« beruhigt hatte. »Jetzt haben sie keine Angst mehr, Dad!«, hatte er anschließend zufrieden festgestellt.

Die Fahrt nach Havasu war ziemlich emotional. Danny Boy war in sich gekehrt. Er hatte seine Mutter geliebt. Sein freundliches und liebevolles Wesen gehört zu den Dingen, die ich besonders an ihm schätze. Manchmal denke ich, dass sich darin vor allem Nannys Einfluss zeigt. Danny Boy ist jedenfalls überzeugt davon, das weiß ich. Unsere Reise rief in mir die Gedanken an die Zeit mit Diana wach. Auch ich hatte sie geliebt – obwohl ich das leider nie besonders gut zeigen konnte. Ich wusste, dass Gott uns zusammengebracht hatte, um Danny Boy zu zeugen.

»Dad«, sagte Danny Boy, »ich wollte dir danken, dass du dich immer um Mom gekümmert hast.« Er wusste, dass ich mit einigen meiner Verflossenen einen wenig bis gar nicht zivilisierten Umgang gepflegt hatte. In manchen Fällen war es einfach für alle das Beste, sich aus dem Weg zu gehen. Diana und ich jedoch konnten immer miteinander lachen, selbst wenn wir uns über die Erziehung zofften, zum Beispiel als man Danny Boy wegen Kiffens verhaftete. Wir waren ein Team gewesen, und sie hatte es zu schätzen gewusst, dass Maeve und ich mich während ihrer Knastjahre um Danny Boy gekümmert hatten.

Der Leichenschmaus fand in Dianas Lieblingsrestaurant in Lake Havasu statt, wo man die gesamte Terrasse für uns reserviert hatte. Es war ein sympathisches Gasthaus, ein richtiges Familienrestaurant mit Spielen für die Kinder und solchem Kram – die Art Lokal, die Gilbert, Danielle und Danny Boy als Kinder geliebt hätten.

Als einige Gäste mit kurzen Reden an Diana erinnerten, erhob auch ich mich, um ein paar Worte zu sprechen: »Diana war eine großartige Frau und Mutter. Wir alle haben unsere Dämonen, und ich habe stets großen Respekt dafür empfunden, wie sie mit den ihren umging. Ich finde es wunderbar zu wissen, wie sehr sie in ihrem Leben aufgeblüht ist und was für eine großartige Beziehung sie gelebt hat. Am meisten bewundere ich sie jedoch für den jungen Mann, zu dem sie Danny Boy erzogen hat.«

Am späten Nachmittag gingen die Leute zum Alkohol über, und Danny Boy wollte aufbrechen. Da mich einige Gäste des Restaurants um Autogramme und Selfies baten, beschlossen wir, uns kurz zu trennen. Ich brachte ihn vor die Tür, und Danny Boy sagte: »Dad, ich bin so froh, dass du hier bist.«

Auch ich war sehr froh. Allerdings eher aus egoistischen Motiven. Ich brauchte diese gemeinsame Zeit mit meinem ältesten Sohn. Wenn Trauerfeiern wie diese einem etwas unmissverständlich vor Augen führen, dann ist es die Tatsache, wie kurz und brutal unsere Existenz auf Erden sein kann und dass wir füreinander da sein müssen.

Auf der Rückfahrt durch die Wüste sagte Danny Boy: »Dad, ich habe ein paar graue Haare. Das macht mich echt fertig. Hast du auch schon graue Haare?«

Ich musste lächeln. Mein Baby; mein wunderschöner kleiner Junge; der Knirps, den ich in heißen Sommernächten in den Pool des Apartmentkomplexes in Venice springen ließ, obwohl er eigentlich schon schlafen sollte, und der sich von Nanny »Makka mit Käse« wünschte; der Sohn, der nur in Lompoc wirklich ein Junge sein konnte, sodass ich ihn zu seiner Mutter ziehen ließ – dieser Junge fragte mich nun nach grauen Haaren.

Ich sagte: »Und ob ich graue Haare habe. In meinem Pass steht unter Haarfarbe: ›Helles Schwarz‹.«

Wir konnten gar nicht aufhören zu lachen, bis er schließlich japste: »Gott sei Dank. Dann geht es nicht nur mir so.«

Kapitel 31

SORGEN UND GEBETE

2013

Als ich mit Ray Liotta und unserem gemeinsamen Bodyguard Craig Balkham für *Muppets Most Wanted* in London war, kam es knüppeldick. Die Situation mit Danielle und Gilbert wurde immer schwieriger. Maeve hatte Probleme. Meiner Mutter ging es nicht gut. Und auch ich hatte zu kämpfen. All das Leid setzte mir zu, aber ich warf nicht das Handtuch. Ich durfte nicht daran zerbrechen. Gerettet hat mich mein Glaube. Immer wieder rief ich mir mein Mantra ins Gedächtnis: »Bete und sorge dich nicht. Wenn du dich jedoch sorgen willst, bete nicht.« Ich betete pausenlos. Für Gilbert und Danielle. Für meine Mutter. Ich wusste, wenn Gott *mich* retten und *mir* einen Ausweg aufzeigen konnte, dann würde ich ihm auch in Bezug auf meine Kinder vertrauen können.

Maeve sah das anders. Sie war bereit, ihr eigenes Leben in Gottes Hände zu legen, aber was die Kinder betraf, war für sie klar, dass die Verantwortung ganz allein bei ihr lag. Nur überstieg die Angelegenheit unser beider Kräfte. Mein Freund Chris Davis meinte mal, dass er auf die Frage »Wann ist die Last zu schwer?« stets antwortete: »Eigentlich immer. Deshalb vertrauen wir auf Gott.«

Am 8. März 2013 war Gilberts 25. Geburtstag. Nach der Arbeit ging ich auf mein Hotelzimmer, um ihn anzurufen und zu gratulieren. Ich fragte, wie er feiere, und er sagte, er sei mit meiner Mutter gerade zum Frühstück im CoCo's.

Ich konnte es nicht fassen. Gilbert kämpfte nach wie vor mit seiner Sucht, und doch nahm er sich die Zeit, seinen Geburtstag mit meiner Mutter, die ihre Enkel kaum kannte, zu verbringen. Diese Nachricht freute mich sehr. Gilbert gab meiner Mutter das Telefon, und wir plauderten gute zwanzig Minuten miteinander. Sie wollte wissen, was ich von London hielt und ob die Leute bei der Arbeit nett wären. Sie war die Mutter, ich der Sohn. Ich weiß noch, dass dieses Telefongespräch völlig unter dem Motto »Hier und Jetzt« stand, ganz ähnlich wie meine Zeit in San Quentin. Damit meine ich, dass in diesen zwanzig Minuten die Vergangenheit keine Rolle spielte und wir uns keine Sorgen wegen der Zukunft machten – wir gingen beide ganz in der Gegenwart auf. Der Kreis der Vergebung – ich vergab ihr, sie vergab mir – hatte sich geschlossen.

Am Ende unseres Telefonats sagte meine Mutter: »Mijo, ich liebe dich.« Ich erwiderte: »Ich liebe dich auch.« Und genau so war es.

Vier Tage später klopfte Craig Balkham abends an die Tür meines Zimmers und sagte: »Danny, ich weiß nicht, wie ich es dir beibringen soll. Deine Mom ist gestorben.«

Sie hatte beim Müllrausbringen einen Schlaganfall auf dem Rasen hinter ihrem Haus erlitten. Meine Gefühle überwältigten mich – Trauer, Wut, Bedauern. Ich fühlte mich wie betäubt, zerbrochen. Mir war klar gewesen, dass sie irgendwann sterben würde, aber das milderte nicht die Wucht des Schlages, als er schließlich kam. Ich hätte mir gewünscht, dass JoJo, Max oder Mario in ihren letzten Momenten bei ihr gewesen wären. Oder dass *ich* hätte dort sein können. Ihr Weg von Marfa, Texas nach Arleta in Los Angeles war in vielerlei Hinsicht einzigartig gewesen. Ich wünschte nur, dass sie am Ende nicht allein gewesen wäre. Dennoch war ich dankbar dafür, dass sie in den Jahren vor ihrem Tod mich und meine Jungs um sich gehabt hatte. Sie liebte diese Männer und nannte sie ihre *Crew*.

Ich ging ins Produktionsbüro und bat die Produzenten, mir ein Flugticket nach Hause zu besorgen. »Warte mal, Danny«, sagte Craig, der gerade telefonierte. »Vielleicht solltest du erst mal mit Mario und Mari sprechen.« Mario, Mari, Gloria und all die anderen Menschen in meinem Leben versicherten mir, dass sie sich um alles kümmern würden. Max, Mario und Marios Sohn Mikey waren vor Ort, sodass ich nicht ins nächste Flugzeug springen müsse. Mari sagte, es gäbe nichts mehr zu erledigen, und wenn doch, dann würden sie es übernehmen. Mir war klar, dass die Produzenten sich Sorgen machten. Die Schauspielerei kann ein albernes Business sein, aber bei den hohen Budgets und den engen Zeitfenstern hört der Spaß auf. Die Dreharbeiten zu dem Muppets-Film standen kurz vor dem Ende. Es hätte Millionen gekostet, wenn ich abgesprungen wäre. Das war am 12. März 2013 – ein Datum, das ich nie vergessen werde.

Also kehrte ich ans Set zurück. Jeder dort wusste, dass ich gerade meine Mutter verloren hatte. Die Leute ließen mich in Ruhe und führten einen Eiertanz auf. Möglich, dass sie mich für gefühlskalt hielten. Ich vergoss keine Tränen, war ganz ruhig. Meine Mutter war vermutlich ziemlich angepisst, als sie das vom Himmel aus sah.

Muppets Most Wanted ist ein Musical. In dieser Woche drehten wir eine große Nummer namens »Das Kittchen«, in der Tina Fey (die in ihrer Rolle als Gefängniswärterin genial war) Kermit eine Führung durch ein Gulag-Lager in Sibirien gibt und Ray Liotta und ich als singende und tanzende Häftlinge auftreten. Die Szene beginnt unter freiem Himmel, wo Tina mit uns als Doo-Wop-Chor im Hintergrund singt: »Das ist Russlands staatlich finanziertes Hotel / Wir sind sehr stolz auf unser gemischtes Klientel.« Dann verpasst sie mir eine Ohrfeige. Anschließend zieht der ganze Trupp in den Speisesaal weiter, und sie trällert: »Das ist der Speisesaal, die Auswahl ist recht speziell / Was es hier gibt, ist einfach nur kriminell / Nimm dir 'nen Napf und sei doch kein Frosch / Heute zu empfehlen, unser Wasserschleimeintopf. / Hier im Kittchen bist du niemals allein ...« Dann greife ich mir Kermit und knalle ihn auf den Tisch. Ich hatte noch nie zuvor im Film gesungen und getanzt, und auch wenn es übergeschnappt und albern war, musste man als Darsteller mit vollem Herzen dabei sein und alles geben. Insgeheim war ich jedoch fix und fertig.

Unmittelbar vor den Dreharbeiten im Speisesaal fuchtelte mir der für Kermit verantwortliche Puppenspieler Steve Whitmire mit dem Frosch vorm Gesicht herum und quakte: »Es tut mir so leid, dass deine Mami gestorben ist, Danny.« Das mag irre klingen, aber Steve befolgte eine der grundlegenden Regeln am Set: Wenn du einen der Muppets spielst, bleib immer in der Rolle. Steve war aufrichtig. Kermit war aufrichtig. Das winzige Gesicht des Froschs zerknautschte sich und war in diesem Moment von so viel Mitgefühl erfüllt, dass er damit den Panzer durchdrang, mit dem ich mich gegen den Schmerz gewappnet hatte. Obwohl der Regieassistent gerade das Signal zum Drehen geben wollte, stürmte ich vom Set und rannte auf die Toilette. Kaum war die Tür hinter mir ins Schloss gefallen, brach ich in Tränen aus. Seit dem Tod meines Onkels Gilbert war ich nicht mehr derart von meinen Gefühlen überwältigt worden. Ray kam mir nach und blieb bei mir, bis ich mich wieder halbwegs unter Kontrolle hatte. Wir hatten beide in diversen Filmen die härtesten Scheißkerle gespielt, und nun war er für mich da, bis ich mich wieder beruhigt hatte und vor die Kamera zurückkehren konnte, um mit einer grasgrünen Puppe zu singen und zu tanzen.

Noch heute bin ich davon überzeugt, dass meine Mutter Kermit eingeflüstert hatte, er solle etwas sagen.

Wir bestatteten sie in einer wunderschönen Zeremonie gleich neben meinem Vater auf dem San Fernando Mission Cemetery. Gilbert war immer noch auf Drogen. Danielle ging es nicht viel besser, auch wenn es bei ihr nach wie vor ein ständiges Hin und Her war. Der Tod meiner Mutter machte mich fertig. Und ich stand vor Entscheidungen, die mich überforderten – was sollte ich mit dem Haus anstellen, mit ihrer Kleidung, mit dem Geschirr? Nie werde ich vergessen, wie Danielle trotz ihrer gerade einmal 23 Jahre meinte: »Papa, ich kümmere mich um das Haus. Ich werde die Sachen durchgehen. Ich krieg das schon hin.«

Laut Danielle gab ich nach ihrem Hilfsangebot einen Riesenseufzer von mir. Doch es war kein resigniertes Seufzen – Trauer, Erleichterung, Gewissheit und Bedauern, alles strömte aus mir heraus.

Ich überließ Danielle kurzerhand das Haus – jenes Haus, in dem mir meine Mutter Milch und Kekse vorgesetzt hatte und hinter dem ich die Schrotflinte und die Handgranate vergraben hatte; das Haus, das in meiner Kindheit und Jugend so kalt und kompliziert gewesen war und sich inzwischen in einen Ort des Friedens und der Versöhnung verwandelt hatte.

Maeve brach die Situation unserer Kinder das Herz. Das ständige Auf und Ab war zu viel für sie. Sie konnte kaum noch arbeiten. Sie hatte Mühe, sich um ihre beiden jüngeren Söhne zu kümmern. Und auch ich war am Boden zerstört. Ich wusste nicht, wie es weitergehen sollte, aber wenigstens würde Danielle eine Bleibe haben. Nach der Beerdigung sagte Maeve zu mir: »Ich weiß nicht, wie du das schaffst.« Damit meinte sie, wie ich mit allem zurechtkam, weiterhin zur Arbeit ging und für sie und die Kinder da war. Mein Glaube gab mir die nötige Kraft.

Gilbert war obdachlos. Sein Zeug war bei mir im Haus, doch er lebte auf der Straße. Er wollte es nicht anders. Die Drogen hatten ihn dorthin gebracht. Drogen entfremden dich von allem, was du liebst. Heroin ist wie eine eifersüchtige Freundin. Maeve konnte nicht zulassen, dass Gilbert mit seinem Drogenkonsum in die Nähe ihrer jüngeren Söhne kam, und das verstand ich. Er trieb sich irgendwo in Silver Lake und Los Feliz herum, mehr wusste ich nicht. Ich konnte nichts anderes machen, als dafür zu sorgen, dass er ein Handy hatte, falls er sich melden wollte. Gott sei Dank vertickte er das Telefon nicht für Drogen. Hin und wieder hörten wir etwas von ihm. Einmal rief meine Schwester Dyhan an, die Tochter meiner leiblichen Mutter Dolores, weil sie ihn gesehen hatte. Sie arbeitete für ein Spritzentauschprogramm in Skid Row und hatte Gilbert die Straße entlangschleichen sehen. An ebenjenem Ort, wo ich Geld an die Leute in ihren Zelten und Papphütten verteilt hatte, war nun also mein Sohn gelandet. Es brach mir das Herz. Sobald wir Gilbert irgendwo aufspürten, schnappten wir ihn und brachten ihn in den Entzug. Wenn er dann wieder rauskam, nahm er erneut Drogen. Es war ein furchtbarer Kreislauf, der nun schon seit fast zehn Jahren andauerte, aber ich war bereit weiterzumachen ... so lange wie nötig.

Mitten in diesem Tohuwabohu flogen Gloria und ich nach Texas zu Robert Rodriguez. Am Telefon hatte er nur gesagt, ich solle vorbeikommen, er habe eine supercoole Überraschung. Wie sich herausstellte, gab Robert bei sich zu Hause einen Empfang für Präsident Obama. Der Secret Service erklärte uns, wie wir den Präsidenten begrüßen sollten, wie viel Zeit wir mit ihm verbringen würden und so weiter. Vor mir in der Reihe standen noch fünf andere Wartende, doch das scherte Obama nicht. Er streckte die Hände aus, als würde er Schwerter halten, und sagte: »Diesen Kerl kenne ich! Machete!« Gloria kamen die Tränen. Wie sie anschließend erklärte, war es, weil Obama sich komplett veränderte und richtiggehend strahlte, als er mich entdeckte. Weil er die Etikette ignorierte. Ich war überglücklich, ein wenig mit dem Präsidenten plaudern zu können. Er war cool und locker. Es war, als wären wir schon seit ewigen Zeiten Buddys. Den Jungs vom Secret Service brach offensichtlich der Schweiß aus, weil der Präsident durch die Plauderei mit mir in Verzug geriet, aber er beachtete sie überhaupt nicht. Gleich im Anschluss rief ich Gilbert an. Er nahm ab, und aus mir platzte es heraus: »Gilbert, ich bin gerade beim Präsidenten!«

Gilbert schien nicht ganz bei der Sache zu sein und murmelte nur: »Echt cool, Dad.« Dann hörte ich eine andere Person im Hintergrund sprechen. In diesem Moment wusste ich nicht, was los war, aber später fand ich heraus, dass Gilbert auf einer Brachfläche in der Nähe des Ladens Circus of Books in West Hollywood gewesen war, ein bekannter Treffpunkt für Junkies. Um sich einen Obdachlosen vom Hals zu schaffen, hatte er ihm ein Babybreiglas mit den Resten von selbst gekochtem Crack überlassen.

Ich hörte den Mann sagen: »Und man kratzt es einfach innen ab, oder wie?«

Gilbert erwiderte: »Genau, du kratzt es einfach ab.«

Dann war die Leitung tot.

Ich hatte mich so gefreut, mit ihm zu sprechen, doch als ich diese fertigen Leute um ihn herum hörte, war ich schlagartig down. Seit so vielen Jahren bereitete ich mich innerlich auf den Tag vor, an dem Gilbert nicht mehr abheben würde. Weil er tot war. Wegen einer Überdosis oder weil er den falschen Kerl abgezockt hatte oder wegen einer Sepsis durch seine Abszesse. Diesmal war er noch rangegangen, aber er war nicht sicher. Nicht in diesem Moment, nicht an diesem Abend, nicht am Tag darauf. Ich rechnete mit dem Schlimmsten und fand mich damit ab, dass seine Chancen nicht gerade gut standen. Das minderte jedoch nicht meine Angst, ihn zu verlieren. Nicht eine Sekunde lang.

Mein Leben glich einer Achterbahnfahrt. Dank meiner Abstinenz war ich weit gekommen, sogar der Präsident der Vereinigten Staaten kannte mich, gleichzeitig kochte mein Sohn Crack in Babybreigläsern.

Und dann geschah ein Wunder. Danielle wurde clean. Um das zu schaffen, hatte es einen Schrecken gebraucht, der ihr durch Mark und Bein ging. Danielle teilte sich das Haus meiner Mutter mit ihrer Cousine Christina und einer Freundin namens Molly. Eines Abends drückte Danielle im Badezimmer – eine Überdosis. Sie schleppte sich noch ins Bett und fiel dort ins Koma. Gefunden wurde sie von John Wesley Harding, einem süßen kleinen Terrier, benannt nach einer Bob-Dylan-Platte. Der Hund jagte ins Schlafzimmer von Christina und spielte auf ihrem Bett verrückt, bis sie endlich aufstand, um nachzusehen, was los war. Christina weckte Molly, die Danielle in eine kalte Wanne hievte und per Herz-Lungen-Wiederbelebung zurückholte. Direkt danach rief Danielle Mari an und bettelte um Geld. Mari meinte nur: »Hast du sie noch alle? Du kommst in den Entzug!« Sie wählte den Notruf und rief anschließend mich an. Diese Frauen retteten Danielle das Leben. Als ich meine Tochter in der Entzugsklinik erreichte, klang ihre Stimme anders. Mir war klar, dass diesmal die Zeit gekommen war. Danielle war total fertig und hatte endgültig die Schnauze voll davon, fertig zu sein. In mir keimte Hoffnung auf, meine Gebete wurden erhört. Seither ist sie clean. Das starke, unabhängige Mädchen, das mir geholfen hatte, Frauen in all ihren Facetten wahrzunehmen, konnte sich nunmehr das Leben aufbauen, das ihr zustand.

Das war allerdings erst die halbe Miete, denn Gilbert war nach wie vor auf Droge.

Maeve und ich beratschlagten endlos, irgendwann kamen ihr immer die Tränen. Für sie stand fest, dass Gott kaum gnädig genug sein würde, um unsere beiden Kinder von den Drogen wegzubringen. Anders als ich vertraute sie nicht darauf, dass Gott seine Gnade mit beiden Händen austeilte. Gilbert war in einem üblen Zustand – er hatte Abszesse und war kaum noch zu einem klaren Gedanken fähig. Er war so krank, dass wir Zweifel hatten, ob er jemals wieder derselbe sein würde, selbst wenn er clean werden sollte.

Maeve konnte nicht mehr arbeiten, konnte nicht mehr funktionieren. Ich versicherte ihr, dass ich mich um sie kümmern würde. Damit löste ich in gewisser Weise das Versprechen ein, das ich ihr bei unserem Kennenlernen gegeben hatte. Sie war stärker, als sie selbst glauben mochte. Einige Jahre zuvor, als Gilbert noch nicht so tief abgerutscht war, hatte sie mir berichtet, wie mühselig es sich gestaltete, zur sonderpädagogischen Unterstützung ihrer beiden jüngeren Söhne in L. A. sogenannte IEPs (individuell angepasste Bildungsprogramme) zu finden. Sie meinte damals: »Für den Scheiß musst du echt Anwalt sein!« Darauf hatte ich ihr vorgeschlagen: »Warum studierst du dann nicht Jura? Ich finanziere dir deine Wohnung und das Studium.«

Tatsächlich hatte sie damals begonnen, abends Jura zu studieren und tagsüber wieder als Krankenschwester zu arbeiten. Zur Feier des bestandenen Examens hatten wir uns in großer Runde in Pasadena getroffen. Dem Anlass entsprechend, hatten wir uns alle rausgeputzt – Danielle, Gilbert, Danny Boy, Theo, Samuel und ich. Endlich waren wir mal die Familie, die wir damals in Venice nicht hatten sein können.

Als Maeves Name aufgerufen wurde und sie auf der Bühne ihr Abschlusszeugnis entgegennahm, suchte sie mich mit den Augen im Publikum und formte mit den Lippen ein lautloses »Danke schön«. In diesem Moment hatte ich das Gefühl, endlich zu dem Mann geworden zu sein, den mein Vater sich immer gewünscht hatte.

Gilbert hielt sich in der Woche, in der seine Mutter die Prüfung bestand, von den Drogen fern, allerdings sah er aus wie ein Skelett. Kurz darauf wurde er wieder rückfällig und verschwand von der Bildfläche. Irgendwann rief er mich an und fragte, ob ich ihm mit etwas Geld für Lebensmittel aushelfen könnte. Ich traf ihn an einer Tankstelle auf der West Side und steckte ihm einen Hunderter zu. Ich hatte gehofft, dass wir uns ein wenig unterhalten würden, aber kaum hatte Gilbert, was er wollte, da war er auch schon weg. Danielle erkundigte sich nach ihm.

»Er ist noch am Leben. Ich hab ihm ein bisschen Kohle zugesteckt.«

»Wofür?«, fragte sie in einem Tonfall, der keinen Zweifel daran ließ, was sie davon hielt.

»Ich hab ihm einen Hunderter gegeben. Der Junge muss was essen«, erklärte ich ihr.

»Dad, was soll das? Für hundert Dollar kriegt er einen Schuss, ein Hotelzimmer und eine Nutte«, sagte sie.

»Echt? Das alles kriegst du für hundert Dollar?«, fragte ich.

»Das ist kein Spaß«, sagte sie. »Damit schaufelst du ihm sein Grab.«

Sie hatte recht. Er wollte keinen Small Talk, er wollte nicht gerettet werden, er wollte lediglich ein paar Scheine. Ich kannte das nur zu gut und wusste, dass von einem hoffnungslos der Sucht verfallenen Menschen nichts anderes zu erwarten war. Mein Herz war gebrochen, aber das war es schon seit Jahren. Insgeheim freute ich mich jedes Mal, wenn ich ihn noch lebend antraf.

Zum Glück war nach jenem Hunderter endgültig Schluss. Während ich für einen Dreh in Atlanta weilte, bat Gilbert meinen Freund Mario, ihn abzuholen. Mario fand ihn in einem Fixernest in Studio City, wo Gilbert ohnmächtig auf einer Couch lag. Das Haus war voller Hundescheiße, Gartenmöbel, gebrauchter Nadeln und Junkies. Mario schnappte ihn sich, schleppte ihn nach draußen und setzte ihn ins Auto. Er brachte ihn zu uns nach Hause, bis ich Hilfe für ihn organisieren konnte.

Am nächsten Tag rief ich eine Frau namens Rene an. Ich kannte sie aus der Drogenhilfeszene, seit sie dreizehn war; inzwischen leitete sie in einem Bergdorf eine Entzugseinrichtung namens »Rim of the World«. Ich erklärte ihr, dass Gilbert über mich krankenversichert war, und berichtete ihr von seinem Zustand. Sie sagte:

»Mach dir keine Sorgen wegen der Versicherung, Danny, darum kümmern wir uns später. Bring ihn einfach vorbei.«

»Sicher?«

»Klar. Wir kriegen das schon hin. Notfalls kann er sich erst mal ein Bett mit jemandem teilen.«

»Danke, Rene.«

»Wenn du mir danken willst, dann sprichst du mal bei einem Meeting zu unseren Klienten.«

Mario und ich verfrachteten Gilbert in mein Auto. Den Großteil der Fahrt verschlief er, doch als wir die Wolkengrenze hinter uns gelassen hatten, wachte er auf. Er ließ den Blick schweifen und sagte: »Tja, von hier komme ich wohl erst mal nicht mehr weg, oder?«

Ich musste lachen. Dann tauschten Mario und ich einen ernsten Blick aus. Niemand sagte etwas, aber wir hatten denselben Gedanken: *Entweder schafft er es diesmal oder nie.*

Kapitel 32

EL PADRINO

2014

Ungefähr zu dieser Zeit nahm meine Karriere eine Wendung, die über bloße Rollen und Filme hinausging. Ich wurde von Old El Paso, einem auf mexikanische Lebensmittel spezialisierten Unternehmen, für eine Reihe von Werbespots engagiert. Die Dreharbeiten sollten in Mexiko-Stadt stattfinden.

An unserem zweiten Tag besuchte ich die Plaza del Zócalo am Ort des einstigen zeremoniellen Zentrums der alten aztekischen Hauptstadt Tenochtitlan, wo ich die Statue eines Adlers mit einer Schlange im Schnabel entdeckte. Es war, als würde ich zum ersten Mal in meinem Leben die amerikanische Flagge erblicken. Ich war überwältigt. Der Legende zufolge befahl der Kriegsgott Huitzilopochtli einer nomadisch lebenden Indígena-Gruppe namens Nahua, ihre Heimat Aztlán zu verlassen und die Hauptstadt eines neuen Königreichs an dem Ort zu gründen, an dem sie einen Adler sahen, der, auf einem Kaktus sitzend, eine Schlange fraß.

Fast fünfzig Jahre zuvor hatte ich in Soledad für das Mexican Studies Center der Haftanstalt ein Mosaik der mexikanischen Flagge angefertigt und mich dabei zum ersten Mal wie ein Künstler gefühlt. Ich weiß noch, mit wie viel Sorgfalt ich die Mitte der Flagge mit ebenjenem Motiv gestaltet hatte, das ich nun vor mir sah. Die

Arbeit an dem Flaggenmosaik hatte mich auf zuvor ungekannte Weise mit meiner mexikanischen Herkunft verbunden. Es waren sehr unruhige Zeiten gewesen: In den 1960er-Jahren fanden die Konflikte zwischen unterschiedlichen Ethnien ihren Weg von der Straße ins kalifornische Gefängnissystem. Wir Mexikaner begannen, uns auf unser aztekisches Erbe zu besinnen – die Leute ließen sich aztekische Tattoos stechen, und ich vollendete die Charra auf meiner Brust. Wir betrachteten uns als Abkömmlinge einer langen Linie aztekischer Krieger, die über Pancho Villa und Emiliano Zapata bis zu uns reichte.

In Mexiko-Stadt fühlte ich mich meiner Herkunft nahe, der Heimat meiner Vorfahren. Mein Körper und mein Geist schienen zu Hause angekommen. Gemeinsam mit Craig Balkham schlenderte ich über den Platz zu einer riesigen Kathedrale, in der gerade ein Gottesdienst abgehalten wurde. Wir suchten uns eine Bank ganz hinten, und ich schwöre bei Gott, der Priester unterbrach seine Predigt, blinzelte und sagte »Hola, Señor Trejo«, ohne aus dem Rhythmus zu geraten. Es war, als hätte er mich erwartet.

Alle in der Kirche drehten sich um. Ich nickte den Leuten zu und sagte zu Craig: »Komm, verschwinden wir, ich will nicht die Andacht stören!«

Die Menschen in Mexiko nahmen mich so herzlich auf, dass es mich überwältigte und mit Demut erfüllte. Ich stellte mir vor, wie meine Eltern und Großeltern auf mich herabblickten. Wie stolz mein Vater wäre. Wir fuhren nach San Miguel de Allende, und die Leute behandelten uns, als wäre ich Zapata oder jemand von ähnlichem Kaliber. Die Einheimischen liefen zusammen und wollten Fotos mit mir machen. Gilbert sagte: »Dad, du bist so was wie die mexikanische Version der Beatles.«

»Das könnte ich auch von dir behaupten, Junge«, erwiderte ich. Gilbert war gerade eben clean geworden und sah wie ein vollkommen

anderer Mensch aus, so schneidig wie einer dieser alten Latino-
stars. Die Leute scharten sich um ihn. Ich blickte ihn an und war
unendlich stolz. Sein Wunsch zu leben hatte ihn über die Drogen
siegen lassen. Die Kraft dazu hatte er in seinem eigenen Herzen
gefunden. Ich hätte sie ihm nicht geben können. Niemand hätte
das gekonnt. Gilbert wirkte wie ein anderer Mensch, weil er tatsächlich ein anderer Mensch war, sowohl körperlich als auch geistig. Er hatte vor seiner Sucht kapituliert, sie akzeptiert und mit den
Drogen aufgehört, weil er nur so die Kontrolle über seine Abhängigkeit gewinnen konnte.

Am nächsten Tag war ein Bild von Gilbert und mir auf der Titel-
seite einer mexikanischen Zeitung. Ich hatte keine Chance gegen
seine Strahlkraft und ermahnte ihn scherzhaft: »Wehe, du stellst
dich noch mal für ein Foto neben mich!«

Doch eigentlich war ich zum Arbeiten im Land. Die Werbespots
für Old El Paso waren meine erste professionelle Liaison mit der
Welt der Kulinarik. Auf witzige Weise nahmen die Spots das Geschehen am Tisch einer mexikanischen Großfamilie aufs Korn. Ich
spielte den verrückten Patriarchen, eine Rolle, die ich aus dem Ärmel schüttelte. Gedreht wurde in dem Haus der mexikanischen
Schauspiellegende Emilio »El Indio« Fernández, der eng mit Diego
Rivera befreundet gewesen war. Als die beiden eines Tages wieder
mal gebechert hatten, kam Diegos Frau Frida Kahlo dazu und beschimpfte die zwei als Taugenichtse. Diego war so sauer, dass er ein
Bild der nackten Frida malte. Als sie es entdeckte, tackerte sie ein
Kleid auf ihren entblößten Körper.

Das Gemälde hängt immer noch im Haus von Emilio Fernández.
Ob ich das Kleid gelüftet habe, um einen Blick zu riskieren? Vielleicht, vielleicht nicht.

Bei einem Kaffee plauderte ich mit einem der Chefs von Old El
Paso und fragte ihn, warum sie eigentlich ausgerechnet mich für die
Spots gewollt hatten. Er antwortete, dass ich für sie den typischen

lateinamerikanischen Padrino verkörpere. Ein Padrino ist jemand, an den man sich wendet, um Hilfe, Beistand oder Ratschläge zu erhalten. Jemand, der tough genug ist, um sich durchzusetzen, und weise genug, um dir zu sagen, was du tun sollst. Vor allem aber ist ein Padrino jemand, dem man vertrauen kann.

Mein Rückflug aus Mexiko-Stadt landete spätabends am LAX. Es war schon fast halb zwölf, als mein Fahrer Bela mich zu Hause absetzte. Auf der Treppe hinab zu meinem Schlafzimmer geriet ich ins Straucheln. Als ich wieder zu mir kam, lag ich auf dem Boden. Alles tat mir weh. Wie es aussah, war ich auf der Treppe gestolpert und hatte das Gleichgewicht verloren. Ich ging zu Marios Sohn Mikey ins Zimmer und bat ihn, mich am nächsten Morgen zum Arzt zu fahren. Ich machte mir Sorgen, weil ich tags darauf nach New York aufbrechen sollte, von wo ich nach Rom weiterreisen würde.

Der Arzt ließ mich röntgen und stellte fest, dass ich mir den Kiefer gebrochen hatte. Ich fragte ihn nach meinen Optionen. Er meinte, der Bruch sei waagerecht und nicht senkrecht. Ich könne mir entweder den Kiefer verdrahten lassen, was allerdings das Sprechen unmöglich mache, oder aber ich müsse ihm hoch und heilig schwören, kein festes Essen zu mir zu nehmen. Die Entscheidung fiel mir leicht. Ich würde mich einfach von Smoothies ernähren. Und so kletterte ich in das Flugzeug nach New York, wo ich als Gast in der *Howard Stern Show* auftreten sollte.

Auf dem Flug hatte ich einen ziemlichen Brummschädel, aber Schmerzen waren noch nie ein Problem für mich gewesen. Ich freute mich darauf, Howard endlich persönlich zu begegnen, denn ich war schon seit Jahren ein großer Fan seiner Sendung.

Gleich mit seiner ersten Frage kam Howard auf mein Herzensanliegen zu sprechen: »Wenn man so aufwächst wie Sie, ist es unglaublich, dass jemand seinem Leben eine solche Wendung gibt. Ich frage mich, wie Sie das geschafft haben. Glauben Sie an Gott?«

»Unbedingt.«

»Denken Sie, dass Gott selbst ...«

Ich unterbrach ihn. »Genau, Gott selbst hat mir den Weg gewiesen. Keine Frage.«

Wir hatten ein gutes Gespräch. Auf dem Weg aus Midtown Manhattan zum Flughafen, wo der Flieger nach Rom wartete, war ich bester Stimmung. Doch im Laufe der Fahrt wurden meine Kopfschmerzen so stark, dass ich fürchtete, mich im Flugzeug zu übergeben.

In Rom angekommen, konnte ich bei aller Müdigkeit nicht schlafen. Ich spazierte zum Kolosseum, zu dem Platz, auf dem Mussolini seine Reden gehalten hatte, zu den Ruinen des Forums. Die Straßen waren erfüllt vom Widerhall der Geschichte. Ich konnte es hören. Und das meine ich nicht in irgendeinem banalen und übertragenen Sinne. Ich hatte akustische Halluzinationen von römischen Soldaten, die durch die Straßen marschierten. Ich spürte sogar den Boden beben. Ich hörte den Jubel der Massen, der aus dem Kolosseum nach außen drang. Meine Sinne waren so geschärft, als hätte ich irgendein Monstergras geraucht, dabei war es Ewigkeiten her, dass sich meine Lippen zum letzten Mal um einen Joint geschlossen hatten. Ich war voll auf dem Trip. Ich spürte die Geister der Verstorbenen. Rom war so sehr »Hier und Jetzt«, dass es mich an San Quentin erinnerte.

Der Film, wegen dem ich in der Stadt war, hieß *Hope Lost*. Regie führte ein Italiener namens David Petrucci. Er beobachtete mich bei meiner ersten Szene genau und wirkte irgendwie irritiert. Nach einem Take nahm er mich beiseite und fragte: »Die Art, wie du sprichst, ist das deine Interpretation der Rolle?«

Es stimmte, ich nuschelte ein bisschen, aber ich konnte ihm schlecht beichten, dass ich einen gebrochenen Kiefer hatte. Also antwortete ich: »Ja, ich finde, so klingt es tougher.«

Er nickte und sagte: »Gut, sehr gut. Grazie.«

Auf dem Rückflug nach L.A. kehrten die Kopfschmerzen zurück, also warf ich ein paar Ibus ein und versuchte zu schlafen. Zu Hause fragte ich Mikey, ob wir Aspirin im Haus hätten. Er meinte, dass er den Hergang des Unfalls noch mal rekonstruiert hatte. Vermutlich war ich bei meinem Sturz auf der Treppe erst gegen die Kommode und dann von dort gegen den Kamin geknallt, denn in meinem Zimmer hatten ein Haufen Bilder und anderer Kram auf dem Boden gelegen. Ich rief Maeve an und berichtete ihr von meinen starken Kopfschmerzen.

Ganz die professionelle Krankenschwester, erkundigte sie sich, ob ich Doppelbilder sehen würde, und stellte mir noch eine Reihe anderer Fragen. Schließlich erklärte sie: »Danny, die Symptome deuten auf einen Schlaganfall hin. Du musst noch einmal ins Krankenhaus.«

Ich sträubte mich, doch sie blieb hartnäckig, also machten wir uns auf den Weg. Die Ärzte sagten mir das Gleiche wie beim ersten Mal – Kieferbruch. Maeve wurde wütend und verlangte mit lauter Stimme ein neues CT oder zumindest eine erneute Prüfung der CT-Aufnahmen, die man vor meiner Reise angefertigt hatte. So geschah es, und dieses Mal entdeckten die Ärzte etwas. Eine massive subdurale Blutung, und zwar eine doppelte. Links und rechts an meinem Gehirn waren zwei Blutgefäße geplatzt.

Bevor ich noch Piep sagen konnte, wurde ich für einen Noteingriff in den Operationssaal gebracht. Ich hielt es für einen Scherz. Während man mich über den Flur rollte, kam mir der irrwitzige Gedanke, George Clooney – den ich eigentlich nur von unserer Arbeit an *From Dusk Till Dawn* kannte – würde etwas in der Art von *Punk'd* mit mir abziehen. Ich war felsenfest überzeugt davon, dass George mir einen dieser Verstehen-Sie-Spaß-Streiche spielte, und rief über den Flur: »George, wo bist du? Komm raus, Clooney, was soll der Scheiß?«

Die Krankenschwestern mussten mich auf meiner Liege festschnallen. Ich war nicht mehr bei Sinnen.

Als ich zwölf Stunden später wieder zu mir kam, fiel mein Blick auf einen zierlichen indischen Arzt, der ein Klemmbrett in der Hand hielt und einen schlecht sitzenden Anzug trug. Danielle und Gilbert waren ebenfalls im Zimmer.

Der Arzt fragte mich nach meinem Namen.

»Orville Stip.« Diesen Alias verwendete ich seit jeher beim Einchecken in Hotels. Der Arzt war irritiert.

Gilbert klärte ihn auf: »Das ist ein Pseudonym von ihm. Lass die blöden Scherze, Dad, es ist ernst.« In dem Moment bemerkte ich zwei riesige Schläuche voller Blut an beiden Seiten meines Kopfes. Sie erinnerten mich an diese Bier-Trinkhelme, wie sie so mancher Vollpfosten in den 1970er-Jahren trug.

»Verdammte Scheiße, was ist das denn?«

»Das ist Blut aus Ihrem Gehirn«, sagte der Arzt. »Bitte antworten Sie auf meine Fragen.«

»Alles klar.«

»Wie heißt unser Präsident?«

»Gaddafi.«

»Das ist nicht lustig.«

»Spar dir deine Witze, Dad. Die Sache hier ist alles andere als lustig«, sagte Danielle.

Ich stand auf dem Schlauch. Es war unheimlich. »Ich habe mit ihm gequatscht!«

»Und wie heißt er?«

»Äh ... äh ... dieser Schwarze! Wir sind Buddys!«

Der Arzt musterte mich misstrauisch. Ich dachte: *Scheiße, Mann, jetzt hab doch ein wenig Nachsicht mit mir. Ich habe eine Gehirnblutung!* Ich konnte mich in dem Moment tatsächlich nicht mehr an den Namen Barack Obama erinnern. Danielle sagte zu dem Arzt: »Wenn Sie meinen Vater kennen würden, wüssten Sie, dass er gerade die korrekte Antwort gegeben hat.«

»Obama!«

Der Arzt wies mich zurecht: »Es ist nicht lustig, seinen Neurochirurgen auf den Arm zu nehmen. Ich habe noch nie bei jemandem mehr Blut abgepumpt. Die meisten Menschen mit dieser Verletzung dösen einfach weg und wachen nicht wieder auf. Und Sie sind noch dazu geflogen? Das ist Wahnsinn.«

Ich musste ein paar Wochen zur Beobachtung im Krankenhaus bleiben. Ich betete. Höchstwahrscheinlich war die Blutung unmittelbar vor meinem Treppensturz aufgetreten. Ich war überzeugt, dass Gott mich noch nicht zu sich rufen wollte.

Während ich im Krankenhaus ans Bett gefesselt war, hatte ich mehr als genug Zeit, über mein Leben nachzudenken. Seit meinen Tagen in der Einzelhaft war ich nie wieder derart lange an einem Ort festgenagelt gewesen. In gewisser Weise machten es mir meine Erfahrungen im Bunker leichter, mit der Einsamkeit zurechtzukommen, dennoch musste ich unbedingt wieder an die Arbeit. Ein großes Problem war, dass meine Beine nicht mitmachen wollten – ich konnte nicht laufen. Die Operation, der ich meine Rettung verdankte, hatte meinen Gleichgewichtssinn gestört und mein Gedächtnis beeinträchtigt. Nach ein paar Wochen wurde ich von Northridge ins St. Joseph Hospital in Burbank verlegt. Dort war man anscheinend auf Schlaganfall-Reha spezialisiert, denn ich lag auf einer Station mit einem Haufen alter Knacker, die einen Hirnschlag hinter sich hatten. Ich konnte nicht akzeptieren, dass ich einer von ihnen sein sollte.

Ich bekam eine Gehhilfe, und mir wurde eine ältere Krankenschwester zugeteilt, die mich begleitete, wenn ich mich den Flur auf und ab schleppte. Sie blieb mir ständig auf den Fersen und versuchte, mich mit bescheuerten Sprüchen aufzumuntern. »Sie machen das heute wirklich ganz großartig, Mr. Trejo!«

Ich konnte mich kaum im Zaum halten und schnauzte sie an: »Könnten Sie vielleicht ein bisschen Abstand halten?«

»Ich muss nahe bei Ihnen bleiben, sonst verliere ich meinen Job.«

»Passen Sie auf, solange Sie mir nicht von der Pelle rücken, wird das hier nicht vorwärtsgehen.« Ich spürte ihre Angst, also lenkte ich ein und sagte ihr, sie solle einfach ein Stück hinter mir bleiben. Ich drehte Runde um Runde über die Station, auch wenn ich ewig dafür brauchte. Auf der Etage gab es einen kleinen Fitnessraum, in dem ich trainierte. Gestützt auf die Gehhilfe, zog ich meine Beine hinter mir her und beschimpfte mich dabei selbst in dem großen Wandspiegel. »Komm schon, du Scheißkerl! Elender Schwächling!«

Ich war so wütend. Mein ganzes Leben lang hatte ich mich auf meinen Körper verlassen können. Als Boxer war meine Beinarbeit beinahe schon elegant gewesen. Ich hatte rennen und mich frei bewegen können. Meine Physis war immer einer meiner großen Pluspunkte gewesen, aber jetzt schaffte ich trotz Gehhilfe noch nicht einmal zehn Meter. Im Spiegel sah ich einen alten Mann nach einem Schlaganfall, festgeschnallt an einer Gehhilfe, der trotz größter Anstrengung weder vor noch zurück konnte und sich deswegen selbst fertigmachte.

»Komm schon, Mann«, sagte ich zu dem Kerl im Spiegel. »Wir müssen das schaffen.« Kaum vernehmbar tröpfelte ihm ein »Okay« aus dem Mundwinkel. Offensichtlich war die Reha zu viel für ihn.

Insgeheim flehte ich gen Himmel: *Bitte, lieber Herrgott, lass mich nicht so enden.* Mir war klar, dass mir ein harter Kampf bevorstand. Ich musste wieder auf die Beine kommen und Geld verdienen.

Mit aller Kraft schleppte ich mich noch eine Runde durch den Raum.

Kapitel 33

TREJO'S TACOS

2015

Als meine Entlassung aus dem Krankenhaus endlich bevorstand, spazierte ich problemlos durch den Fitnessraum. Die Ärzte konnten es nicht fassen. Die für mich zuständige Schwester war unendlich stolz.

»Und, dürfen Sie Ihren Job behalten?«, fragte ich sie.

»Ja. Aber leicht haben Sie es mir nicht gemacht!«

Kaum war ich zu Hause, rief Gloria an und eröffnete mir, dass Snickers mich für einen Super-Bowl-Werbespot engagieren wolle, eine Parodie auf *The Brady Bunch* mit meinem alten Kumpel Steve Buscemi. Der Super Bowl ist eine Riesensache. Jeder in Amerika sieht sich dieses Event samt den dazugehörigen Werbespots an. Ich sollte eine Art Ekel-Marcia spielen, die erst nach dem Biss in einen Snickers-Riegel wieder in ihre gewohnte zuckersüße Hülle zurückkehrt. Gloria machte sich Sorgen, ob ich fit genug war.

»Was denkst du denn? Klar, ich kriege das hin.«

Ich konnte wieder normal laufen. Nichts würde mich aufhalten! Während der Dreharbeiten erklärte mir einer der Snickers-Bosse: »Danny, wir wollten Sie nicht, weil Sie so ein harter Kerl sind. Sondern, weil die Leute Sie lieben!« Mir wären fast die Tränen gekommen. Gott hatte mir nach einer doppelten Hirnblutung gerade so den Arsch gerettet, und jetzt drehte ich einen Werbespot für den Super Bowl! Ungefähr zu jener Zeit zeigte mir Gilbert ein Foto von einem riesigen Mural in einem Dorf auf den Philippinen. Das Motiv: ich, Danny Trejo. Ich fand es einfach nur cool, aber für Gilbert hatte es eine noch sehr viel tiefere Bedeutung. »Dad, dein Gesicht ist ins kollektive Bewusstsein eingesickert.«

* * * * *

Bad Ass und *Bad Ass 2: Bad Asses* waren so erfolgreich gewesen, dass Ash und seine Partner einen dritten Teil auf die Beine stellten, *Bad Asses on the Bayou*. Die Dreharbeiten fanden in Louisiana statt. Als ich im Produktionsbüro den Schlüssel für meinen Mietwagen holen wollte, drückte Ash mir eine Mappe in die Hand.

»Was ist das?«

»Der Businessplan für ein Restaurant. Trejo's Tacos«, erklärte er.

Unser Gespräch beim ersten *Bad Ass*-Film war ihm nicht mehr aus dem Sinn gegangen.

Ich gab den Plan an Gloria und Mari weiter, und beide schätzten das Konzept als ziemlich solide ein. Ich selbst sah mir den Businessplan nicht einmal an, ich vertraute Glorias und Maris Meinung blind. »Okay, wir machen das!«, sagte ich. Trejo's Tacos war geboren.

Ash holte gute Köche und Manager ins Boot, und sie hörten sich meine Vorschläge für die Speisekarte an. Ich bin nicht gerade ein Spitzenkoch, aber ich erkenne, wenn ich fähige Leute um mich herum habe, und diese Leute waren fähig. Sie wollten wissen, was meine Mutter Alice gekocht hatte. Die Frau mochte ihre Schwächen gehabt haben, aber sie war zeitlebens eine begnadete Köchin gewesen. Gleich nach dem Mittagessen begann sie mit dem Abendessen für meinen Vater. Ihr Leben bestand aus Kochen,

Putzen, Kochen und noch mehr Putzen. Beim Essen lebte sie ihre Kreativität aus. Wenn sie auf den kleinen mexikanischen Märkten einkaufen ging, um die perfekten Chilis, Fleischstücke und Bohnen für ihre Kreationen auszusuchen, war sie frei und kam aus dem Haus heraus. Manchmal sprach sie halb scherzend, halb ernsthaft davon, ein Restaurant aufzumachen, doch Dad dämpfte ihren Elan: »Was willst du denn? Du hast doch hier eine sehr schöne Küche mit einem Herd von O'Keefe & Merritt.«

Vor Kurzem schloss Trejo's Tacos einen Deal mit der Eventagentur Live Nation, durch den wir unser Essen bei allen Konzerten der Agentur anbieten dürfen. Wenn ich heute an meine Mutter denke, die in ihrem Leben viel Schmerz und Einsamkeit durchmachen musste und nicht zuletzt deshalb in die Arme von Onkel David getrieben wurde, stelle ich mir manchmal vor, dass Trejo's Tacos die Erfüllung einer ihrer Träume ist – ein warmer und herzlicher Ort ohne schützende Plastikhüllen auf den Möbeln, wo die Menschen einkehren und jeder gleichermaßen willkommen ist. Wenn sie aus dem Himmel herabschaut, kann ich ihr sagen: *Mama, jetzt hast du dein Restaurant bekommen, und wie es aussieht, wird es nicht bei einem bleiben.*

Für den Rest des Jahres 2015 jagte ein Dreh den nächsten. Ich habe keinen Job ausgelassen. In den zehn Jahren von 2010 an habe ich in fast dreihundert Filmen und Fernsehsendungen mitgewirkt; unmöglich, all die Namen und Gesichter noch auseinanderzuhalten. Verdammt, sogar in einem Film mit dem Titel *3-Headed Shark Attack* (Untertitel: *Mehr Köpfe = mehr Tote!*) war ich dabei. Ich nahm alles mit, was mir angeboten wurde. Manchmal hatte ich morgens einen Job und am Abend einen anderen. Die meisten Schauspieler machen sich Sorgen, ob ihr nächstes Projekt auch gut genug ist, aber darüber habe ich mir nie den Kopf zerbrochen. Ich halte es mit Michael Caine: »Egal was es ist, es ist Arbeit, und Arbeit ist immer ehrenwert.« Ich hatte Rollen in großen Projekten (viele davon stammten von

Robert Rodriguez: die vier *Spy Kids*-Filme, *Grindhouse, Machete* und *Machete Kills*) und Blockbustern wie *Heat* und *Con Air*. Ein Groß-teil meiner Arbeit in den 2010ern bestand allerdings aus Direct-to-Video-Filmen, Fernsehproduktionen und Synchronsprecher-Jobs für Zeichentrickfilme. Viele betrachten die heutige Zeit als goldene Epoche des Fernsehens. Als jemand, der schon lange dabei ist, kann ich dem nur zustimmen. Angesichts der Qualität der Serien und der Masse an brillanten Zeichentrickfilmen kann man sich als Schau-spieler absolut nicht beschweren. Wir erleben gerade eine wahr-haft großartige Ära.

Viele meiner Filme sind das, was die Leute gemeinhin als B-Movies, Horrorstreifen oder schlichtweg Schund bezeichnen. Ein Interviewer fragte mich einmal, ob es mir Spaß macht, in schlech-ten Filmen mitzuspielen. Er wollte bestimmt nicht unhöflich sein, aber die Frage stieß mir sauer auf. Für mich gibt es so etwas wie einen schlechten Film gar nicht. Jede Film- und Fernsehrolle, die ich übernehme, gibt mir die Möglichkeit, Maeve, meine Kinder und all die Menschen, die von mir abhängen, zu unterstützen. Wenn ein Projekt zustande kommt, weil ich dabei bin, stehen die Mit-glieder eines ganzen Filmteams in Lohn und Brot und können so für ihre Familien sorgen. Was soll daran schlecht sein?

Außerdem ist ein schlechter Tag am Set immer noch eine Mil-lion Mal besser als der beste Tag im Gefängnis.

Als ich gesundheitlich wieder voll auf dem Damm war, widmete ich mich dem Berufungsgesuch meines Cousins Gilbert, der 1979 mit 17 Jahren ins Gefängnis gewandert war und zeitweise zusam-men mit seinem Vater in San Quentin gesessen hatte. Gilbert sagte einmal, er habe am Geräusch der Schritte des Wärters erkannt, dass der Mann ihm die Nachricht vom Tod seines Vaters brachte. Er konnte nicht an der Beerdigung seines alten Herren teilnehmen. Wenn Gilbert drinnen abschmierte und sich mit Drogen zudröhnte, schrieb er mir in der Regel nicht, und ehrlich gesagt hätte ich ihm in diesen Situationen auch nicht geantwortet. Als er sich nun aber bei mir meldete, merkte ich sofort, dass er sich verändert hatte.

In einem seiner Briefe erwähnte Gilbert, dass er sich mit einem Berufungsgesuch beschäftige. Er hatte den Namen einer Anwältin in San Francisco, Tracy Lum, die auf derartige Fälle spezialisiert war. Ich rief Tracy an und fragte, ob sie uns helfen könne. Sie warf einen Blick in die Akten und zeigte sich zuversichtlich, sodass wir darangingen, uns ernsthaft mit Gilberts Berufung zu befassen. Ich traf mich mit kalifornischen Senatoren (unter anderem mit Senator Jim Beall), mit dem US-Kongressabgeordneten Tony Cárdenas und sogar mit Gouverneur Jerry Brown. Mein Anliegen: eine Gesetzesänderung, um Gefangenen, die als Minderjährige zu lebenslanger Haft verurteilt worden waren, die Wahrnehmung ihres Rechts auf eine Bewährungsanhörung zu erleichtern. Die meisten Betroffenen saßen schon seit dreißig, vierzig Jahren im Gefängnis. Die Gesetze, aufgrund derer Jugendliche nach Erwachsenenstrafrecht verurteilt worden waren, hatten ihre Entlassung auf Bewährung eigentlich erleichtern sollen.

Gilbert war schon mit sechs Jahren auf die schiefe Bahn geraten. Sein Vater war Stammgast im Knast gewesen. Als Joanne und ich den jungen Gilbert vorübergehend bei uns in der Osborne Street aufnahmen, gab es eine Zeit lang keine Probleme, aber kaum war er wieder bei seiner Mutter, ging es abermals bergab. Mit siebzehn brachte er das Mitglied einer rivalisierenden Gang um und wurde von einer Erwachsenenstrafkammer zu fünfzehn Jahren bis lebenslänglich verurteilt.

Gilbert hatte es alles andere als leicht hinter Gittern. Bei seiner Ankunft in San Quentin war er dort der jüngste Häftling. Sein Vater und Namensvetter, Big Gilbert, hatte sich über die Jahre einen Namen in den kalifornischen Knästen gemacht, sodass die Messlatte für Little Gilbert hoch lag. Sehr hoch. Kurz nach seiner Einlieferung in San Quentin griff ihn ein Mitgefangener an. Gilbert war gerade mitten im Gespräch mit einigen Bossen, als der Mann auf ihn einstach. Der Kerl vermasselte es jedoch und tötete Gilbert nicht. Das war sein erster Fehler. Sein zweiter war die Tatsache, dass er sich seinen Mordversuch nicht hatte absegnen lassen. Sein dritter, dass er ihn direkt vor den Augen der wichtigsten Mafiabosse in San Quentin verübt hatte.

Gilbert trug bei der Sache eine Hepatitis davon; sein Angreifer hatte die selbst gefertigte Klinge in seinem Rektum auf den Hof geschmuggelt. Kaum war Gilbert wieder auf den Beinen, wurde Druck auf ihn ausgeübt, den Mann zu erledigen. Er war noch nicht einmal neunzehn und steckte schon bis zum Hals in der Scheiße. Das ist sie, die harsche Realität eines Lebens hinter Gittern. Kaum angekommen, hatte ihm jemand als Begrüßungsgeschenk eine Klinge zwischen die Rippen gejagt – San Quentin, das Hier und Jetzt.

Gilberts Weg im Gefängnis war also von Beginn an von Gewalt geprägt. Er schlug sich mit anderen Häftlingen und mit den Wärtern. Nachdem er als Teenager einen Vollzugsbeamten angegriffen hatte, war er für das System der Feind. Die Sache verfolgte ihn über Jahrzehnte. Als er nach Corcoran verlegt wurde, trat er in inszenierten Gladiatorenkämpfen gegen andere Insassen an. Die Wärter ließen Mitglieder rivalisierender Gangs auf den Hof, um sich die Fights vom Wachturm aus anzuschauen und auf die Rivalen zu wetten. Auch Verwaltungsangestellte und selbst die Gefängnisleitung waren an dem Spektakel beteiligt. Es war so eklig, wie es klingt.

Gilbert war in der Hölle, aber wenn er einen Kampf gewann, gewährten ihm die Wachen nachts Hofgang, damit er den Sternenhimmel betrachten konnte. Das war seine größte Sehnsucht. Seine Faszination für Astrophysik schenkte ihm geistige Freiheit. In der Einzelhaft brachte er sich alles von Algebra bis zu höherer Mathematik bei. Er lernte, Computer zu programmieren, ohne dass er

Zugang zu einem Rechner hatte. Er arbeitete sich in die komplexe Physik ein und kannte sich mit allem Möglichen aus – von den Newtonschen Gesetzen bis zur Stringtheorie. Das Einzige, was einem in Einzelhaft nicht verwehrt werden darf, sind Lehrbücher. Gilbert verschlang Hunderte davon.

In Corcoran nahm Gilbert an den Kämpfen teil, um sich Zeit zu erkaufen und weiter hoffen zu können, dass er irgendwann seine Bewährungsanhörung bekam. Nach allerlei Lobbyarbeit auf sämtlichen Ebenen, endlosen Besprechungen und Gerichtsterminen ging Gilberts Berufung schließlich durch. Im Jahr 2015 fiel die Entscheidung, dass Gilbert als jugendlicher Straftäter nach Punkt 3051 des kalifornischen Strafgesetzbuches auf Bewährung entlassen werden konnte. Dadurch wurde ein mit seinem Namen verbundener Präzedenzfall geschaffen. Nun erhalten Häftlinge, die als Minderjährige verurteilt werden und vor ihrem dreiundzwanzigsten Geburtstag Straftaten im Gefängnis begehen, problemlos die Möglichkeit einer Bewährungsanhörung. Ich bin stolz und dankbar, an der Verabschiedung eines Gesetzes für eine sinnvolle Gefängnisreform mitgewirkt zu haben. Mehr als dreieinhalbtausend Gefangene, die als Jugendliche zu lebenslanger Haft verurteilt wurden, sind dank unserer Initiative inzwischen freigekommen. Der Name Gilbert Trejo stand im kalifornischen Gefängnissystem allzu lange nur für eine Sache. Es scheint eine Art ausgleichende Gerechtigkeit, wenn dieser Name heute dafür steht, dass junge Straftäter die Chance bekommen, ihr Leben zu ändern – so wie es Big Gilberts Sohn Little Gilbert hinter Gittern tat.

Während seiner Haftzeit im Ironwood State Prison engagierte sich Gilbert in einer Gruppe, die mit Risikojugendlichen darüber sprach, was sie erwartete, wenn sie ihren kriminellen Lebensstil und ihre Gang-Aktivitäten fortführen würden. Gilbert und den anderen Lebenslänglichen war klar, dass sie bei diesen Kids mit Angstmacherei nicht weit kommen würden. Sie hatten jedoch Zugang zu den Akten der Jugendlichen, um sich nicht nur über deren Straftaten, sondern auch über deren Interessen schlauzumachen. Gilbert fand heraus, dass einer der Jungs ebenso wie er selbst ein großer Science-Fiction-Fan war. Bei ihrer Begegnung erklärte er dem Jugendlichen: »Ich bin ein Zeitreisender.« Der Junge kapierte nicht, was er meinte, also fragte Gilbert ihn: »Du magst doch Science-Fiction, oder?«

»Ja, tu ich.«

»Ich auch, und ich bin ein Zeitreisender. Ich komme aus der Zukunft. Ich bin eines Abends als 16-Jähriger ins Bett gegangen und als 50-Jähriger im Knast aufgewacht.« Mit diesem Gespräch traf Gilbert voll ins Schwarze.

Gilbert war 55, als er nach 38 Jahren aus dem Ironwood State Prison entlassen wurde. Mario hatte gut hundert Sachen drauf, als wir mit ihm über den Highway 10 nach Hause fuhren. Ich drehte mich zu Gilbert um und sah, dass er sich zitternd am Türgriff festklammerte. Dieser Mann hatte die Gladiatorenkämpfe in den Isolationsstationen von Corcoran überstanden und die Gangkriege in San Quentin und New Folsom durchgemacht. Er hatte sich auf jedem Gefängnishof behauptet, aber seit Ewigkeiten nicht mehr in einem Auto gesessen. Jetzt jagte ihm die Geschwindigkeit auf dem Highway Todesangst ein.

Wir gingen mit ihm in ein IHOP-Restaurant. Beim Reinkommen zückte er seinen Gefangenenausweis und fragte die Kellnerin: »Wem muss ich den vorzeigen?« Es war kein Scherz. Ich war schon so lange aus dem Gefängnis raus, dass ich den Effekt der Institutionalisierung vollkommen verdrängt hatte. Das letzte Mal hatte ich für knappe fünf Jahre gesessen. Ich konnte mir nicht ansatzweise vorstellen, was 38 Jahre Knast mit einem Mann anstellen.

Als Gilbert mit dem Frühstück fertig war, fragte er uns, ob er noch etwas bestellen könne. Mario und ich sagten: »Klar, hau rein!«

Darauf bestellte Gilbert ein Gericht von der Mittagskarte und anschließend noch ein Abendessen. Das war sein Frühstück: drei volle Mahlzeiten!

Das erste Trejo's Tacos öffnete auf der La Brea Avenue in Hollywood seine Pforten, direkt gegenüber von der Kirche, in der meine dritte Frau Joanne und ich geheiratet hatten. Meine Partner waren Jeff Georgino und Ash Shah. Jeff sagte gerne: »Dannys Gesicht sorgt dafür, dass die Leute kommen, und das Essen dafür, dass sie wiederkommen.«

Ich habe mein Herzblut in unsere Läden gesteckt: Trejo's Cantina, Trejo's Tacos und Trejo's Coffee & Donuts. Ich bin überzeugt, dass meine Eltern unendlich stolz darauf wären. Für sie war die Schauspielerei nie ein richtiger Beruf, egal wie erfolgreich ich wurde. Kurz vor dem Tod meiner Mutter fuhr ich mit ihr nach Pacoima, um ihr das Mural von mir zu zeigen, das Levi Ponce 2012 geschaffen hatte. Sie betrachtete das Bild, dann mich, dann wieder das Bild, als könne sie nicht fassen, dass irgendjemand so etwas macht. Die meisten Menschen haben keinen Schimmer, was für ein krasses Business Hollywood eigentlich ist oder wie hart die Crew-Mitglieder und die Produktionsassistenten zu kämpfen haben. Ich wollte immer, dass meine Eltern mich als Unternehmer sehen. Die Restaurants brachten mir diese Anerkennung als Geschäftsmann.

Gleichzeitig hat ein eigenes Restaurant auch etwas Gangsterhaftes. Du kannst die Leute in dein Lokal einladen und dich zu ihnen setzen, wenn sie mit ihrer Familie beim Essen sind. Es ist, als ob sie bei dir zu Hause am Tisch sitzen würden.

Die Sache entwickelte sich in einem Höllentempo. Schon bald eröffneten wir in einem Laden in Santa Monica, den Ash und Jeff aufgetan hatten, mit Trejo's Coffee & Donuts einen Ableger des Restaurants. Zuvor war an dieser Stelle das Café Donut Time gewesen, das als Haupt-Location des ersten mit iPhones gedrehten

Kinofilms *Tangerine L. A.* Bekanntheit erlangt hatte. Zur Eröffnungs-
feier von Trejo's Coffee & Donuts veranstalteten wir auf dem Parkplatz eine Aktion, bei der ich signierte Fotos und Donut-Boxen
verschenkte. Gilbert begleitete mich.

Ich schüttelte Unmengen von Leuten die Hände. Irgendwann
schaute ich mich um und sah, dass sich Gilbert mit einem alten
Schwarzen unterhielt, ein Obdachloser mit Gipsarm. Als der Mann
sich verabschiedet hatte, rief ich Gilbert zu mir. »Der Kerl kommt
mir bekannt vor. Wer war das?«

»Er meinte, dass er dich aus dem Knast kennt. Er hat zu dem
Typen, der bei uns stand, gesagt: ›Dieser Mann da, Trejo, ist ein
echter Badass, ein OG. Ich habe mit ihm gesessen.‹«

»Wusste ich doch, dass ich ihn kenne! Warum ist er weg? Wir
hätten ihm was Ordentliches zu essen vorsetzen können.«

»Hab ich ihm auch gesagt, aber er meinte, du hättest bestimmt
zu tun, und er wollte dich nicht stören.«

»Versuch mal, ob du ihn zurückholen kannst.«

Gilbert rannte los, aber er kam allein zurück. Der Mann hatte
sich in Luft aufgelöst. Ich konnte mich noch gut an den Kerl erinnern. Zu Zeiten von George Jackson, dem Begründer der Black
Guerrilla Family, war er in Soledad ein OG gewesen. Jackson hatte
später mehrere Aufstände angezettelt und war nach schweren Tumul-
ten in San Quentin, nach denen man fünf Leichen (zwei Gefangene
und drei Wärter) in seiner Zelle fand, auf dem Gefängnishof erschossen worden.

An jenem sonnigen Tag vor unserem Laden auf dem Santa Monica
Boulevard kehrten die längst vergangenen Jahre zurück – sowohl
die schönen als auch die weniger schönen Erinnerungen. Es gab
nicht mehr viele Menschen, mit denen ich über jene Zeit meines
Lebens reden konnte. Der Obdachlose mit dem gebrochenen Arm
war eine große Nummer in Soledad gewesen: ein Aktivist, der
großen Respekt genossen hatte, doch nun auf der Straße lebte. Ich

fragte mich, wie er sich wohl den Arm gebrochen hatte und was er in all den Jahren seit Mitte der 1960er erlebt haben mochte. Ob er wohl Hilfe brauchte? Warum bloß war er abgehauen? Ich wünschte, wir hätten uns bei einer Tasse Kaffee unterhalten können. Ich hätte ihn gern in den Arm genommen.

Kapitel 34

FROM A SON

2018

Vor zwei Jahren kam Gilbert mit der Idee für einen Film über das Thema Sucht zu mir. Ich verschlang das Drehbuch und war hin und weg. Ich konnte nicht fassen, dass mein Sohn etwas derart Kraftvolles geschaffen hatte. Vor dem Drehstart zu *From a Son* zeigte mir Gilbert Bilder von sich selbst: als Knirps, der in Venice Beach Pappgewichte stemmte, und als neugeborenes Würmchen in meinen Armen. In dem Film spiele ich einen Mann auf der Suche nach seinem drogensüchtigen Sohn, eine Situation, die ich nur allzu gut kannte. Der Mann ist ein schwer schuftender Handlanger, und die Suche nach seinem Jungen bringt ihn ans Ende seiner Kräfte. Ich fragte Gilbert: »Wie bist du darauf gekommen?«, kannte die Antwort aber nur allzu gut.

»Genau das haben wir beide durchgemacht, Dad.«

Das hatten wir. Zum einen als Drogenabhängige, die ihren besorgten Eltern das Leben zur Hölle machten, zum anderen – zumindest ich – als Vater, der endlose Nächte grübelte, wo seine Kinder stecken mochten. Doch nun waren wir gemeinsam am Set, beide clean und motiviert, und verwandelten unsere Erfahrungen in Kunst. Gilberts Leidenschaft, die beim Dreh von *Machete* aufgeflackert war, als er Robert Rodriguez begleitet hatte, trug nun Früchte.

Die Arbeit an *From a Son* ließ mich mein Leben durch Gilberts Augen sehen. Besonders erstaunte mich jedoch, dass sie mich auch meinen Vater besser verstehen ließ. Trotz all seiner Härte war mein alter Herr, Dionisio Trejo, vermutlich in erster Linie ein ängstlicher Mann gewesen. Ging ich aus dem Haus, musste er jedes Mal fürchten, mich zum letzten Mal gesehen zu haben. Er hatte allerdings nie die Worte gefunden, um dieser Angst Ausdruck zu verleihen.

In *From a Son* leben Gilbert und seine von Sasha Frolova gespielte Freundin in einem besetzten Haus in der Wüste und taumeln von Schuss zu Schuss. Eines Tages drückt sich Gilbert eine Überdosis, und seine verängstigte Partnerin muss sich etwas einfallen lassen. Sie sieht keine andere Möglichkeit, als ihn in der Wüste zu begraben.

Beim Dreh musste Gilbert mich oft ermahnen, nicht in alte Muster zurückzufallen und einfach den harten und ruppigen Kerl zu mimen, den Gangster, den ich in unzähligen Filmen und TV-Serien verkörpert hatte. Das war zu einer schlechten Angewohnheit geworden.

Sobald ich den Harten spielte, hielt er mir sein Portemonnaie hin und sagte: »Hier, du willst meine Kohle?« Er brach den Gangster in mir.

Zu Beginn der Dreharbeiten verhielt ich mich noch wie ein Vater, nicht wie ein Schauspieler. Einmal hatten wir eine Szene bereits mehrfach wiederholt, doch Gilbert wollte noch einen weiteren Take. Ich brüllte erschöpft: »Das reicht. Du hast doch genug Takes!«

Gilbert zog mich zur Seite. »Dad, ich bin der Regisseur. Wenn du meine Autorität nicht anerkennst, wird die Crew das auch nicht tun. Und nein, wir haben noch nicht genug Takes. Du bist mal wieder in dein altes Muster verfallen.« Mir wurde klar, dass Gilbert nicht anders war als Michael Mann, Laurie Collyer oder Taylor

Hackford. Er war der Regisseur, ich der Schauspieler – und ich musste ihm mit Respekt begegnen. Meine Aufgabe war es, so gut wie möglich umzusetzen, was er von mir verlangte.

Gilbert hatte mir die Bilder von sich als Kind gezeigt, damit ich Zugang zu Gefühlen fand, die ich tief in mir vergraben hatte. Als Gilbert drogensüchtig auf der Straße gestrandet war, hatte ich oft den Starken markiert, aber während der Arbeit an *From a Son* konnte ich mich im geschützten Rahmen des Sets meiner Angst stellen und zeigen, was die Eltern eines abhängigen Kindes durchmachen.

Bei *From a Son* habe ich zum ersten Mal bei einem Job wirklich geweint. In einer Szene führt Sasha mich zu der Stelle in der Wüste, wo sie Gilberts Leichnam vergraben hat, und ich frage sie: »Hast du meinen Sohn umgebracht?« Sie erwidert: »Nein. Ich habe ihn wirklich geliebt.« Dann bricht sie zusammen und weint: »Er war mein einziger Freund.« Das war zu viel für mich. Irgendetwas an der Art und Weise, wie sie die Worte sagte, traf mich wie ein Schlag in die Magengrube. Vermutlich, weil ich ihn so sehr liebe. Ohne ihn würde in meinem Herzen eine riesengroße Lücke klaffen.

Die Szene war so real, dass ich es kaum ertragen konnte. Die Tränen begannen zu strömen, als wäre in mir ein Damm gebrochen. Ich hatte mir vorher überlegt, dass ich wie John Wayne weinen wollte, doch dann heulte ich wie Shirley Temple. Ich dachte an die unzähligen Male, die ich dem Tod ins Auge geblickt hatte, und daran, wie ich in Soledad darauf wartete, ob man Ray, Henry und mich wegen eines Kapitalverbrechens anklagen und mit »lebenslänglich« bestrafen würde. Ich dachte an den Tod meiner leiblichen Mutter, meines Vaters, meines Onkels Gilbert, meiner Mutter. An die Frauen, die ich schlecht behandelt hatte; an die Beziehungen, die ich durch mein Zaudern und meinen Egoismus zerstört hatte; an die Angst um meine Kinder. Ich wurde eingeholt von den unzähligen Malen, die ich nicht geweint hatte, obwohl ich es hätte tun sollen. Ein Regelwerk hatte mir geholfen, den ersten Abschnitt meiner Reise zu überleben – die Regeln, die mir mein Onkel Gilbert beigebracht hatte. Durch ein anderes Regelwerk hatte ich all die Jahre nach meiner Entlassung aus Soledad durchgehalten. Ich war clean und trocken geblieben, indem ich anderen half, clean und trocken zu werden. Doch da war etwas in mir, mit dem ich mich nie auseinandergesetzt und das ich nie akzeptiert hatte. Jetzt war es an der Zeit, mich diesem Etwas zu stellen.

Die Situation spitzte sich eines Abends zu, als Gilbert und ich von der Arbeit nach Hause fuhren. Wir begannen zu streiten. Worüber genau, weiß ich nicht mehr, aber es wurde ziemlich heftig. Gilbert sagte, ich sei durch und durch von der toxischen Männlichkeit meines früheren Familienumfelds geprägt worden. Alles hinge damit zusammen: meine Weltanschauung, wie ich Menschen sehe, was ich über Frauen denke und wie ich sie in der Vergangenheit behandelt habe, ebenso meine Rolle als Brötchenverdiener und Versorger anderer, die ich fast schon zwanghaft erfülle, selbst wenn es schädlich für mich selbst ist.

»Natürlich kannst du zu Recht behaupten, dass du anders bist als die Männer, von denen du erzogen wurdest. Aber sie prägen dich noch immer.«

Wutschnaubend wählte ich die Nummer meines Freundes Donal Logue und schrie zeitgleich Gilbert an, er solle den zentralen Ausdruck seiner Aussage wiederholen. »Sag das noch mal, Gilbert! In was für einem Umfeld bin ich aufgewachsen?«

»In einem Umfeld toxischer Männlichkeit.«

»Donal, hörst du das? Verdammte Scheiße, Mann, was soll das sein, *toxische Männlichkeit*? Gilbert sagt, dass ich damit groß geworden bin!«

Donal erklärte mir, dass es eine Art von fehlgeleiteter Männlichkeit gibt, die den Charakter vieler Männer vergiftet und ihre Beziehungen zerstört. Darüber hinaus freute es ihn, dass ich noch zu solchen Erkenntnissen über mein Leben fähig war und alte Fesseln und Muster abschütteln konnte.

Es stimmte. Mit 74 Jahren verstand ich endlich den Motor, der mich so lange angetrieben hatte. Es war ein hartgesottener V8 aus dem Barrio. Ich mochte die Art meines Vaters und meiner Onkel hassen, ihren Machismo, ihren Chicanismo, und doch war ich ein Charro wie sie: meinen Frauen untreu, gewalttätig gegen andere Männer, ständig wütend und immer einen auf dicke Hose machend. Klar, in mancherlei Hinsicht hatte ich Großes erreicht: Ich war clean und trocken, ich hatte anderen Menschen auf jede erdenkliche Weise geholfen, und ich war ein liebevoller Vater, der nicht davor zurückscheute, seinen Kindern seine Liebe zu zeigen. Aber in meinem Innersten hatte ich immer noch Angst davor, verletzlich und schwach zu sein und verarscht zu werden – eine Angst, die sich von einem Moment auf den anderen in Wutausbrüchen und Kontrollwahn entlud.

Ich hatte auf den brutalsten Gefängnishöfen meinen Mann gestanden und gleichzeitig vor nichts so viel Angst gehabt wie vor meinen eigenen Gefühlen. Man hatte mir beigebracht, sie nicht an mich heranzulassen, und ich fürchtete, die Tür nie wieder schließen zu können, wenn ich sie einmal aufziehen würde. Nun stand diese Tür sperrangelweit offen. Es war schmerzhaft, beängstigend, erhebend und richtig.

Eine Woche darauf war *From a Son* im Kasten. Nach dem letzten Take fielen Gilbert und ich uns in die Arme. Ich dankte ihm dafür, dass er so viel von dem, was tief in mir verschüttet gewesen war, an die Oberfläche geholt hatte. Die Zusammenarbeit brachte uns einander näher denn je zuvor. Ich war extrem stolz. Für mich als Vater wie als Künstler war es fast so, als hätte der einzige Sinn meines bisherigen Lebens darin bestanden, mit Gilbert an diesem Ort zusammenzukommen, um gemeinsam aus unterschiedlichen Perspektiven – einmal als Vater und Sohn, einmal als zwei ehemals

Abhängige – die diversen Höllen zu erkunden, durch die wir gegangen waren, und eine Geschichte zu erzählen, die Menschen mit ähnlichen Erfahrungen vielleicht helfen kann.

Von meinem Sohn Gilbert habe ich, abgesehen von seinem Namenspatron, mehr gelernt als von jedem anderen Menschen. Ich habe miterlebt, wie er sich von einem wortgewandten Fünfjährigen zu einem manipulativen Junkie und schließlich zu einem brillanten Filmregisseur entwickelt hat. Der Weg war steinig, aber einen anderen gab es nicht. Meinem Sohn bei der Arbeit zuzusehen und meine Erfahrungen mit ihm zu teilen, schenkte mir tiefe Genugtuung und Freude.

Kurz nach Abschluss der Dreharbeiten erhielt ich in Highland Park eine Auszeichnung für humanitäres Engagement. Wir rollten in einer Prozession von Lowridern zu dem Veranstaltungsort, einem Kino. Begleitet wurde ich von den Menschen, die mir auf dieser Welt am meisten bedeuteten: Mario, Gloria, Mikey, Mari, Gilbert und Danny Boy. Danielle war leider nach Ohio zurückgekehrt, doch im Geiste war sie bei uns. Ich saß in einem Auto mit Chubby Hernandez, einem meiner ältesten Freunde, der sich um meinen Fuhrpark kümmert. Chubbys Vater Keeno arbeitete in den 1950er- und 1960er-Jahren als Mechaniker bei uns um die Ecke in Pacoima. Jeder brachte seinen Wagen zu Keeno. Heute bringe ich meine Autos zu seinem Sohn.

Zu den wundervollsten Dingen dieses Abends gehörte sicherlich, dass meine Ex-Frau Joanne mir die Auszeichnung überreichte. Sie sah wunderschön aus. Nachdem sie mich vorgestellt hatte, gestand sie dem Publikum, dass sie von mir gelernt habe, für andere Menschen da zu sein. Ich war überwältigt. Wir hatten so viel miteinander durchgemacht. Ganz egal, womit ich gerade beschäftigt gewesen war, Joanne hatte stets die Tür zu unserem Haus offen gehalten für Menschen, die obdachlos waren oder gegen ihre Drogensucht kämpften oder einfach nur eine Mahlzeit und Gesellschaft brauchten. Ich war stolz auf sie. Seit unserer Ehe in den 1970ern war sie clean geblieben. Als sie mit ihrer Einführung fertig war, konnte ich es mir nicht verkneifen, ins Publikum zu fragen: »Wie zum Teufel habe ich diese Frau nur ziehen lassen können?« Alle lachten. Die Wunden der Vergangenheit waren verheilt. Wir waren erwachsen geworden, schätzten uns, waren einander wichtig. Dass wir wieder zueinandergefunden haben, bedeutet mir mehr, als ich mit Worten auszudrücken vermag. Es ist, als würden die ausgefransten Enden meines Lebens zusammenkommen und zu einem Ganzen werden.

Musik war schon immer eine große Leidenschaft von mir gewesen, seit Ewigkeiten hatte ich davon geträumt, selbst in die Musikbranche einzusteigen. Als ich zum ersten Mal mit Baby Bash, einem ursprünglich aus der Bay Area stammenden Künstler, zusammentraf, war er ganz in Rot gekleidet. Ich dachte: *Der Junge hat Eier!* Im tiefsten Sureño-Territorium trug dieser nordkalifornische Vato die Farbe der Norteños. Damit war er fast so tollkühn wie Mario, der in San Quentin in den blauen Shorts trainiert hatte.

Zusammen gründeten wir ein Label, um eine junge, talentierte Sängerin namens Tarah New sowie andere Künstler der Hispano-Community zu unterstützen. Tarah ist eine brillante Sängerin und ein toller Mensch. Sie singt ebenso mühelos auf Spanisch wie auf Englisch und bietet eine unserer Meinung nach ideale Mischung aus Oldschool-Soul und mexikanischen Balladen.

Im Jahr 2019 kam die Platte *Danny Trejo Presents Chicano Soul Shop, Volume 1* heraus. Mit dabei waren Bash, Tarah New, Frankie J, Trish Toledo, Chiquis Rivera und ein Wunderkind aus San Bernardino namens Joey Quiñones, dessen Musik so klingt, als käme sie direkt aus den Fünfzigern, obwohl er selbst erst in seinen Zwanzigern ist. Wir hingen viel im Studio ab, verbrachten eine Menge Zeit miteinander und mussten uns regelmäßig selbst kneifen, um glauben zu können, dass die ganze Sache tatsächlich so viel Spaß machte.

Innerhalb weniger Wochen hatte Bash für Tarah einen Auftritt mit Art Laboe vor 60.000 Menschen arrangiert. Hinter der Bühne musste ich mich abermals kneifen. Aber es war kein Traum.

Kapitel 35

DANNY TREJO DAY

2020

Im Jahr 2020 wurde der 31. Januar in Los Angeles offiziell zum
»Danny Trejo Day« erklärt. Ich liebe diese Stadt aus ganzem Herzen und war überwältigt, dass meine Zuneigung auf diese Weise
erwidert wurde. Wer auch immer nun am internationalen Flughafen
von Los Angeles aus dem Flugzeug steigt, wird über die Lautsprecher
von meiner Stimme in Empfang genommen: »Herzlich willkommen am LAX. Ich bin Danny Trejo. Vielleicht kennen Sie mich als
Machete oder haben schon einmal bei Trejo's Tacos gegessen. Aber
da ist noch etwas, das Sie wissen sollten – ich liebe Los Angeles. Es
ist die beste Stadt der Welt. Genießen Sie Ihren Aufenthalt in der
Stadt der Engel!«

Für mich ist Los Angeles wie die Smaragdenstadt in *Der Zauberer
von Oz*. Ein magischer Ort, an dem auch heute noch Träume wahr
werden. Ja, es gibt hier auch Hollywood und die Filmindustrie,
aber für mich ist jeder einzelne Straßenzug dieser Stadt mit irgendjemandem verbunden, der von den Drogen losgekommen ist und
sein Leben wieder in den Griff bekommen hat. Wie jede andere
Stadt besteht L.A. aus den menschlichen Seelen, die hier leben.
Manche Leute kritisieren diese Stadt als oberflächlich, aber ich
nenne sie oft nur Tibet. Denn in den mehr als fünfzig Jahren, seit

ich aus dem Knast raus und trocken bin, habe ich miterlebt, wie Tausende und Abertausende von Menschen ihrem Leben eine Wendung zum Besseren gaben, indem sie sich für ein einfaches, ehrliches, bedachtsames und vom Glauben geleitetes Leben entschieden. Wenn irgendjemand L. A. also als oberflächlich verflucht, muss ich einfach nur lachen.

Im Jahr 2019 ging ein Artikel der Frage nach, wer der meistermordete Schauspieler der Filmgeschichte ist. Ich habe mit überwältigendem Vorsprung gewonnen: Fünfundsechzig Mal bin ich den Filmtod gestorben. Es überrascht mich, dass es nicht öfter war. Ich wurde in *The Salton Sea* von einem Dachs und im Amazonas von einer Anakonda gefressen. In *Breaking Bad* wurde mein abgeschlagener Kopf einer Schildkröte aufgesetzt, die dann explodierte und einen Staatsanwalt zerfetzte. Ich wurde erschossen, erstochen, in die Luft gejagt und erhängt. Was auch immer Sie sich vorstellen können, es wurde mit mir gemacht. Aber das ist okay, meine Bilanz ist mehr als nur ausgeglichen. Allein in den ersten zehn Minuten von *Machete* habe ich wahrscheinlich hundert Typen abgemurkst. Ich kenne einige Schauspieler, die sich weigern, Todesszenen zu spielen, vor allem ältere Schauspieler. Warum? Vielleicht aus Aberglauben oder weil sie Angst vor der intensiven Erfahrung haben. Ich dagegen habe dabei einen Heidenspaß.

Je öfter ich in Filmen auftauche, desto mehr interessieren sich die Leute für meine Lebensgeschichte. Ich hoffe, die Menschen erkennen anhand meiner Story, dass man sich für ein besseres Leben entscheiden und sich ändern kann. Und sobald man diese Entscheidung einmal getroffen hat, kann man ihr für den Rest seines Lebens treu bleiben. Mir bot sich diese Chance im Jahr 1968. Ich bat Gott um seinen Beistand, und er sagte mir, ich solle clean bleiben und anderen Menschen helfen. Das ist das Rezept. So einfach. Alkohol und Drogen verschaffen einem vielleicht vorübergehend etwas Erleichterung, aber es gibt kein Problem im Leben – ganz gleich, ob finanzieller, emotionaler oder rechtlicher Natur –, das sie nicht noch verschlimmern könnten. Wenn Sie dies lesen und sich selbst in einer schwierigen Situation befinden, bitten Sie Gott, Ihnen die Last von den Schultern zu nehmen. Holen Sie sich Hilfe und hören Sie auf, weiter an dem Loch zu graben, das Sie zu verschlucken droht. Da draußen existiert eine Gemeinschaft mit Millionen von Männern und Frauen, die sich irgendwann einmal in einer ähnlichen Situation befanden und deshalb für Sie da sein werden – ganz egal, ob Sie sie kennen oder nicht. Denn ihre eigene Genesung hängt davon ab, Menschen wie Ihnen zu helfen.

Bis heute bin ich für die Western Pacific Med Corp tätig. Der inzwischen verstorbene Dr. Dorr vermachte die Organisation meinem Partner Mark Hickman, der als 14-Jähriger bei uns anfing und damals noch mit dem Skateboard zur Arbeit kam. Auf nichts in meinem Leben bin ich so stolz wie auf Gilberts Film *From a Son* und meine Arbeit für Western Pacific – und vielleicht noch auf meine Rolle als Vater.

Ich habe Tausenden Menschen meine Telefonnummer gegeben. Viele von ihnen rufen mich immer noch an, manche sogar täglich. Manchmal frage ich mich, ob ich eigentlich verrückt bin, aber indem ich mich um sie kümmere, kümmere ich mich zugleich um mich selbst. Die Restaurants sind einfach eine weitere Möglichkeit, für die Menschen da zu sein. Als wir sie aufmachten, habe ich mich dort immer blicken lassen, sobald ich in der Stadt war. Ich habe die Leute begrüßt und mit ihnen geredet und gegessen.

Sam Hardy hatte mir damals eingeschärft: »Wenn du etwas für andere tust, darfst du keine Belohnung erwarten.« Wenn man aus den richtigen Motiven handelt, schenkt einem die Welt ein Lächeln.

Meine Filmkarriere ist für mich schlicht ein Vehikel zur Verbreitung einer Botschaft, die vielen Menschen hilft. Verstehen Sie mich nicht falsch, ich liebe Filme. Wenn ich in Folsom und Soledad nicht Filme nachgespielt hätte, wäre ich durchgedreht. Noch heute berühren mich *Der Glöckner von Notre-Dame* oder *Der Zauberer von Oz* tief in meiner Seele. Filme lehren uns eine Menge über unser Leben. Sie zeigen uns, dass wir ungeachtet aller Widrigkeiten jedes Problem überwinden können, sofern wir nur tief genug in uns selbst nach der Lösung graben.

Aber das Wichtigste an meiner Arbeit in der Filmwelt ist für mich, dass ich dadurch so vielen Menschen die Botschaft Gottes nahebringen kann. Wenn sich Menschen aufgrund der Filme für mich interessieren, werden sie sich hoffentlich auch ein wenig eingehender mit meiner Person und meinem Herzensanliegen beschäftigen, sodass sich die Botschaft der Genesung verbreitet. Sobald ihnen klar wird, dass ich nicht nur leere Worte predige, wollen sie hoffentlich auch erfahren, wie ich es geschafft habe, mein Leben zu verändern.

Schon Jahre bevor ich die Rolle in *Runaway Train* bekam, war ich Schauspieler. Als Kind tat ich so, als hätte ich keine Angst, als würde ich die Dinge nicht sehen, die ich sah, würde nicht fühlen, was ich fühlte. Um das zu erleben, muss man nicht in einer schlechten Gegend aufwachsen. Für mich stellten die Drogen eine unmittelbare und einfache Möglichkeit dar, schwer ertragbaren Gefühlen zu entkommen.

Gefühle zu vermeiden und zu überspielen, darum ging es in meinem Leben allzu lange. So war es auch im Gefängnis. Drogen, Wichsen, was auch immer – Hauptsache, ich konnte mich selbst für fünf oder zehn Minuten vergessen und meine wahren Gefühle verbergen. Ich spielte den Fiesling, bis ich mir die Rolle selbst abnahm. Um das Gefängnis zu überleben, musst du ein Psychopath sein. Als ich in *Runaway Train* meine erste Chance als Schauspieler bekam, hatte ich dafür vierzig Jahre lang geprobt. Ich war wie ein Fisch, der sein Wasser gefunden hatte. Andrei Kontschalowski rief »Action«, und die Zeit blieb stehen. In der darauffolgenden Stille und gespannten Erwartung hatte ich alles unter Kontrolle – egal, ob die Gefangenen im Hintergrund wild durcheinanderschrien oder ob Eric Roberts nach links ging, obwohl er nach rechts hätte gehen sollen. Ich merkte, dass ich das Geschehen kontrollieren konnte – es war wie bei einem Raubüberfall. Auf der Leinwand bin ich mal der Held, mal der Bösewicht. Es spielt keine Rolle, denn Filme können uns zeigen, dass wir unsere Schwierigkeiten im Leben überwinden können, wenn wir nur den nötigen Mumm aufbringen. Als Zuschauer wie als Künstler können wir uns durch Filme und Geschichten über unsere Ängste klar werden und uns mit den Charakterschwächen beschäftigen, die uns im Weg stehen.

War es unwahrscheinlich, dass ich ein Filmstar werde? Auf jeden Fall. Es war höchst unwahrscheinlich, dass ich überhaupt etwas aus mir machen würde, egal auf welchem Gebiet. War ich ein Typ, der durchs Raster gefallen war? Nein, denn für mich gab es gar kein Raster. Für mich ging es ganz unten los: ein vollgepisster Boden, ein Eisenbett ohne Matratze, an der Wand ein mit Scheiße hingeschmiertes »Fick dich, Gott!« und dazu nicht enden wollende Schreie, die durch den Zellenblock hallten. Manchmal fühle ich mich wegen meines Hollywood-Erfolgs wie ein Betrüger. Dann wieder denke ich: »Wer hätte ihn mehr verdient?« Die Wahrheit ist, dass nur wenige Menschen in der Lage sind, den Typen, der mit der Knarre in der Hand deine Tür eintritt, realistischer darzustellen als ich.

Inzwischen ist Gilbert seit einigen Jahren clean, ebenso wie Danielle. Sie betreibt in Ohio ein erfolgreiches Geschäft für Vintage-Klamotten namens Dirty Water. Lange Jahre hatte ich nur Ruhe, wenn sie mit jemandem zusammen war, von dem ich wusste, dass er sich um sie kümmern würde. Als ich ihr nach ihrer letzten Trennung anbot, ihr unter die Arme zu greifen, meinte sie nur: »Ich brauche deine Hilfe nicht.«

Ich tat, als ob ich schluchzen würde. »Du brauchst mich nicht mehr!«

»Halt die Klappe, Dad. Ich werde dich immer brauchen.«

Danny Boy ist in Lompoc und fühlt sich pudelwohl. Sooft er kann, kommt er nach L.A., um seinen alten Herrn zu besuchen. Maeve arbeitet immer noch als Krankenschwester und Anwältin und kümmert sich um ihre beiden jüngeren Söhne und unsere beiden gemeinsamen Kinder. Wegen ihrer Arbeitszeiten wohnt ihr jüngster Sohn Samuel die meiste Zeit bei Mario und mir, während sein Bruder Theo gerade eine Wohnung über der meines Sohnes Gilbert bezogen hat, sodass der Ältere ein Auge auf den Jüngeren haben kann. Mein Cousin Gilbert hat eine Stelle als Elektriker und berät gefährdete Jugendliche. Ich könnte nicht stolzer sein.

Noch mal zurück zu Maeve. Als ich mit ihr zusammen war, habe ich oft auf ein leeres Band auf meinem Arm gedeutet und gesagt: »Wenn du alles richtig machst, werde ich mir eines Tages deinen Namen an dieser Stelle tätowieren lassen.« Mit »richtig machen« meinte ich, dass sie nach meiner Pfeife tanzen und nicht widersprechen sollte. Was für ein Irrweg!

Doch die Zeit ist mächtiger als Tattoos und Heiratsurkunden. Hätten Maeve und ich es geschafft, den Krieg zu beenden, den wir aus Unsicherheit führten, hätten wir es uns vielleicht irgendwo gemütlich machen und eine glückliche Familie sein können. Doch so funktioniert das Leben nicht – immerhin hält es ständig Überraschungen bereit.

Inzwischen ist Maeve eine meiner besten Freundinnen. Wir stehen uns sehr nahe, sprechen uns täglich und haben Spaß, wenn wir uns sehen. Ihre jüngeren Kinder schlüpfen oft bei mir unter, weil sie in ihrem Job als Krankenschwester in einem Therapiezentrum lange Schichten schiebt. Wir sind Partner.

Ich bin glücklich über unser Verhältnis, und was einst passiert ist, spielt heute keine Rolle mehr. Über dreißig Jahre nachdem wir uns kennenlernten, kann ich heute sicher sagen, dass Maeve die Liebe meines Lebens ist.

Wenn ich eine Sache gelernt habe, dann die, dass du deinen Liebsten jeden Tag sagen solltest, dass du sie liebst. Vor allem deinen Kindern. Kinder müssen wissen, dass sie geliebt werden. Schauspieler und Restaurantbesitzer zu sein, ist cool, aber Vater zu sein, ist das Beste.

Ich bin ein Typ mit ganz normalen Problemen. Manche Dinge in meinem Leben sind nicht so, wie es sich die Leute vielleicht vorstellen. Ich habe Verpflichtungen – als Staatsbürger, als Vater, als Mitglied einer Gemeinschaft. Alltagsprobleme. Ohne ein gewisses Maß an Problemen ist das Leben nicht lebenswert. Meine einzigen echten Probleme sind jedoch die Drogen und der Alkohol. Rühre ich eines von beiden an, geht mein Leben den Bach runter, und meine Verpflichtungen fliegen mir um die Ohren.

Doch wie meine Großmutter zu sagen pflegte: Donde hay vida, hay esperanza – wo Leben ist, da gibt es Hoffnung.

EPILOG

Es ist Freitag, der Tag vor meinem 76. Geburtstag, und ich stehe heute etwas später auf als sonst. Zwei meiner Hunde schlafen auf dem Boden, die anderen fünf kuscheln noch mit mir im Bett. Norm kommt vorbei, Kumpel und Stuntdouble in Personalunion, um ein Workout und ein Stretch-Programm mit mir zu absolvieren. Wir machen nichts Heftiges, nur ein paar Routinen, um den Kreislauf in Gang zu bringen.

Als wir mit dem Training durch sind, werfe ich einen Blick in den Garten hinter dem Haus und entdecke dort Donal und meinen Kumpel Sal. Ich kenne Sal aus San Quentin, wo ich ihn 1965 traf. Er war ein unfassbar guter Boxer und trainiert heute, mit mittlerweile fünfundsiebzig, immer noch junge Talente. Nachdem er gut fünfzig Jahre mit Gaunereien und Knastaufenthalten verbracht hatte, traf ich ihn vor ungefähr drei Jahren bei einem Meeting wieder. Ich fragte: »Was läuft bei dir?« Er meinte: »Ich suche einen Job.« Ich darauf: »Dann arbeite doch für mich.«

Mario steht in der Küche und macht Frühstück. Ich rufe in den Garten: »Alle Häftlinge antreten zum Futterfassen!« Sal lacht. Mario macht genug Essen für uns alle: Mikey, Maeves Söhne Samuel und Theo, Mario, Sal, Donal und mich. Ich futtere eine Kleinigkeit und gehe anschließend unter die Dusche, um rechtzeitig bei Herb J. Wesson im Gemeindezentrum aufzulaufen, wo ich mit anderen Lebensmittel an bedürftige Familien verteile.

Mario, Donal und ich fahren auf der Interstate 5 Richtung Süden, eine Asphaltpiste voller Erinnerungen. Links der La Tuna Canyon Park, wo Gilbert und ich oft durch die Gegend streiften und mit Kleinkalibergewehren rumballerten. Rechts das Haus meiner Eltern in Arleta, wo man mich verhaftete, nachdem ich dem Matrosen das Gesicht zerschnitten hatte; dahinter der Garten, in dem ich Handgranate, Cash und Schrotflinte verbuddelte. Vor uns eine Ausfahrt mit der Aufschrift »Osborne Street«, die Straße, in der ich mit Debbie und später auch mit Joanne gewohnt und meinem Cousin Little Gilbert eine Zeit lang Unterschlupf gewährt hatte.

Die I-5 wird zum CA 170. Irgendwo links befindet sich das Haus meiner Großeltern auf der Penrose Street, wo ich das erste Mal Marihuana rauchte und H drückte, wo Gilbert mir das Boxen beibrachte, wo ich mir den Wagen von Onkel Rudy auslieh, um mit Mike Serna zusammen meinen ersten bewaffneten Raubüberfall durchzuziehen.

Die I-5 und der CA 170 sind eng mit meinen wildesten Abenteuern verbundene Lebensadern. Die Raubüberfälle mit Dennis; das Haus, in dem ich meine Jungfräulichkeit verlor; die alte Außenstelle des North Hollywood Police Department, aus der Rita mich befreien wollte, nachdem Mullins mich wegen Drogenhandel hopsgenommen hatte. Officer Mullins. Ich muss lachen. Jahre nach der Aktion traf ich ihn wieder; wir beide waren Redner auf einer Konferenz zum Thema »Jugend und Kriminalität in North Hollywood«. Er sagte nur: »Danny, wie ich sehe, machst du dich wirklich prächtig. Ich bin stolz auf dich.«

Vor ein paar Wochen fuhren Mario und ich zur »Cruise Night« auf dem Van Nuys Boulevard – ein traditionelles Spektakel mit jeder Menge Lowrider und Classic Cars, das seit Kurzem wieder stattfindet. Wir hatten Schwierigkeiten, einen Parkplatz zu finden, und kamen irgendwann an einer Ecke vorbei, an der zehn Streifenwagen auf einem Haufen standen. Einer der Cops grüßte mich: »Hey, Trejo!«

Ich grüßte zurück und sagte: »Officer, machen Sie mir mal bitte einen Parkplatz klar!« Es war ein Witz, aber die Cops setzten sich sofort in Bewegung und fuhren einen ihrer Wagen beiseite, damit ich parken konnte. Mario, der bereits einiges gesehen und lange Jahre abgesessen hat, konnte es nicht fassen.

Feinde werden zu Verbündeten.

Ich bete. Immer und überall, oft auch laut. Warum denn nicht?

Vater unser im Himmel, geheiligt werde dein Name. Dein Reich komme. Dein Wille geschehe, wie im Himmel so auf Erden. Unser tägliches Brot gib uns heute. Und vergib uns unsere Schuld, wie auch wir vergeben unseren Schuldigern. Und führe uns nicht in Versuchung, sondern erlöse uns von dem Bösen. Denn dein ist das Reich und die Kraft und die Herrlichkeit in Ewigkeit. Amen.

Etwas den Freeway runter liegt mein alter Dealerspot, ein echtes Rattenloch. Nicht weit von dort entfernt: die alte Wohnung von mir und meiner ersten Frau Laura und das ehemalige Apartment von meinem Onkel Gilbert, wo ich zum ersten Mal Kokain drückte und anschließend schreiend die Straße runterrannte. Fünfundfünfzig Jahre ist das jetzt her, aber ich erinnere mich immer noch gut an dieses Gefühl, dass mein Herz jede Sekunde explodieren und aus meiner Brust herausspringen könnte.

Gott, gib mir die Gelassenheit, Dinge hinzunehmen, die ich nicht ändern kann, den Mut, Dinge zu ändern, die ich ändern kann, und die Weisheit, das eine vom anderen zu unterscheiden.

Ich habe die Welt bereist, aber das San Fernando Valley werde ich wahrscheinlich nie verlassen. Im ersten Moment war mir die Verbindung nicht aufgefallen, aber gut vierzig Jahre nach meiner Knastzeit in der Abteilung Lassen A im Soledad State Prison kaufte ich mir ein Haus auf der Lassen Street in Chatsworth.

Mein heiligster Besitz ist ein wunderschöner blauer 1965er Buick Riviera. Auch die Feds, die mich wegen Handel mit BTM-Imitaten hochnahmen, fuhren einen blauen 65er Riviera. Es war der Wagen, in dem sie mir auf dem Weg zum FBI-Gebäude in Downtown den Arsch aufrissen. Und dann der 1938er Chevy, den mir Ronnie vermachen wollte und den wir uns laut Debbie nicht leisten konnten ... Ich habe mich immer gefragt, warum mich das so verletzte und warum gerade dieser Wagen mir so wichtig war. Irgendwann fiel es mir wie Schuppen von den Augen: Es war dasselbe Modell, dieselbe Farbe, dasselbe Baujahr wie der Wagen meines Großvaters, den Gilbert und ich uns für meinen ersten Drogendeal ausgeliehen hatten – der Wagen, in dem ich die Songs im Radio gezählt hatte.

Kein Wunder, dass mich diese Dinge anziehen. Adressen, Straßen, Fahrzeuge – durch sie lasse ich meine Vergangenheit Revue passieren, schließe ab, verwandle die negativen Aspekte meines Lebens in etwas Gutes. Wir sind unterwegs nach Downtown. Es ist die Route, die Gilbert und ich oft nahmen, um Chuey auf der Temple Street zu besuchen und das Heroin abzuholen, das wir dann im Sun Valley Park vertickten. Bevor es losging, machte uns meine Großmutter immer ein Frühstück mit Eiern, genauso wie Mario es heute Morgen getan hat.

Lieber Herrgott, danke für mein Leben. Danke für die Möglichkeit, anderen Menschen helfen zu können: Danny Boy, Gilbert, Big Gilbert, Danielle, Mario, Mikey, Maeve, Theo, Samuel, Chubby, Sal, Max, DJ, Mari, Gloria. Danke für meine Familie, meine Freunde, meine Liebsten. Pass bitte auf sie auf. Danke für meine Hunde: Liam, Duke, Penny Lane, Sergeant Pepper, Raven, John Wesley Harding, Zeke, Dixie Wixie, Whisper. Danke für Ash und Jeff und all die anderen Menschen bei Trejo's Tacos. Danke für die Möglichkeit, unsere Mitarbeiter und unsere Liebsten versorgen zu können. Hilf denen, die ich sponsere, damit sie clean und gesund bleiben. Danke für Jack Bernstein von CRI-Help, für Jimmy Peña und all die anderen Menschen, die in der Suchthilfe tätig sind. Danke, dass du Tarah New, Baby Bash, Twixxy, Johnny und den Jungs sowie meinen Künstlern hilfst. Danke auch für Seniesa Estrada, WBA- und WBC-Boxchampion, die von Trejo's Tacos gesponsert wird. Lieber Herrgott, danke auch für all die Menschen, die mich dabei unterstützten, in diesem Buch meine Geschichte zu erzählen: Michelle Herrera Mulligan, Melanie Iglesias Perez, Shida Carr, Isabel DaSilva und alle Mitarbeiter von Simon & Schuster sowie Perri Kipperman, Albert Lee, Byrd Leavell und Nancy Gates von der United Talent Agency, Lydia Wills, Hilary Liftin, Donal Logue und natürlich Gloria Hinojosa von AEFH Talent, durch deren Engagement sich nicht nur meine Karriere, sondern auch mein Leben toll entwickelt hat. Lieber Herrgott, danke für Gloria, die mich immer unterstützt hat. Ganz besonderen Dank für den Schutz all derer, die gegenwärtig mit Alkohol- und/oder Drogenproblemen ringen. Zeig ihnen, dass es einen anderen Weg gibt ...

Rechts von uns taucht das Gebäude von Capitol Records auf. Hollywood, Hollywood Boulevard. Ich denke daran, wie ich den Kerl auf dem Parkplatz am Kino niederschlug, als Diana schwanger war, an die daraus folgende Infektion, die mich fast meinen Arm gekostet hätte. Dann sehe ich den Häuserblock auf dem Hollywood Boulevard, an dem Frank, drei Mitglieder der Ulans und ich auf eine Gruppe von elf weißen Burschen stießen, die sich mit uns prügeln wollten. Ich zog eine Knarre und hielt sie in die Luft. Der Boss der anderen Gang sagte: »Und jetzt? Wir sind elf Mann, Alter!«

»Warte, bis ich sechs von euch mit dem Ding hier ausgeknipst hab, dann heißt es fünf gegen fünf.« Ich erzähle Mario von der Geschichte. Er lacht.

»Die Weißen haben sich ständig über unsere weiten Klamotten lustig gemacht. Sie wussten nicht, dass wir sie trugen, um die Knarren am Körper verstecken zu können. Mit ihren engen Jeans war das keine Option.«

Herr, ich bin nicht würdig, dass du eingehst unter mein Dach, aber sprich nur ein Wort, so wird meine Seele gesund.

Wir fahren vom Highway 101 runter, dann die Western Avenue weiter Richtung Süden. Die Gegend hat sich sehr verändert, ist voller Leben. Es ist ein paar Jahre her, seit ich das Suchthilfezentrum an der Ecke Western und Third Street leitete. Die Nachbarschaft wirkte damals um einiges verschlafener auf mich. Wobei, wie heißt es so schön? Die Erinnerung ist ein unzuverlässiger Erzähler.

Als wir hinter dem Gemeindezentrum parken, sehe ich schon die Schlange der nach Essen anstehenden Menschen, die sich einmal um mehrere Häuserblocks zieht. Die Leute halten Abstand, tragen Handschuhe und Gesichtsmasken. Covid-19 hat Los Angeles stark gebeutelt, genauso wie viele andere Gemeinden weltweit. Die Auswirkungen auf die Wirtschaft sind fast so schlimm wie die von der Pandemie verursachten Gesundheitsprobleme. Gemeinderat Herb J. Wesson begrüßt uns per Ellbogenstoß. Seit Jahrzehnten schon engagiert er sich für die Community. Wir tauschen uns kurz aus und machen uns dann an die Arbeit, füllen Lebensmittel in Kisten: Reis, Bohnen, Sellerie, Koriander, Paprika, Brot, Äpfel und Süßigkeiten für die Kleinen. Wir wollen fünfhundert Familien satt machen. Nach einem Blick auf die lange Autoschlange am Manhattan Place werde ich nervös, dass wir nicht genug für alle haben könnten. Als wir die letzte Kiste gepackt haben, kommen sie: Autos mit Großmüttern und ihren Enkeln, Ehepaare, Senioren mit Einkaufswagen. Alle sind geduldig, höflich, dankbar. Die lächelnden Gesichter geben mir ein gutes Gefühl. Es ist so einfach: Wenn du dich besser fühlen willst, hilf einem anderen Menschen. Mehrere Frauen fragen nach Windeln für ihre Babys. Ich sage ihnen, dass ich mich darum kümmere und beim nächsten Mal welche da sein werden.

Ein blauer Dodge-Minivan ist das letzte Auto an der Ausgabe. »Machete!«, ruft einer der Kleinen auf dem Rücksitz, die Kinder neben ihm kichern. Ich reiche ihnen Becher mit Eis und sage Mario, er soll eine zusätzliche Kiste in den Kofferraum des Wagens packen.

Das Essen reicht gerade so für alle.

Als wir wieder aufbrechen, bin ich erschöpft, aber es ist ein gutes Gefühl. Mario schiebt *Danny Trejo Presents Chicano Soul Shop, Volume 1* in den CD-Schlitz des Autoradios. Die Songs sind alle großartig und erinnern mich an die Hits aus meiner Jugendzeit. Ich rufe Bash an, und wir quatschen darüber, wann wir wieder ins Studio gehen, um *Volume 2* aufzunehmen.

Auf dem Rückweg passieren wir die Stelle, an der einst das Haus meiner Großmutter stand, die Stelle, an der wir Mamamiez und Blackie begruben. Sind wirklich schon mehr als siebzig Jahre seit dem Tag vergangen, an dem Mary Carmen, Coke, Salita, Toni und ich die tote Katze in der Gasse fanden?

Als ich die Haustür öffne, flippen die Hunde aus.

»Ruhig, Jungs! Ist ja gut, ich hab euch auch vermisst. Na, wer von euch will ein paar Leckerlis?«

Sie springen im Kreis um das Regal mit den Hundesnacks. Nach der Fütterung machen wir es uns auf meiner Couch von La-Z-Boy gemütlich. *Der Schwarze Falke* mit John Wayne läuft im Fernsehen. Ich drehe die Lautstärke auf und fahre die Fußablage aus. Liam macht es sich auf dem Boden bei meinen Füßen bequem, Duke springt in die Lücke zwischen meinen Beinen. Ich streichele Zeke, worauf Penny Lane knurrt, bis ich auch sie kraule. Sergeant Pepper stupst gegen meinen Arm; er will, dass ich seinen Hintern schubbere. Meine Hunde haben sehr spezifische Anforderungen, wenn es um Liebkosungen geht. Ich muss lachen. Dixie Wixie vergräbt sich in meinem Hemd, um nicht von den anderen zerquetscht zu werden, neben mir schnarcht John Wesley Harding. Als Danielle noch ganz klein war, liebte sie es auch, sich in meinem Hemd zu verkriechen. Meine Kinder sind gesund, ich bin gesund, meine Hunde sind gesund. Wir sind glücklich. *Morgen werde ich sechsundsiebzig*

Jahre alt, und ich habe noch so viel vor, schießt es mir durch den Kopf. Doch im nächsten Augenblick bin ich schon wieder vollauf zufrieden damit, die Welt ihrem Lauf zu überlassen und einen Moment der Ruhe mit meinen Hunden zu genießen.

Dann stelle ich dem Allmächtigen noch eine letzte Frage: »Gott, wie mache ich mich eigentlich?«

Und der Mann in der Chefetage antwortet: *Großartig, Danny. Nicht mehr viel, und du entkommst der Hölle. Bleib dran.*

Ich lächele und danke ihm für mein Leben.

ANMERKUNGEN EINES MITTÄTERS

Zum ersten Mal traf ich Danny am 14. März 1999 im Keller einer Kirche in Prince George, einer Stadt im Zentrum der kanadischen Provinz British Columbia. Die Selbsthilfegruppe in diesem Keller bestand größtenteils aus Angehörigen der First Nations, Danny passte auf den ersten Blick hervorragend hinein. Als ich mich etwas genauer im Raum umsah, blieb ich bei seinem Gesicht hängen. *Den Typen kenn ich doch*, dachte ich.

Was für ein alberner Gedanke. Ich kannte ihn natürlich nicht, sondern hatte ihn nur erkannt, so wie Millionen andere Menschen auf der ganzen Welt. *Heat, Con Air, Blood In, Blood Out* – im Jahr 1999 war Dannys Gesicht so berühmt, seine bedrohliche Präsenz durch die vielen Filme, in denen er mitgespielt hatte, so allgegenwärtig, dass ich mich wie ein Idiot fühlte, nicht eins und eins zusammengezählt zu haben. Er war aus demselben Grund wie ich in Prince George: Er war ein Darsteller in John Frankenheimers Film *Wild Christmas*.

Es war mein erster Abend in Prince George; man hatte mich als Ersatz für einen in letzter Sekunde ausgefallenen Kollegen an den Drehort geholt. Die Zusage zu *Wild Christmas* war mir sehr schwergefallen. Mein erster Sohn Finn hatte gerade mal fünf Tage zuvor das Licht der Welt erblickt. Ich brauchte jedoch das Geld. Meine Agentur hatte mich auf die Straße gesetzt, und ich musste eine Familie ernähren.

Noch nie war ich in einer entlegeneren Stadt als Prince George gewesen. Die Bewohner waren in Bergbau und Forstwirtschaft tätig, das Stadtbild wurde von einem Sägewerk, einem Spielcasino und einem Gefängnis dominiert. Ich ließ die Willkommensparty mit Darstellern und Crew sausen und wollte stattdessen zu einem Meeting, um meine Gedanken zu ordnen. Auf dem Weg zur Kirche sah ich zwei Männer, die in Zeitlupe auf der verschneiten Straße zu tanzen schienen. Als ich genauer hinschaute, erkannte ich, dass es zwei sturzbetrunkene Kerle waren, die sich gerade die wahrscheinlich lahmarschigste Messerstecherei der Geschichte lieferten.

Gegen Ende des Meetings sprach auch Danny ein paar Worte. Er erwähnte einen Knastaufenthalt in San Quentin und das Jahr 1968. Ich war etwas verwirrt, schließlich bin ich 1966 zur Welt gekommen. Sicher, seinen Gesichtszügen nach zu urteilen, hatte er bereits einige Sommer erlebt, aber er war in hervorragender Verfassung. Hätte man uns nebeneinandergestellt, ich glaube, so manch einer hätte mich für den Älteren von uns beiden gehalten.

Nach dem Meeting sprach ich ihn an. Er bestätigte meine Vermutung, dass auch er an dem Film mitwirkte, und erklärte mir die Einzelheiten zu der Umbesetzung in letzter Minute. Durch seine Worte am Ende des Meetings war ich neugierig geworden und fragte, ob er 1968 geboren sei.

»Was? Nein, Mann. 1968 saß ich in Soledad in Einzelhaft und bin dort trocken und clean geworden. Damals war ich fünfundzwanzig.«

Ich war überrascht, dass der Mann vor mir näher an sechzig als an dreißig sein sollte.

»Ich glaube, dass wir uns kennen, Kumpel«, sagte er.

»Unmöglich. Daran würde ich mich erinnern«, erwiderte ich.

»Hast du nicht mal im West Hollywood Drug and Alcohol Center als Hausmeister gearbeitet?«

»Ja, stimmt.«

»Da hab ich dich mal getroffen, als du gerade ein Bad sauber gemacht hast, das wie ein verdammter Tatort aussah. Eine Toilette war explodiert.«

»Echt? Haben wir uns unterhalten?«

»Ja. Du warst einer der grimmigsten Typen, die ich je kennengelernt habe.«

»Na ja«, antwortete ich, »wer im Drug and Alcohol Center die Bäder putzen muss, hat automatisch miese Laune.«

Er lachte. »Und jetzt machst du Filme. Das passiert nur Leuten, die demütig durchs Leben gehen und bereit sind, ein Arbeiter unter Arbeitern zu sein, ganz gleich, welcher Job gerade ansteht.«

Ich nickte. Er hatte recht.

»Wie lange bist du schon trocken, Partner?«

Ich antwortete: »Fast acht Jahre, seit meinem fünfundzwanzigsten Geburtstag.«

»Hast du einen Sponsor?«

»Eigentlich schon«, erwiderte ich. »Aber der Mann hat vor Kurzem aufgehört.«

»Gut, dann bin ich ab jetzt dein Sponsor. Auf mich kannst du dich verlassen. Bleib einfach immer in meiner Nähe.«

Von diesem Tag an war ich einer von Dannys Vertrauten und gehörte fortan zu einer handverlesenen Gruppe: Seine Mentoren Frank Russo, Jhonnie Harris und Sam Hardy, seine Freunde Little Tony Pastor, George Perry, Eddie Bunker, Max Martinez sowie Mario und Mikey Castillo, seine Söhne Gilbert und Danny Boy, seine Tochter Danielle sowie Mari, Gloria, Chubby, Sal und Maeve bildeten den inneren Kreis. Nahezu alles, was Danny sagte, war Gold: weise, lustig, markig, manchmal auch prophetisch. In diesen ersten Tagen in Prince George lernte ich von Danny mehr über das Leben als in den zweiunddreißig Jahren zuvor.

Eines Abends klopfte Danny an meine Hotelzimmertür und sagte, wir würden einen Ausflug machen. Auf einem verschneiten Highway, inmitten eines nicht enden wollenden Waldes, fragte ich ihn, wohin die Reise ging. Er sagte: »Hab Geduld. Wir sind gleich da.«

Eine halbe Stunde später hielten wir vor einem großen Haus, das auf einer Wiese stand. Es war ein Heim für schwer erziehbare Jugendliche. Irgendwie hatte Danny von der Einrichtung erfahren und die Leitung informiert, dass er gern mal vorbeikommen würde. Der Leiter des Heims hatte ihm allerdings versprechen müssen, dass er den Kids nichts von dem Besuch verriet.

Als die Teenager ihn durch die Tür kommen sahen, waren sie wie geschockt. Wir blieben zwei Stunden bei den Jugendlichen, und Danny unterhielt sich mit jedem einzelnen von ihnen. Seine Erlösungsgeschichte sorgte bei uns allen für feuchte Augen – sowohl durch Lachkrämpfe als auch vor Rührung.

Auf dem Rückweg nach Prince George fragte ich Danny, wie er von dieser Einrichtung erfahren hatte. Er antwortete: »Egal, wo ich hingehe, ich suche immer nach Übergangshäusern und Heimen wie diesen. Es ist unsere Aufgabe, diesen Kids die Hand zu reichen. Sogar bei Hundeasylen wäre das nötig, Mann. Geh ein paar Tierheime besuchen, wenn es gerade passt. Diese Hunde sitzen Zeit ab, und ich sag es dir als jemand, der auch Zeit abgesessen hat: Am meisten freut man sich hinter Gittern über einen Besucher.«

Der Film selbst war aus vielerlei Gründen kompliziert. Eines der Hauptprobleme bestand darin, dass das Wetter nicht mitspielte. Darüber hinaus war die Atmosphäre am Set von großem Stress geprägt. Es gab einen ungeheuren Druck, alle Szenen gemäß Frankenheimers Wunschzeitplan auf Film zu bannen. Ich erinnere mich noch daran, wie ich Ashton Kutcher kennenlernte. Er hatte zwar gerade die erste Staffel von *Die wilden Siebziger!* abgeschlossen, aber bei *Wild Christmas* war er zum ersten Mal an einem richtigen Filmset. Als wir eine Szene drehten, bei der er aus einem Casino rennt, vertraute er mir an, dass er vergessen hatte, die Sonnenbrille aufzusetzen, die er im Take davor getragen hatte. Er wollte von mir wissen, ob er etwas sagen sollte.

»Nein.«

Dieses Set war eine Umgebung, in der keine Fehler toleriert wurden. Die Hauptdarsteller Ben Affleck, Charlize Theron und Gary Sinise waren alle großartig. Darüber hinaus gab es aber ein paar anstrengende Charaktere (die zuvor erwähnten zählten nicht dazu).

Ich sprach mit Danny über meine Schwierigkeiten mit gewissen Kollegen am Set und auch die Schuldgefühle, meine Familie so kurz nach der Geburt allein gelassen zu haben.

»Scheiß auf den Wichser!«, sagte er in Bezug auf meinen Ärger mit einem besonders problematischen Kollegen. »Der kriegt schon noch sein Fett weg. Du bleibst einfach ruhig, okay? Du bist hier, weil du Kohle für deinen Sohn ranschaffst. In zwei Tagen siehst du ihn schon wieder. Dein Job besteht darin, genau das zu tun, was Gott dir aufgetragen hat: Du sollst deine Familie versorgen und ansonsten glücklich, froh und frei sein. Wenn du nicht glücklich, froh und frei bist, tust du nicht, was Gott dir aufgetragen hat.« Am Ende seines kleinen Vortrags umarmte er mich. »Mach dir keine Sorgen, Partner. Ich stehe immer hinter dir.«

Am letzten Drehtag in Prince George sahen sich Darsteller und Crew mit der monumentalen Aufgabe konfrontiert, zweiundsiebzig verschiedene Einstellungen zu filmen – und das, bevor die Dämmerung hereinbrach und das Drehen unmöglich machte. Wir filmten an Orten, an denen man unter keinen Umständen von den vorgesehenen Pfaden abkommen durfte, da man sonst in zweieinhalb Meter tiefem Schnee versank. Aufgrund der widrigen Bedingungen hatten bereits mehrere Crew-Mitglieder hingeschmissen.

Die letzte Einstellung an diesem Tag war eine Szene, bei der Gary, Danny, Clarence Williams III und ich Ben Affleck verfolgen und dabei einen Berg hinunterstürzen. Der Regieassistent war panisch, da die Sonne bereits unterging. Die Greensmen harkten fast eine Stunde lang wie besessen den steilen Abhang, um Fußspuren verschwinden und den Schnee unberührt wirken zu lassen. Ich stand auf meiner Position, wacklig am Rand des Abhangs, und wartete darauf, dass es losging. Nach mehreren Verzögerungen war klar, dass wir in der nächsten Minute drehen mussten, da sonst das Licht nicht mehr ausreichen würde. Die Spannung war nahezu greifbar. Und genau in diesem Augenblick verlor ich das Gleichgewicht. Ich kippte vornüber und merkte, wie ich fiel. Ich musste sofort an die Wut aller Beteiligten denken, die so schwer geschuftet hatten, um den Hügel zu trimmen, die Scheinwerfer aufzubauen, die Kameras einzustellen. Ich wusste, dass Frankenheimer – ein brillanter und zugewandter Regisseur, der dir aber bei groben Schnitzern auch gern mal den Kopf abriss – mir gleich einen Mega-Anschiss verpassen und ich in den Augen meiner sehr viel berühmteren Kollegen als Vollidiot dastehen würde.

Ich kippte, die Arme wild rudernd zur Seite ausgestreckt, mein Inneres von Schuldgefühlen erfüllt. Ich hatte nicht nur meinen Sohn allein gelassen, sondern nun auch in meinem Job versagt. Mein Sturz wäre ein absoluter Tiefpunkt, persönlich und beruflich. Doch dann, meine Füße hatten keinen Kontakt mehr zum Boden, schwebte ich plötzlich in der Luft. Im Bruchteil einer Sekunde hatte Danny von hinten meine Jacke gepackt und hielt mich nun so mühelos, als wäre ich eine Stoffpuppe. Ich weiß immer noch nicht, woher er die Kraft nahm, mich, einen Einhundert-Kilo-Klotz, über einem verschneiten Abhang in der Luft zu halten, aber er tat es.

Behutsam zog er mich zurück, genau zu der Stelle, an der sich meine Füße zwei Sekunden zuvor befunden hatten, und flüsterte mir ins Ohr: »Ich hab doch gesagt, ich stehe immer hinter dir.«

»Sound läuft«, sagte der Techniker mit dem Galgenmikro, und der Regieassistent rief: »Action!«

Danny stand seither immer hinter mir.

Donal Logue
Brooklyn, New York

In Gedenken an meine Eltern, Familienmitglieder und alle anderen Personen in meinem Leben, die nicht mehr unter uns weilen. Mögen sie in Frieden ruhen. Besondere Erwähnung sollen an dieser Stelle meine verstorbenen Homies finden:

George »Big George« Bustamante
Terry Roden
Johnny Martinez
Donald »Big D« Garcia
Robert »Robot« Salas
Rafael »Chispas« Sandoval
Joe Morgan
Joey Abasta
Chino Sainz
Ronnie Brown
Joey Bryning
George Perry
Eddie Bunker
Ralph Mata